성경속인물들의심리학적분석과재해석

성경 속의
심리학

이재현 지음

성경 속 사람들과의 만남을 통해
우리 자신을 만나고 하나님을 만나는
심리학적이며 신학적 탐구(探求)로의 안내서

Bible & Psychology

장로회신학대학교출판부

성 경 속 인 물 들 의 심 리 학 적 분 석 과 재 해 석

성경 속의
심리학

이재현 지음

장로회신학대학교출판부

성경 속 사람들 이야기,
　　　　세상 속 우리들 이야기

　　성경 속에는 많은 사람들의 삶의 이야기가 기록되어 있다. 그들의 이야기는 겉으로 드러나는 행동과 태도와 언어 그리고 그런 것들을 내포한 타자와의 상호작용을 통하여 전개된다. 물론 이야기의 결말이 좋기도 하고 비극적이기도 한다. 그리고 성경에 등장하는 그들의 이야기를 통하여 하나님께서는 오늘날 우리들에게 말씀하고 계신다. 그런데 성경이 기술하고 있는 이야기만으로는 이야기 속의 등장인물이나 그 인물을 통해 오늘날 우리에게 전해지는 하나님의 교훈을 표면적인 수준을 넘어 생생하고 통찰력 있게 포착하는 것이 쉽지 않은 경우가 많다. 왜냐하면 그들을 생생하게 이해할 수 있게 해주는 핵심정보는 그들의 마음속에 있는데 기록된 이야기의 흐름만으로는 그것을 읽을 수 없기 때문이다. 예를 들어 그 누가 어떤 말을 했을 때 어떤 마음에서 그런 말이 나왔고 또 어떤 행동을 했을 때 그 안에 어떤 감정과 어떤 갈망, 어떤 결핍이 있는지에 대해서는 자세하게 표현되어 있지 않다. 그리고 그들의 마음은 어떻게 해서 그런 식으로 형성되었는지도 기록되어 있지 않다.

그런데 우리가 성경의 인물들이 펼쳐 보이는 삶을 보다 생생하게 이해하고 그들의 삶을 통해 우리에게 전하는 하나님의 교훈과 훈계를 깊이 통찰할 수 있는 길이 있다. 그것은 마음이 어떻게 움직이고, 상황적으로 혹은 삶의 어떤 과정을 통하여 마음이 왜 그렇게 움직이게 되었고 또 마음의 그런 특성이 세대를 통하여 어떻게 전수되는지를 설명하는 심리학적 지식을 통해서 성경 속 인물들의 마음을 들여다보는 작업을 해보는 것이다. 저자가 이 책에서 하고 있는 작업이 바로 그런 것이다. 즉 저자는 이 책에서 광범위한 심리학적 이론들을 이용하여 성경인물들의 마음속을 깊이 들여다보고 그것을 독자들에게 펼쳐 보이고 있다. 때로는 그들의 마음을 추론할 수 있는 충분한 정보가 없어서 단지 파편적인 정보로만 성경 속 인물들의 마음을 탐구하여 제시하는 한계도 있기는 하다. 비록 그렇다 할지라도 "만약 그랬다면 이랬을 것이다" 이렇게 가정하고 제시하는, 보이지 않는 속마음에 대한 설명은 성경 속의 인물뿐만 아니라 오늘날 우리의 마음을 이해하는 데 매우 유익하다. 왜냐하면 해 아래 새것이 없다고 하는 전도서 기자의 말처럼 과거의 그들과 오늘을 살아가는 우리의 마음이 결코 다르지 않기 때문이다. 그들과 우리는 전혀 다르지 않다. 이런 의미에서 저자가 펼쳐 보이는 그들의 마음은 곧 우리 속에 어딘가에 내재되어 있는 우리의 마음이기도 하다. 그런 까닭에 저자가 펼쳐 보이는 그들의 마음은 우리의 마음속을 비추어주는 거울역할을 한다.

이에 더하여 저자는 성경인물들의 마음을 펼쳐 보이는 심리학적인 작업을 통해 그들의 삶 속에 개입하시는 하나님을 생생하게 포착해낸다. 그들의 삶은 단지 그들 자신만의 삶이 아니라 하나님과 함께 얽혀 있는 삶이었다. 이런 이유로 그들이 좌절, 두려움, 불안, 교만, 편견, 분노, 괴로움을 겪는 시간에, 그리고 그런 것을 안고 살아가는 삶의 여정에서 하나님이 어떻게 그런 것들을 극복하도록 돕고 계시는지 읽어낸다. 심리학적 작업을 통하여 성경인물들의 삶의 이야기 이면에 흐르는 보이지 않는 하나님의 손길을 드러내는 것이다. 그리고 하나님의 손길을 뿌리치지 않을 때 그 모든 것들을 통해 그들이 더 성숙한 단계로 나아가도록 역사하시는 하나님을 제시한다. 하나님의 그런 개입은 오늘날 우리들에게도 계속될 것이기에 이런 저자의 작업은 우리의 삶과 우리의 마음에 어떤 결핍과 어려움이 있다 하더라도 하나님께서는 우리도 그들과 같이 성장해 갈 수 있도록 도우실 것이라는 희망을 갖게 한다.

성경인물들의 드러나지 않은 마음과 기록된 이야기 이면에서 그들의 삶에 영향력을 행사하는 관계의 힘, 그리고 그들에게 역사하셨던 하나님의 숨은 손길을 더 깊이 이해하고자 하는 독자에게, 특히 성경인물들을 통하여 스스로의 마음속을 들여다보고 나의 삶 속에도 역사하실 하나님을 다시 한 번 확인하고 싶은 독자에게 이 책을 추천한다.

이재호 *(호남신학대학교 목회상담학교수)*

내가 쓰고 싶었던 책,
내가 하고 싶었던 신학

교회에서 설교를 하거나 성경공부를 인도하면서, 또 강단에서 심리학과 상담을 가르치면서 언젠가 꼭 쓰고 싶었던 책이 바로 이런 책이었다. 사실 좀 더 연륜이 쌓이고 지식이 깊어진 시점에서 이 책을 쓰게 될 것을 예상했지만 생각보다 좀 더 일찍 책이 나오게 되었다. 그러나 지금으로서는 할 수 있는 만큼을 했다는 생각에 스스로 만족스럽고 또 감사한 마음이다. 물론 성경은 퍼내고 또 퍼내도 다함이 없는 사르밧 과부의 가루통처럼 앞으로도 무한히 더 많은 것을 내게 전해줄 것이라 믿어 의심치 않는다. 그렇기 때문에 이후에도 새로운 깨달음의 이삭들을 모아 언젠가 또 한 권의 책을 쓸 수 있으리라는 생각도 가져본다. 또한 이 책을 읽는 많은 동역자들이 이 책 내용에 비평과 질문을 던지고 더

빛나는 그들의 지혜를 모아서 이 보다 더 풍성한 글들이 쏟아지는 행복한 상황도 꿈꿔 본다. 그러나 일단 지금으로서는 완성된 이대로의 책에 자족하고 또 여기까지 이르게 하신 하나님께 감사할 따름이다.

처음에 이 책을 시작하면서 나는 무엇을 하려고 했던가 되돌아보면서 마음에 떠오르는 것은 바로 이 책을 위해 서울여대 정연득 교수가 써 준 추천의 글 중에서 참 마음에 와 닿던 다음의 구절이다.

> 성경에는 수많은 사람들의 이야기가 등장한다. 그 이야기들은 계시의 말씀을 담고 있지만, 동시에 사람들의 마음을 사로잡는 매력이 있다. 그 매력의 이유는 그들의 이야기가 우리 자신의 이야기와 크게 다르지 않기 때문이다. 안타깝게도 신학은 그동안 사람들의 이야기보다는 하나님의 말씀으로 너무 빨리 달려갔다. 그러다 보니 삶을 잃어버린 건조한 학문이 되어버렸다. 신학의 부흥은 사람들의 이야기에 귀를 기울이는 것을 통해서 가능할 것이다. 저자의『성경 속의 심리학』은 성경에 등장하는 사람들의 이야기를 진지하게 듣는 것에서 시작하는 신학으로 우리를 안내한다.

이 글을 읽은 소감은 "그렇다 나는 이런 신학을 하고 싶었다"는 것이었다. 비단 이 책에서만 아니라 삶 속에서, 특히 내가 만나는 교우들, 학우들, 내담자들이 들려주는 많은 이야기들 속에서 저자는 바로 이런 신학을 하고 싶다. 신학은 다름 아닌 하나님을 알아가는 일이다. 비록 '학(學)'이라는 뒷글자가 우리에게 오해를 불러일으키기도 하지만 사실 신학은 하나님을 인격적으로 더 깊이 알아가고 그 마음과 생각을 배워가는 과정이다. 그런데 하나님은 '인생'을 통해 우리에게 말씀하신다. 즉 살아 있는 사람들의 이야기를 통해 그가 누구이심을 말씀하신다. 하나님은 이렇게 이 땅의 삶을 통해 우리에게 말씀하시는데 우리는 삶의 피안(彼岸)만 쳐다볼 때가 많다. 하나님은 우리와 만나시려고 인간이 되어 오셨는데 정작 우리는 초월만을 꿈꾼다. 하나님은 그러나 그 먼 데 계시지 않고 우리 가운데 계시다. 그러므로 우리 자신의 이야기를 포함한 인생의 이야기에 귀기울이는 것이 오히려 더 참된 신학의 길이 될 수 있다.

미국에서 임상목회상담(clinical pastoral counseling)운동을 시작했던 안톤 보이슨 Anton Boisen 은 임상목회상담이 책이 아니라 '살아 있는 인간 문서(living human documents)'를 통해 하나님을 알아가는 새로운 신학의 방법이라 주장했다. 그런데 사실 우리가 기억할 것은 우리가 '책'이라고 부르는 성경 자체가 이미 살아 있는 인간 삶의 기록이라는 사실이다. 비록 성경 속의 사람들은 더 이상 이 땅에 살고 있지 않지만 하나님 안에 살아 있어 성경을 읽을 때 우리가 성령 안에서 그들과 교제하며 그들과 함께 하나님을 경험할 수 있다. 정연득 교수가 말한 것처럼 우리는 그들의 이야기 속에서 바로 우리 자신의 이야기를 발견한다. 그리고 그들의 하나님이 바로 우리 자신의 하나님이라는 것을 알게 된다. 때문에 성경 속 사람들은 우리가 우리의 하나님을 더 깊이 알아가는 길의 동행자들이다. 이제 저자는 바로 이러한 성경 속 "사람들의 이야기에 귀기울이는" 것으로 시작하는 신학의 길로 독자들을 초청한다.

　이 책은 모든 신앙의 동역자들을 위해 쓰여졌지만 특별히 저자 자신과 같은 목회자, 목회상담자, 기독교상담자들을 위해 쓰여졌다. 먼저 이 책을 많은 목회자들이 읽어주기를 바라고 그들이 이 책을 통해 좋은 통찰과 설교의 제목들을 얻을 수 있었으면 좋겠다. 또한 많은 목회상담자, 기독교상담자들이 이 책 속에서 그들이 만나는 내담자들을 만나고 또 그들과 함께 하시는 하나님을 만날 수 있었으면 한다. 더 나아가 이 책에서 다룬 내용이 한국목회상담학자들 뿐 아니라 다양한 전공의 신학자들, 성경연구자들의 관심과 신학적 논의를 불러일으키는 주제가 될 수 있다면 저자로서는 더 바랄 나위가 없겠다. 그러나 어쩌면 여기까지는 새로 책을 내는 사람이 흔히 갖는 과욕일지 모르겠다. 다만 한 가지 저자가 기도하는 마음으로 정말 바라는 것은 이 책을 읽는 한 명의 독자가 이 책 속에서 자신의 삶의 한 부분을 돌아보고 자신의 하나님을 만나게 되는 것이다.

　끝으로 이 책이 나오기까지 도움을 주신 여러분께 감사의 마음을 전하고 싶다. 먼저 바쁜 상황 속에서도 이 책을 읽고 추천의 글을 써 주신 서울여대 정연득 교수, 호신대 이재호 교수, 그리고 구리 목양교회 공진수 목사께 감사의 마음을 전한다. 또한 모교에서 이 책이 출판될 수 있도록 도와주신 장로회신학대학교 출판위원들께도 감사드린다. 그리고 늘 힘이 되어주시는 장로회신학대학교 홍인종 교수와 이상억 교수,

이창규 교수, 김태형 교수께도 감사드린다. 또한 이외에도 감사드려야 할 분들이 많지만 여기서 특히 기억하고 감사를 표하지 않을 수 없는 것은 지난 7년간 한 신앙공동체로 함께 성경을 묵상하고 삶을 나누었던 생명의빛광성교회 성도들과 담임목사, 동료교역자들이다. 그들과 함께 한 시간이 없었다면 아마도 이 책의 묵상들이 이렇게 배태되고 구체화될 수 없었을 것이다. 이외에도 감사드릴 많은 이들이 있지만 그 중에서 저자의 사랑하는 가족을 또한 언급하지 않을 수 없다. 특히 방학 내내 데스크탑 앞에 앉아 있는 남편을 이해해준 아내와 그런 아빠 옆에서 스마트폰을 '너무 많이 보지는' 않은 아이들에게 감사한다. 그리고 여전히 우리 곁을 떠나지 않고 함께 해주시는 어머니께 이 지면을 빌어 감사의 마음을 전한다. 마지막으로 지금 문득 울컥해지는 이 가슴의 의미를 아시는 그 분, 내 주 하나님께 이미 아시는 그대로 사랑과 감사와 찬양을 올려드린다.

2019년 8월 22일

이문동 자택에서

이재현

신학은
다름 아닌 하나님을 알아가는 일이다.
비록 '학(學)'이라는 뒷글자가
우리에게 오해를 불러일으키기도 하지만
사실 신학은
하나님을 인격적으로 더 깊이 알아가고
그 마음과 생각을 배워가는 과정이다.
그런데 하나님은 '인생'을 통해
우리에게 말씀하신다.
즉 살아 있는 사람들의 이야기를 통해
그가 누구이심을 말씀하신다.

목차

성경 속 인물들의 심리학적 분석과 재해석

성경 속의 **심리학**

초판 1쇄 발행 | 2019년 12월 23일
초판 2쇄 발행 | 2021년 11월 10일

지은이   이재현

펴낸이   김운용
펴낸곳   장로회신학대학교 출판부

등록제1979-2호

주소   04965 _ 서울시 광진구 광장로5길 25-1(광장동)
대표전화   02-450-0795
팩스   02-450-0797
이메일   ptpress@puts.ac.kr
홈페이지   http://www.puts.ac.kr

값 20,000원

ISBN 978-89-7369-453-2 93230

제1장
계시(啓示)의 심리학
심리학을 통한 성경 이해

심리학을 통한 성경 이해

마음의 계시

신학자 셜리 거스리 Shirley Guthrie 는 하나님의 계시가 단순히 하나님에 대한 지식의 전달이 아니라 하나님과 인간 사이의 인격적 만남의 사건이라는 점을 강조한다.[1] 이것은 하나님의 계시를 통해 우리에게 알려지는 것이 단순한 신학적 정보가 아니라 하나님의 인격(personality)이라는 의미이다. 그렇다면 우리는 성경을 통한 하나님의 계시에 대해서도 동일하게 말할 수 있을까? 저자의 답은 그렇다는 것이다. 우리는 성

---

1) Shirley Guthrie, *Christian Doctrine*, 김영선 옮김, 『기독교신학입문』 (서울: 은성출판사, 1998), 95.

제자들의 발을 씻는 예수님

경을 읽으며 그 이야기 속의 하나님을 단지 머리로만 아니라 마음으로 만나고 이해하게 된다. 이러한 과정은 우리가 마음으로 그 이야기 속에 들어가 그 이야기 속 주인공들의 삶을 경험하고 그들을 공감적으로 이해하는 과정과 함께 이루어진다. 이것은 마치 상담자가 내담자의 이야기를 들으며 그 내담자의 상황을 함께 경험하며 그 마음을 공감적으로 이해하는 과정과 비슷하다. 상담자가 내담자의 이야기를 들으며 그의 안에서 공감적으로 그의 삶을 이해하듯 우리는 성경을 읽으며 그렇게 성경인물들을 이해하게 된다. 그리고 그러한 과정을 통해 동시에 그들과 함께 하시는 하나님을 만나고 그들을 향한, 또 우리를 향한 하나님의 마음과 생각을 알아가게 된다. 성경을 통해 우리가 하나님을 알게 되는 것은 바로 이처럼 성경인물들과의 만남을 통해 간접적으로 이루어지는 일이라 할 수 있다.

칼 바르트 Karl Barth 는 하나님의 계시가 항상 직접적이 아니라 간접적으로, 하나님과 다른 어떤 지상적 매체를 통해 우리에게 주어진다고 말한다.[2] 우리에게 하나님을 알게 해주는 그러한 지상적 매체는 인간의 언어나 사물, 상징 등 다양한 것이 될 수 있지만 바르트에 의하면 궁극적으로 그 매체는 바로 성육신하신 그리스도이다.[3] 무엇보다 우리는 이 땅의 사람들과의 관계 속에서 그리스도께서 보여주신 사랑을 통해 하나님이 어떤 분이심을 알게 된다. 이 사랑은 그런데 그리스도께서 제자들과의 관계 속에서 보여주신 사랑인 동시에 그 그리스도와의 관계 속에서 제자들이 경험한 사랑이다.[4] 여기서 우리는 하나님께서 세상에 자신을 나타내시는 매체가 비단 그리스도만 아니라 그의 사랑을 경험한 제자들이기도 하다는 사실을 알 수 있다. 왜냐하면 그리스도의 사랑은 바로 그 제자들의 마음에 경험된 사랑이기 때문이다. 그래서 결국 우리가 성경을 통해 하나님을 알아가기 위해서는 먼저 그 제자들의 내면으

---

2) Karl Barth, *Kirchliche Domatik* II/1, 황정욱 옮김, 『교회교의학』II/1 (서울: 대한기독교서회, 2010), 17–18.

3) 위의 책,63.

4) 칼 바르트가 말하는 "관계적 유비(analogia relationis)"는 다음과 같은 예수의 말씀에 근거한다. "너희가 나를 알았더라면 내 아버지도 알았으리로다 이제부터는 너희가 그를 알았고 또 보았느니라" (요 14:7), 또는 "아버지께서 나를 사랑하신 것 같이 나도 너희를 사랑하였으니 나의 사랑 안에 거하라" (요 15:9). Karl Barth, *Kirchliche Domatik* III/2, 오영석, 황정욱 옮김, 『교회교의학』III/2 (서울: 대한기독교서회, 2017), 258–59.

로 들어가 그들의 마음을 먼저 잘 이해하지 않으면 안 된다. 성경을 통해 하나님을 알아가기 위해 심리학적 이해가 필요한 이유가 바로 여기에 있다.

사실 성경을 통해 하나님을 알아가는 데 심리학적 이해가 필요한 것은 비단 그리스도의 제자들만 아니라 다른 성경인물들(기자들)의 경우 역시 마찬가지이다. 우리가 성경을 통해 만나는 하나님은 그들에 의해 먼저 경험되고 인식된 하나님이기 때문이다. 따라서 우리가 그들 안에서 그들이 만난 하나님을 함께 만나고 알아가기 위해서는 먼저 그들의 내면을 잘 이해할 필요가 있다. 그래서 상담자가 내담자의 내면을 잘 이해하기 위해 심리학의 도움을 받듯 우리가 그 성경인물(기자)들의 내면을 잘 이해하기 위해서도 심리학의 도움을 받을 수 있다. 이렇게 해서 우리는 그들이 만나고 고백하는 하나님을 역시 더 잘 이해할 수 있다.

관계의 심리학

이 책에서 우리가 성경을 함께 읽어가며 자주 참조하게 될 심리학 이론은 **대상관계심리학**(object relations psychology)이나 **자기심리학**(self psychology)같은 인간관계의 심리학이다. 요컨대 이런 심리학이론들은 사람들의 성장과정에서 부모를 위시한 중요 대상과의 관계경험이 그들의 자아형성 및 인격발달에 지대한 영향을 끼친다고 보는 이론들이

자기심리학의 창시자 _ 하인즈 코헛
Heinz Kohut

다. 이러한 심리학이론들이 성경인물들을 이해하는 데 유용하다고 여겨지는 이유는 첫째 그들 성경에 나오는 인물들 역시 그들의 부모를 비롯한 중요타인과의 관계에서 크고 작은 문제들을 경험한 사람들이기 때문이다. 이로 인해 그들 역시 대부분 우리와 마찬가지로 심리적 결핍을 경험한 사람들이었다. 또한 우리의 경우와 마찬가지로 그들의 경우 역시 그러한 그들의 심리적 문제가 그들의 인격적 성숙에만 아니라 하나님과의 관계에 영향을 끼쳤던 것을 볼 수 있다. 일례로 들 수 있는 것이 야곱이다. 형 에서와 달리 아버지 눈에 차지 않는 아들이었던 야곱은 자기심리학적 관점에서 볼 때 건강한 자존감(self-esteem)의 기반인 긍정적 자기대상(selfobject)경험이 부족한 사람이었다. 이로 말미암

칼 바르트 Karl Barth

아 야곱은 있는 그대로의 자신에 대해 확신이 부족하고 이로 인한 보상 기제로 소유에 대한 강박적 집착을 나타낸다. 또한 이러한 야곱은 그의 하나님조차 조건없이 신뢰하지 못하고 눈에 보이는 다른 대상을 손에 넣기 위한 수단으로 이용하려는 태도를 보인다. 요컨대 우리는 그의 초기 인간관계의 문제가 불안이나 집착 같은 심리적 문제로 나타날 뿐 아니라 그의 하나님과의 관계에도 영향을 끼치는 것을 볼 수 있다. 우리는 이러한 야곱의 모습에서 오늘날 우리 현대인들의 초상(肖像)을 발견한다. 성장기 심리적 결핍이 강박적인 소유에의 집착을 만들고 그런 집착 때문에 하나님과의 관계에 장애를 겪는 현대인의 모습이 그것이다.

사람들의 초기관계 경험이 그들의 자아형성 뿐 아니라 하나님과의 관계 형성에도 중대한 영향을 끼치는 이유는 그들의 초기 인간관계경험이 그들 내면에 특정한 하나님상(像)을 형성하기 때문이다. 이러한 내면의 하나님상(像)은 하나님에 대한 그들의 이해를 왜곡하며 하나님과의 관계 성숙을 가로막는 걸림돌이 될 수 있다. 이러한 내면의 하나님상에 대한 심리학적 논의는 우리의 인간관계가 하나님과의 관계와 밀접하게 서로 연결되어 있음을 보여준다.[5] 그런데 이 점은 바로 기독교신학이 우리에게 말해주고 있는 바이기도 하다. 대표적으로 칼바르트의 신학적 인간학은 인간상호관계와 하나님과의 관계가 **상호유비적 관계**(analogical relationship)에 있다고 설명한다.[6] 바르트에 의하면 이러한 상호유비적 관계는 하나님이 인간을 자신의 형상대로 창조하신 원리로부터 비롯된다. 즉 하나님 삼위(三位)가 서로 사랑의 관계를 맺고 있듯 하나님은 우리 인간들 역시 그렇게 서로 사랑하는 **관계적 존재**(relational being)로 창조하셨다는 것이다. 이것이 바로 바르트가 말하는 바 인간이 **하나님의 형상**(imago Dei)으로 창조되었다는 말의 의미이다.

그런데 그렇게 서로 사랑하기 위한 존재로 창조된 사람들이 그렇게 서로를 사랑하기보다 서로를 미워하고 상처 주는 관계가 된 것은 바로 인간이 하나님의 형상을 잃어버리고 타락한 현실을 보여준다. 깨어진

---

5) 일례로 대상관계 심리학자 애너-마리아 리주토는 『살아 있는 신의 탄생』이란 그녀의 책에서 그녀가 연구한 환자들의 왜곡된 하나님상(God-image)들이 어떻게 그들이 어린 시절 부모와의 사이에 가졌던 경험과 연관되어 있는지 설명한다. Ana-Maria Rizzuto, *The Birth of the Living God*, 이재훈 외 옮김, 『살아있는 신의 탄생』 (서울: 한국심리치료연구소, 2000), 87.

6) Karl Barth, 『교회교의학』 III/2, 257.

인간관계 속에 나타나는 각종 심리적 문제들 역시 마찬가지이다. 즉 사람들이 가진 각양 심리적 문제들과 증상들은 그들이 서로의 관계 속에서 하나님 형상을 잃어버리고 깨어진 현실을 드러낸다. 이렇게 볼 때 예수 그리스도의 오심으로 말미암아 우리 가운데 시작된 **하나님의 구속**(redemption)은 하나님께서 우리에게 오셔서 우리 내면을 고치시고 우리의 관계를 치유하심으로 다시 우리 가운데 **하나님의 형상**을 회복하시는 사건으로 이해될 수 있다. 하나님과의 관계가 회복될 때 우리 서로의 관계가 치유되며 우리의 내면의 문제 역시 치유되기 시작한다. 또한 역으로 우리의 관계가 치유되고 내면이 치유되면서 우리의 하나님과의 관계 역시 새로워지게 된다. 이것이 바로 우리가 기독교 신학과 심리학의 대화를 통해 발견하는 영적이며 심리적인 원리이다.[7]

따라서 우리는 심리학의 도움을 받아 성경인물들의 내면을 잘 이해할 수 있을 뿐 아니라 그러한 내면의 문제와 그들의 하나님 관계가 서로 어떻게 연결되어 있는지도 살펴볼 수 있다. 사람들의 내면은 마치 그들이 하나님을 비춰보는 거울과 같다. 그래서 우리는 성경을 읽으며 그 성경 속 인물들의 내면을 공감하는 동시에 그것을 통해 그들이 보는 대로의 하나님을 보게 된다. 그러나 우리는 이러한 그들의 내적 관점에 함몰되지 않고 동시에 그들 밖에서 하나님을 바라볼 수 있어야 한다. 그리고 그들 너머에 계신 그 하나님의 마음과 눈을 통해 그들을 바라볼

---

7) 이에 대한 보다 상세한 논의는 졸저 『목회상담과 예수 그리스도』 (서울: 장로회신학대학교출판부, 2018) 참조.

수 있어야 한다. 이렇게 해서 우리는 마치 웨인 오츠 Wayne Oates 가 이야기하는 목회상담자와 같이 하나님과 성경인물 사이에서 **삼자간 대화** (trialogue)를 진행하게 된다.[8] 목회상담자가 내담자 안에서 공감적으로 그들의 마음을 이해하듯 우리는 그 성경인물들 안에서 공감적으로 그들의 경험을 이해한다. 그러나 우리는 또한 그들 너머에서 그들을 바라보시는 하나님의 마음과 눈을 통해 그들을 바라본다. 이러한 과정을 통해 우리는 그 성경인물들뿐 아니라 그들과 닮은 우리 자신의 모습 역시 새롭게 발견하게 된다. 그리고 그들 성경인물들과 함께하시는 하나님뿐 아니라 지금 우리와 함께 하시는 하나님 역시 새롭게 이해할 수 있게 된다.

이러한 방식으로 이루어지는 하나님 및 성경인물들과의 삼자간 대화는 단순히 머리로만 이루어지는 지적 대화가 아니라 서로를 가슴으로 만나고 이해하는 전인적 교제이다. 우리는 그 성경인물들을 가슴으로 이해하듯 그들과 우리를 향한 하나님의 마음 역시 가슴으로 이해한다. 이러한 과정은 단지 인격적 차원만 아니라 영적 차원의 교제라 할 수 있다. 우리가 성경을 읽는 과정에서 성령으로 말미암아 우리는 그 성경 속의 사람들을 만나고 또 그들 안에서 하나님을 만날 수 있기 때문이다.

---

8) Wayne E. Oates, *The Presence of God in Pastoral Counseling* (Waco, TX: Word Book Publisher, 1986), 23.

성령을 통한 인격적, 영적 교제

성경을 읽는 과정이 이렇게 하나님과 사람들을 단지 지적으로만 아니라 인격적, 영적으로 교제하는 과정이라 할 때 한 가지 제기되는 질문은 살아있는 인격체가 아닌 성경을 통해 어떻게 그 같은 교제가 이루어질 수 있느냐는 질문이다. 먼저 우리가 어떻게 성경을 통해 하나님과 인격적으로 교제할 수 있느냐는 질문에 대해 할 수 있는 답은 바로 성령이 그것을 가능케 하신다는 것이다. 바르트에 의하면 성령의 역할은 "서로 다른 두 인격체를 하나되게 되는 것"이다.[9] 이것은 다시 말해 우리 안에 계신 성령께서 우리의 마음과 생각을 아실 뿐 아니라 우리의 마음을 통해 하나님의 생각과 마음을 나타내신다는 의미이다. 초기 교회 때부터 교부신학자들은 이 같은 신성과 인성 사이의 교류를 '페리코레시스(perichoresis)'라는 말로 묘사했다. 위르겐 몰트만 Jürgen Moltmann 은 이 말을 비단 예수 그리스도 안에서의 신성과 인성의 교류만 아니라 성령 안에서 하나님과 우리 인간들 사이의 상호교류를 의미하는 말로 해석한다. 몰트만에 의하면 하나님은 성령을 통해 그와의 교제 안으로 우리를 초청하시며 세상을 향한 그의 마음과 생각을 우리 안에 나타내신다.[10] 우리가 성경을 읽는 과정에서도 역시 성령으로 말미암아 이 같

---

9) Karl Barth, *Kirchliche Domatik* IV/3-2, 황정욱 옮김, 『교회교의학』 IV/3 (서울: 대한기독교서회, 2005), 761.

10) 몰트만에 의하면 "하나님의 영은 하나님과 그의 사랑하시는 자들 사이의 정서적 교감, 즉 하나님의 공감(empathy)이다." **Jürgen Moltmann**, *Der Geist des Lebens*, 김균진 옮김, 『생

은 하나님과의 교제가 이루어진다고 할 수 있다.

사실 더 해명하기 어려운 질문은 성경을 통해 어떻게 우리와 성경인 물들 사이에 그러한 인격적인 교제가 이루어질 수 있느냐는 질문이다. 이 질문은 대답하기 어려운 질문이지만 우리가 한 번 생각해 보아야 할 중요한 질문이라 할 수 있다. 왜냐하면 앞에서 우리는 성경을 통한 하나님과의 교제가 성경인물(기자)들과의 내적 교제를 매개로 이루어진다고 전제했기 때문이다. 그런데 우리가 지금 현존하지 않고 다만 텍스트상으로 존재하는 사람들, 더욱이 그 텍스트가 얼마나 정확하게 그들에 관한 사실을 전달하고 있는지도 알 수 없는 그런 사람들과 내적으로 교제한다는 것이 과연 어떤 의미이며 어떻게 그것이 실제로 가능한가? 이러한 질문의 답 역시 우리는 우리 안에 계신 성령에서 찾을 수 있다.

먼저 생각해 볼 것은 우리가 성경에서 만나는 성경인물들의 마음이 우리 자신의 생각이나 감정의 투영이 아니라 실제 그들의 마음인지 우리가 어떻게 알 수 있느냐 하는 점이다. 이 물음의 답은 첫번째로 그것을 알 수 있는 근거가 지금도 살아계셔서 우리에게 성경을 통해 말씀하시는 하나님의 실재성에 있다는 것이다. 이것은 다시 말해 그 근거가 궁극적으로 성경의 무오성(無誤性)이나 입증 가능한 역사적 사실성에 있

명의 영」 (서울: 대한기독교서회, 1991), 80. 뿐만 아니라 그가 말하는 성삼위 하나님의 "페리코레시스(perichoresis)"는 우리를 향해 닫혀 있는 것이 아니라 열려 있는 관계성으로 성령은 우리를 이러한 하나님의 교제 안으로 초청하여 우리로 하여금 세상을 향한 성삼위 하나님의 마음과 활동에 동참하게 하신다. Jürgen Moltmann, *Experiences in Theology*, Margaret Kohl tr. (Minneapolis, MN: Fortress Press, 2000), 323.

지 않다는 의미이다. 물론 이것은 그 성경의 증언이 역사적 사실이 아니라는 의미는 아니다. 우리는 성경인물들에 관한 성경의 증언이 역사적 사실에 부합하며 진실된 것이라 믿는다. 그러나 우리가 이렇게 믿는 것은 궁극적으로 그것이 입증가능한 사실이기 때문이 아니라 성령이 살아계셔서 지금도 그들을 통해 우리에게 말씀하시는 것을 믿기 때문이다. 만일 성경의 진실이 성경의 무오성이나 역사적 사실성에 궁극적으로 근거한다면 우리는 결국 그 성경의 진실을 확신할 수 없을 것이다. 왜냐하면 성경의 무오성이나 역사성은 완전히 입증되기 어려운 것이기 때문이다. 우리는 기본적으로 하나님이 살아계셔서 지금도 우리에게 말씀하시는 분이라 믿기 때문에 성경의 진실을 믿는 것이지 그 역(逆)이 아니다. 이것은 성경인물들의 내적 진실에 있어서도 마찬가지라 할 수 있다. 우리가 성경을 통해 만나는 성경인물들의 마음이 진실로 그들의 마음이라 믿는 이유는 무엇보다 우리가 그것을 통해 우리에게 말씀하시는 하나님을 믿기 때문이다. 우리는 성경을 통해 우리에게 말씀하시는 하나님을 믿기 때문에 우리가 성경에서 만나는 그들의 마음 역시 진실된 것이라 믿는다. 하나님께서 진실되지 않은 것을 통해 우리에게 당신에 관한 진실을 전하신다는 것이 불합리하기 때문이다.

우리는 이렇게 성경을 통해 우리가 만나는 그 성경인물(기자)들의 마음이 진실된 것이라 믿을 뿐 아니라 성경을 통해 이루어지는 그들과의 만남 역시 실제적인 만남이라 믿는다. 이러한 우리의 믿음 역시 우리 안에 살아계신 성령에 근거한다. 다시 몰트만의 성령론을 참조하자면

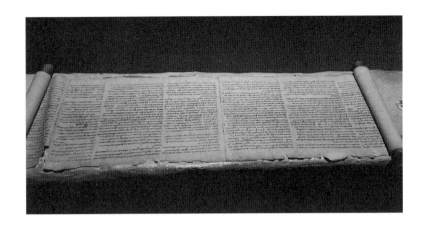

그는 우리 안에 내주하시는 성령을 "내재적 초월(immanent transcendence)"
이라 부른다.[11] 이 말의 의미는 하나님께서 우리 안에 계시지만 동시에
우리를 초월하시는 분이라는 의미이다. 이것을 우리가 성경을 통한 하
나님과의 교제에 적용하자면 이것의 의미는 곧 우리가 우리 안에서 하
나님의 마음을 공감하지만 이를 통해 우리가 우리 자신을 넘어 하나님
과 함께하게 된다는 의미이다. 그런데 이것은 우리가 그 성경인물들의
마음을 공감할 때 역시 마찬가지이다. 즉 우리가 하나님과 함께 그 성
경인물들의 마음을 공감할 때 우리는 성령으로 말미암아 우리 자신을
넘어 그들 안에 있게 된다. 이것은 우리가 그들 안에 계신 성령과 함께

---

11) Jürgen Moltmann, 「생명의 영」, 19.

하기 때문이다. 결국 이것은 성령으로 말미암아 하나님과 우리 사이만 아니라 성경인물들과 우리 사이에도 우리 자신을 넘어서는 내적 만남이 이루어진다는 것인데 이에 대해서는 미하엘 벨커 Michael Welker 의 논의를 좀 더 참조할 필요가 있다.

벨커에 의하면 영적 존재인 우리 인간은 하나님 안에서 시간적, 물리적 간격을 넘어 다른 사람들과 영적으로 교제할 수 있다.[12] 벨커의 이러한 주장은 사도 바울이 고린도교회에 보낸 편지에서 한 다음과 같은 말을 근거로 한다. **"내가 실로 몸으로는 떠나 있으나 영으로는 함께 있어 거기 있는 것 같이 이런 일 행한 자를 이미 판단하였노라"**(고전 5:3). 사도 바울과 고린도 성도 사이의 이 같은 영적 교제는 그리스도 안에서 한 몸을 이룬 성도들 사이에 성령을 통해 이뤄지는 '성도의 교제 (the communion of saints)'라 할 수 있다. 이러한 '성도의 교제'는 성령의 초월성으로 말미암아 시간과 공간의 차이를 넘어 '거룩한 공교회(the holy catholic church)' 안에서 이루어지는 교제이기 때문에 마땅히 지금 현존하지 않는 사람들, 성경 속 인물과의 사이에도 가능한 일이다. 우리는 사도 바울의 말대로 성령 안에서 그 성경 속 인물들과 "함께할($\pi\alpha\rho\epsilon\iota\mu\iota$)" 뿐 아니라 그들에 대해 올바른 "판단($\kappa\rho\iota\nu\omega$)"을 할 수 있다. 다시 말해 우리는 성령 안에서 그들의 마음을 공감하며 동시에 그들의 마음을 식별할 수 있다는 것이다. 그런데 여기서 중요한 점은 그들 성경인물들에

---

12) Michael Welker ed., *The Depth of the Human Person: A Multidisciplinary Approach* (Grand Rapids, MI: Eerdmans, 2014), 53.

대한 우리의 이러한 공감적 이해와 식별이 우리 안에 계신 성령으로 말미암아 가능한 일이라는 점이다.[13] 우리는 우리 안에 계시지만 우리를 초월하시는 성령을 통해 우리를 넘어 그들과 교제할 수 있다.

요컨대 성령은 우리 자신을 넘어 성경 속 인물들의 마음을 이해할 수 있게 하시고 또한 그들을 향한 하나님의 마음과 생각을 알게 하신다. 성령은 이렇게 비단 그 성경인물들만 아니라 우리를 향한 하나님의 마음과 생각을 알게 하심으로써 우리가 그 하나님의 마음과 눈을 통해 우리 자신을 돌아보게 하신다.

심리비평적 성경해석

성경을 심리학적 관점에서 해석하려는 시도는 이제껏 다양한 방식으로 이루어져 왔다. 그 중에서 주목할 만한 근래의 시도 중 하나는 웨인 롤린스 Wayne G. Rollins 의 **심리비평적 접근**(psychological-critical approach)이다. 롤린스는 칼 융 Carl G. Jung 의 심리학적 관점에 따라 우리가 성경에서 만나는 성경인물들의 마음을 단지 그들 개인의 심리가 아니라 인류 보편의 심리라고 보는 관점을 취한다.[14] 다시 말해 성경을 통해 우리가

---

13) 벨커는 굳이 성령의 역할을 말하지 않아도 "영적 존재"인 인간들 사이에는 원래부터 이처럼 시간적, 물리적 간격을 넘어서는 영제 교제가 가능하다고 주장한다. Michael Welker ed., *The Depth of the Human Person*, 54. 그러나 이러한 주장은 논란의 여지가 있는 것이다.

14) Wayne G. Rollins, *Soul and Psyche: The Bible in Psychological Perspective*

경험하는 그들의 마음은 단지 그들의 마음이 아니라 우리 자신을 포함한 모든 사람들 안에 내재한 심리라는 것이다. 이 같은 관점은 성경을 심리학적으로 이해하는 데 몇 가지 중요한 이점들을 지닌다. 첫째로 그것은 성경의 역사성이나 사실성에 관한 끝없는 논쟁을 우회할 수 있게 한다. 우리가 주목하는 것이 특정개인이 아니라 우리 자신을 포함한 인류보편의 심리라고 할 때 우리는 특정 성경인물의 역사성이나 그 이야기의 세세한 사실여부에 천착할 필요가 없기 때문이다. 또 한 가지 롤린스의 접근이 우회할 수 있게 하는 어려운 난제 중 하나는 바로 우리가 성경을 읽을 때 일어나는 **투사적 자기동일시**(projective identification)의 문제이다. 즉 롤린스의 관점에 따를 때 우리는 더 이상 우리가 성경을 읽으며 만나는 성경인물들의 마음이 실제로 그들의 마음인지 아니면 우리 자신의 내적 투사에 지나지 않은지 의심할 필요가 없어진다. 왜냐하면 우리 안에 있는 어떤 심리를 우리가 그들에게서도 발견한다고 할 때 그것은 어느 한 편만의 것이 아니라 인류 보편심리의 예증(例證)이라 볼 수 있기 때문이다.

이러한 롤린스의 접근방식은 실제로 성경을 통해 하나님께서 우리에게 말씀하시는 방식에 부합하는 면이 있다. 성경은 실제로 우리 개개인에게 직접 말을 건네기보다 창세이래 이 땅에 살아온 사람들의 보편심리에 대해 이야기함으로 우리 개인에게도 말씀한다고 볼 수 있기 때문이다. 다시 말해 성경은 우리 안에 있는 그 보편적 **'아담**(the Adam)'에 대

(Minneapolis, MN: Augsburg Fortress, 1999), 100.

칼 융 Carl G. Jung 이 여러 종교의 보편적 원형들
(archetypes) 중 하나라고 본 뱀의 형상

해 이야기함으로 우리 개개인에게도 이야기하신다. 그러나 이것은 그
렇기 때문에 성경을 통해 특정 개인으로서의 그 성경인물들과 우리 사
이의 만남이 이루어지지 않는 것이 아니라 실제로 그런 만남이 이루어
진다는 의미로 이해할 수 있다. 우리는 그들에게와 마찬가지로 우리 안
에도 있는 그 '아담'을 통해 실제의 그들과 만난다.

그런데 방금 이야기한 장점들과 더불어 롤린스의 융Jung 심리학적 접
근이 가진 중요한 약점이 하나 있다. 그것은 곧 이런 접근이 위에서 말
한 투사적 동일시(projective identification)의 문제를 넘어서는 것이 아니라
오히려 그 함정에 빠지는 것이 될 수 있다는 점이다. 즉 실제로 우리는
그렇게 성경을 읽는 과정에서 우리가 가진 생각이나 감정을 성경인물

에게 투사하여 그것을 성경인물 내지 하나님의 마음과 동일시하게 될 가능성이 있다. 물론 어떤 방식의 성경 해석도 사실 이처럼 해석자 자신의 주관적 생각이나 관점을 성경에 투사해서 성경인물(기자)의 마음과 동일시하는 문제로부터 완전히 자유롭지 못하다. 누구도 자신의 주관적 관점을 벗어나서 성경을 읽을 수는 없기 때문이다. 그런데 특히 롤린스의 그것과 같이 분석심리학에 기초한 성경 해석이 빠지기 쉬운 오류는 해석자 자신 안에 있는 어떤 것을 영원한 것으로, 심지어는 신적인 실재(divine reality)로 간주하여 그것을 성경 속에서까지 확인하려는 시도이다.[15] 이러한 시도는 그러나 일찍이 포이에르바흐 Ludwig Feuerbach 가 지적한대로 인간 자신에게 있는 것을 하나님에게 투사하여 하나님과 동일시하는 **인간학적 신학**(anthropological theology)의 혐의가 있다.[16]

하나님은 그러나 우리 자신과 다른 분이다. 우리가 성경 속에서 하나님의 마음과 생각을 공감할 수 있는 것은 하나님이 우리와 다르지 않기 때문이 아니라 우리와 다른 하나님이 그런 차이에도 불구하고 성령을 통해 우리 안에 자신을 계시하시기 때문이다. 우리가 하나님의 마음을 공감한다고 할 때 하나님 자신은 바르트의 표현처럼 우리에게 알려

---

15) 융심리학에 의하면 인간의 무의식 속에는 '누미노제(numinose),' 즉 어떤 성스러운 것이 있다고 믿는다. Len Sperry and Edward P. Shafranske eds., *Spirituality Oriented Psychotherapy*, 최영민, 조아라, 김민숙 옮김, 「영성지향 심리치료」 (서울: 하나의학사, 2005), 56.

16) Karl Barth, "Ludwig Feurbach," in Karl Barth and Thomas F. Torrance, *Theology and Church: Shorter Writings 1920–1928* (New York, NY: Harper & Row, 1962), 223.

지는 동시에 감춰지고 있다는 사실을 잊지 말아야 한다.[17] 때문에 우리는 하나님의 마음을 공유하면서도 그런 우리 지각의 유한성을 인정하고 그 너머에 계신 하나님을 항상 기억해야 한다. 사실 우리가 성경을 읽는 의의 중 하나는 바로 이렇게 우리 자신의 한계를 돌아보는 데 있다고 할 수 있다.

성경을 통한 자기성찰

우리가 하나님의 마음을 아는 것은 우리 자신을 통할 수밖에 없지만 우리는 하나님의 마음을 우리 자신의 마음과 단순히 동일시해서는 안 된다. 이것은 인간상호간의 공감에서도 역시 마찬가지이다. 예컨대 심리상담에서 상담자는 자기 자신의 경험과 생각에 비추어 상대방을 이해하지만 내담자의 경험을 단순히 상담자 자신의 것과 동일시해서는 안 된다. 상담자가 내담자를 이해하면서 자신의 이해의 그런 한계를 인정할 때 비로소 상담자는 진정으로 내담자를 공감하고 있는 것이라 할 수 있다. 그런데 이것은 하나님에 대한 우리의 공감적 이해 역시 마찬가지이다. 우리는 하나님을 공감하면서도 그런 우리의 이해의 한계를 늘 인식해야 한다.

심리학에서 융 심리학 외에 주관/객관의 이분법을 넘어서는 또 하나

17) Karl Barth, 『교회교의학』 II/1, 210.

의 심리학적 관점을 찾는다면 로버트 스톨로로우RobertStolorow 등이 제
시한 **상호주관적 관점**(intersubjective perspective)을 들 수 있다. 이 상호주
관적 관점은 심리상담에서 상담자의 내담자에 대한 완전히 객관적이고
중립적 이해는 사실상 불가능하다고 보는 관점이다.[18] 상호주관적 관
점에 의하면 두 사람은 불가피하게 자신의 주관적 경험과 시각에 비추
어 서로를 이해할 수밖에 없는데, 사실상 이러한 주관적 이해는 보이
지 않는 서로의 마음을 이해하는 유일한 길이 된다. 이것을 우리가 성
경을 읽으며 성경인물(기자)들을 이해하는 과정에 적용해 보자면 그것
은 곧 우리가 우리 자신의 경험이나 생각에 비추어 그들을 이해하는 것
은 그들의 진실을 왜곡하는 것이 아니라 오히려 그 진실에 다가가는 사
실상 거의 유일한 길이라는 의미가 된다. 요컨대 상호주관적 관점은 곧
우리가 대상을 객관적, 중립적으로 분석하는 것보다 더 깊은 이해가 두
사람의 주관세계가 만나는 '상호주관적 장(the intersubjective field)'에서 이
루어진다는 것이다.[19] 우리는 우리가 성경을 읽는 과정에서도 하나님과
우리 사이, 성경인물(기자)들과 우리 사이에 이러한 상호주관적 장이 형
성되고 그 곳에서 상호공감적 이해가 이루어진다고 볼 수 있다. 그런데
상호주관적 관점은 동시에 이러한 상호주관적 경험을 통해 이루어지는
자기 자신에 대한 성찰과 변화를 강조한다.

---

18) Donna M. Orange, George E. Atwood, and Robert D. Stolorow, *Working intersubjectively: Contextualism in Psychoanalytic Practice* (New York, NY: The Analytic Press, 2001), 40-41.

19) Ibid., 43.

인간의 상호관계에 주목하는 심리학자들은 인간이 유아기부터 타인과의 **상호주관적 상호작용**을 통해 성숙해 간다고 이야기한다.[20] 여기서 상호주관적 상호작용이란 자신을 넘어 타인의 경험에 공감적으로 참여하며 그러한 경험을 통해 세상과 자신에 대한 이해를 넓혀 가는 것을 뜻한다. 이것이 바로 심리학에서 말하는 성숙이다. 반대로 심리학자들은 자신과 타인에 대한 이해가 자신의 주관적 인식에 고착되어 있는 상태를 일컬어 '자기매몰(self-embeddedness)'이라 부른다.[21] 사람들은 성숙해 가면서 다양한 사람들과의 만남 속에 점차 이러한 미성숙한 자기매몰에서 벗어나게 된다. 그런데 실제로 우리가 주변에서 자주 발견하는 것은 이러한 자기매몰에서 벗어나기보다 오히려 그러한 매몰에 더 깊이 빠져 들어가는 역기능적 인간관계들이다. 상담에서 종종 발생하는 전이/역전이(transference/counter-transference)가 그 예라고 할 수 있다. 전이/역전이 상황에서 상담자와 내담자는 서로의 진정한 모습을 보지 못하고 각자의 매몰된 시각에 빠져 있다. 역기능적 가족이나 사이비 종교 집단 등에서 발견되는 가학적/피학적 관계, 동반의존적 관계 등도 그러한 매몰의 예라 할 수 있다. 성숙을 위해 우리는 이러한 심리적 매몰에서 벗어나 자신과 상대방을 더 온전하게 보는 눈이 열려야 하는데, 현실에서 그러한 눈을 가진다는 것은 사실 쉬운 일이 아니다.

---

20) David J. Wallin, *Attachment in Psychotherapy*, 김진숙, 이지연, 윤숙경 공역, 『애착과 심리치료』 (서울: 학지사, 2010), 86.

21) 위의 책, 202.

그러나 우리는 우리 우리 안에 계신 성령으로 말미암아 그러한 우리의 내적 매몰에서 벗어날 수 있다. 우리가 우리 내면의 속박으로부터 자유케 되는 길은 우리 자아가 없어지는 것이 아니라 성령 안에서 자기를 넘어서는 길이다. 성령은 우리로 하여금 하나님 안에서 자신을 넘어 타인과 자신을 새롭게 볼 수 있는 눈을 열어주신다. 하나님의 마음과 눈을 통해 상대방을 이해하며 동시에 자신을 돌아볼 수 있게 하시는 것이다. 비유컨대 우리의 관계 속에서 하나님은 방패연의 양쪽 줄이 서로 얽히지 않도록 붙잡아주는 제3의 목줄과 같다. 하나님은 우리가 서로에게 융합되거나 매몰되지 않고 서로 건강한 거리를 유지할 수 있도록 도우신다. 이렇게 우리의 상호관계가 건강해지는 것은 곧 우리가 우리 자신과 상대방을 바라보는 시각이 건강해진다는 것이다. 이렇게 될 때 우리는 하나님을 보는 눈 역시 건강해지게 된다. 즉 우리의 왜곡된 하나님상(像)이 새로워진다. 이 책에서 저자의 주장은 바로 이와 같은 변화가 현실의 인간관계에서만 아니라 성경 속 인물과의 만남에서도 이루어진다는 것이다.

저자는 위에서 성경 속 인물들과의 만남이 현실의 만남은 아니지만 역시 성령 안에서 이루어지는 실제적 만남이라 주장했다. 즉 그것이 단순히 우리 자신의 투영과의 만남이 아니라 하나님 안에서 우리 자신을 넘어 그 성경 속 인물들과의 사이에 실제로 이루어지는 '성도의 교제'라는 것이다. 우리는 하나님과 우리 사이뿐 아니라 성경인물들과 우리 사이에 형성된 '상호주관적 장'에서 그들을 만나고 또 우리 자신을 돌아

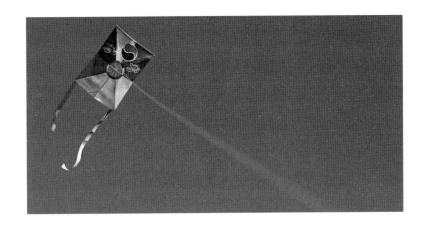

볼 수 있게 된다. 특별히 이러한 성경 속의 만남은 현실의 만남과 달리 현실과 거리를 둔 만남이기 때문에 오히려 그 거리를 통해 우리 자신에 대한 성찰이 더 잘 이루어질 수 있다. 그러나 여기서 다시 한 번 더 강조할 것은 성경 자체가 우리로 하여금 그러한 자기성찰과 성숙에 이르게 하는 것은 아니라는 사실이다. 우리의 자기성찰과 성숙은 성경을 읽는 과정에 하나님께서 함께하시기 때문에 가능한 일이다. 우리가 하나님의 마음으로 성경인물들의 경험과 마음을 공감하고 또 그것을 통해 우리 자신을 돌아보게 될 때 비로소 우리는 우리 자신과 세상, 그리고 하나님을 새롭게 이해하게 된다. 바로 이런 의미에서 우리의 영적 성숙과 인격 성숙은 서로 맞물려 있는 과정이라 할 수 있다.

성경해석학: 지평융합과 우회적(迂廻的) 신학

성경을 읽는 과정이 우리가 하나님을 더 온전히 알아가는 동시에 스스로 변화되어 가는 과정이라는 것은 기존의 성경해석학(biblical hermeneutics) 역시 꾸준히 강조해 온 바이기도 하다. 예컨대 앤서니 티슬턴 Anthony C. Thiselton 같은 성경학자는 한스 가다머 Hans G. Gadamer 의 해석학이론에 의거하여 해석자와 성경 사이의 만남을 "두 지평간의 융합 (the fusion of horizons)"이라고 설명한다.[22] 이러한 두 지평의 융합으로 일어나는 일은 곧 해석자 자신의 '존재적 변화'이다.[23] 이것은 그 두 지평의 융합을 통해 해석자가 가진 선(先)이해가 재구성되기 때문이다. 가다머에 의하면 해석자가 먼저 그 대상에 대해 선이해를 가진 것은 불가피한 일이며 그러한 선이해는 오히려 대상 이해의 기초가 되는 것이다.[24] 그러나 진정한 이해가 일어난다는 것은 해석자가 가진 그러한 선이해가 도전받는다는 것이며 그것을 통해 해석자의 생각과 존재 자체의 변화가 일어난다는 것이다.

우리는 여기서 가다머가 말하는 '지평융합(fusion of horizons)'이 스톨로

---

22) Anthony C. Thiselton, *The Two Horizons*, 박규태 옮김, 『두 지평:성경 해석과 철학적 해석학』 (서울: IVP, 2017), 47.

23) 이와 유사한 관점의 국내논의로는 신국원, "가다머의 철학적 해석학이 신학에 미친 영향," 『철학탐구』 32 (2012. 11), 283-312 참조.

24) Hans G. Gadamer, *Wahrheit und Methode*, 임홍배 역, 『진리와 방법 2』 (서울: 문학동네, 2000), 152-153.

로우 R. Stolorow 등이 말하는 상호주관적 이해 과정과 서로 비슷한 면이 있다는 점을 알 수 있다. 둘은 공통적으로 타자의 이야기에 동참하면서 해석자 자신이 변화되는 과정을 설명하고 있다. 그러나 가다머의 이론이 말하는 '존재적 변화'는 다분히 언어적/인식론적 차원의 변화이기 때문에 우리가 성경을 읽으면서 일어나는 전인적 변화를 충분히 설명하지 못한다. 성경 속에서의 우리의 이해는 머리로만 아니라 마음으로 이루어지는 공감적 이해이며 성경을 통한 우리의 변화는 비단 인식적 차원만 아니라 우리의 정서나 태도를 포함한 전인적 차원의 변화이기 때문이다. 그러므로 이러한 전인적 차원에서의 변화를 설명하기 위해서는 성경을 읽는 과정에서의 '지평융합'이 단지 언어적/인식적 차원만 아니라 심리적 차원을 포함한 전인적 차원에서의 두 주체간의 만남으로 재해석될 필요가 있다.

물론 가다머는 슐라이어마허 F. Schleiermacher 가 말한 '심리적 해석 방식(psychological hermeneutical method)'을 비판한 사람들 중 하나이다. 슐라이어마허가 말한 '심리적 해석방식'이란 곧 저자의 마음을 독자가 저자보다 더 잘 알아서 저자가 말하는 것 이면의 심층적/심리적 의미를 파악하는 방식을 말한다.[25] 그러나 가다머는 독자가 이렇게 저자의 마음을 저자 자신보다 잘 아는 것이 가능하지도 않고 필요하지도 않은 일이라고 본다. 가다머의 제안은 다만 글이 쓰여진 당시의 상황에 들어가 최대한 그 원래의 맥락에서 그 내용을 이해하려는 노력이다. 그런데 우

---

25) Hans G. Gadamer, 『진리와 방법 2』, 37.

리는 가다머가 제안한 이러한 맥락적 해석방식이 사실은 슐라이어마허가 제안한 심리적 해석방식과 전혀 다른 것이 아니라는 점을 알 수 있다. 실상 양자는 동일하게 당시의 상황을 최대한 당시 사람들의 입장에서 그들이 경험한 그대로 이해하려는 노력, 심리학의 용어로 말하자면 '공감적 이해(empathic understanding)'의 노력을 강조한 것이라 볼 수 있기 때문이다.

이러한 기본적 공통점에도 불구하고 가다머가 슐라이어마허의 심리적 해석을 비판한 것은 슐라이어마허에게 남아 있는 '낭만주의'를 청산하려 한 것이겠지만 실상 슐라이어마허의 해석학 근저에는 낭만주의 이전에 하나님의 성령에 대한 믿음이 있었다. 그것은 곧 인간으로 하여금 하나님 및 성도들간의 영적 교제(spiritual communion)를 가능케 하는 성령에 대한 믿음이었다.[26] 비록 슐라이어마허는 기독교해석학을 넘어 일반해석학의 논의로 나아갔지만 우리는 그의 해석학 저반에 이러한 기독교 신앙이 깔려 있는 것을 알 수 있다. 즉 그는 해석의 과정이 개인적인 것이 아니라 서로 다른 주체들간의 영적 교감의 과정이라 믿었던 것이다.[27] 우리 역시 이러한 슐라이어마허의 믿음과 관점에 따라 성경을 읽는 과정을 성경인물(기자)들을 포함한 신앙공동체 안의 영적 교감

---

26) "성령은 하느님의 본질과 인간의 본성의 연합으로서 신자들의 삶 전체에 혼을 불어넣는 공동의 영의 형식 속에 존재한다." Friedrich Schleiermacher, *Der Christliche Glaube*, §123; 심광섭, 『공감과 대화의 신학: 프리드리히 슐라이어마허』 (서울: 신학과 지성사, 2015), 720에서 재인용.

27) 이에 대한 보다 상세한 해설은 이병옥, "슐라이어마허의 해석학적 주체성 이론," 『철학과 현상학 연구』, 25 (2005), 135-57 참조.

의 과정으로 볼 수 있다.

한편 가다머 이후 언어철학 쪽으로 기운 해석학을 다시 심리학 및 신학과 연결시킨 것이 폴 리쾨르 Paul Ricoeur 이다. 흥미롭게도 리쾨르는 프로이트의 정신분석 대화에서 그의 신학적 해석학 모델을 발견한다.[28] 그런데 사실 우리는 이 프로이트의 정신분석적 대화야말로 슐라이어마허가 말한 "저자(내담자) 자신보다 저자(내담자)의 내면을 더 잘 파악하는"'심리적 해석 방식'이라 볼 수 있다.[29] 리쾨르가 보기에 이러한 프로이트의 정신분석은 내담자와 상담자가 가진 심리적 환상과 자기기만에 대해 '의심의 해석학(hermeneutics of suspicion)'을 시도함으로써 그가 생각하는 보다 바람직한 신학의 길을 예시했다. 물론 신학의 경우 의심의 대상은 내담자가 아니라 바로 우리 자신이 가진 믿음이다. 리쾨르가 생각한 보다 온전한 신학은 대상을 우리의 기존 믿음으로 환원시키는 것이 아니라 도리어 그것과의 대화를 통해 우리가 가진 믿음을 해체하는 '우회적 방식(detour)'의 신학이다. 그는 우리가 이러한 우회적 방식을 통해서만 "전적인 타자(the Wholly Other)"인 하나님에게 다가설 수 있다고 보았다.[30]

그런데 여기서 우리가 기억해야 할 것은 우리가 성경을 통해 참 하

---

28) Paul Ricoeur, *De l'interpretation*, 김동규, 박준영 공역, 「해석에 대하여: 프로이트에 관한 시론」(서울: 인간사랑, 2013), 769–770 참조.

29) Hans G. Gadamer, 「진리와 방법 2」, 28.

30) Richard J. Bernstein, *Pragmatic Encounters* (New York: Routledge, 2016), 216.

나님을 만날 수 있는 것은 다만 그것을 통해 우리가 기존에 가진 믿음을 의심하기 때문만은 아니라는 사실이다. 우리가 성경을 통해 하나님을 만날 수 있는 것은 그 전에 전적인 타자이신 하나님이 우리의 그러한 한계에도 불구하고 먼저 우리에게 자신을 나타내시기 때문이다. 하나님은 성령으로 말미암아 우리에게 자신을 나타내시되 특별히 위에서 살펴본 것처럼 우리 마음 속에서 당신을 나타내신다. 그런데 성경을 통한 이러한 하나님과의 내적 만남은 성경인물(기자)들이라는 제3의 인물들을 통하여 우회적으로 이루어지는 만남이다. 우리는 성경을 통해 그들 성경인물(기자)들의 마음을 공유할 뿐 아니라 그들을 향한 하나님의 마음을 공유하게 된다. 이러한 과정을 통해 얻어지는 하나님 지식은 객관적이고 분석적인 방법으로 얻는 지식과 다르다. 또한 그것은 단지 고정적 신념을 의심하고 해체함으로 얻어지는 지식도 아니다. 그것은 성령 안에서 살아 계신 하나님 및 성경인물(기자)들과의 내적 교감을 통해 얻어지는 전인적 지식이라 할 수 있다. 이러한 방식으로 하나님을 더 깊이 알아가는 과정을 우리가 리쾨르의 표현대로 '우회적 방식'의 신학이라 부른다면 그것은 우리가 자신을 넘어 성경인물(기자)들이라고 하는 제3자들의 이야기에 동참하는 방식의 '우회'를 통한 신학이다.[31] 이러한 우회는 우리로 하여금 내면의 우상을 벗고 하나님을 새롭게 만나는 과정이 될 수 있다.

---

31) 김용민, 『해석학적 목회상담』 (서울: 엘도른, 2011), 116과 250 참조.

엠마오 가는 길 Robert Zünd 作

나오며: 만남과 자기성찰의 여정(旅程)

이제 다음 장에서부터 우리는 구체적인 성경 이야기 속으로 들어가 그처럼 성령 안에서 성경 속 인물들을 만나고 또 그것을 통해 하나님을 만나는 여정을 시작하려 한다. 이것은 곧 성경인물들의 삶에 동참하며 그들의 이야기를 통해 우리 자신과 자신의 신앙을 돌아보는 과정이다. 특별히 우리는 여러 심리학의 도움을 받아 그들 성경인물들의 내면을 이해하고 그들의 그러한 내면이 어떻게 그들의 인간관계와 하나님 관계에 영향을 끼쳤는지 살펴볼 것이다. 이런 과정을 통해 우리는 그들을 거울삼아 그들에게 비춰진 우리 자신의 모습을 돌아보게 될 것이다.

그것은 또한 성경 속에서 하나님께서 어떻게 그러한 그들을 만나주시고 그들의 내적 문제를 다루셨는지 살펴보며 우리 자신과 하나님의 관계도 새롭게 하는 과정이 될 것이다.

제2장
원(元)인류의 심리학

'하나님의 얼굴'을 피한
최초의 인류

'하나님의 얼굴'을 피한 최초의 인류

원역사(元歷史)의 '진실'

성경의 이야기들은 심지어 신약의 기록들조차 그 역사적 사실성을 의심받고 있다. 특히 그 중에서도 이른바 원역사(Urgeschichte)라 불리는 창세기 1장부터 11장까지의 이야기들은 역사적 사실 그대로를 기록한 이야기라 보기 어렵다는 것이 학계의 통설이다. 물론 신학적 입장에 따라 그것을 후대 사람들의 완전한 창작으로 보는 입장과 문자 그대로의 사실은 아니더라도 어느 정도 역사적 진실성을 내포한 것이라고 보는 입장 사이의 다양한 견해차가 존재한다. 저자의 입장은 후자에 가깝지만 본 장에서 저자의 의도는 저자가 왜 이런 입장이 더 타당하다고 보

지그문트 프로이트 Zigmund Freud

는지 역사적 증거나 성경학적 근거를 제시하는 데 있지 않다. 저자는
다만 이 원역사의 이야기들을 통해 하나님께서 지금도 우리에게 말씀
하고 계시는 '진실'이 무엇인지 이해하고자 할 따름이다. 저자는 이 원
역사의 이야기들 속에 하나님이 전하고자 하는 '진실'이 있다고 믿고,
또 이런 믿음에 기초하여 이 원역사의 이야기들 역시 어느 정도 역사성
과 진실성을 가진 것이라 믿는다. 이것은 앞 장에서도 밝힌 바와 같이
하나님께서 진실되지 않은 이야기를 통해 우리에게 당신에 관한 진실
을 전하신다는 것이 불합리하다고 생각하기 때문이다.

그러면 하나님이 이 원역사의 이야기들을 통해 우리에게 전하고 계
신 그 '진실'은 어떤 것일까? 본 장은 특별히 이 원역사의 이야기들 중

에서도 창세기 2~4장에 나오는 인류최초의 가족에 관한 이야기에 주목하려 한다. 그렇다면 물음을 바꿔 특히 이 창세기 2~4장에 나오는 인류 최초의 가족 이야기, 특히 그들의 배반과 살인에 관한 이야기를 통해 하나님께서 우리에게 말씀하시는 '진실'은 무엇인가? 이에 대한 답을 찾는 시도는 실로 다양한 관점에서 이루어질 수 있고 또 이미 그렇게 이루어져 왔다. 그런데 그 중에서도 특별히 우리가 주목하는 것은 바로 심리학적 관점에서 본문을 해석하고 그 속에 담긴 메시지를 찾으려는 시도이다. 그런데 이렇게 심리학적 관점에서 창세기 2~4장의 사건들을 해석하고 설명한 시도들만 하더라도 이제까지 매우 다양한 방식으로 무수히 이루어져 온 것을 볼 수 있다. 그 중에서 가장 주된 것은 역시 프로이트심리학이나 융심리학 같은 이른바 심층심리학(depth psychology)에 기초한 해석들이다. 그 외에도 발달심리학 등에 의거한 해석들을 일부 찾아볼 수 있는데, 이 같은 시도들을 매우 간략히만 예시하자면 다음과 같다.[1]

(a) **프로이트심리학의 관점에서 창세기 2~4장 읽기: 오이디푸스적 심리드라마**

창세기 원역사에 대한 전형적인 프로이트적 해석은 루드비히 레바

---

1) 이러한 분류는 대체로 D. Andrew Kille, *Psychological Biblical Criticism* (Minneapolis, MN: Fortress Press, 2000)과 Wayne G. Rollins & D. Andrew Kille ed., *Psychological Insight into the Bible: Texts and Readings* (Grand Rapids, MI: Eerdmans, 2007)에 따른 것이다.

이 Ludwig Levy 에게서 일례를 찾아볼 수 있다. 레바이는 창세기 3장의 인간 타락 기사를 성행위에 대한 상징적 표현으로 본다. 즉 "먹다," 또는 "안다"는 표현은 성행위의 상징적 표현으로 아담과 하와가 선악과를 먹은 후 선악을 알게 되고 수치심을 갖게 되었다는 것은 두 사람이 성경험을 통해 성인이 되었다는 것을 시사한다.[2] 게자 뢰하임 Geza Röheim 의 경우는 창세기 3장을 오이디푸스적 갈등의 표현으로 해석하는데, 그는 선악과를 맺는 나무가 어머니의 생산성과 금기를 동시에 상징한다고 주장한다.[3] 한편 최근 일료나 라쉬코프 Ilona Rashkow 같은 여성심리학자의 경우는 여성주의적 관점에서 창세기 이야기 곳곳에 점철된 남근중심주의(phallocentrism)를 비판하기도 한다.[4]

ⓑ 융심리학적 관점에서 창세기 2~4장 읽기: *자의식(自意識)의 탄생*

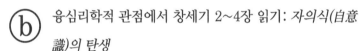

칼 융 Carl Jung 에 의하면 창세기 3장의 이야기는 인간이 유아기의 무의식적 자족 상태에서 성인의 자의식(self-consciousness)에 이르는 과정을 표상한다. 융은 이렇게 성경이 '인간의 타락'으로 묘사하고 있는 과정에 '인간 성숙의 과정'이라는 긍정적 의미를 부여했는데, 이후 융심리학자들의 해석 역시 대체로 동일한 기조를 따르고 있다. 이들에

---

2) D. Andrew Kille, *Psychological Biblical Criticism*, 61.

3) 위의 책, 65.

4) Wayne G. Rollins & D. Andrew Kille, *Psychological Insight into the Bible*, 50-52.

의하면 실락원(失樂園)은 인간 실존의 모순과 부조리, 갈등의 직면을 의미하지만 이것은 자의식(self-consciousness)의 발달에 있어 불가피한 과정이다. 이런 의미에서 인간이 잃어버린 낙원은 진정한 낙원이 아니라 유아적 무지(無知)의 세계일 뿐이다. 그러나 새로운 자의식의 단계로의 성장은 인간에게 막연한 불안과 의심을 낳는데 이것이 바로 종교적 죄의식의 원형이다.[5]

ⓒ 발달심리학적 관점에서 창세기 2~4장 읽기: *유아기에서 성인으로의 성장과정*

실락원의 이야기를 '죄와 타락'이 아니라 '성숙'의 과정으로 보는 해석은 이미 위에서 본 대로 칼 융이나 에리히 프롬 Erich Fromm 등에게서 찾아볼 수 있다. 이후 발달심리학의 발전에 따라 발달심리학 이론에 기초한 원역사 해석이 시도되었는데 린 벡텔 Lyn M. Bechtel 의 해석이 그 일례이다. 벡텔은 창세기 2:4~3:24이 인간의 유아기로부터 성인으로의 성장과정을 매우 집약적이고 상징적으로 표현하고 있다고 주장한다. 벡텔에 의하면 '뱀'은 청소년기의 성욕일 뿐 아니라 변칙적이고 일탈적인 성향을 표상한다. 선악과를 먹은 이후 아담과 하와가 갖게 된 수치심은 단순히 자신들의 '벌거벗음'에 대한 것이 아니라 사회화의 과정 속에서 갖게 되는 자의식을 의미한다. 벡텔에 따르면 그들의 불순종은 실상 그들과 하나님(부모 또는 다른 권위자들의 표상)

---

5) D. Andrew Kille, *Psychological Biblical Criticism*, 92.

아담과 이브 Albrecht Dürer 作

과의 관계를 단절시키지 않고 오히려 더 높은 차원의 소통으로 이끌고 있다.[6]

이 같은 심리학적 해석들에서 우리가 발견할 수 있는 한 가지 공통점은 성경 이야기를 인간 자신을 해독(解讀)하기 위한 일종의 암호집(暗號集)처럼 사용하고 있다는 점이다. 그런데 실제로 그들이 이 '암호집'과 대조(對照)해서 보는 주된 자료는 인간 심리를 해석한 심리학 이론들이다. 요컨대 그들은 성경과 심리학이라는 두 개의 코드집을 활용하여 인간을 해독하고 있는 것이다. 이러한 노력을 우리는 한 마디로 인간학

6) 위의 책, 118.

적 탐구(anthropological inquiry)라고 규정할 수 있지만 이것을 우리가 신학적 탐구(theological inquiry)라고 보기는 어렵다. 그것이 하나님에 대해 알아가거나 하나님의 메시지를 식별하고자 하는 노력이라고 보기 어렵기 때문이다. 위와 같은 성경 해석들에서 하나님은 '뱀'이나 '나무' 등과 마찬가지로 인간 내면의 무의식적 투사(projection)의 하나로 간주될 뿐이다. 즉 하나님에 대한 해석 역시 인간 자신의 감춰진 심층적 일면에 대한 해석일 따름이다. 이러한 성경해석들은 인간 자신에게 주목하고 있을 뿐 하나님을 바라보고 있지 않다.

저자는 보다 정당한 성경해석은 성경에 인간 자신을 비춰볼 뿐만 아니라 성경을 통해 우리에게 말씀하시는 하나님을 바라보는 방식이라 믿는다. 목회상담학자 웨인 오츠 Wayne Oates 의 표현을 빌자면 성경해석은 텍스트와 해석자만이 아니라 하나님을 포함한 **삼자간의 대화** (trialogue)가 되어야 한다. 위에서 살펴본 심리학적 성경 해석들은 텍스트와 해석자만 있는 성경 해석이라는 의미에서 양자대화(dialogue)에 가깝다. 혹은 성경에 대한 전통적인 기독교적 해석에조차 별로 귀 기울이고 있지 않다는 의미에서 대화(dialogue)라기보다 독백(monologue)에 더 가깝다고 해야 할지 모른다. 위의 성경 해석들은 다분히 성경의 내용을 해석자 자신의 심리학적 세계관에 환원시키는 방식으로 이루어지기 때문이다. 다시 말해 이런 성경 해석은 해석자 자신의 관점에 매몰된 해석이라고 볼 수밖에 없다. 성경 해석이 이러한 매몰에서 벗어나 하나님을 포함한 삼자간의 대화가 되기 위해서는 먼저 성경 본문 자체가 말하는 바와 거기에 대한 전통적인 신학적 해석에도 귀 기울여야 한다.

실락원(失樂園), 관계적이며 내면적 사건

　이제까지 창세기 2~4장의 이야기, 특히 인간타락기사에 대해 이루어진 전통적 기독교 신학의 해석 역시 매우 다양하여 한 마디로 정리하기는 어렵다. 그러나 인간 타락에 대한 많은 신학적 해석들이 공통적으로 말하고 있는 한 가지가 있다면 그것은 곧 인간타락이 **하나님과의 관계 단절**(separation from God)을 의미한다는 것이다. 그러나 이 '단절'이 무엇을 의미하는지에 관해서는 다시 교부신학으로부터 현대신학에 이르기까지 매우 다양한 해석들이 존재한다. 성경을 읽으면 아담 이후에도 하나님은 계속 인간과 관계를 지속하며 그들을 보살피고 계신 것을 볼 수 있다. 따라서 하나님과의 관계 단절은 문자 그대로의 단절이 아니라 하나님과의 관계의 어떤 중요한 측면이 상실됐다는 의미로 이해해야 할 것이다. 그렇다면 타락으로 인해 인간이 상실한 이 하나님과의 관계의 중요한 측면이란 무엇인가?

　이 질문에 대한 신학적 대답 역시 역사적으로 분분하지만 저자는 본서에서 그 답을 칼 바르트의 **신학적 인간론**(theological anthropology)에서 찾는다. 그것은 곧 인간이 타락으로 잃어버린 것이 성삼위(聖三位)하나님에게서 발견되는 신뢰와 사랑의 관계라는 것이다. 바르트에 의하면 하나님은 인간을 하나님 자신의 이러한 관계성을 모델로 삼아 서로 사랑하고 신뢰하는 관계적 존재로 창조하셨다.[7] 그래서 인간이 타락으로 말미암아 상실하게 된 것은 바로 그 하나님 안에서 발견되는 신뢰와 사랑의 관계라는 것이다. 하나님은 원래 이 같은 관계가 인간 실존의 두 가지 차원에서 구현되도록 기획하셨다. 첫째 그러한 사랑과 신뢰의 관계가 인간과 하나님 사이에 구현되기 원하셨고, 둘째는 그것이 인간들 서로간의 관계에서도 실현되도록 기획하셨다. 그러나 인간은 결국 타락으로 인해 이 두 가지 차원, 즉 하나님과의 관계와 인간상호관계에서 그러한 하나님 형상을 잃어버리고 말았다. 우리는 이러한 상실의 징후가 바로 인간 내면에서 발견되는 **두려움, 불안, 수치심, 시기, 분노** 같은 심리적 증상들이라 볼 수 있다.

창세기 3~4장에 따르면 타락이후 인간이 나타낸 심리증상들은 **두려움과 불안, 수치심, 회피적 자기철회**(avoidant withdrawal), **부인**(denial), **책임전가, 시기와 분노, 살의와 공격성** 같은 것들이다. 저자는 창세기 3~4장의 이러한 인물들의 내면심리에 관한 묘사가 그 인물들의 외적 행동이나 사건에 대한 기술보다 오히려 더 '사실적'인 것이며 '진실'한 것일 수 있다고 본다. 창세기에 기록된 이야기들, 특히 창조와 타락의 기사는 문자 그대로의 사실이라 보기 어렵다는 것이 일반적 견해이다. 그러나 우리가 이러한 일반적 견해를 받아들인다고 해서 그 이야기가 전혀 사실성 없는 허구라고 봐야 한다는 뜻은 아니다. 우리는 그 창세

---

7) Karl Barth, 『교회교의학』 III/2, 257.

기의 이야기가 어떤 방식으로든 우리에게 그 최초의 인간들에 관한 중요한 진실을 보도하고 있다고 믿는다. 그 이유는 무엇보다 하나님께서 이 본문을 통해 우리에게 지금도 말씀하고 계시기 때문이다. 이처럼 하나님께서 이 본문을 통해 지금도 우리에게 말씀하고 계신 것이 사실이라면 우리는 그 본문의 내용 자체도 진실성을 지닌 것이라고 보는 것이 타당하다. 하나님이 진실하지 않은 내용을 통해 우리에게 당신에 관한 진실을 전하신다는 것이 불합리하기 때문이다. 그렇다면 역시 다시 묻게 되는 질문은 그러면 그 창세기의 이야기가 담고 있는 '진실'이란 과연 무엇인가 하는 것이다.

우선 창세기의 이야기는 그 서술방식에 있어 '사실적(realistic)'이라기보다 '상징적(symbolic)'인 서사(敍事) 또는 서사시(敍事詩; saga)라고 볼 수 있다.[8] 그러나 그럼에도 불구하고 여전히 이 이야기가 최초 인류에게 일어난 사건의 진실을 전하고 있다는 것은 어떤 의미인가? 우리는 그 의미가 곧 이 이야기가 외적 행동의 기술보다 내적 심리묘사에 있어 더 '사실적'이며 '진실'하다는 의미로 이해할 수 있다. 상징적 서사(symbolic narrative)란 일어난 사건이나 행동을 사실 그대로 기술하기보다 그 사건이나 행동에 담긴 '내적 진실(inner truth)'을 전달하는 데 치중하는 서사이

---

8) 칼 바르트는 이와 비슷한 견지에서 창세기 이야기를 "saga(서사시)"라 불렀다. 바르트는 자신이 "saga라는 용어를 특정 시간과 공간에서 일어난 역사적 현실을 직관적이고 시적인 방식으로 서술한 이야기라는 의미로 사용한다"고 밝히고 있다. Karl Barth, *Kirchliche Domatik* III/1, 신준호 옮김, 『교회교의학』 III/1, (서울: 대한기독교서회, 2015), 112-113. 이어서 그는 "창조의 역사에 대한 성경의 기술을 신화(myth)라는 용어로 부르는 것이 부적절하다면 유일하게 사용할 수 있는 용어는 saga(서사시)"라고 말한다(위의 책, 113).

다. 그런데 이 때 그 이야기 속 인물들의 상호관계와 내면 심리야말로 그런 상징적 서사가 전달하고자 하는 그 '내적 진실'의 주된 내용일 수 있다. 이것이 의미하는 바는 곧 우리가 창세기 3~4장의 이야기를 읽으며 치중해야 하는 것이 그것이 기술하고 있는 사건이나 행동 자체보다 그것이 상징적으로 표현하고 있는 인물들 상호간의 관계와 내면심리라는 것이다. 예컨대 **"여자가** (뱀의 말을 듣고) **열매를 따 먹었다"**(창 3 :6), **"자기들의 몸을 무화과 잎으로 가렸다"**(창 3:7), **"하나님의 낯을 피하여 나무 사이에 숨었다"**(창 3:8) 같은 표현들을 우리는 실제 행동의 묘사라기보다 인물상호관계와 내면심리에 대한 상징적 표현으로 읽을 수 있다. 그렇다면 우리는 실제 사건을 보다 더 '진실' 그대로 읽기 위해 그런 상징적 표현들을 오늘날 보다 일반적으로 사용되는 내면묘사의 형식으로 환원시켜 볼 수 있다. 우리가 이렇게 3장 4~8절 본문을 다시 쓰면 대체로 다음과 같이 된다.

4절~5절: 여자가 하나님에 대한 의심을 품었다.

6절: 여자가 하나님과 같아지려는 욕망에 사로잡혀 그 욕망을 특정대상(선악과)에 투사할 뿐 아니라 그 대상에 대한 행동으로 옮겼다. 남자도 또한 여자와 동일하게 행동했다.

7절: 남자와 여자가 자신들의 존재에 대해 수치심을 느끼게 되고 자신을 감추려 했다.

8절: 남자와 여자가 하나님에 대한 죄의식으로 두려워하여 하나님과의 관계로부터 회피적으로 철수했다.

이렇게 우리가 창세기 3장을 고쳐 놓고 볼 때 우리에게 좀 더 분명해지는 것은 첫째 이 창세기 3장의 이야기가 주로 하나님과의 **관계**에서 일어난 사건이면서 동시에 인간 **내면**에서 일어난 사건의 기술이라는 점이다. 여기서 우리가 또 한 가지 확인할 수 있는 점은 이러한 이야기가 비단 과거에만 아니라 오늘날에도 인간 삶 속에 끊임없이 반복되고 있는 관계적이며 내면적 사건이라는 점이다. 바로 이런 의미에서 과연 창세기의 3~4장의 이야기는 **원형적 이야기**(archetypal narrative)라 할 수 있다. 그것이 단지 과거의 역사가 아니라 오늘날 우리 삶에 관해서도 진실을 말해주는 이야기이기 때문이다.

흥미로운 것은 창세기 3장이 보여주는 그 같은 관계적, 내면적 사건이 오늘날 우리 삶의 경우를 보자면 비단 하나님과 인간 사이에서만 아니라 인간상호관계에서도 매우 빈번히 일어나는 사건이라는 점이다. 우리는 바로 이 같은 관계적, 내면적 사건을 부모 자식 관계, 교우(敎友) 관계에서도 발견할 수 있고 특히 부부관계를 비롯한 남녀관계에서 자주 발견하게 된다. 예컨대 다음과 같은 사건이 그런 것이다.

1. 아내가 남편의 사랑에 대해 의심을 품게 되었다.
2. 아내가 다른 대상을 주목하게 되고 실제 외도로까지 이어지게 된다.

3. 아내가 자신의 행동에 대해 수치심을 느끼고 부부관계에서 회피
   적으로 철회하는 행동을 보인다.

여기서 우리가 발견하는 것은 바로 이 같은 관계적, 내면적 사건들이
과거와 현재에 있어 반복되고 있을 뿐 아니라 하나님과의 관계와 인간
관계 두 차원에 있어 서로 **유비적으로**(analogically) 나타나고 있다는 점
이다. 그렇다면 우리가 여기서 성경의 이야기를 더 깊이 이해하기 위해
취할 수 있는 접근방식은 현재 우리 삶의 경험을 통해 역으로 성경을
이해하는 방식이다. 이 접근방식은 성경을 통해 우리 삶을 바라볼 뿐
아니라 역으로 우리 삶을 통해 성경을 이해하는 일종의 **상관관계적 방
식**(correlational approach)이라고 할 수 있다. 이러한 상관관계적 방식은 구
체적으로 성경본문의 신학적 해석과 우리 삶에 대한 심리학적 해석 사
이의 대화(dialogue)로 이루어질 수 있다.[9] 그런데 저자는 이러한 대화가
진정으로 하나님이 우리에게 말씀하시는 바를 경청하는 과정이 되기
위해서는 단지 신학과 심리학만의 대화가 아니라 하나님을 포함한 삼
자간의 대화가 되어야 한다고 생각한다. 즉 신학과 심리학의 대화 가운
데 하나님의 말씀에 귀 기울이는 묵상적 경청이 함께 이루어져야 한다
는 것이다. 이제 다음에서 우리는 이런 삼자적 대화를 시도하려고 하는
데 특별히 이를 위해 우리가 대화상대로 초청할 심리학자들은 에릭 에

---

9) 단 브라우닝(Don Browning)의 상관관계적 방법(correlational approach)에 대해서는 권수영,
   "단 브라우닝(Don Browning)의 목회(실천)신학 방법론," 「신학논단」 43 (2006), 695-724 참조.

릭슨 Erik Erikson, 마가렛 말러 Margaret Mahler, 하인즈 코헛 Heinz Kohut 같은 인간관계의 심리학자들이다.

불신과 수치심

본 절에서는 먼저 창세기 3~4장 이야기에 대한 두 명의 국내학자들의 심리학적 성경해석을 살펴보려 한다. 그 첫번째는 채희태의 "아담의 열등감: 원죄발생의 심층심리학적 해석"이다.[10] 이 논문에서 채희태는 아들러 Alfred Adler 심리학에 비추어 창세기 3~4장 인물들의 내면심리를 조명한다. 위에서 간략히 살펴본 프로이트, 융 심리학의 해석과 비교할 때 채희태의 성경 해석은 전통적 기독교 신학과 훨씬 더 적극적으로 대화하고 거기서부터 많은 함의들을 찾아내고 있다. 이것이 가능한 이유는 그가 기대고 있는 아들러 심리학이 인간 관계의 문제를 인간 문제 해결의 열쇠로 보고 있기 때문이다.[11] 아들러 심리학은 심리적 결핍과 열등감의 치유가 소위 "공동체감(community feeling)의 형성/발달"을 통해 가능하다고 본다. 채희태는 이러한 아들러 심리학의 강조점이 기독교가 지향하는 인간관계 및 하나님과의 관계 회복과 서로 일맥상통하는 것임

---

10) 채희태, "아담의 열등감: 원죄발생의 심층심리학적 분석," 『지성과 창조』 14 (2011), 299–333.

11) 위의 논문, 325.

을 지적한다.[12] 그런데 우리는 이 같은 양자의 일치가 근본적으로 양자가 인간을 바라보는 시각의 일치로부터 비롯된다는 사실에 유념할 필요가 있다. 이처럼 서로 일치하는 인간관이란 기본적으로 인간을 '관계적인 존재(relational being)'로 보는 시각이다. 기독교신학에서 인간의 공동체성(co-humanity)은 병든 심리를 치료하는 치유적 방안이기 전에 인간이 근원적으로 상실한, 그래서 회복해야 할 **하나님의 형상**(imago Dei)이다. 기독교신학적 관점에서 창세기 3~4장의 이야기는 바로 인간이 어떻게 이러한 하나님 형상을 잃어버리게 되었고 그 결과 그들의 관계와 내면에 어떤 문제가 야기되었는지 우리에게 보여주는 이야기이다.

우리가 살펴볼 또 하나의 선행연구는 이재호의 "아담의 선악과 시험과 예수의 광야 시험 다시 읽기: 전능성의 추구와 통제의 관점에서"와 "가인의 분노: 심리분석" 두 편이다.[13] 이 두 편의 논문의 의의는 대상관계심리학과 자기심리학의 관점에서 창세기 3~4장의 인물들의 심리를 새롭게 조명했다는 점에 있다. 이런 시도가 의미 있는 이유는 대상관계심리학과 자기심리학이 바로 가장 대표적인 인간관계의 심리학이기 때문이다. 대상관계심리학과 자기심리학은 인간관계의 문제가 인간 안에 어떠한 심리적 결핍과 심리적 증상으로 나타나는지 잘 설명해줄 뿐 아니라 그것이 어떻게 하나님과의 관계의 문제와 연결되는지 설명

---

12) 위의 논문, 326-7.

13) 이재호, "아담의 선악과 시험과 예수의 광야 시험 다시 읽기:전능성의 추구와 통제의 관점에서," 『목회와 상담』 26 (2016), 296-329; 이재호, "가인의 분노: 심리 분석," 『목회와 상담』 32 (2019), 170-202.

해주는 심리이론들이다. 이 심리이론들은 창세기의 타락한 인간들에게 나타나는 심리증상들이 인간상호관계 이전에 하나님과의 관계에서 일어난 어떤 근본적 문제로부터 비롯되었음을 추정하게 한다.

이재호는 먼저 첫번째 논문에서 "세상과 타자를 자신의 통제에 두는 전능자가 되고 싶은 욕구"에서 인간의 타락이 비롯되었다고 주장한다.[14] 대상관계심리학이 말하는 '유아적 전능감(the infantile sense of omnipotence)'은 유아 초기의 원초적 자폐성으로부터 비롯된다. 심리학에 의하면 유아는 엄마가 자신의 요구를 모두 즉각적으로 충족시켜 주고 있기 때문에 엄마를 비롯한 세상과 자신이 일체라고 느끼며 스스로 원하는 것은 무엇이든 다 이룰 수 있는 것처럼 착각한다. 아이가 성숙한다는 것은 이러한 유아적 전능성의 환상을 점차 포기하고 자신과 타인을 분리된 존재로 인식하기 시작하는 것을 말한다. 이에 반해 성인이 되어서도 타인이 자신과 다른 존재임을 인정하지 않고 타인을 포함한 세상 모든 것을 자신이 원하는 대로 조종할 수 있다고 믿는 심리는 성숙하지 못한 유아적 심리 내지 병리적 심리라 볼 수 있다. 그런데 이재호는 이와 같은 전능성에의 환상을 "하나님 같이" 되고자 한 하와와 아담에게서 발견한다. 그런데 여기서 우리가 생각해 볼 문제는 하와와 아담이 이렇게 불현듯 전능성에의 환상에 사로잡힌 더 근본적 원인이 있다는 점이다.

창세기 3장의 이야기를 보면 인간에게 "하나님과 같이" 되려는 마음

---

14) 이재호, "아담의 선악과 시험과 예수의 광야 시험 다시 읽기," 303.

에릭 에릭슨 Erik Erikson

을 불러일으킨 것은 뱀의 꾀임이었다. 그 뱀의 꾀임은 한 마디로 하나님
과 인간 사이를 이간시켜 둘의 관계를 깨트리려는 시도였는데 구체적
으로 그것은 인간 안에 하나님에 대한 **불신**(mistrust)을 심는 것으로 시작
된다. 여기서 우리가 심리학의 개념으로서의 '불신'에 대해 생각해 보자
면 이 '불신(mistrust)'은 바로 에릭 에릭슨이 유아의 심리발달과정 중 맨
첫 번째 단계의 위기를 가리키는 말로 사용한 용어이다. 에릭슨에 의
하면 세상에 태어난 아기가 세상과 건강하고 원만한 관계를 맺으며 자
라나기 위해서는 생후 1년 안에 부모와의 관계 속에서 **"기본적인 신뢰**
(basic trust)**"**를 형성하는 것이 매우 중요하다.[15] 그런데 어린 아기가 이러

15) Erik H. Erikson, *Childhood and Society*, 송제훈 옮김, 『유년기와 사회』 (서울: 연암서가,

한 기본적 신뢰를 형성하는 데 실패하고 부모와 세상에 대한 불신이 그 마음 가운데 자리하게 되면 이후에도 아이는 타인이나 세상에 대해 마음을 열지 못하며 원만한 인간관계와 건강한 인격 형성에 어려움을 겪게 된다.

그러면 이와 같은 심리학의 교훈이 창세기 3장의 이야기에 대해 시사하는 바는 무엇인가? 그것은 곧 인간이 하나님에 대해 '불신'을 품게 되고 그로 말미암아 하나님에게 마음을 닫게 된 것이 그들이 '하나님 같이' 되고자 하는 마음을 품게 된 근본 원인, 다시 말해 '전능성의 환상'에 사로잡히게 된 근본원인이라는 것이다. 다시 심리학을 참조하자면 타인을 인격적으로 대하기보다는 마치 사물처럼 자기 맘대로 조종하고 이용하려는 성향은 이른바 **자기애적 성격**(narcissistic personality)의 일면이다. 이런 자기애적 성격은 어린 시절 아이의 요구에 부모가 공감적으로 반응하는 데 실패함으로 말미암아 아이가 부모를 포함한 세상에 대해 마음 문을 닫게 된 데서 비롯된다. 즉 아이는 부모를 포함한 세상에 대해 기본적 신뢰를 형성하지 못하고 유아적 자폐상태에 머물면서 퇴행적으로 유아적 전능성의 환상에 빠져 자기를 위무(慰撫)하게 된 것이다. 우리는 바로 이것과 근본적으로 일치하는 심리를 창세기 3장의 아담과 하와에게서 발견할 수 있다. 즉 하나님과 그들 사이의 신뢰관계가 깨어지면서 스스로 하나님과 같아지려는 환상, '전능성에의 환상'이 그들 인간의 내면을 지배하게 된 것이다.

2014), 302.

창세기3장 7~8절은 아담과 하와가 **"자신들이 벗은 것을 알고 무화**
과 나뭇잎으로 몸을 가리고" 또 **"하나님의 음성을 듣고 두려워하여 그**
얼굴을 피하여 숨었다"고 이야기한다. 이것은 곧 그들이 자기 존재에
대해 수치심을 느끼고 자기를 감추고자 했으며 죄의식과 두려움으로
인해 하나님과의 관계로부터 회피적으로 철수했다는 의미라 할 수 있
다. 그런데 우리가 이 같은 창세기 3장의 이야기를 실제 일어난 사건이
나 행동의 묘사라기보다 인물들의 관계와 내면심리에 관한 묘사로 읽
는다면 7~8절에 묘사된 심리는 단지 그들이 **"하나님 같이"** 되려는 욕
망을 품은 '결과'만이 아니라 역으로 그런 욕망과 범죄를 초래한 '근본원
인'으로도 읽을 수 있다. 자신이 수치스러워 자기를 감추고자 하는 심리
나 하나님을 두려워하여 하나님과의 관계로부터 철수하는 심리는 자기
만의 세계에서 스스로 하나님과 같아지려는 자기애적 환상과 서로 맞
물려 있다. 특히 3장 7절에 뚜렷이 표현된 '수치심(shame)'은 다시 에릭
슨의 설명에 따르면 한 마디로 "세상이 자신을 바라보지 못하게… 만들
고 싶은 충동"이다.[16] 여기서 타인의 눈은 자기 안에 내면화된 눈으로
수치심이란 바로 이렇게 자기 안에 내면화된 타자의 눈으로부터 자신
을 감추려는 심리라는 것이다. 바로 이런 심리가 하와와 아담의 심리였
다는 것을 우리는 3장 8절과 10절에서 확인할 수 있다. 8절과 10절은
하와와 아담이 **"하나님의 음성을 듣고 두려워하여 그 얼굴을 피하여 숨**

---

16) Erikson, 『유아기와 사회』, 309.

하나님의 얼굴을 피하여 숨은 아담과 하와

었다"고 이야기한다.[17] 여기서 우리가 다시 확인할 수 있는 것은 범죄
한 아담과 하와가 수치심으로 말미암아 피하려 했던 것이 바로 하나님
의 얼굴이었다는 사실이다. 결국 여기서 분명해지는 점은 범죄한 그들
이 이미 근원적으로 상실하고 있었던 것이 그들을 공감적, 수용적으로
바라보시는 하나님의 얼굴이었다는 사실이다.

---

17) 에릭슨은 수치심이 시각적인 감정이라면 죄의식은 청각적인 것이라고 두 가지를 서로 구분하기
도 한다(위의 책, 309). 이러한 구분에 따르면 7절의 아담과 하와의 반응은 수치심에 해당하는 반
면 8절의 반응은 하나님의 음성에 의해 일어난 감정 반응이므로 좀 더 죄의식에 가까운 것이라 할
수 있겠으나 수치와 죄의식의 엄밀한 구분은 어렵다고 생각된다. 8절과 10절이 시사하는 바는 오
히려 하나님의 음성이라는 청각적 이미지와 하나님의 얼굴이라는 시각적 이미지는 서로 밀접하게
연결된 것이라는 사실이다. 이 두 이미지는 아담과 하와에게 수치심과 죄의식을 동시에 불러일으
켰다고 보는 것이 타당하다.

다시 수치심에 대한 에릭슨의 설명을 참조할 때 흥미로운 지적은 수치심이 근원적으로 "자기 자신을 향한 분노감정"이라는 점이다.[18] 우리는 이 "자신을 향한 분노감정"이 무엇인지 좀 더 깊이 이해하기 위한 실마리를 하인즈 코헛의 자기심리학에서 찾을 수 있다. 구체적으로 그것은 **자기애적 분노**(narcissistic rage)에 대한 설명에서인데, 코헛에 의하면 자기애적 분노란 아이의 과대자기 욕구를 대상이 공감적으로 반영해주지 못했을 때 아이에게서 일어나는 강한 좌절감의 표출이다.[19] 코헛이 말하는 과대자기(grandiose self) 욕구란 위에서 이야기한 전능성에의 욕망에 상응하는 것이다. 그것은 곧 자기 자신이 세상의 중심이자 위대한 존재라는 것을 대상을 통해 확인받고자 하는 욕구이다. 그런데 여기서 우리가 유념해야 할 것은 대상관계심리학이나 자기심리학이 이러한 유아의 과대자기욕구, 또는 전능성에의 욕구를 처음부터 부정적인 것으로 보지는 않는다는 점이다. 오히려 유아기의 그러한 심리는 초기관계 형성과 발달의 원동력이 되는 매우 자연스러운 욕구로 여겨진다. 그런데 심리학적 관점에서 문제는 보호자의 공감적 반응의 실패로 말미암아 그러한 자연스러운 욕구가 외상적으로 좌절되는 데서 기인한다. 이러한 외상적 좌절은 아이로 하여금 자기를 인정하지 않는 대상을 향해 강렬한 분노와 공격성을 품게 하는데 이것이 바로 코헛이 말하는 **자기애적 분노**(narcissistic rage)이다. 아이는 실제로 대상을 향해 이런 분노와

---

18) 권수영, 『기독(목회)상담, 어떻게 다른가요?』(서울: 학지사, 2007), 253.

19) 홍이화, 『하인즈 코헛의 자기심리학 이야기 Ⅰ』(서울: 한국심리치료연구소, 2011), 137-38.

공격성을 표출하기도 하지만 그 대상이 너무 크고 두렵기 때문에 그 분노를 무력한 자신에게로 돌리게 되는데 이것이 바로 수치심(shame)의 근원이다. 즉 수치심은 사실 위대하기는커녕 보잘 것 없고 무가치한 자신을 견디지 못해 그런 자의식으로부터 자신을 숨기거나 파괴하려는 심리인 것이다. 우리는 이러한 자기애적 분노와 수치심이 그렇게 자신을 감추고 철회하는 행동으로 나타나는 것을 창세기 3장의 아담과 하와에게서 관찰할 수 있다. 한편 그런 수치심과 분노가 하나님 대신 다른 외부 대상에게로 전치(displace)되어 표출되는 양상을 창세기 4장의 가인에게서 발견할 수 있다.

가인의 자기애적 분노(narcissistic rage)

이재호는 가인의 아벨 살해가 근본적으로 그의 자기애적 분노(narcissistic rage)로 말미암은 것이었다고 지적한다.[20] 즉 가인의 분노의 근원에는 타자를 자신의 일부로 여기고 타자가 자신의 욕구대로 움직여 주기를 요구하는 "전능적 통제의 욕구"가 깔려 있다는 것이다. 가인의 아벨 살해는 하나님이 그러한 자신의 자기애적 욕구에 부응하지 않은 데 대한 분노의 표출이다.[21] 즉 그 분노를 감히 하나님께 직접 표출

---

20) 이재호, "가인의 분노: 심리 분석," 180.

21) 위의 논문, 183.

아벨을 살해하는 가인 Peter Paul Rubens 作

하지 못하고 아벨에게로 전치(轉置)하여 행동화한 것이 바로 가인의 아벨 살해라는 것이다. 그런데 창세기 3장의 이야기도 마찬가지이지만 특히 이 창세기 4장의 가인의 이야기가 우리에게 불러일으키는 한 가지 질문은 가인의 범죄의 근본 원인이 가인의 자기애적 욕구를 공감적으로 수용해주지 못한 하나님에게 있지 않느냐는 것이다. 3장에 대한 논의에서 이미 강조한 바와 같이 심리학적 관점에서 유아기 전능성의 환상이나 자기과시 욕구는 처음부터 병리적인 것은 아니다. 그것은 오히려 유아의 자기형성과 심리발달의 원동력이 되는 매우 자연스러운 욕구이다. 그런데 이런 심리학적 관점을 우리가 창세기의 이야기에 적용하면 가인이 자신의 제물을 하나님이 기쁘게 받아주실 것을 기대한 것뿐 아니라 하와와 아담이 애초 하나님과 같이 되고자 한 사실조차 부정적으로만 볼 수 없게 된다. 그것은 자연스러운 원초적 자기애의 표현이었다고 볼 수 있기 때문이다. 심리학적 견지에서 문제는 오히려 그러한 자연적 욕구를 공감적으로 수용하지 못한 하나님에게 있다고 할 수 있다.

그런데 여기서 우리가 다시 기억해야 할 것은 창세기의 이야기는 외적 사건과 행동을 순차적/논리적으로 기록한 사실적 서사가 아니라 하나님과의 관계와 인간내면에서 일어난 사건을 상징적으로 표현한 상징적 서사로 볼 필요가 있다는 점이다. 그렇기 때문에 첫째 결과의 책임이 누구에게 있는지 논리적으로 따지는 방식은 이 이야기를 이해하는 적합한 방식이 아닐 수 있다. 또 한 가지 위 질문에 대한 해명은 우리가 가령 그 범죄의 책임을 문자적으로 따진다 하더라도 그 범죄의 책임이 근본적으로 하나님이 아니라 인간에게 있다고 볼 근거를 성경에서 찾을 수 있다는 것이다. 그 중 하나는 창세기 4장 7절에서 가인에게 하나님이 하신 말씀이다. **"네가 선을 행하면 어찌 낯을 들지 못하겠느냐? 선을 행하지 아니하면 죄가 문에 엎드려 있느니라. 죄가 너를 원하나 너는 죄를 다스릴지니라."** 여기서 **"선을 행한다"**로 번역된 히브리단어 '야타브(טוב)'는 성경에서 원문에서처럼 히필형으로 사용될 때 주로 '은혜를 베푼다', '선대한다'와 같이 관계적인 의미, 즉 '좋은 관계를 유지한다'는 의미로 주로 사용되는 단어이다. 그렇다면 결국 위 7절의 함의는 가인이 하나님과의 좋은 관계 유지를 스스로 거부하여 하나님에 대해 마음 문을 닫았다는 의미로 볼 수 있다. 그 결과로 그의 마음이 자기애

가인 Henri Vidal 作

적 분노와 그로 말미암는 미움 또는 살인 충동에 사로잡히게 되었다는 의미로 이해할 수 있는 것이다. 가인이 하나님을 향해 **"얼굴을 들지 않았다"**는 표현에 함축된 의미가 바로 이런 것이다. 보다 건강한 반응은 차라리 하나님에게 불만을 호소하는 것이었다. 그러나 이 순간 가인이 보여준 태도, 자기의 **"얼굴을 들지 않는"** 모습은 그의 내면에 이미 하나님에 대한 불신과 적의가 자리잡았으며 하나님과의 대화를 거부하고 있었다는 것을 시사한다. 창세기 3장의 이야기에서 하와와 아담이 하나님에게 품게 된 '불신(mistrust)' 역시 이것과 연결되는데, 이것은 비유컨대 하나님의 얼굴을 마주하기보다 피하여 숨는 태도라고 설명할 수 있다. 우리는 이런 태도를 단지 창세기에서만 아니라 오늘날 우리 현실 속에서 사람들이 하나님에게 보이는 반응에서도 발견할 수 있는데, 요한복음 기자는 이런 사람들의 태도에 대해 다음과 같이 묘사하고 있다. **"그 정죄는 이것이니 곧 빛이 세상에 왔으되 사람들이 자기 행위가 악하므로 빛보다 어둠을 더 사랑한 것이니라"**(요 3:19).

요컨대 이것은 하나님이 인간을 공감하고 수용할 준비가 되어 있지 않은 것이 아니라 인간이 하나님과의 관계에서 그런 하나님과의 화평을 구하지 아니하고 자기만의 세계에서 자기애적 환상을 좇은 결과 그들의 하나님으로부터 멀어졌다는 의미이다. 그러다가 현실 속에서 좌절하여 분노하고 그 분노를 각양 폭력이나 중독행위 등으로 행동화하고 있는 것이 바로 인간의 실존이다. 가인의 이야기가 우리에게 보여주는 것은 그런 분노의 행동화가 하나님만이 아니라 다른 사람에게로 전치되어 나타날 수 있다는 사실이다. 즉 그런 문제가 하나님과의 관계에서만 아니라 다른 사람과의 관계에서도 동일한 양상으로 나타날 수 있다. 우리는 이 점을 가인의 아벨 살해에서만 아니라 그의 강박적인 박해불안에서도 확인할 수 있다. 14절을 보면 우리는 가인이 하나님에게 **"내가 주의 얼굴을 뵈옵지 못하리니 내가 땅에서 피하며 유리하는 자가 되면 무릇 나를 만나는 자마다 나를 죽이겠나이다"**라고 말하고 있는 것을 볼 수 있다. 이 말에서 엿볼 수 있는 가인의 심리는 자신이 동생 아벨을 살해한 것처럼 다른 사람들 역시 자기를 그렇게 공격할지 모른다는 일종의 **투사적 자기동일시**이다. 여기서 우리는 인간이 자신을 지키시고 돌보시는 하나님의 얼굴을 잃어버릴 때 인간관계 속에서도 마찬가지로 타인에 대한 긍정적 기대와 신뢰를 잃어버리게 된다는 것을 확인할 수 있다.

한편 현실의 부정적 인간관계 경험들이 역으로 하나님과의 관계로 전이되어 하나님에 대한 부정적 인식을 초래하는 원인이 되기도 한다. 이재호가 가인의 자기애적 분노를 그의 원(元)가정의 문제, 즉 타락 이후 아담 가정의 여러 역기능적 문제들에 기인한 것으로 설명한 것은 비록 많은 추정에 의한 것이지만 인간관계경험과 하나님 관계가 서로 맞물려 있다는 것을 조명해 준다는 의의가 있다. 가인의 이야기는 이처럼 하나님과의 관계와 인간상호관계의 문제가 서로 연결되어 있음을 보여주는 이야기이다. 동시에 가인의 이야기는 그 문제가 인간의 땅과의 관계에도 연결되어 있음을 보여준다. 가인의 범죄로 인해 그가 경작하는 땅이 저주를 받는다는 이야기(창 4:11-12)가 바로 그것인데, 가인만 아니라 오늘날 우리 삶에 있어서도 하나님과의 관계 상실은 세상에 대한 신뢰와 긍정적 상호관계의 상실, 그 속에서의 생산적 활동의 좌절과 관련이 있다. 그런데 이 점이 역으로 말해주고 있는 희망적 메시지는 인간이 하나님과의 관계를 회복할 때 인간상호관계뿐 아니라 땅의 피조물들과의 관계에서도 회복이 이루어질 것이라는 사실이다. 이것은 피조물들도 무익함에 매인 예속상태를 벗어나 하나님의 구속(redemption)을 기다린다는 로마서 8장의 말씀에 부합하는 것이다.

나오며: 하나님의 얼굴

결론적으로 우리가 창세기 3~4장 이야기를 통해 발견할 수 있는 하나님과 우리 인간에 관한 진실은 바로 이런 것이다. 즉 그 창세기 이야기 속 인물들만 아니라 오늘날 우리 자신들도 가진 심리증상들, 즉 수치심, 두려움, 자기애적 분노, 자기 자신과 타인에 대한 미움과 공격성은 바로 하나님의 얼굴을 잃어버린 인간의 실존이라는 것이다. 문제의 원인은 오늘날 우리 삶 속에서도 거듭 확증되는 바와 같이 하나님이 우리에게서 그 얼굴을 돌리신 것이 아니라 우리 인간이 그 얼굴을 피하여 숨은 것이다. 하나님은 지금도 그 얼굴을 우리에게서 거두지 아니하고 계신다고 성경은 증언한다. 하나님은 지금도 **"예수 그리스도의 얼굴을 통해 하나님의 영광을 아는 빛을 우리 마음에 비추고 계신다"**(고후 4:6). 우리 인간의 정죄는 다른 어떤 것보다 이러한 하나님의 얼굴을 피하여 어둠에 숨는 태도, 즉 빛보다 그 어둠을 더 사랑하는 태도에 있다(요 3:19). 이 점은 창세기 3~4장이 묘사하는 최초의 인간들 역시 마찬가지였다.

사실은 가인이 자신의 제사가 하나님에게 열납(悅納)되기 바랐다는 사실뿐 아니라 하와와 아담이 **"하나님과 같이"**되고자 한 사실조차 문제의 본질이 아닐 수 있다. 사실 지식과 지혜에 있어 그리스도에게까지 자라가는 것이 우리를 향한 하나님의 뜻이라고 사도 바울은 말한다(엡 4:13). 하와와 아담의 근본 문제는 하나님이 가진 지식에 이르고자 한

에덴 동산에서의 추방 Masaccio 作

욕망 자체보다 하나님과의 관계를 벗어나서 그러한 욕망을 실현하려 한 의도에 있었다고 할 수 있다. 즉 하나님 없이 하나님처럼 되려고 한 것이 그들의 어리석음이었다는 것이다.

코헛은 아이들이 가진 과대자기의 욕구를 부모가 공감적으로 반영해주는 과정을 통해 아이가 성장한다고 이야기한다. 아이의 과대자기(grandiose self) 욕구를 적절히 수용하면서도 적절히 좌절시키는 부모의 반응을 통해 아이는 현실적인 자신의 자리를 찾아가게 된다. 우리는 하나님 역시 우리와의 관계 속에서 이 같은 자기대상(selfobject) 역할을 하고 계시다고 볼 수 있다. 성경의 **하나님의 얼굴**(פני אלהים)이란 말이 함의하는 바가 바로 그런 것이다. 하나님은 그 얼굴을 우리에게 비추셔서 그의 용납하시는 은혜를 우리에게 나타내신다. 그러나 이러한 하나님 은혜는 단순히 우리의 그러한 자기애적 욕구를 그대로 받아주시는 데 본질이 있지 않다. 그 얼굴이 나타내는 은혜는 오히려 벌거벗은 우리의 실상과 수치가 그대로 드러났을 때도 그런 우리를 있는 그대로 용납하시고 사랑하시는 은혜이다. 때문에 우리는 바로 이런 은혜를 통해 우리 자신을 받아들이고 현실을 수용할 수 있는 힘을 얻게 된다. 좋은 자기대상의 역할은 이처럼 단순히 과대자기욕구를 받아주는 것이 아니라 현실의 자기를 스스로 받아들이고 살아갈 수 있는 힘을 부여하는 데 있다. 이를 위해 좋은 자기대상은 때로 우리에게 **적절한 좌절**(optimal frustration)을 허용한다. 이와 마찬가지로 하나님은 때로 우리의 기대를 저버리고 그의 얼굴을 우리에게서 감추신다. 그러나 이것은 그 은혜를 우리에게서 거두시는 것이 아니라 우리로 하여금 한갓 피조물일 뿐인 자신의 한계를 인식하고 그의 뜻을 더듬어 찾게 하려는 것이다. 아담과 하와, 가인을 비롯한 우리 모든 인간의 어리석음은 우리 자신의 실존적 한계에 부딪칠 때 그런 자신을 다시 받아주시는 **하나님의 얼굴**을 구하지 아니하고 도리어 그 얼굴을 피하여 숨은 데 있다.

한편 우리 인간은 하나님의 얼굴을 피하여 숨지만 하나님은 끝내 우리에게서 그 얼굴을 돌리지 않으신다. 아담과 하와를 에덴 동산에서 내쫓으신 하나님은 여전히 그들과 함께하며 그들을 보살피고 계셨다. 가인이 땅에서 유리(流離)할 때도 하나님은 그에게 표를 주시고 그를 지키셨다. 아벨이 죽은 후 하나님은 다시 아담과 하와에게 자녀를 주시고 그 후손들과 이 땅에서 동행하셨다. 성경의 모든 이야기는 바로 이처럼 인간의 타락 이후에도 인간을 버리지 않으시고 인간을 향해 그 얼굴빛을 거두지 않으시는 하나님의 이야기라고 할 수 있다. 이제 다음 장에서 우리는 그 중에서 아브라함, 이삭, 야곱, 요셉과 함께 하신 하나님의 이야기를 함께 살펴보고자 한다.

제3장
우상(偶像)의
심리학

족장 3대의 우상과 하나님

족장 3대의 우상과 하나님

대상 항상성과 하나님

어린이집에 온 첫날 네 살배기 아이가 엄마를 찾아 칭얼거린다. 영상 통화를 통해 달래보지만 잠시 그 때뿐 아이는 다시 울기 시작한다. 이런 아이를 달래느라 첫날은 온종일 교사들이 곤혹을 치른다. 그러나 하루 이틀 지나며 아이는 여전히 엄마를 찾아 칭얼대다가도 점차 주변 아이들의 놀이에 관심을 기울이기 시작한다. 그러기를 일주일, 마침내 아이는 어린이집 생활에 적응을 시작한다. 엄마가 오기 전까지 다른 아이들과 어울려 놀다가 엄마를 보면 기쁜 얼굴로 부리나케 달려나간다. 심리학은 이런 아이의 내면의 변화를 **대상 항상성**(object constancy)이 형성

"까꿍!" Georgios Jakobides 作
대상 항상성 형성 이전의 유아에게 이 놀이는 대
상이 사라졌다 나타나는 놀라움을 준다.

되었다고 표현한다. 이것은 아이의 1차적 애착 대상인 엄마가 당장 눈
앞에 보이지 않아도 어딘가에 엄마가 있고 얼마 있으면 엄마가 오리라
는 사실을 안정적으로 신뢰하게 되었다는 의미이다.

대상 항상성(object constancy) 형성은 이를테면 아이가 '엄마는 회사에
갔다'는 사실을 머리로 인지하게 되는 인지적 발달을 포함하지만 그것
이 전부가 아니다. 마가렛 말러 Margaret Mahler 에 의하면 대상 항상성은
무엇보다 긍정적이고 지속적인 돌봄 제공자로서 엄마의 이미지가 아이
속에 안정적으로 내면화되었다는 것을 의미한다.[1] 이렇게 내면화된 내

---

1) Margaret Mahler, *Psychological Birth of the Human Infant*, 이재훈 옮김, 『유아의 심리적
탄생』 (서울: 한국심리치료연구소, 1996), 158-59.

적 대상에 의지할 수 있기 때문에 아이는 즉각적인 욕구 충족이 주어지지 않아도 그것을 견뎌낼 만한 내면의 힘이 있는 것이다. 이런 의미에서 대상항상성은 도널드 위니컷 Donald Winnicott 이 말하는 '중간대상(transitional object)' 형성과 깊은 관련이 있다. 즉 엄마의 돌봄 없이도 그것을 대체하는 대상을 내면에 창출하는 아이의 능력이 대상 항상성과 연관되어 있다는 것이다.

애너 마리아 리주토 Ana-Maria Rizzuto 같은 대상관계 심리학자들은 하나님이란 바로 이처럼 아이가 일차적 돌봄제공자의 빈 자리를 채우기 위해 마음 속에 창조해 낸 일종의 심리적 중간대상이라고 주장한다. 이런 내적 대상(inner object)으로서의 하나님은 항상 그 아이 안에 존재하기 때문에 아무도 자신을 돌보는 이가 없다고 느껴지는 상황에서도 아이가 잘 견뎌낼 수 있는 힘이 된다. 이것은 어린이집에 있는 아이 마음 속에 있는 엄마와 마찬가지로 하나님이란 대상이 아이 내면에서 안정적인 대상항상성을 획득했기 때문이라고 할 수 있다.

이러한 심리학 이론을 그대로 기독교신앙에 접맥시키기에는 아직 풀어야 할 난제들이 있다. 그러나 그럼에도 불구하고 이런 심리학이론은 우리 신앙에 관한 중요한 시사점들을 제공하는데 구체적으로 거기에서 우리는 우리의 신앙이 우리의 내면세계와 서로 어떻게 연결되어 있는지 이해하기 위한 중요한 실마리를 발견할 수 있다. 하나님은 물론 단순한 심리적 창조물이 아니라 살아 계신 영적 실재이다. 그러나 이처럼 살아 계신 하나님이 우리 인간과 관계 맺기 위해 우리 안에서 그러한

'심리내적 대상(intrapsychic object)'이 되어 우리 안에서 작용한다고 보는 것은 반드시 기독교신앙과 배치되는 관점이 아니다.

　기독교신학의 관점에서는 물론 하나님이 아이와 부모 사이의 중간대상(intermediary object)이라기보다 오히려 부모가 하나님과 아이 사이의 중간대상이라고 말하는 것이 더 타당할 것이다. 부모는 눈에 보이지 않는 **하나님의 표상**(God-representation)이 되기 때문이다.[2] 즉 보이지 않는 하나님과 아직 인격적 관계를 맺지 못한 아이들에게는 그들의 부모가 그들에게 하나님이 어떤 분인지 그려볼 수 있게 하는 매개체(媒介體)가 된다. 그러나 불완전한 인간인 부모가 영구히 그 아이들의 내면에서 하나님의 자리를 차지할 수는 없는 일이다. 때문에 하나님은 아이들의 인격이 성장함에 따라 그들의 삶에 직접 개입하셔서 그들과 직접적인 인격적 관계를 형성하신다. 그런데 이러한 관계 성숙의 과정에서 하나님은 그들의 내면에서 일종의 심리적 중간대상처럼 작용하시며 그들과 관계를 맺으신다고 가정할 수 있다. 즉 더 이상 부모를 의지할 수 없는 그들 안에서 하나님은 일종의 중간대상처럼 그들과 관계 맺으신다는 것이다. 이제 다음에서 우리는 바로 위와 같은 가정하에 창세기의 세 족장의 삶과 신앙, 즉 아브라함, 이삭, 야곱 세 사람의 신앙여정을 조명해보려 한다. 우리는 특별히 세 사람의 삶에서 부모를 비롯한 중요타인들과의 심리적 애착관계가 어떠했으며 그것이 어떻게 그들의 하나님과의

---

2) Karl Barth, *Kirchliche Domatik* Ⅲ/4, 박영범, 황덕형 옮김, 『교회교의학』 Ⅲ/4 (서울: 대한기독교서회, 2018), 338-339.

관계에 영향을 끼치는지 주로 살펴볼 것이다. 그리고 또 그들이 어떻게 그러한 영향력을 극복하며 하나님과의 관계에서 성숙해 가는지 살펴보게 될 것이다.

아브라함의 하나님

1. 관계의존적인 아브람

아브라함의 성장과정과 원가족관계에 대해서는 그의 자손들의 경우만큼 상세한 정보를 성경에서 얻을 수 없다. 그래서 우리는 다만 성경에 나타난 작은 실마리들에 기초하여 그의 원가족과 그의 원래 성격에 대해 추측해 볼 수 있을 뿐이다. 성경의 아브라함 이야기에서 우리가 엿볼 수 있는 아브라함의 성격은 양면성이 있다. 한편으로 그는 매우 독립성이 강한 것처럼 보이면서도 다른 한편으로 상당히 '타인지향적(other-directed)'이며 관계의존적인 특징을 나타난다. 우선 독립적이라는 것은 무엇보다 그가 하나님의 말씀을 듣고 **"본토, 친척, 조상의 집을 떠나"** 어딘지 알지 못하는 땅으로 나아갔다는 사실에서 볼 수 있다.[3]

---

3) 마사 로저스는 아브람의 시대에 자신의 고향과 자기 종족을 떠난다는 것은 오늘날의 그것과 비교할 수 없는, "감히 엄두도 내지 못할 만큼" 어려운 일이었다고 지적한다. 그녀는 이러한 아브람의 행보를 원가족체계로부터의 분화(differentiation) 내지 분리개별화(separation-individuation) 과정으로 설명한다. Martha L. Rogers, "The call of Abram: A systems theory analysis," *Journal of Psychology and Theology* 9-2 (1981), 119.

롯에게 선택권을 양보하는 아브람

그런데 아브라함은 이와 반대로 특별히 아주 가까운 사람과의 관계에서는 상호의존적인 양상, 또는 '심리융합(psychological fusion)'적인 양상을 보인다. 이것은 단지 아브라함 개인의 특성일 뿐 아니라 오늘날의 이향민(離鄕民)들에게 공통적으로 발견할 수 있는 전형적 양면성이라고 봐야 할지 모른다. 고향을 떠나 낯선 땅으로 나아갈 때에는 매우 주도적이고 독립적인 듯한 그들이 친밀한 가족관계 안에서는 상호의존적이고 융합적인 성향을 나타내는 것이 그런 특징이다.[4)]

4) 예컨대 우리는 미주 한인이주자들 가운데서 이런 특징을 확인할 수 있다. 밖에서 사회생활을 할 때는 개인주의적인 미국인이다가 가정에 돌아와서는 전통적 한국가정의 상호의존적 태도를 나타내는 양면성이 그것이다. Bora Jin, "Family cohesion and child functioning among South Korean immigrants in the US: The mediating role of Korean parent-

아브람(아브라함)의 경우 이러한 모습은 첫째 조카 롯과의 관계에서 찾아볼 수 있다. 아브람은 조카 롯의 목자들과 자신의 목자들 사이에 갈등이 일어나자 그 갈등을 회피하는 반응을 보인다(창 13:8). 아브람은 롯에게 **"나를 떠나가라"**(창 13:9)고 제안하면서 지역의 우선적인 선택권을 롯에게 양보한다. 이러한 양보는 한편으로 아량이 넓고 신앙적인 행동으로 보이기도 하지만 그 이면에 감춰진 심리는 실상 갈등상황에서 자기를 주장하기보다 서로의 관계 유지에 치중하는 '관계의존성'과 '타인지향성(others-orientedness)'이다. 분리를 처음 제안한 사람은 아브람이었다. 그렇지만 실상 이 분리는 적극적 경계설정이라기보다는 갈등을 회피하기 위한 소극적 자기철회로 보인다.[5] 여기서 추정할 수 있는 점은 애초부터 아브람의 '홀로서기'가 원래 그의 타고난 독립성에 기인한 것이라기보다 오히려 이러한 소극적이고 자기철회(self-withdrawal)적 성향에 기인한 것일 수 있다는 점이다. 이것이 사실이라면 적어도 초기의 그의 '분리개별화(separation-individuation)'는 상당히 불완전했던 것이라 볼 수 있다.[6]

아브람의 소극성과 수동성을 더 여실히 볼 수 있는 것은 그의 아내와

---

child closeness and the moderating role of acculturation," (unpublished Ph.D. dissertation, Syracuse University, 2015) 참조.

5) 우리가 이와 같은 아브람의 소극적 자기철회 성향을 볼 수 있는 또 한 가지 예는 애굽에서 애굽인들에게 자신의 아내를 누이라고 속이는 장면에서이다. 여기서 우리는 그가 자기경계를 명확히 하지 못할 뿐 아니라 타인에게 거절당하지 않기 위해 자신을 위장하는 태도를 발견할 수 있다.

6) 어쩌면 아브람이 하나님의 부르심을 받고 갈대아 우르를 떠날 때 그의 아버지 데라를 대동했던 이유도 이와 같은 아브라함의 의존성과 소극성 때문이었는지 모른다.

의 관계에서이다. 아브람은 아내 사래(사라)가 그녀의 여종 하갈을 첩으로 들일 것을 제안했을 때 그것이 하나님의 약속(창 15:4)과 분명 배치되는 일이었음에도 불구하고 단호히 거절하지 못한다(창 16:2). 사라와의 관계에서 아브라함이 보이는 이 같은 수동적/타성적 태도를 우리는 이후 21장 10~11절에서도 발견할 수 있다. 사라가 하갈과 이스마엘을 내쫓아야 한다고 주장했을 때도 아브라함은 역시 분명한 자기기준에 따라 행동하지 못하고 우유부단한 태도를 보인다. 이것은 그의 자아가 아직도 분명한 경계선을 갖지 못하고 아내와 융합되어 있음을 시사하는 것이다.

아브라함의 자아, 특히 신앙 여정 초기의 그의 자아가 매우 견고하게 서 있지 못했다는 것은 하나님과의 관계에서도 그의 신앙이 그처럼 불안정한 면이 많았다는 것을 시사한다. 융합된 관계는 사실상 진정으로 친밀한 관계가 아니라 이른바 **거짓친밀성**(pseudo-intimacy)에 기초한 관계이다. 그것은 다시 말해 진정한 자기로서 서로 관계 맺기보다 상대방의 요구에 부합하는 **거짓자기**(pseudo-self)로 살아가는 방식이라 할 수 있다. 때문에 이런 관계는 겉으로 친밀해 보이는 모습 이면에 일말의 소외감과 상대방에 대한 불신(mistrust)을 감추고 있다. 만일 아브람의 내면에 이 같은 심리가 조금이라도 있었던 것이 사실이라면, 우리는 이것이 비단 아브람의 대인관계에서만 아니라 하나님과의 관계에서도 나타났으리라 추정할 수 있다. 실제로 하나님과의 관계에서 이러한 아브라함의 모습이 드러나고 있는 것은 아마도 창세기 15장에서일 것이다.

창세기 15장에서 암묵적으로 드러나는 것은 아브람의 상실감과 불안이다. **"여호와여 내게 무엇을 주시렵니까? 나는 자식이 없습니다"**(창 15:2)란 아브람의 말에서 우리가 엿볼 수 있는 것은 그가 하나님 말씀을 듣고 고향을 떠날 때 품었던 그 '환상'이 점차 희미해지고 거기에 따라 그의 안에 일말의 상실감과 불안이 자리하고 있는 형편이다. 그 초기의 '환상'은 아마도 하나님이 자신을 위대하게 하시고 많은 자손을 주셔서 큰 부족을 이루게 하실 것이라는 기대, 심리학적 관점에서 보자면 일종의 과대자기(grandiose self)적 환상이었을 것이다. 아브람이 처음 믿고 따랐던 하나님은 이처럼 어떤 의미에서 자기애적 환상, 또는 자기애적 보상기제였다고 봐야 할지 모른다. 좀 더 추정해 보자면 원래 내향적이고 자기철회적인 성격의 아브람이 외적으로 충족 받지 못한 그의 과대자기적 욕구를 보상받고 싶은 동기로 선택한 것이 바로 하나님이라는 중간대상, 이상적 자기대상의 추구였다. 그리고 이러한 이상적 자기대상의 추구가 바로 하나님을 좇아 그의 고향을 떠난 행동으로 나타났다고 볼 수 있다. 그런데 창세기 15장의 시점에서 불현듯 그 자아이상(ego-ideal)이 무너진 듯한 자각이 아브람에게 찾아온 것이다. **"나에게 무엇을 주시렵니까?"**(창 15:2)라는 아브람의 반문은 겉으로 매우 공손한 듯하지만 사실은 자신의 과대자기적 환상이 무너진 데 대한 **자기애적 분노**(narcissistic rage)를 감춘 것이다. 그러나 아브람은 그 원래 성격대로 분노를 밖으로 하나님을 향해 공격적으로 표출하지 못한다. 대신 그는 그 분노를 안으로 자신에게로 향해 우울감을 드러내고 있다. 이 지점에서 아브람의 하나님과의 관계는 사실상 위기를 맞고 있다. 이것은 아브람의 우울감 속에는 하나님에 대한 불신(mistrust)과 자기 자신에 대한 의심(doubt)이 감춰져 있기 때문이다. 오늘날 우리 자신의 삶과 비교해 보자면 많은 경우 이와 같은 지점에서 우리는 하나님과의 관계로부터의 심리적 철회 및 단절을 일으킬 수 있다. 그런데 우리는 이 지점에서 아브람의 신앙의 비범함을 발견하게 되는데 그것은 그가 이 지점에서 하나님과의 관계의 위기를 하나님에 대한 더 큰 신뢰로 전환시키고 있기 때문이다.[7]

우리는 한 사람의 신앙이 단순히 그의 심리적 보상이나 방어기제로 환산될 수 없는 것임을 보여줄 때 그것이 진짜 신앙이라고 여길 수 있다. 신앙은 자아욕구를 넘어서는 일이기 때문이다. 하나님이 많은 밤하늘의 별을 보여주시며 **"네 자손이 이와 같으리라"**(창 15:5) 하셨을 때 아브람은 그것이 그의 즉각적인 욕구 충족과 거리가 있음에도 불구하고 그 하나님의 '비전(vision)'을 믿음으로 수용했다. 물론 이런 '비전'은 욕구 충족을 지연시키는 방식의, 또 하나의 심리적 방어기제라고 볼 수도 있다. 그러나 어떤 것이 진정한 신앙인지 가늠하는 더 중요한 기준은 그것이 심리적 방어기제이냐 아니냐 하는 점보다도 역시 그것이 하나님의 말씀에 근거한 믿음이냐 하는 점이다. 아브람이 현재 가진 불안과 공허감에서 자기를 방어하는 방식은 하나님의 말씀을 믿고 따르는 일

---

7) 물론 이러한 과정에는 시날 왕 아므라벨을 비롯한 네 왕과의 전쟁에서 승리를 주신 것 같은 하나님 경험(창 14:1-24)이 긍정적 자원으로 작용했을 것이다.

외에도 여러 가지 다른 방식이 있을 수 있다. 보복적으로 다른 신을 섬기다든지 신(神)도 자식도 필요 없다고 선언하며 합리적, 인간적인 선택을 하는 것도 그런 방식일 수 있다. 실제로 아브람이 그렇게 했던 것처럼 즉각적 대리충족을 얻기 위해 첩을 들여 자녀를 생산하는 것도 역시 그런 방식 중 하나일 수 있다. 그런데 이런 모든 방식은 심리적 방어기제로 설명할 수 있다는 점에서 공통적이지만 하나님의 말씀에 역행하는 것이라는 점에서 불신앙이라 규정할 수 있다.

2. 아브라함이 선택한 하나님

심리학적 관점에서 봤을 때 아브라함의 인생을 통한 하나님의 연단은 즉각적인 욕구충족을 계속 지연시킴으로써 하나님에 대한 신뢰의 진정성을 담금질하는 과정이었다고 할 수 있다. **"너로 큰 민족을 이루겠다"**(창 12:2)는 하나님의 약속에 관한 한 현실적으로 아브라함에게 주어졌던 즉각적 충족은 매우 적었다. 백세가 넘기까지 아브라함에게 실제로 주어진 자녀는 단 두 명뿐이었기 때문이다. 그나마 아브라함이 인생에서 가장 큰 만족을 느낀 시점은 역시 이삭이 태어났을 때였을 것이다. 이렇게 어렵게 노년에 얻은 자식을 그가 애지중지한 것은 지극히 당연한 일이었다고 볼 수 있다. 그렇기 때문에 우리는 그처럼 귀한 자식을 창세기 22장에서 하나님이 당신에게 번제로 바치라 하셨을 때 아브라함의 충격이 얼마나 컸을지 가히 짐작하고 남음이 있다. 하나님이 이런 지시를 하신 것은 아마도 하나님이 아브라함 안에서 하나님의 경쟁자를 발견하셨기 때문일 것이다. 심리학의 용어를 다시 빌자면 하나님은 아브라함에게서 하나님 자신 외의 또 다른 우선적 자기대상(primary selfobject)을 발견하셨다. 그래서 그는 어느 쪽이 아브라함의 진짜 우선적인 대상인지 시험하려 하신 것이다. 그 하나님의 경쟁자는 물론 그의 사랑하는 독자 이삭이었다.

부모가 자녀의 자기대상이 되는 것처럼 자녀 역시 부모의 자기대상이 될 수 있다. 부모는 자녀를 통해 자기의 의미와 이상을 찾고 위안을 얻을 수 있기 때문이다. 그런데 위에서 하나님이 이삭을 당신의 경쟁자로 보았다는 것은 하나님이 부자간에 그처럼 의미 있는 애착관계가 형성되는 일 자체를 반대하셨다는 의미는 물론 아니다. 하나님은 오히려 우리의 부모자녀관계, 부부관계를 비롯한 모든 인간관계가 우리를 향한 하나님의 사랑을 **유비적**(analogically)으로 드러내는 친밀한 사랑의 관계가 되기를 바라신다. 그러나 부모자녀관계, 남녀관계, 심지어 목회자와 성도 관계에 이르기까지 각종 인간관계는 이런 하나님의 원래 의도와 달리 하나님을 생각나게 하는 관계가 아니라 도리어 하나님에게서 상대적으로 멀어지게 하는 배타적인 융합관계가 될 수 있다. 이것은 부모나 자녀, 배우자, 심지어 목회자가 하나님을 대체하는 **심리적 우상**(偶像)이 될 수 있다는 의미이다. 아브라함에게 이삭도 그와 같았다고 볼 수 있다. 이삭은 아브라함에게 하나님의 신실하심과 은혜와 약속을 생각나게 하는 실체적 대상이었다. 그런데 이러한 이삭의 실체성(實體性)

은 역으로 하나님을 잊어버리게 하는 요인으로 작용할 수 있었다. 그 이유는 그러한 이삭의 존재가 아브라함에게 보다 즉각적인 만족을 줄 수 있었기 때문이다. 건강하게 자라는 이삭의 모습은 아브라함에게 하나님의 약속과 상관없이 현재적 성취감을 줄 뿐 아니라 그의 미래에도 안녕과 번영이 주어지리라는 보증이 되었을 것이다. 이렇게 이삭이 아브라함에게 하나님을 생각나게 하는 존재가 되기보다 그 자체로 우상이 되었을 때 하나님은 아브라함이 이삭을 버리고 자신을 선택할 수 있는지 시험하고자 하셨다.

많은 사람이 그렇듯 아브라함 역시 처음에 하나님을 따른 것은 현실에서의 자기성취욕이 좌절된 데 대한 일종의 보상기제로 비롯된 일일 수 있다. 이를테면 엄마가 오지 않을 때 아이가 대신 집중하는 장난감처럼 일종의 심리적 대체물일 수 있었다는 것이다. 추측컨대 아브람은 원래 고향에서부터 사회적 관계에서 자기주장을 잘 못하는 내향적 성격의 인물이었을 가능성이 있다. 겉으로는 양보하면서 속으로는 자기애적 불만을 품는 그런 성격의 사람이었을 가능성이 있다는 것이다. 이런 사람이 하나님의 부르심을 받았을 때 그 부르심이 그의 숨겨진 자기애적 환상을 부추겼을 가능성이 있다. 그런데 설령 사실이 그러했다고 하더라도 하나님은 아브라함의 신앙 여정을 통해 당신이 단순히 그의 자기애적 보상이 아니라 그의 진정한 하나님이 되기를 원하셨다. 진정으로 그의 우선적 대상이 되기를 원하셨던 것이다. 이것을 위해 결정적으로 아브라함을 시험하셨던 방식이 바로 이삭을 바치라는 요구였다고

이삭을 바치는 아브라함

볼 수 있다. 이삭이 하나님 당신과 아브라함 사이의 중간대상인지, 아니면 하나님이 이삭의 중간대상일 뿐이었는지 알고자 하셨던 것이다. 다시 말해 하나님 자신이 단지 이삭을 얻기 위한 수단에 지나지 않았는지, 아니면 이삭이 하나님에 대한 그의 신뢰의 표식인지 확인하고자 하셨다. 하나님은 어쩌면 아브라함에게뿐 아니라 우리 모두에게 이 같이 묻고 계신 것인지 모른다. 하나님 당신이 우리의 충족되지 않은 자기애적 욕구의 대체물인지 아니면 우리에게 소중한 어떤 것도 그를 위해 내려놓을 수 있을 만한 우선적 대상인지…… 세상의 심리학자들은 우리에게 묻는다. 기독교신앙이란 단지 보상적인 대체물이 아니냐고…… 하나님도 우리에게 물으신다. 정말 그런 것이냐고……

이삭의 그림자(shadow)

1. 부모동일시 신앙

비비안 스콜니크 Vivian Skolnick 는 아버지 아브라함이 이삭을 번제로 바치려 한 일은 이삭에게 너무나 외상적(traumatic)인 경험이어서 이로 인한 상흔이 그의 심리적 성장을 저해하여 결과적으로 이삭이 어떤 두 각을 나타내지 못하는 인생을 살게 되었을 것이라고 주장한다.[8] 그러나 모리아산에서의 경험이 얼마나 외상적인 것이었을지 여부는 이렇게 사건의 내용만으로 판단할 수 없고 그 사건을 당시와 이후에 이삭이 어떻게 해석하고 받아들였느냐에 따라 달라질 수 있는 문제이다.[9] 스콜니크는 프로이트의 외디푸스 콤플렉스(Oedipus complex) 이론에 따라 아브라함과 이삭 사이에 사라의 젖가슴을 대상으로 한 모종의 경쟁관계가 있었다고 전제한다. 그리고 이러한 전제하에서 아브라함이 일말의 무의

---

8) Vivian Skolnick, *The Biblical Path to Psychological Maturity: Psychological Insights into the Weekly Torah Readings* (Victoria, BC: Trafford Publishing, 2009), 42. 한편 이관직의 해석 역시 이와 거의 비슷한데 이관직은 모레아산에서 제물이 된 경험이 "어린 이삭이 감당하기 힘든 외상적 경험이었을 것"이고 그 심리적 외상이 그의 "인격형성에 적지 않은 영향을 끼쳤을 것"이라 말한다. 즉 "소신 있게 행동하기보다 다른 사람을 의식하고 수동적 행동을 취하는 성품"이 그러한 영향과 관련이 있을 것이라는 견해이다. 이관직, 『성경인물과 심리분석』 (서울: 생명의말씀사, 2005), 42-43.

9) 김미경은 스콜니크와 마찬가지로 이삭의 번제 사건을 이삭에게 외상적 경험이었을 것으로 이해하지만 스콜니크의 해석과 달리 그것이 오히려 이삭의 삶 가운데 성장의 계기가 되었을 것이라 해석한다. 그 사건이 이렇게 오히려 성장점이 된 것은 이삭이 이후에 이 사건을 "통해 경험한 하나님의 손길을 의도적인 반추를 함으로써" 가능했던 것이라 주장한다. 김미경, "외상후성장(PTG) 모델로서 이삭, 요셉 이야기," 『신앙과 학문』 16권 4호 (2011), 14.

식적 질투심으로 말미암아 이삭을 죽이려 했던 것이라 설명하고 있다. 그러나 하나님이 아브라함에게 **"네 사랑하는 독자 이삭"**(창 22:2)이라 표현한 것을 볼 때 실제로 아브라함과 이삭 사이가 그러한 은밀한 경쟁 관계였을 가능성은 적다. 오히려 부자의 관계는 매우 우호적이고 친밀한 애착관계였던 것으로 보인다. 저자의 보기에 더 개연성 있는 가정은 이삭이 아버지 아브라함을 강하게 자기동일시(self-identification)함으로써 그의 행동을 모방하고 있었다는 것이다. 이것은 프로이트가 말하는 초기 외디푸스를 이삭이 이미 훨씬 성공적으로 통과했다는 의미이며, 그가 이미 아버지의 정체성과 더불어 아버지의 신앙 역시 자신의 것으로 받아들여 모방적으로 따르고 있었다는 의미이다. 즉 하나님의 의도를 이해할 수 없지만 그 뜻에 순종하는 아버지를 따라 이삭 역시 아버지의 의도를 이해할 수 없지만 아버지의 의지에 순종하는 행동을 취했다는 것이다. 결과적으로 이 사건은 아버지 아브라함에게뿐 아니라 아들 이삭에게도 하나님에게 신앙을 시험받고 하나님을 경험하는 사건이 되었다.

아버지가 자신을 죽이려 한 일이 이삭에게 얼마나 상처가 되었을지는 그 아들의 순종이 단지 아버지의 인정을 얻기 위한 외식(外飾)이었는지, 아니면 그 수준을 넘어 그 아들 자신이 아버지가 믿는 하나님을 진심으로 자신의 하나님으로 믿고 따르는 행동이었는지 여부에 따라 달라진다. 만일 후자에 가깝다면 아들 입장에서 아버지는 자신을 죽이려한 것이 아니라 하나님께 믿음의 제사를 드린 것이고, 이삭은 아버지에

이삭을 품에 안은 아브라함

게 살해위협을 받은 것이 아니라 아버지의 뜻에 순응하여 결박을 받고 나무 위에 누움으로 그 아버지의 제사에 동참한 셈이 된다. 저자는 아마 이 후자가 실제에 더 가까웠을 것이라 생각한다. 일반적으로 부모와 자녀 사이가 친밀한 만큼 부모의 신앙은 단순히 인지적 차원에서만 아니라 전인적 차원에서 자녀에게로 전이된다. 자녀는 그들의 자기대상인 부모의 눈을 통해 자신을 볼 뿐 아니라 하나님을 보게 되고, 부모를 이상화할 뿐 아니라 부모의 이상인 하나님을 또한 이상화하게 된다. 문제는 이삭뿐 아니라 오늘날 많은 모태신앙인들이 마찬가지인 것처럼 이렇게 부모를 통해 갖게 된 그들의 신앙이 부모의 신앙으로부터 얼만큼 분화(分化)되어 그들 자신의 신앙으로 분리개별화될 수 있느냐는 문제일 것이다.

이삭의 신앙이 아버지의 신앙으로부터 분화되어 그 자신의 신앙으로 자리잡기 위해 필요한 것은 아버지와 별도로 이삭 자신의 삶 속에서 하나님을 경험하는 일이었다. 우리는 실제로 이러한 일들이 아브라함의 사후(死後) 이삭의 삶 속에 이루어졌던 것을 창세기 25~26장의 사건들에서 확인할 수 있다. 여기서 이삭이 경험한 일들은 묘하게도 과거 아버지 아브라함이 경험했던 일들과 매우 유사한 사건들이었다. 아내가 임신치 못하는 상황, 가뭄으로 인해 이주(移住)할 수밖에 없는 상황, 그 이주지에서 아내로 인해 자신의 신변의 위협을 느끼는 상황, 그 때문에 사람들을 속이다가 오히려 위기에 빠졌지만 거기서 벗어나는 과정, 하나님의 은혜로 부를 얻었지만 그로 인해 오히려 주변 사람들과 갈등에 휘말리는 상황 등 아버지가 경험했던 것과 거의 비슷한 경험들을 반복할 뿐만 아니라 그 상황에서 아버지가 했던 반응까지 모방적으로 반복하면서 아버지의 신앙을 자신의 신앙으로 내면화하는 과정이 성경에 나타나 있다.

아버지와 아들의 경험이 거의 서로 비슷하지만 부자의 신앙여정에서 굳이 한 가지 차이점을 찾자면 그것은 아버지의 경험에 비해 아들의 경험은 아무래도 그 치열함이 다소 떨어진다는 점이다. 또한 아들의 신앙 행위 역시 아버지에 비해 다소 수동적인 면이 있다. 그의 신앙적 행동은 아버지처럼 하나님이 지시하는 곳으로 적극적으로 나아가기보다 다만 아버지가 살던 곳에 머무는 것이 주를 이룬다. 이렇게 이삭의 행동에 적극성과 치열함이 다소 부족하게 느껴지는 것은 마치 아버지가 팠던 우물을 아들이 다시 팔 때 아무래도 힘이 덜 드는 반면 그만큼 성취감도 약할 수밖에 없는 이치와 같다. 문제는 그로 인해 그의 하나님 경험과 하나님에 대한 신뢰의 강도도 상대적으로 약할 수 있다는 점이다.

2. 이삭의 구강적 대리충족

그래서인지 이삭은 노년에 적이 실망스러운 모습을 우리에게 보여준다. 이것은 아마도 위에 말한 그의 신앙의 약한 면과 연관된 것일 것이다. 이삭이 노년에 보여준 문제는 맏아들 에서를 편애한 일이다. 이삭은 왜 에서를 편애했을까? 그의 아내 리브가가 임신중 받은 계시를 그도 아마 전해 들었을 것이다. 그렇다면 그럼에도 불구하고 이삭이 에서를 편애하고 그에게만 축복하려 한 이유는 무엇이었는지 우리는 의문을 갖게 된다. 우리가 그 이유를 심리적 측면에서 추정해 보면, 그것이 아마 그의 성장기에 억압된 무의식적 욕구와 연관된 것이라고 볼 수 있다. 요컨대 에서는 이삭의 감춰진 그림자(shadow)였으리라는 추정이다. 일찍부터 아버지에게 순종적이었고 아버지의 신앙을 자신의 것으로 받아들였던 이삭에게는 그렇게 일찍부터 억압되어 현실로 살아 보지 못한 무의식적 욕구들이 있었다고 가정할 수 있다. 그 욕구들은 이를 테면 아버지의 불합리한 신앙과 순종에 반발하여 결박을 뿌리친다든지, 하나님의 약속의 땅을 벗어나 마음대로 이방 땅을 탐험한다든지, 부모

이삭과 에서

의 뜻을 거슬러 정욕을 따라 이방여자를 아내로 취한다든지 하는 행동
들로 표출될 수 있는 욕구들이다. 흥미로운 것은 실제로 이삭 자신은
이 중 한 가지도 삶에서 실행해 보지 못했다는 점이다. 반면 그의 아들
에서는 실로 자유분방하게 아버지가 하지 못한 그런 행동들을 전부 맘
대로 행하고 있었다. 이런 에서를 이삭이 편애했다는 것은 곧 그가 자
기의 아들과의 무의식적 자기동일시를 통해 그의 감춰진 욕구를 대리
적으로 행동화하고 충족받으려 했다는 것을 시사한다. 에서가 사냥한
고기를 탐(耽)하는 이삭의 모습이 바로 이런 그의 대리적 보상기제를 드
러낸다.

　이런 이삭의 모습은 실제로는 상당히 이중적이다. 의식적으로 그는

결코 아버지 아브라함의 신앙에서 떠나지 않았으며 에서의 일탈을 승인하지 않았다. 이것은 에서가 이방여인을 취한 일에 대해 그가 아내와 함께 근심하는 모습에서 확인할 수 있다(창 26:35). 또한 그의 말 속에 하나님이 그의 아버지를 통해 주신 복의 실효성을 확신하는 믿음이 드러나고 있는 점에서도 우리는 그가 하나님 신앙에 머물고 있음을 알 수 있다(창 27:37). 그러나 한편으로 실생활 속에서 그는 하나님이나 하나님의 계시보다 맛난 별미(別味)에 더 탐닉하고 있다. 하나님의 약속이 어떻게 그의 아들들의 삶을 통해 실현될까 하는 문제보다 현실의 기준에서 더 우월하고 유능한 자식에게 마음이 더 쏠려 있다. 이런 점에서 노년의 이삭의 모습은 오늘날 많은 기독교인 부모들이 보여주는 이중적 가치관과 태도를 연상케 한다. 한 편으로 교회의 교리와 규범에 충실한 삶을 살지만 정작 일상적인 삶에서 그들의 기호(嗜好)나 관심은 세상 사람들의 그것과 별반 다르지 않다. 특별히 자녀에 대한 태도에 있어서 일면 기독교적 규범을 중시하는 것 같지만 실제로 자녀가 세상 속에서 인정받는 실력과 조건을 갖추는 일에 하나님의 말씀을 따라 사는 일보다 더 치중한다. 오늘날 부모들의 이러한 모습은 흡사 에서의 사냥 실력과 남성다움을 더 흡족해하는 이삭의 모습을 방불케 한다.

특별히 우리는 에서의 사냥감에서 미각(味覺)적 만족을 추구하는 노인 이삭에게서 오늘날 우리 현대인들의 자화상을 발견한다. 이런 이삭의 미식추구를 심리학적 관점에서 분석하자면 우리는 그것의 뿌리를 그의 유아시절 모친의 익애(溺愛)에서 찾을 수 있다. 이삭은 그의 모친 사라가 노년에 얻은 아들이었다. 이렇게 어렵게 얻은 아들을 노모가 얼마나 강한 애착을 가지고 품에서 내려놓지 않았을지 상상하기 어렵지 않다. 프로이트심리학의 견지에서 이런 노모의 익애는 이삭의 유아기에 과도할 정도로 **구강적 자극과 충족**(excessive oral stimulation & gratification)이 이루어졌다는 것을 시사한다. 이것이 의미하는 바는 그의 유아적 욕구의 좌절이나 지연(遲延)이 적절치 못했기 때문에 그만큼 그가 자기의 부정성을 자기안으로 통합시켜 성숙한 자기를 발달시킬 기회를 충분히 갖지 못했을 것이라는 점이다. 사실상 이삭에게 필요한 것은 대상관계심리학에서 말하는 '거절하는 대상(rejecting object)'의 경험이었다. 일반적으로 유아는 '거절하는 젖가슴'의 경험을 통해 자기 안에 일어나는 분노와 공격성 같은 부정성들을 마주하게 되는데, 유아는 성장함에 따라 점차 이런 자기의 부정성들을 자기 안으로 통합시켜 감으로써 보다 현실적인 자아상을 발달시키게 된다. 그런데 이삭을 품에서 내려놓지 않는 사라의 익애(溺愛)는 이삭에게서 이런 경험을 결과적으로 앗아가는 것이 되었을 수 있다. 이렇게 부모의 과보호로 인해 자녀에게 '거절하는 대상,' '박해하는 대상'의 경험이 충분치 못하게 되었다는 것은 결국 그가 자기 안에 숨은 부정성을 자기 안으로 수용하고 통합할 기회를 충분히 갖지 못했다는 것이다. 이삭의 미각추구는 이렇게 자기 안에 통합되지 않은 이질적(dystonic) 욕구에 대한 일종의 방어기제이거나 억압된 욕구의 퇴행적인 대리충족으로 설명될 수 있다. 실상 이렇게 자기 안의 억압된 욕구를 구강기적으로 방어하는 이삭의 방식은 오늘날 현대인들이 미식(美食)추구나 과음, 탐식 등으로 그들의 억눌린 욕구를 달래는 방식과 매우 닮아 있다.

유아시절 모친 사라의 익애는 비단 유아기에 그치지 않고 유년시절 이삭에 대한 과보호로 이어진다. 우리는 이 점을 사라가 어린 이삭을 보호하기 위해 이스마엘과 하갈을 내쫓으라고 아브라함에게 요구하는 장면에서 확인할 수 있다(창 21:10). 실상 이스마엘의 괴롭힘은 이삭의 심리적 성숙을 위해 필요한 요소를 제공하는 것이나 마찬가지였다. 부정적 대상의 경험은 자기애적 분노나 공격성, 경쟁심 같은 부정성들을 자기 안에서 만날 기회를 제공하기 때문이다. 감춰져 있던 이러한 자기의 부정성들을 스스로 충분히 경험하고 자기 안에 통합시켜 나갈 때 우리는 더욱 현실적인 자기를 형성해갈 수 있다. 그런데 부모의 과보호는 안타깝게도 결과적으로 이런 기회를 빼앗는 격이 되고 만다. 이렇게 해서 이삭의 억압된 그림자(shadow)는 이제 그야 말로 그림자로만 남게 되었다. 즉 순종적인 아들, 순종적인 신앙인으로 사는 것이 그의 인생의 전부가 되고 만 것이다. 이것은 그러나 그처럼 순종적인 아들, 순종적인 신앙인으로서 사는 그의 자아가 전부 거짓에 지나지 않았다는 의미는 아니다. 그의 하나님과 부모에 대한 신뢰가 진정성 있는 것이었던 만큼 그의 신앙도 진정성 있는 것이었다. 그러나 이삭이 발달시킨 신앙적 자아가 얼마나 진정성 있는 것이었느냐는 문제는 그 신앙이 얼마나 포용적이고 풍성한 신앙이었느냐는 문제와는 다른 차원의 문제이다. 생각컨대 차라리 이삭이 부모의 신앙에 한 번쯤 반발해서 자신의 욕구대로 약속의 땅을 떠나보기도 하고 그의 아들들처럼 이역 땅에서 방황도 해 보았더라면 오히려 그가 더 넓은 시야와 큰 신앙을 가진 사람이 될 수 있었을지 모른다. 적어도 노년에 눈이 어두워 에서의 사냥감만을 낙으로 삼는 인생보다는 더 원대한 삶을 살게 되었을 것이다.

이삭에게서와 마찬가지로 오늘날 '착하고 보수적인' 많은 기독교인들에게서 우리는 종종 작은 일탈이나 소소한 쾌락에 탐닉하는 습관들을 발견하게 된다. 이것은 그들이 지금껏 하나님이 기대하시는 것보다 세상을 더 좁게 살아왔고 그래서 더 넓은 신앙적 자아를 발달시킬 기회를 갖지 못했음을 시사하는 것일 수 있다. 그들의 신앙이 단지 그들 부모의 신앙의 테두리에 머물러 있는 수준임을 반영하는 것일 수 있다. 심리학은 부모를 떠나는 경험 없이 진정한 자기의 통합과 성숙이 어렵다는 것을 시사한다. 우리는 이에서 더 나아가 부모를 떠나는 경험 없이 진정한 신앙의 성숙이 어렵다고 말할 수 있다. 부모를 떠나 자신의 숨은 그림자들을 세상 속에서 대면하는 과정을 거칠 때에야 비로소 우리는 우리의 부정적 측면까지 수용해 주시고 우리를 버리지 않으시는 하나님을 만날 수 있기 때문이다.

노령으로 눈이 어두어진 이삭은 이제 현재 그의 삶의 반경을 벗어나 새롭게 자기를 찾는 여행을 떠나기는 어려웠을 것이다. 그런 창세기 28장 1~3절에서 형 에서를 피해 도망하는 야곱에게 이삭이 했던 축복은 그가 스스로 가지 못한 여행을 아들 야곱에게 위임한 것이었다고 볼 수 있다. 아마도 이삭은 형 에서의 위협으로 곤경에 처한 야곱의 모습에서 어린 시절 그 자신의 형 이스마엘과의 관계에서 자신의 모습을 보았던 것인지 모른다. 실상 에서보다 훨씬 더 자신을 많이 닮은 야곱에게서 내향적이고 어머니 품을 벗어나지 못했던 자신을 보게 되었을지 모른다. 그리고 그렇게 자기 자신의 모습을 연상시키는 야곱이 자신은 경험하지 못한 미지의 땅으로 떠나는 길을 축복했던 것이리라. 비록 이것은 여전히 대리적인 자기실현의 소망이라고 볼 수 있지만 그렇게 길을 떠나는 야곱을 보며 자신의 분열된 두 자아의 통합을 꿈꿔 보았으리라 우리는 이삭의 속내를 짐작해 볼 수 있다.

창세기 28장에서 야곱을 축복하는 이삭의 기도 속에는 또한 그의 분열된 두 자기의 통합과 같은 두 아들 야곱과 에서의 화해를 소망하는 그의 마음도 담겨 있다. 그리고 그 기도 속에는 또한 실제로 그들의 분열을 초래한 자신의 왜곡된 시각에 대한 자성(自省)도 담겨 있었을 것이다. 자신의 일부를 부정하는 것처럼 그가 그의 아들을 제대로 보지 못하고 있었기 때문에 지금 눈 앞의 현실이 벌어졌다는 자각도 어쩌면 내포되어 있었을 것이다. 우리는 이렇게 이삭이 자기 자신과 아들들의 현실을 보다 온전히 직시하게 되었을 때 그의 하나님 역시 그가 보다 온전히 바라보게 되었으리라 추정해 볼 수 있다. 특별히 이제까지 그가 자신을 제대로 보지 못한 것처럼 그렇게 야곱을 백안시해 왔다면, 이제 그런 아들을 더 제대로 보게 되므로 그 아들을 향한 하나님의 계획도 보다 더 온전히 바라보게 되었을 것이다. 그 아들을 있는 그대로 보게 된 만큼 그가 아직 태중에 있을 때 하나님이 주신 계시도 그 말씀 그대로 받아들이고 인정하게 되었을 것이다. 그래서 이삭은 야곱을 축복할 때 하나님이 자신에게 주신 말씀대로 이렇게 기도한다. **"하나님께서 아브라함에게 주신 복을 너와 네 자손에게 주셔서 네가 지금 나그네로 살고 있는 땅, 곧 하나님께서 아브라함에게 주신 그 땅을 네가 차지하게 되기를 바라노라"**(창 28:4,우리말 성경).

야곱이 세운 '집'

1. 아버지의 집과 하나님의 집

우리가 아브라함, 이삭, 야곱을 서로 비교해 보면 그들 조부손(祖父孫) 삼대간에 닮은 부분이 매우 많다는 사실을 새삼 발견하게 된다. 하나님이 인류 가운데 믿음의 조상으로 택하신 이 세 사람의 성격은 공통적으로 대체로 내성적이며 대인의존성이 강한 편인데 특별히 어머니, 아내 같은 중요 여성과의 관계에서 수동적 의존성이 두드러진다. 이런 유형은 당시에는 말할 것도 없고 오늘날에 와서도 결코 사회적으로 우월한 성격유형에 속한다고는 보기 어렵다. 예컨대 손자 세대의 에서와 야곱을 비교해 보자면 확실히 그들의 아버지 눈으로만 아니라 오늘날 우리 기준에서 보더라도 더 사회적으로 환영받을 만한 성격의 소유자라고 여겨지는 것은 야곱보다 더 활달하고 외향적인 에서이다. 그런데 이런 에서보다 상대적으로 더 내향적이고 소심한 야곱 쪽이 훨씬 그의 선

벧엘(Bethel)

대(先代)의 DNA를 더 많이 이어받은 것처럼 보인다.

아브라함과 이삭에게서 볼 수 있는 공통점 중 하나는 갈등을 회피하고 갈등 상황에서 물러서는 성향이다. 우리는 이런 성향을 집을 떠나기 전의 야곱에게서도 그대로 발견할 수 있다. 리브가가 야곱에게 이삭의 눈을 속여 에서가 받을 축복을 가로채자고 제안했을 때 야곱은 두려워하며 이렇게 말한다. **"만약 아버지가 저를 만져 보시면 제가 아버지를 속이는 자라는 것을 아시게 돼 복은커녕 오히려 저주를 받게 될 것입니다"**(창 27:12, 우리말성경). 여기서 엿볼 수 있는 야곱의 심리는 자신이 아버지의 축복을 원하는 것이 사실이지만 그것을 위해 위험을 무릅쓰기보다는 차라리 현재에 안주하겠다는 태도이다. 사실 이삭을 속여서라도 축복을 쟁취하려는 강한 의지를 보인 것은 그의 어머니 리브가였다. 야곱이 결국 이삭을 속이는 행동을 한 것은 이런 어머니의 고집에 못 이겨서였다. 바로 이런 면에서 우리는 다시 그가 유독 어머니와 아내에 대해서 의존성과 수동성을 보이는 그의 할아버지와 아버지의 성격을 그대로 이어받은 것을 확인할 수 있다.[10]

가족체계론(family systems theory)적 관점에서 야곱의 가계를 분석한 연구들은 이 같은 삼대(三代)의 유사성이 단지 유전적인 것이 아니라 그의 가계에 이어지는 역기능적 가족관계로 말미암은 것이라 주장한다. 일례로 조난숙 외 3인은 야곱의 가계 3~4대에 걸쳐 반복적으로 발견되는 유사한 성격유형과 관계유형들이 역기능적 삼각관계들을 통한 그러한 부정적 패턴의 다세대 전수(multigenerational transmission)과정이라 지적한다.[11] 여기서 다세대 전수란 요컨대 아브라함과 사라 사이의 긴장관계가 아들 이삭과의 삼각관계를 통해 다음 세대로 전수되고 이삭과 리브가 사이의 긴장관계가 다시 두 아들 에서, 야곱과의 이중적 삼각관계를 통해 그 아들들의 세대로 전수되며, 또 그것이 야곱의 아들들의 대에까지 전수된다는 이론이다. 이러한 가족체계론의 관점은 야곱 가계의 역기능적 측면들을 다소 과장해서 보는 듯한 측면이 있는 것이 사실이지만, 그의 선대로부터 반복적으로 나타나는 관계 유형들이나 성격 유형

---

10) 우리는 이러한 야곱의 성향이 결혼 이후에도 여러 아내들과의 관계 속에서 이어지는 것을 볼 수 있다. 그가 아내들의 질투와 경쟁에 휘말려 중심을 잡지 못하는 모습이 바로 그것이다.

11) 조난숙, 송조흠, 한영혜, 최은영, "창세기 가족의 보웬 가족상담적 분석 및 성경적 함의," 『한국기독교상담학회지』 20 (2010. 12), 310-13.

들이 어떤 과정을 통해 다음 세대에서 그처럼 반복되게 되는지 우리에게 잘 설명해 준다.

우리가 가족체계이론을 통해 특별히 야곱의 가정을 조명해 보면서 깨닫게 되는 사실 중 하나는 창세기 28장에서 야곱이 형 에서의 위협을 피해 집을 떠나야만 했던 상황이 일견 불행처럼 보이지만 실은 하나님의 은혜로운 개입이었다는 사실이다. 그 이유는 그로 인해 야곱이 원가족의 역기능적 융합관계로부터 떨어져 나올 수 있었기 때문이다. 이런 의미에서 야곱의 도피는 야곱이 연루된 역기능적 가족관계로부터 그의 분리를 '강제실행' 하시는 하나님의 방식이었다고도 볼 수 있다. 그런데 여기서 한 가지 우리가 기억해야 할 사실은 단순히 가족으로부터 분리되어 나오는 것이 바로 성숙이 아니라는 점이다. 또 한 가지 우리가 가족체계이론에서 간과하지 말아야 할 점은 가족간의 융합(fusion)이 '불안' 같은 심리역동이 세대간에 전수되는 방식인 것도 사실이지만,[12] 그 이전에 그런 융합이 세상 속에서 그들이 경험하는 실존적 불안으로부터 그들이 함께 벗어나려는 공동의 노력이기도 하다는 사실이다. 시초에 아브라함과 사라가 이삭을 과보호한 것은 그들이 첫 발을 디딘 낯선 가나안 땅에서 그들의 미래를 지키려는 노력이었다. 리브가가 야곱과 융합된 것도 역시 낯선 땅에서의 외로움과 당시 사회에서 여성으로서 경험할 수밖에 없는 소외감을 이겨내려는 그 나름의 심리적 노력이었을 것이다. 그것은 동시에 비록 인위적인 방식이지만 하나님의 약속이 야

---

12) 위의 논문, 305.

곱의 삶에서 실현되도록 도움으로써 자신의 존재 의미를 찾으려는 그녀 나름의 신앙적 노력이었다고도 볼 수 있다. 야곱이 리브가에게 밀착된 것 역시 마찬가지로 아버지 이삭과의 관계에서 소외감을 극복하고 아버지에게 받지 못한 인정을 어머니로부터 채움받으려는 노력이었다고 볼 수 있다. 정서적으로 생존하기 위해 야곱이 필요로 한 것은 그에게 존재감을 주고 그의 가치를 반영해주는 반영적 자기대상(mirroring selfobject)이었다. 그의 아버지 이삭이 이러한 자기대상이 되어주지 못했기 때문에 야곱은 그 빈 자리를 그의 어머니를 통해 채움 받으려 할 수밖에 없었다. 야곱이 부엌일을 돕는 '암사내'가 된 것은 바로 이런 연유에서였을 것이다.

이렇게 볼 때 우리는 집을 떠난 창세기 28장의 야곱이 어머니조차 없는 상황에서 어떤 상실과 두려움과 실존적 불안에 직면했을지 짐작해 볼 수 있다. 벧엘의 빈 들에서 그가 직면한 불안은 가족 안에서 그가 경험했던 긴장/불안과는 차원이 다른 불안이었다. 그것은 마치 태아가 모체 밖으로 던져졌을 때 경험하는 실존적 불안에 비견할 만하다. 사실 인간의 모든 상호애착과 융합은 바로 이런 인간의 실존적 불안으로부터 도망치려는 몸부림이라 할 수 있다. 이것이 시사하는 바는 이런 실존적 불안이 주는 두려움이 그 어떤 역기능적 관계 속의 어려움보다 더 클 수 있다는 사실이다. 그래서 사람들은 관계로부터 소외되는 것보다는 차라리 역기능적 관계 속에 얽혀서 그 속에서 경험하는 괴로움과 상처를 택하는 것인지 모른다.

야곱의 노숙(露宿) Jusepe de Ribera 作

비록 가정에서 경험하는 상대적 박탈감과 상처가 많았지만 만일 창세기 27장의 사건이 없었다면 결코 야곱은 스스로 집을 떠나지 않았을 것이다. 하나님은 이런 야곱을 불가피한 상황을 통해 집 밖으로 내모셨다. 그런데 하나님이 이렇게 야곱을 빈 들로 내모신 이유는 단지 그를 집으로부터 강제분리시키려는 것만이 아니라 더 궁극적으로 그가 하나님 당신을 만나 하나님과의 인격적 관계를 맺게 하려는 것이었다. 집을 떠나기 전의 야곱이 하나님에 대해 전혀 몰랐던 것은 물론 아니다. 그러나 이전의 그와 하나님 사이는 그의 부모와의 관계와 서로 얽혀 있어 그로 인해 하나님상(像)이 변형되거나 가로막혀 있었다고 볼 수 있다. 이것은 다시 말해 부모와의 관계가 하나님과의 관계보다 우선적이었다는 것이다. 그러므로 하나님이 야곱을 빈 들로 내모신 것은 하나님께서 다른 어떤 관계보다 우선적으로 이 빈 들에서 야곱과 일대일의 대면을 하시고 관계를 맺기 위해서라고 말할 수 있다. 벧엘에서 돌을 베고 잠든 야곱의 꿈에 하나님이 나타나셔서 하신 말씀이 다음과 같다.

> … 나는 여호와. 곧 네 조상 아브라함의 하나님. 이삭의 하나님이다. 네가 누운 땅을 내가 너와 네 자손들에게 주겠다. 네 자손이 땅의 티끌과 같이 돼서 동서남북으로 퍼지게 될 것이다. 너와 네 자손을 통해 이 땅의 모든 족속들이 복을 받게 될 것이다. 내가 너와 함께 있을 것이며 네가 어디로 가든지 너를 지켜 주겠다. 그리고 너를 이 땅으로 다시 데리고 오겠다. 내가 네게 약속한 것을 다 이룰 때까지 너를 떠나지 않겠다.(창 28:13-15)

이것은 한 마디로 하나님께서 야곱의 '우선적인 돌봄제공자(primary care-taker)'가 되시겠다는 약속이다. 그런데 심리학에서 말하는 '우선적 돌봄제공자'의 역할은 비단 양식을 제공하거나 신체적 안전을 지키는 것만이 아니라 심리적 측면에서 바로 아이의 우선적 자기대상이 되는 것이다. 즉 아이에게 안정감과 소속감을 주고 아이의 가치를 반영해 주는 주된 대상이 되는 것이다. 우리는 하나님께서 야곱에게 위와 같이 언약하실 때 단지 양식과 신변보호의 제공자만 아니라 야곱에게 이런 우선적인 자기대상이 되기 원하신다는 의미라고 볼 수 있다. 한 마디로 이것은 야곱에게 부모와 같은 존재가 되시겠다는 의미인 것이다. 그런데 이런 하나님의 제안에 야곱이 보인 반응은 하나님만큼 적극적이지 않아 보인다. 그는 이렇게 하나님께 대답한다.

하나님께서 저와 함께 계시고, 제가 가는 이 길에서 저를 지켜 주시고 먹을 것과 입을 것을 주시고 제가 안전하게 저의 아버지 집으로 돌아가게 해주시면 주님이 저의 하나님이 되실 것이며, 제가 기둥으로 세운 이 돌이 하나님의 집이 될 것이며, 하나님께서 저에게 주신 모든 것에서 열의 하나를 하나님께 드리겠습니다.(창 28:20-22)

우리는 여기서 야곱이 생각하는 하나님과의 관계가 하나님이 생각하시는 관계와 서로 간격이 있다는 점을 알 수 있다. 하나님은 야곱에게 조건 없이 자신을 주는 언약관계를 맺기 원하시는데, 야곱은 조건절을 사용하여 하나님과의 관계를 어디까지나 조건적인 관계로 설정하고 있다. 야곱은 위의 서원에서 하나님이 자신에게 양식과 신변보호를 제공해 주실 것을 기대하고 있지만 그 이상은 아니다. 야곱의 표현에서 **"아버지의 집"**과 **"하나님의 집"**은 엄연히 다른 집이다. 다시 말해 하나님이 아버지는 아니라는 것이다. 하나님은 말하자면 계약적인 관계의 후견인처럼 여겨지고 있다.

기독교 상담가인 이만홍과 황지연은 "인간은 누구나 평생 잃어버린 부모를 찾아 헤매는 존재"라는 프로이트의 말이 사실은 매우 "신학적인" 명제라고 이야기한다.[13] 인간은 모두 하나님의 잃어버린 자녀들이고, 기독교인들은 그 중에서 자신들이 무의식적으로 찾던 그 이상적 부모가 하나님이라는 것을 알게 된 사람들이란 것이다.[14] 이런 두 기독교 상담가의 주장에 창세기 28장 이야기를 비춰 보면 첫째로 우리가 알 수 있는 것은 실상 그 잃어버린 자녀가 먼저 하나님을 찾은 것이 아니라 하나님 자신이 그 잃어버린 자녀를 찾아오셨다는 사실이다. 먼저 야곱을 찾아오신 것이 하나님이셨다. 반면 야곱은 자신을 찾아오신 그 하나님이 자신이 잃어버린 진정한 아버지라는 사실을 전혀 모르고 있다. 21절의 **"내 하나님이 되실 것이라"**는 미연형(未然形)의 표현은 당신이 할아버지와 아버지의 하나님이실지언정 아직 나의 하나님은 아니라는 의미를 내포한다. 다시 말해 아직 당신은 내게 내 아버지만큼 친밀하지 않다는 것이다. 그래서 그의 목적은 이 곳 벧엘(하나님의 집)로 돌아오는 것이 아니라 아버지 이삭의 집에 돌아가는 것이다. 그런데 이렇게 말하고 있는 야곱의 인생의 아이러니는 그가 돌아가고 싶어 하는 그 아버지 집이 그를 반기는 곳이 아니라는 사실이다. 야곱은 집에 돌아가고 싶지만 집으로부터 도망치고 있다. 이러한 의존과 회피의 혼재상태를 가족치료이론의 용어로 표현하자면 그가 원가정으로부터 아직 미분화된 상태(undifferentiated state)라고 말할 수 있다.

가족치료이론이 말하는 미분화상태란 가족으로부터 달아나려 하면

---

13) 이만홍, 황지연, 「역동심리치료와 영적 탐구」 (서울: 학지사, 2007), 244.

14) 위의 책, 244.

서도 정서적으로 아직 가족관계에 얽혀 있는 상태를 말한다.[15] 그럼 어떻게 이런 상태를 치유할 수 있을까? 가족치료이론의 답은 새로운 '치료적 관계'를 통해 이런 역기능적 관계가 치유될 수 있다는 것이다. 즉 불안을 재생산하지 않는 치료적 관계가 역기능적인 감정의 연루(連累)를 끊고 가족으로부터 건강한 분화(differentiation)를 가능케 한다는 것이다. 이수미와 김용태는 야곱에게 있어서 "사람과의 관계로부터 하나님과의 관계로의 방향전환"이 이러한 분화를 가능케 했다고 설명한다.[16] 이것은 바로 그의 하나님과의 관계가 야곱에게 그 같은 치료적 관계가 되었다는 의미이다. 그런데 저자가 보기에 하나님과의 관계가 야곱에게 바로 이처럼 "치료적 관계"가 될 수 있었던 이유는 그것이 단지 불안을 재생산하는 관계가 아니었기 때문만은 아니다. 야곱은 하나님과의 관계에서 그의 가정에서 충분히 얻지 못한 '심리적 산소'를 얻을 수 있었다. 그 '심리적 산소'를 통해 빈 들의 불안을 이겨낼 힘을 얻을 수 있었다. 여기서 '심리적 산소'란 코헛(H. Kohut)의 용어로 부모가 아이에게 주는 공감적 반영과 지지를 의미한다. "너는 세상 속에서 혼자가 아니야", "내가 널 지켜 줄게", "너는 내 눈에 너무나 존귀한 존재란다"와 같은 메시지를 전달하는 부모의 얼굴을 의미한다. 야곱은 벧엘에서 바로 이와 같은 하나님의 얼굴을 만났다.

---

15) 김용태, 『가족치료이론』 (서울: 학지사, 2000), 332-333.

16) 이수미, 김용태, "야곱의 심리적 변화과정에 대한 연구", 『한국기독교상담학회지』, 25권 3호 (2014), 205.

그러나 위의 조건절의 서원에서 볼 수 있는 바와 같이 이러한 하나님에 대한 야곱의 신뢰는 아직 미온적이다. 조건적인 것은 '아직'이란 의미이다. 아직 당신을 완전히 신뢰하지 못한다는 의미이다. 그래서 아직 그의 안에 불안이 많다는 것을 의미한다. 그 불안은 아직 원가족관계에 심리적으로 매여 있기 때문에 남아 있는 불안과 막막한 현실 속에서 앞으로 살아갈 일에 대한 불안이었다. 이런 실존적 불안 속에서 그는 다시 뭔가를 붙잡아야만 했다. 더 이상 이전처럼 어머니를 붙잡을 수는 없는 상황이었다. 벧엘의 하나님을 만났지만 아직 그 하나님을 그렇게 신뢰하지도 못했다. 어디도 기댈 데가 없는 이런 현실적 불안 속에서 야곱이 새롭게 구축하기 시작하고 붙들기 시작한 것은 그의 '집'이었다. 즉 그의 가족과 소유였다.

2. 얍복나루의 씨름

밧단아람에서의 야곱의 삶을 보면 브엘세바의 원가족관계로부터의 심리적 전이(psychological transference)라고 볼 수 있는 몇 가지 측면들을 발견하게 된다. 그 첫번째는 라헬을 향한 야곱의 열정(passion)이다. 밧단아람의 우물가에서 라헬을 만난 야곱은 앞장서서 양들에게 물을 길어주고 초면인 그녀에게 달려들어 입을 맞추면서 자신의 정을 못 이겨 **"소리 내어"**(창 29:10-11) 울음을 터뜨린다. 이런 야곱의 모습은 초면의 사촌누이에 대한 행동으로는 아무래도 좀 과장된 반응이라 여겨진다.

라헬이 집으로 달려간 것은 기쁜 소식을 전하기 위해서만 아니라 아마도 이 당황스러운 상황을 얼른 모면하기 위해서였을지 모른다. 야곱은 대체 무엇 때문에 그렇게 라헬을 보고 그처럼 감정이 북받쳤던 것일까? 이것은 필시 야곱이 어머니의 고향인 그 밧단아람과 그 곳에서 만난 어머니의 질녀 라헬에게서 그의 어머니 리브가를 느꼈기 때문인 것이 분명하다. 라헬을 만난 야곱의 가슴은 그의 고향집과 집에 있는 어머니에 대한 그리움으로 북받쳐 올랐던 것이다. 어머니 리브가에 대한 야곱의 애착은 유독 특별한 것일 수밖에 없었는데 그것은 그가 아버지로부터 받지 못한 사랑까지 그 어머니로부터 채움받고 있었기 때문이다. 그랬던 그가 어머니에게서 떨어져 여러 날을 그렇게 낯선 땅을 헤매며 얼마나 친밀함과 애정에 굶주려 있었을지 짐작하기 어렵지 않다. 이런 심리적 굶주림이 우물가에서 만난 라헬에게로 일순간 전이되어 나타났던 것이다. 어머니에 대한 애착이 강했던 만큼 이 때 라헬에게 전이된 그의 애착감정도 매우 강열한 것이었으리라 추측된다. 이처럼 강열한 전이감정은 일종의 각인(刻印, imprinting)현상처럼 그에 안에 라헬에 대한 환상을 만들었고, 이 환상이 그로 하여금 성경의 표현대로 **"칠년을 수일처럼 여기며"**(창 29:18) 그녀를 위해 일하게 만들었을 것이다.

또 한 가지 야곱의 원가정에서부터의 전이라고 여겨지는 것은 라반의 양을 칠 때의 성실함과 근면성이다. 창세기 31장 38~40절의 야곱의 술회를 보면 야곱이 라반 밑에 있던 20년동안 그가 얼마나 성실하고 부지런하게 낮의 폭염, 밤의 추위와 싸우며 잠도 못 자면서 라반의 양을 쳤는지 볼 수 있다. 양치는 일은 29장 10절의 야곱의 능숙한 행동을 봐서도 알 수 있듯이 이미 고향에서부터 그의 몸에 익은 일이었다. 에서가 사냥을 다닐 때 야곱은 아버지의 양을 치거나 어머니의 부엌일을 도왔다. 야곱의 부지런한 습성은 아마도 이 때부터 형성된 것이라 생각되는데, 이것은 심리적 측면으로 볼 때 그가 고향에서 아버지와 맺은 관계와 관련이 있는 것으로 추정된다. 그의 아버지 이삭 역시 야성적인 사냥꾼이라기보다는 착실한 양치기로 야곱은 그의 일을 이런 아버지 곁에서 배웠을 것이다. 즉 아버지처럼 착실한 모습을 통해 아버지의 인정을 바랐다는 것이다. 그러나 이삭은 이렇게 자신을 닮은 '착실한,' 자기 곁의 야곱보다 오히려 자신과 다른 성향의 '활달한' 에서를 더 사랑했다. 야곱은 그런 에서에게 심리적으로 분노와 질투를 느꼈음직 하지만 그런 감정을 내향화하여 열등의식을 품었을 것이고 다시 그것을 보상하기 위해 그의 유능함과 근면성을 발달시켰을 것이다. 이 기능성과 근면성은 곧 그의 아버지 이삭을 모방함으로 습득된 특성이었다. 야곱은 이렇게 소년시절 고향에서 발달시킨 그의 유능함과 근면성을 바탕으로 밧단아람에서 그의 일가(一家)를 세우기 위해 전력을 쏟았던 것이라고 볼 수 있다. 요컨대 그의 유능함과 근면성은 그가 어린 시절 부모와의 관계 속에서 발달시킨 그의 자기보상기제였다. 야곱의 밧단아람에서의 20년간은 매우 생산적인 삶이었다고 평가할 만하다. 그 기간동안 야곱은 열심히 일하여 자기소유를 늘리는 한편 여러 아내들을 취하여 꾸준히 자녀들을 생산했다. 그런데 이러한 야곱의 유능함과 생산성은 근원적으로 볼 때 그의 안에 있는 깊은 열등의식과 불안을 보상 받으려는 자기보상적 노력의 발로였다.

이수미와 김용태는 역기능적인 융합이 비단 사람과 사람 사이에서만 아니라 사람과 그의 소유물 사이에도 이루어질 수 있음을 강조한다. 그러면서 야곱에게서 볼 수 있는 심리적/행동적 특징이 바로 이런 자기소유와의 융합이라고 지적한다.[17] 이러한 야곱의 자기소유와의 융합이 어디로부터 말미암았을까 물을 때 우리는 그것이 그의 아버지 이삭과 두 아들 에서, 야곱간의 삼각관계로부터 비롯되었을 것이라 추정할 수 있다. 아버지 이삭의 눈에 에서는 이삭 자신이 갖지 못한 우월성을 가진 자랑스럽고 듬직한 장남이었다. 이삭이 이렇게 에서를 흡족한 눈으로 바라보고 있을 때, 곁에 있던 야곱은 상대적 소외감과 박탈감을 느꼈을 것이다. 그리고 그 속에서 아버지를 향한 은밀한 분노와 에서를 향한 질투심을 품었을 것이다. 그런데 이런 분노와 질투심이 겉으로 표출되지 못하고 억압되어 '자기에게로 전향'될 때 그의 안에는 자신이 무가치하다는 낮은 자존감과 열등의식이 자리하게 된다. 어린 야곱은 아마도 이런 낮은 자존감과 열등의식으로부터 벗어나기 위해 위에서 살펴본 것처럼 한 편으로 어머니에게 심리적으로 밀착되고 다른 한 편으로 양치기와 요리 등을 익히며 자기 나름의 유능함과 근면성 개발하여 자신의 존재가치를 증명하려 했을 것이다. 우리는 이런 어린 시절 야곱의 모습이 성인이 된 그의 삶에서도 그대로 반복되고 있는 것을 볼 수 있

---

17) 이수미, 김용태, "야곱의 심리적 변화과정에 대한 연구," 198.

다. 그는 한 편으로 라헬을 비롯한 그의 처자식들에게 집착하면서 다른 한 편으로 그가 맡은 일과 소유에 전심전력하는 모습을 나타낸다. 다시 말해 그가 일궈낸 가정과 사업을 통해 그의 존재가치를 증명하려 하고 있는 것이다. 그러나 자신의 가치를 이렇게 자신의 성취한 바를 통해 증명하려 할 때, 다시 말해 그의 자존감이 그의 존재가 아니라 성취에 기반한 것이 될 때 그의 내면에 숨은 불안과 열등의식은 끝내 불식되지 않는다는 것을 그의 삶은 보여준다.

밧단아람에서의 20년의 세월을 통해서도 야곱의 깊은 내면의 불안과 열등의식은 불식되지 않았다. 이것을 우리는 창세기 32장의 얍복나루에서 발견할 수 있다. 얍복나루에 이른 야곱은 이미 많은 식솔과 소유를 거느린 일가족의 족장이었다. 그러나 이 얍복나루의 야곱의 모습은 우리에게 그 많은 소유와 대가족이 그 내면의 깊은 열등의식과 두려움을 해결해 주지 못한다는 사실을 보여준다. 형 에서가 사백인의 부하를 거느리고 그에게로 달려오고 있다는 보고를 들은 야곱은 심한 두려움과 불안에 사로잡힌다(창 32:7). 이 두려움과 불안은 근원적으로 어린 시절 그가 형 에서에게 품었던 질투심과 무의식적 '살의(殺意)'에서 비롯되었을 것이다. 에서를 없애고 싶은 충동을 억압하면서 무의식적으로 자신이 품은 그 마음이 발각되고 보복당할지 모른다는 두려움과 불안에 싸이게 된다. 이런 어린 시절의 두려움과 불안이 이제 중년의 나이가 된 야곱을 아직도 강하게 지배하고 있다는 사실이 흥미롭다.

그런데 여기서 우리가 다시 생각해 볼만한 것은 야곱의 깊은 불안과 두려움이 근원적으로 단지 에서의 보복에 대한 것이기 전에 그 에서를 죽이고 싶게 만들 만큼 그 안에 강하게 자리한 열등의식 및 상실감에서 비롯되었다는 점이다. 이런 관점에서 보면 야곱이 에서의 마음을 달래기 위해 수차의 선물공세를 준비하는 모습 역시 자신의 열등감을 상쇄하려는 노력이라 볼 수 있다. 즉 자신의 열등감을 상쇄하기 위해 온 힘을 다해 열심히 살아온 이제까지 그의 삶의 방식의 되풀이라 볼 수 있다. 이렇게 그가 완벽한 선물공세를 준비했는데도 불구하고 여전히 그의 마음의 불안은 사라지지 않았다는 것은 본질적으로 그의 심층적 불안이 그런 노력이나 성취로 해결될 수 있는 것이 아님을 시사한다. 여기서 우리는 그 심야의 얍복나루에서 야곱이 씨름했던 것이 진정 무엇이었는지 가늠해 볼 수 있다.

어린 시절 야곱이 아무리 열심히 양을 치고 집안일을 거들어도 야곱의 마음은 채워지지 않았다. 아버지의 관심이 줄곧 맏아들 에서에게 향해 있었기 때문이다. 간혹 아버지의 칭찬을 받는다 해도 그것으로 그의 마음이 배부르지 않았던 것은 그 아버지의 인정은 그가 한 일에 대한 것이지 그의 존재자체에 대한 것이 아니었기 때문이다. 착하고 성실한 자기의 모습을 꾸밀수록 그 이면에서 그의 마음은 더 허전했을 것이다. 그러나 그는 더 열심히 노력하는 것밖에는 이 허전함을 이기는 다른 방법을 알지 못했다. 그래서 그는 성인이 되어서도, 낯선 타지에서 외롭게 살아갈 때도 열심히 일하고 그것을 통해 자기소유를 늘려가는 것으로 그의 헛헛함을 지우려 했다. 아마도 얍복나루에서 야곱은 아무리 노

천사와 씨름하는 야곱

력해도 채워지지 않는 그 자신의 공허와 대면하고 씨름했던 것이 아니었을까? 그 공허와 불안을 견딜 수 없어 야곱은 다시 무엇에든 매달리려 했는데 이 번에는 다행히 하나님에게 매달렸다. 그러나 야곱은 이 하나님과 어떻게 관계해야 하는지 그 방법을 아직도 잘 알지 못했다. 이제까지 그는 하나님을 주로 자신의 수단으로 활용해 왔다. 자신의 신변을 지켜주고 양식을 주고 자신의 소유를 늘려주는 대행업자나 계약업자처럼 대해 왔다. 그래서 정말 급박한 상황이라고 느껴지는 그 밤에 야곱은 자신을 도와 달라고 이 계약업자의 옷자락을 붙잡고 매달렸던 것이다. 열심히 하는 것 밖에 다른 방법을 알지 못하는 야곱은 이렇게 매달리는 것 역시 온 힘을 다해서 밤새 계속했다.

아마도 하나님이 야곱의 **"허벅지 관절"**(창 32:25)을 치셨다고 성경이 말하는 것은 자신의 노력으로 복을 받으려는 야곱의 뿌리깊은 습성을 끝내 좌절시키셨다는 의미로 해석할 수 있다. 그러므로 실상 야곱은 이 씨름에서 이긴 것이 아니라 진 것이다. 그런데 왜 하나님은 이 씨름에서 야곱이 이기었다고 말씀하신 것일까? 우리는 이 물음에 대한 답을 야곱에게서 찾을 것이 아니라 이렇게 말씀하시는 하나님에게서 찾아야 한다. 분명히 현실적으로 야곱은 스스로의 노력으로 자신을 구원할 수 없는 패배자였다. 그런데 하나님은 그런 패배자를 승리자라고 부르셨다. 야곱은 바로 그렇게 철저히 무너진 자신을 '승리자'라고 부르시는 그 대상에게서 **하나님의 얼굴**을 보았던 것이다. 자신이 아무리 무가치한 존재여도 가치 있는 존재라고 말씀하시는 하나님을 만났던 것이다. 야곱은 그에게서 "네가 아무 것도 할 수 없는 존재여도 나로 인해 할 수 있다"고 말씀하시는 하나님을 만났다. 이제까지 네가 이룬 모든 것도 사실은 너의 노력이 아니라 내가 너에게 허락한 것이라고 말씀하시는 하나님을 만났다. 지금과 같은 상황에서도 너는 아무 것도 할 수 없는 존재이지만 지금까지 그랬듯 내가 너와 함께하며 너를 지키리라 말씀하시는 하나님을 만났다. 즉 야곱이 어린 시절 그의 아버지에게서 아무리 찾으려 해도 찾을 수 없었던 그 인정과 격려의 얼굴을 만난 것이다. 그는 철저히 자신의 한계를 직면한 다음에야 비로소 그 얼굴을 바로 볼 수 있었다. 그리고 그 분 안에 새 삶의 길이 있는 것을 발견할 수 있었다. 창세기 32장 30절의 표현대로 하나님의 얼굴을 만나 그는 새 삶을 찾았다(ויתנצל נפשו). 이것은 하나님 아버지의 아들로서 그가 그의 새로운 존재성을 찾았다는 의미이다.

그러나 우리 삶에서도 그렇듯 얍복나루에서의 경험으로 하루아침에 야곱이 완전히 새로운 존재가 된 것은 아니었다. 그는 이후에도 여전히, 특히 에서와 해후하는 장면에서도 여전히 좋은 아우처럼 보이는 행동 뒤에 불신과 경계를 감추는 옛 습성을 드러낸다. 그러나 에서와 목을 어긋맞겨 안고 눈물을 흘리는 야곱의 모습이 완전히 전과 똑같이 가면에 지나지 않은 것은 아니었다. 그 모습에는 하나님과의 만남을 통해 거듭난 야곱의 새로운 존재성이 표현되고 있다. 우리는 이것을 그가 에서에게 하는 말을 통해 확인할 수 있는데, 야곱은 다시 만난 에서에게 이렇게 고백한다. **"내가 형님의 얼굴을 뵈니 하나님의 얼굴을 뵌 것 같습니다"**(창 33:10). 여기서 우리는 지난 밤에 있었던 하나님과의 대면의 경험이 에서와의 대면 장면으로 전이되고 있는 것을 발견할 수 있다. 즉 자격 없는 자신을 있는 그대로 수용하시는 하나님의 얼굴을 에서의 얼굴에서 다시 대면하고 있는 것이다. 여기서도 우리는 인간의 하나님 관계가 인간상호관계에 투영되어 나타난다는 사실을 확인할 수 있다.

이후 계속되는 야곱의 삶의 이야기에서 우리는 여전히 양면성을 지닌 그의 모습을 발견할 수 있다. 예를 들어 창세기 34장에서 딸 디나가 하몰의 아들에게 급탈당한 사건에 대해 그가 보인 반응은 확실히 이전처럼 자신의 힘으로 문제를 해결하려는 그의 태도가 줄어들었다는 것을 보여준다. 그러나 여전히 그의 반응은 불안과 두려움에 지배되고 있다. 세겜족속을 도살하고 돌아온 아들들 앞에서 **"너희가 이 땅 사람들에게 악취를 풍기도록 만들었으니 우리는 수가 적은 즉 그들이 모여서 우리를 치면 우리 집이 멸망할 것이라"**(창 34:30)고 절규하는 그의 모습은 여전히 전처럼 불안과 열등감에 사로잡힌 모습이다. 그러나 이수미와 김용태도 지적하듯이 그의 반응이 이전과 확실히 달라진 면이 있는 것도 사실이다.[18] **"벧엘로 올라가라"**(창 35:1)는 하나님의 명령에 그는 이전보다 훨씬 적극적으로 반응한다. 식구들에게서 이방신상과 장신구를 수거하여 손수 땅에 묻고 그들로 옷을 바꿔 입게 한다. 그리고 비록 그의 말처럼 위협이 사방에 도사리고 있었지만 머뭇거리지 않고 가족을 인솔하여 벧엘로 향한다. 이 때의 야곱은 두려움과 불안에 지배당하는 과거의 그가 아니라 하나님을 **"나의 가는 길에 나와 함께하신 하나님"**(창 35:3)이라 고백하며 의연히 그 하나님을 향해 나아가는 새로운 이스라엘의 모습이다. 이후에도 우리는 그의 안에 이렇게 하나님과의 관계 속에서 새롭게 거듭난 이스라엘과 옛 야곱의 모습이 공존하고 있는 것을 발견하게 된다. 이것은 그의 거듭남이 단지 일회적 사건이 아니라 그가 죽기까지 이어지는 성숙의 과정임을 시사하는 것이다.

---

18) 이수미, 김용태, "야곱의 심리적 변화과정에 대한 연구", 206.

나오며: 마음의 우상들

아브라함, 이삭, 야곱 족장3대의 신앙 여정을 한 마디로 정리하자면 그들 안에 자리한 심리적 우상을 버리고 점차 진정한 하나님을 바라보게 되는 과정이라고 할 수 있다. 이러한 성숙의 과정이 평생에 걸친 점진적 과정이라는 사실은 그들과 우리의 신앙이 사실은 일생동안 순도 100%의 온전한 신앙이기보다 대개 심리적 우상숭배와 뒤섞인 혼합신앙이라는 것을 의미한다. 어떤 사람의 신앙은 아브라함의 경우처럼 일종의 자기애적 보상일 수 있다. 어떤 사람의 신앙은 이삭의 경우처럼 모범적인 것처럼 보이는 신앙 이면에 즉각적인 감각적 만족을 계속 추구하고 있을 수 있다. 어떤 사람의 신앙은 야곱의 경우처럼 현실의 목적 달성을 위해 하나님을 수단화하고 있을 수 있다. 이처럼 다양한 '우상숭배'가 기독교신앙의 이름으로, 또는 그 이면에서 이루어지고 있다는 것이 어쩌면 오늘날 기독교 신앙의 실상일지 모른다. 그러나 우리가 기억해야 할 것은 과거 세 족장들이 그러했던 것과 마찬가지로 우리 역시 그처럼 '부분적 우상숭배자들'임에도 불구하고 여전히 우리는 하나님의 선택받은 자들이라는 사실이다. 하나님께서는 이러한 우리를 버리지 아니하시고 끝내 우리를 변화시켜 가신다. 하나님은 끝내 우리의 신앙을 우상이 아니라 진정한 하나님과의 관계로 변화시켜 가신다. 그러나 이것은 우리가 우리 삶 속에서 그러한 은밀한 우상숭배에 대한 값을 치르지 않으리라는 것은 아니다. 우리 안에서 해결되지 않은 심리적 우상숭배는 결국 자신의 세대만 아니라 자녀의 세대에 이르기까지 영향을 끼칠 수 있다. 이것은 우리가 다음 장에서 계속 살펴볼 야곱의 가족사(家族史)에서 확인할 수 있는 바이다.

제4장
가족의 심리학
야곱 가족의 치유드라마

야곱 가족의 치유드라마

가족사(家族史)의 아이러니

가족치료이론이 조명해 주는 가족의 아이러니 중 하나는 많은 부모들이 그 자신이 원가정에서 받은 심리적 상처를 그들의 자녀들에게 그대로 전달한다는 사실이다. 이 같은 과정을 우리는 야곱의 가정에서도 발견하게 된다. 아버지의 편애의 피해자였던 야곱이 안타깝게도 그 자녀들과의 관계에서 드러낸 문제가 역시 편애(偏愛)였다. 아버지 이삭이 에서를 편애했던 것처럼 그도 마찬가지로 요셉을 편애했던 것이다. 이 편애로 말미암아 요셉을 제외한 그의 아들들은 야곱이 어려서 경험했던 것과 유사한 박탈감과 상처를 경험하게 되고 이로 말미암아 여러 가지 문제행동들을 나타내게 된다. 이런 결과를 낳은 야곱의 편애에서 우리는 여전히 극복되지 못한 그의 옛 성품을 발견할 뿐 아니라 대를 이어 전수되는 역기능적 관계의 질긴 생명력을 발견하게 된다. 야곱의 가계에서 역기능적 관계의 다세대 전수과정에 주목한 연구자들은 대를 이어 반복되는 그런 역기능적 관계를 **두려움과 불안, 거짓과 속임수, 편애와 집착, 질투와 경쟁** 등으로 분류하여 설명한다.[1] 그런데 이 같은 가족 체계론적 접근에서 우리가 한 가지 유념해야 할 것은 이처럼 여러 세대에 걸쳐 반복되는 심리적, 관계적 문제의 유형을 추적하는 방법이 확실히 그 가족의 문제를 보다 넓은 견지에서 보게 하는 장점이 있지만 동시에 우리로 하여금 그 문제를 지나치게 인과응보적으로만 보게 할 우려가 있다는 것이다. 이러한 인과응보적 해석의 문제는 무엇보다 주어진 상황의 원인을 과거의 원가정에서 찾으려 하면서 현재 그 상황을 허락하신 하나님의 뜻과 계획을 보지 못하게 할 수 있다는 점이다.[2]

또 한 가지 가족문제에 대한 가족체계론적 접근이 유의해야 할 점은 현재 상황이 단지 그들의 원가족에만 원인이 있는 것이 아니라 여러 가지 다양한 사회적 상황이나 구조적 요인에 기인한 것이기도 하다는 점이다. 일례로 야곱의 편애 문제를 보자면 그것의 일차적 원인은 자의

---

1) 대표적으로 이관직, 『성경인물과 심리분석』, 51–73; 정희성, "목회상담에서 가계도 연구의 새 방향", 『신학과 실천』 34 (2013), 191–216; 조난숙, 송조흠, 한영혜, 최은영, "창세기 가족의 보웬 가족상담적 분석 및 성경적 함의", 299–326.

2) 이런 문제와 관련하여 기억할 만한 성경 구절은 예수께서 날 때부터 소경된 자에게 하신 말씀이다. "…이 사람이나 그 부모의 죄로 인한 것이 아니라 그에게서 하나님이 하시는 일을 나타내고자 하심이라"(요 9:3).

반타의반으로 야곱이 선택한 일부다처제와 그런 상황을 초래한 라반의 물질욕, 또 그러한 물질욕을 부추기는 시대문화에 있었다. 물론 자신이 처한 이런 상황을 보다 객관적으로 바라보지 못하고 감정보다 이성에 따라 처신하지 못한 야곱에게도 중요한 문제의 원인이 있었던 것이 사실이다. 다시 말해 아직 충분히 분화, 성숙되지 못한 그의 미숙한 자아에 원인이 있었던 것이다. 따라서 우리는 이 야곱의 가족사만 아니라 오늘날 현대가정의 문제를 볼 때도 그처럼 다양한 각도에서, 즉 다양한 심리내적 요인들과 가정적, 사회적 요인들, 겸하여 하나님의 경륜(oikonomia)이라는 섭리적 차원까지 고려하는 통전적 시각이 필요하다. 이제 본 장에서 우리는 가능한 한 이 같은 통전적 시각에서 야곱이 결혼하여 이룬 가족의 역사를 조명해 보고자 한다. 우리는 이 야곱의 가족사에서 선대에 이어 여전히 계속되는 상처와 역기능적 관계들을 발견하게 된다. 그러나 동시에 우리는 시간에 따라 그 가족구성원들 한 사람, 한 사람 안에서 이루어지는 치유와 성숙도 확인할 수 있다. 특별히 우리는 본 장에서 이러한 그들의 내적 치유와 성숙이 어떻게 보이지 않는 하나님의 섭리에 의해 이루어지는지, 어떻게 그것이 이 가족에 대해 품으신 하나님의 계획이 성취되는 과정과 맞물려 있는지 살펴보게 될 것이다.

레아의 아들들

앞 장에서 우리는 야곱의 문제를 그의 원가정의 문제와 연결시켜 보았다. 그러나 사실 야곱이 장성하여 이루게 된 가정의 문제는 우선적으로 그가 어떤 자녀만을 특별히 사랑한 편애의 문제이기보다 일부다처의 상황에서 특정 아내만을 사랑한 편애의 문제였다. 또한 그의 자녀들 사이에 일어난 경쟁이 문제되기 전에 그의 아내들 사이에 일어난 시기와 경쟁이 먼저 문제였다. 우리는 야곱이 라헬을 사랑한 것을 그 자체로 잘못된 일이라 할 수는 없다. 그러나 라반의 속임수로 인해 그의 계획이 틀어진 상황에서 그가 라헬에 대한 집착을 내려놓지 못한 것이 모든 문제의 발단이 되었다. 젊은 야곱은 그의 안에 이미 강하게 자리한 라헬에 대한 애착을 스스로 객관화하여 바라볼 수 없었던 것이다. 또한 야곱은 그로 인해 여러 가지 가족내 갈등과 문제가 이미 야기되고 있는 상황에서도 자신의 치우친 감정을 객관화하지 못하고 다른 아내들이나 자녀들에 대한 태도를 바꾸지 못했다. 이런 그의 미성숙한 태도와 가족관계로 말미암아 급기야 그의 아들들에게서 여러 가지 심리적 문제와 문제행동들이 나타나게 된다. 특히 우리는 그러한 문제들을 첫 번째 아내인 레아의 네 아들들에게서 발견할 수 있다.

레아는 성경에 나오는 가장 기구한 운명의 여인들 중 하나라고 할 수 있다. 레아는 야곱의 본처였지만 그에 합당한 남편의 사랑과 인정을 받지 못했다. 그러나 우리는 하나님께서 이처럼 불행한 레아 역시 잊지 않으시고 돌아보셨다고 하는 사실을 성경에서 읽을 수 있다(창 29:31). 하나님은 그녀에게 가장 먼저 아들을 주셨다. 그래서 우리는 그녀의 시선이 처음에는 남편을 향하다가 다음에는 이 아들에게로, 그리고 또 다시 남편과 아들들을 바라보기를 반복하고 있는 것을 볼 수 있다. 그러기를 거듭하다가 결국 그녀의 마음이 남편이나 아들들이 아니라 하나님을 향하게 되었던 것이 그녀의 내적 성숙의 과정이라 정리할 수 있다.

우리는 이러한 내적 연단과 성숙의 과정을 그녀가 아들들에게 붙인 이름들을 통해 추적해 볼 수 있다. "르우벤(보라. 아들이다)"(창 29:32)이라는 맏아들의 이름은 그녀가 남편에게서 채워지지 않은 허기진 마음으로 태어난 맏아들을 바라보았던 사실을 엿보게 한다. "시므온(들으심)"(창 29:33)이란 둘째 아들의 이름은 그런 과정 속에서 그녀가 하나님을 기억했다는 것을 시사하지만, "레위(연합)"(창 29:34)란 셋째 아들의 이름은 역시 그녀의 우선적 관심이 남편과의 연합에 있었다는 사실을 말해준다. 이렇게 아들들과 남편을 번갈아 바라보던 레아가 마침내 보다 온전히 하나님을 바라보게 된 것을 우리는 그녀가 네 번째 아들에게 붙인 이름 "유다(찬송하리로다)"(창 29:35)에서 추론할 수 있다. 이 '유다'라는 네째 아들의 이름은 어쩌면 주어진 상황에 상관없이 하나님을 바라보겠다는 그녀의 의지가 담긴 고백이었을지 모른다. 그러나 이러한 레아의 내적 연단과 성숙의 과정이 어떠했든지 상관없이 그녀와 야곱 사이의 부부문제는 고스란히 그녀의 아들들에게 영향을 미친다. 어쩌면 이것이 성경에서와 마찬가지로 오늘날 우리 삶 속에서도 우리가 마주할 수 밖에 없는 현실일지 모른다.

1. 르우벤과 유다

레아의 네 아들들, 르우벤, 시므온, 레위, 유다를 서로 비교해 보면 그들의 성격과 문제행동에 있어 대체로 그들을 두 부류로 나누어 볼 수 있다. 그 첫 번째 부류는 르우벤과 유다이다. 이들은 가운데 둘에 비해 상대적으로 온유하며 세심한 성격을 타고났다. 먼저 르우벤을 보면 어머니 레아를 위해 합환채(合歡菜)를 구해 올 만큼 이 맏아들은 어머니 레아의 아픔을 공감하고 그녀를 위로하고자 하는 마음을 갖고 있었다(창 30:14). 그러나 그가 가져온 합환채는 동시에 장남으로서 그가 부모 사이에서 받은 상처를 암시하기도 하고 또한 어머니와의 사이의 병리적 융합을 시사하는 것이기도 하다. 남편의 사랑을 잃은 채 공허한 레아의 마음을 그 자신 안으로 내사(introject)하며 그 빈 자리를 자신이 채우려고 애쓰는 태도를 그 아들의 행동이 보여주기 때문이다. 이것은 결국 심리적으로 어머니의 남편이 되려는 행동으로 자기자신의 욕구가 아니라 타인의 욕구에 맞춰 사는 거짓자기(pseudo-self)의 모습이라고도 할 수 있다.[3] 거짓자기로 사는 사람의 특징은 요컨대 그 자신이 공허해진다는 것이다. 타인에게 몰두한 나머지 정작 진짜 자신의 욕구는 방치되고

---

3) 이혜옥, 이진선, "야곱의 장자 르우벤의 가족관계 심리분석: 위니컷의 대상관계 이론을 중심으로", 『문화교류연구』 3권 1호 (2014), 138.

있기 때문이다. 이렇게 돌아보지 않은 그의 욕구는 이후에 그의 안에서 변형된 모습으로 고개를 드는데, 르우벤의 경우 바로 그의 성적 욕구와 일탈이 그런 현상이었다고 추론된다.

르우벤이 야곱의 첩 빌하와 통간(通姦)한 사실[4]은 심리적 면에서 그의 안의 돌봐지지 않은 욕구가 밖으로 행동화한 것이라 볼 수 있다. 동시에 그것은 르우벤 자신으로 만족하지 못하는 어머니 레아에 대한 대리적 보복일 가능성도 있다. 그는 자라면서 어머니가 자신으로 인해 기뻐하기보다 남편의 사랑이 없음으로 공허해 하는 눈빛을 늘 마주할 수밖에 없었다. 이로 인해 레아의 공허감이 그의 공허감으로 전이될 수밖에 없었을 것이다. 우리 인간은 친밀한 대상과의 관계 속에서 자신의 자기애적 욕구가 충족되지 않을 때 그것을 다른 사물(事物)과의 관계로 전치(轉置)하는 경향이 있다. 이 때 그 사물은 술이나 음식 등과 같이 말 그대로의 사물일 수도 있지만 다른 사람의 육체가 그런 대상이 될 수 있다. 이것을 심리학은 성적 전치(sexual displacement)라고 부른다. 이러한 성적 전치로서의 성관계는 인격적이라기보다 오히려 비인격적인 대물(對物)관계에 가깝다. 르우벤은 빌하의 육체를 이처럼 그의 안에 응축된 불만과 공격성을 투사하는 대리적 대상으로 삼았을 가능성이 있다.

한편 빌하와의 통간(通姦)은 동시에 아버지 야곱에 대한 그의 간접적

---

4) 이혜옥과 이진선은 르우벤이 빌하를 통간한 것은 사실이 아니라 다만 르우벤이 그런 것처럼 보이도록 위장한 것이라고 주장한다(위의 논문, 143). 그러나 야곱이 임종전 이 사건을 기억하고 "그(르우벤)가 아비의 침상에 올라가 더럽혔다"(창 49:4)고 언급하고 있는 것은 그 통간이 실제로 일어난 일이었음을 시사한다.

보복이라 볼 수 있다.[5] 실제로 르우벤은 단 한 번도 아버지 야곱에 대해 적대감을 밖으로 나타낸 적이 없다. 심지어 다른 형제들처럼 그 적대감을 요셉에게 전치시켜 표출하지도 않았다. 오히려 형제들이 요셉을 해하려 할 때 요셉을 구해서 아버지에게 돌려보내려 한 것이 르우벤이었다(창 37:22). 그는 결국 요셉을 지키지 못하자 그것에 대한 맏아들로써의 책임감과 죄책감 때문에 오열(嗚咽)하기조차 했다(창 37:30).[6] 그러나 르우벤이라고 해서 어머니와 자신들에 대한 아버지의 대우에 자라면서 전혀 불만과 분노를 느끼지 않았을 리 만무하다. 맏아들로써 마땅히 받아야 할 인정과 관심을 요셉에게 빼앗긴 데 대해 다른 형제들 누구보다 강한 적개심을 품었음직도 하다. 그런데 매우 내향적인 그는 그러한 자신의 공격성을 밖으로 드러내기보다 자기 안에 억압함으로 스스로에게조차 숨겼고, 겉으로는 도리어 아버지를 가장 위하는 듯 반대되는 행동을 나타냈다.[7] 이렇게 표출되지 못하고 억압된 공격성은 그의 안에서

---

5) 이관직은 로날드 페어베언의 견해를 따라 르우벤의 간통이 자신에게 관심을 보이지 않은 아버지 야곱에 대한 보복이라고 본다(이관직, 『성경인물과 심리분석』, 77). 저자의 추정은 자신의 여주인이었던 라헬의 사후 야곱의 집에서 자신의 위상이 떨어질 것을 염려한 빌하가 장자권을 가진 르우벤에게 먼저 접근했고 아직 20대초반의 청년 르우벤이 상당히 충동적으로 거기에 응했으리라는 것이다. 그렇다면 두 사람의 통간은 빌하의 계산과 르우벤의 억압되어 있던 충동이 서로 만난 것이라 볼 수 있다.

6) 이혜옥, 이진선, "야곱의 장자 르우벤의 가족관계 심리분석", 144.

7) 이처럼 공격성을 '자기에게로 전향'하는 르우벤의 심리기제를 우리는 창세기 42장의 그의 말에서 엿볼 수 있다. 기근으로 가족들이 굶주리는 상황에서 베냐민을 애굽으로 보내려 하지 않는 야곱에게 르우벤은 이렇게 말한다. "내가 그를 아버지께로 데리고 오지 아니하거든 나의 두 아들을 죽이소서(창 42:37)." 그의 아들들은 그 자신과 마찬가지라고 볼 때 이러한 그의 태도는 공격성을 자기에게로 향하는 성향을 드러내는 것이라 할 수 있다. 이런 태도는 피의 대가가 두려워 요셉의 피를

다른 형태로 변형되어 나타날 수밖에 없었는데 오늘날의 많은 사례들에서도 볼 수 있는 것처럼 그것은 바로 그의 성적 일탈로 표출되었다. 아버지의 여자와 은밀히 성적 일탈을 범하는 방식으로 르우벤은 자기도 모르게 아버지에 대한 무의식적 보복을 행했던 것이다.

이처럼 밖으로 분출되지 못하고 안으로 억압된 분노와 공허감을 성적 일탈이라는 변형된 방식으로 표출했던 또 한 사람이 바로 레아의 네 번째 아들인 유다였다. 유다 역시 그의 맏형 르우벤처럼 원래 다정하고 세심한 성격의 사람이었다고 볼 근거가 성경에 있다. 창세기 44장에서 자식을 잃은 아버지 야곱의 아픔을 다른 누구보다 잘 공감하고 이해했던 것이 유다였다(창 4:31-32). 그러나 르우벤에 비해 유다는 더 합리적인 사람이며 또 한 편으로 매우 규범적인 사람이었던 것으로 보인다. 그는 형제들이 요셉을 죽이려 할 때(창 37장) 보다 합리적인 대안을 제안했던 사람이다. 훗날 기근(饑饉)을 당해 애굽에 곡식을 사러 갈 때도 야곱이 베냐민을 내어주려 하지 않자 그는 아버지에게 가장 공감적이면서도 설득력 있는 방안을 제시했다(창 44장). 이렇게 사람의 마음을 잘 이해할 뿐 아니라 합리적이기도 한 유다는 세 형과 달리 표면적인 문제를 일으킴으로 아버지에게 근심을 일으키는 일을 별로 하지 않았다.

그러나 그에게도 역시 아버지의 무관심과 어머니의 관심조차 형들과 나눠 가져야 하는 가정형편으로 인해 내면의 상처가 많았을 것이다. 어

흘리지 말라고 하는 그의 소심함과 대비되지만(창 42:22), 사실은 동일한 성향의 양면을 보여주는 것이다.

다말에게 말을 거는 유다

머니와 자신들에게 고통을 주는 아버지에 대한 원망과 미움도 있었을 것이다. 유다는 이런 심리를 집안에서 행동화함으로 문제를 일으키지 않는 대신 성인이 된 이후 그의 개인적 삶에서 규범을 벗어나는 일탈적 행동을 통해 간접적으로 표출했다. 아이러니한 사실은 이러한 그가 한 편으로는 매우 규범적인 사람이기도 했다는 사실이다. 이 점을 우리는 그가 전통적인 형사취수제(兄死娶嫂制)를 아들들에게 따르게 한다든지(창 38:8), 며느리 다말이 혼외임신한 사실을 알고 그녀를 화형(火刑)으로 다스리려 한 데서 확인할 수 있다(창 38:24). 이것은 그가 적어도 의식적 차원에서는 매우 자기 자신과 타인에게 엄격한 사람이었다는 것을 말해준다. 그러므로 그의 일탈 행동은 이러한 그의 의식적 차원의 규범에 대한 무의식적 반항이었다고 볼 수 있다. 그것은 곧 그의 맏형 르우벤과 마찬가지로 그 스스로 돌아보지 않고 분리, 억압시킨 그의 안의 또 다른 자기의 표현이었다.

이처럼 스스로 돌보지 않고 소외시킨 그의 안의 또 다른 자기는 첫째 가문의 규례, 즉 그의 조상과 하나님의 언약을 어기고 이방여인과 결혼하는 일탈행동으로 표현된다(창 38:2). 증조부와 조부, 또 아버지 야곱의 이야기를 통해 그의 집안 남자들은 이방 여인이 아니라 동족 가운데서 배우자를 찾아야 한다는 가족규례를 유다가 배우지 못했거나 성인으로서 의식하지 못하고 있었을 리 만무하다. 그럼에도 불구하고 그가 그처럼 방종적인 결혼 혹은 동거를 했다는 것은 그가 자기 삶을 그렇게 아무렇게나 살아가는 방식으로 그의 아버지의 무관심에 대한 무의식적인 보복을 행했다는 것을 시사한다. 그는 또한 나중에 그의 아내가 죽은 후 창녀를 찾아 일탈적 성관계를 맺음으로 그런 행동을 이어간다. 이런 행동은 일견 사소한 일시적 일탈로 보일 수 있지만, 그가 바로 예수 그리스도의 직계조상이 된 사실을 생각하면 그것이 하나님의 계획을 무산시킬 수 있는 심각한 탈선이었다는 사실을 알 수 있다. 그러나 실상 그가 창녀라고 생각하고 성관계를 맺은 여인은 바로 그의 며느리인 다말이었고, 때문에 역설적이게도 그의 그 같은 탈선행위를 통해 오히려 하나님의 언약이 실현되는, 하나님의 놀라운 섭리와 반전을 우리는 성경에서 목도한다.

2. 시므온과 레위

르우벤과 유다가 이렇게 서로 비슷한 부류였다고 한다면 이들과 대조를 이루는 또 하나의 부류는 시므온과 레위였다. 시므온과 레위는 매우 닮은 꼴의 형제였는데, 그들은 한 마디로 매우 거칠고 공격적인 성격의 소유자들이었다. 그들은 피를 흘리는 일을 주저하지 않았다. 일례로 그들의 여동생 디나가 하몰의 아들 세겜에게 추행당했을 때 그들은 대담하게도 세겜족을 속여 그들 전부를 도살할 계획을 실행한다. 이러한 그들의 공격성과 폭력성은 대체 어디로부터 말미암은 것일까? 추정하자면 역시 그것은 모양은 다르지만 르우벤이나 유다의 일탈과 마찬가지로 그들 아버지의 편애에 대한 불만으로부터 비롯되었음을 알 수 있다. 본처 레아의 소생이었지만 다른 종의 자녀들과 별반 다르지 않은 대우를 받으면서 그들 안에는 그런 아버지의 부당한 대우에 대한 강한 분노와 모멸감이 자리잡게 되었을 것이다. 그들의 이러한 불만은 그대로 그들의 공격성과 폭력성으로 표출됐다. 물론 이러한 그들의 공격성과 폭력성은 직접적으로 아버지 야곱을 향하기보다 다른 대상에게로 전치되어 나타났다. 세겜 족속을 속이고 칼로 도살한 행동이 바로 그런 예라 할 수 있다. 그들은 그렇게 해서 결국 가족과 아버지를 곤경에 빠트리는 방식으로 아버지와 가족들에게 간접적인 보복을 행했던 셈이다. 오늘날로 비유하자면 이들은 마치 학교 규범을 어기고 동급생들이나 후배들에게 폭력을 자행하는 반사회적 성향의 '비행청소년'들과 흡사하다. 오늘날 이러한 청소년들이 많은 경우 그러한 것처럼 시므온과 레위의 폭력성과 반사회성은 역시 그들의 역기능적 가정에서 경험한 분노와 모멸감에서 비롯된 것이라고 볼 수 있다. 다시 말해 그것은 비록 부정적인 방식이지만 역시 그들이 가정에서 경험한 상처의 표현이었던 것이다.

아버지에 대한 그들의 미움이 가장 분명하게 전치되어 나타났던 것은 역시 아버지의 사랑을 한 몸에 받던 동생 요셉에 대해서였다. 형제들 가운데서 요셉을 구덩이에 넣고 죽이려는 공모를 주도했던 것이 바로 그들 두 사람, 시므온과 레위였던 것이 분명하다. 오늘날 교내폭행을 주도하는 학생들이 종종 그렇게 생각하듯 어쩌면 그들은 그들의 이런 행위가 권위자가 만들어 놓은 부당한 질서를 바로잡는 일이라 생각했을지 모른다. 우리는 이런 시므온과 레위, 그 외 형제들의 모습에서 다시 동생 아벨을 죽이는 가인의 얼굴을 발견하게 된다.

요셉의 고난과 성숙

1. 아버지와 융합(fusion)된 아들

레아의 네 아들들이 야곱의 편애가 만들어낸 서로 다른 모양의 피해자들이었다면, 그 아버지의 편애를 한 몸에 받은 요셉 역시 또 다른 모양의 피해자였다고 할 수 있다. 역설적이지만 사실 요셉이야말로 결과적으로 아버지 편애의 최대의 피해자였다고 봐야 할 것이다. 이것은 그가 야곱의 편애로 말미암아 형들의 시기를 받아 결국 애굽에 노예로 팔려 가는 불행을 겪게 되었음을 의미하는 것만이 아니다. 이미 요셉은 그 이전부터 아버지 편애의 피해자였다고 볼 수 있는데, 그 이유는 유년시절 아버지와의 과도한 결속이 그의 건강한 자아발달을 저해한 면이 있었다고 볼 수 있기 때문이다. 요셉의 어머니 라헬은 야곱이 지극히 사랑했던 여인이었다. 이러한 라헬에 대한 야곱의 애착이 더 근원적으로는 어머니 리브가에 대한 그리움과 연결되어 있다는 점은 이미 앞에서 지적한 바와 같다. 야곱은 그러나 그처럼 그가 사랑했던 애처 라헬을 비교적 이른 시기에 여의고 만다. 라헬은 막내 베냐민을 낳다가 죽었는데, 그 때가 요셉의 나이 대략 7세 가량이었을 것으로 추정된다.

프로이트심리학에 따르면 이 7세라는 나이는 외디푸스 콤플렉스를 극복하고 아버지와의 자기동일시를 통한 자아형성이 시작되는 시기이다. 그런데 요셉의 경우는 추측컨대 어머니의 이른 죽음으로 말미암아 이 과정에 좀 독특한 변형이 일어났을 가능성이 있다. 야곱이 라헬을 잃은 슬픔이 얼마나 컸을지는 그가 임종직전까지 그 일을 잊지 못하고 되뇌는 장면을 보더라도 가히 짐작할 수 있다(창 48:7). 라헬이 죽었을 때 베냐민은 아직 갓난아기였기 때문에 7세의 요셉은 야곱에게 죽은 아내의 자취를 느낄 수 있게 하는 유일한 존재였다. 이처럼 일찍 상처(喪妻)한 야곱은 어린 요셉에게서 죽은 아내를 찾고 어린 요셉은 그런 아버지에게서 잃은 어머니를 찾았을 가능성이 있다.[8] 다시 말해 라헬에 대

---

8) 일반적으로 사별, 이혼 등으로 인해 부모 한 편을 잃은 자녀는 남은 부모의 배우자 역할을 수행하는 경향이 있다. 이것은 심리적 측면에서 보면 단순히 역할수행만이 아니라 일종의 내사적 자기동일시로 이해할 수 있다.

한 두 사람의 애착이 서로에게 투사, 전이됨으로 말미암아 그들 부자(父子) 사이의 강한 심리적 융합이 이루어졌으리라는 것이다. 요셉 입장에서 보면 야곱은 이제 유일하게 남은 육친이었기 때문에 야곱이 그에게 심리적으로 강하게 밀착된 것은 당연한 일이라 볼 수 있다. 이런 상황에서 라헬에 대한 야곱의 깊은 그리움이 그 아들에게 전이되고 있었다면 그 둘 사이의 강한 심리적 융합(fusion)은 족히 이해할 만한 결과이다. 소년 요셉이 야곱의 눈과 귀가 되어 형들의 과실을 그에게 고했다는 것(창 37:2)은 두 사람 사이의 그러한 결속이 한 몸처럼 강했다는 것을 시사한다. 이것은 다시 말해 요셉의 자아가 그 아버지로부터 건강하게 분화(differentiation)되어 발달할 기회를 얻지 못했다는 것을 의미한다.

그러나 그러한 아버지와의 강한 결속이 요셉에게 반드시 부정적인 결과를 낳은 것만은 아니다. 이렇게 볼 수 있는 근거는 이후에 보디발이나 감옥의 간수장, 바로와 같은 윗사람, 권위자와의 관계에서 요셉이 항상 인정과 신임을 받는 좋은 관계를 형성했다는 사실에서 찾을 수 있다. 윗사람과의 사이에 이처럼 요셉이 항상 좋은 관계를 형성할 수 있었던 것은 아무래도 어린 시절 그가 아버지와의 사이에 경험한 친밀감과 관련이 있을 것이다. 요셉이 아버지의 눈과 귀가 되었다는 것은 아버지에 대한 그의 자기동일시가 그만큼 강했다는 것을 시사한다. 에릭슨 Erik Erikson 에 의하면 유소년기의 이러한 부모와의 자기동일시는 근면한 자질(industriousness)과 유능감(capability) 형성의 기초가 된다.[9] 아버

---

9) Erik Erikson, *Identity and the Life Cycle* (New York, NY: W. W. Norton & Company,

지 야곱 역시 어린 시절부터 그 나름의 영역에서 유능감과 근면성을 발휘했던 사람이다. 그런데 야곱의 이러한 근면성과 유능함이 근원적으로 그 부친 이삭의 관심을 받지 못한 심리적 허기로 인해 형성된 것이었다면, 요셉의 충성됨과 유능함은 이와는 좀 다르게 그 아버지 야곱과의 상호밀착관계로부터 말미암았다. 즉 아버지 야곱과 한 마음, 한 뜻이 되어 그의 수족 역할을 수행하는 가운데 개발된 것이었다. 아마도 바로 이런 이유 때문에 성인기 요셉의 윗사람과의 관계는 야곱의 경우보다 훨씬 더 긍정적이고 안정적인 특성을 지닌 것으로 보여진다. 낯선 이방인 권위자들과의 관계인데도 불구하고 예컨대 야곱과 라반 사이에서 발견되는 이중 심리나 긴장은 별로 발견되지 않는다. 권위자와의 관계에서 요셉이 보여주는 충성됨과 성실성은 항상 진정성을 지닌 것이었고, 때문에 그는 늘 그 윗사람의 인정과 신뢰를 받을 수 있었다.

한편 요셉이 아버지 야곱과의 관계 속에서 개발한 유능함(capability)은 그 종류로 볼 때 노동자의 그것이라기보다는 관리자로서의 자질에 가까웠던 것 같다. 이것은 야곱의 아들들과 일꾼들의 수가 많았고 그만큼 그가 관리해야 할 소유와 영역이 확대되었기 때문이었으리라 일단 추정할 수 있다. 요셉이 아버지의 눈과 귀가 되었다는 것은 형제서열과 상관없이 요셉이 아버지 직솔로 그 밑에서 형들의 일을 관리감독하는 역할을 담당했다는 것을 의미한다. 아버지의 양을 치는 형들과 아버지의 명에 따라 그런 형들을 감독하는 요셉 사이는 마치 요즘 사회

1980), 92.

의 블루칼라와 화이트칼라 사이의 긴장관계를 보는 듯하다. 아버지 야곱이 형제 가운데 특별히 요셉에게만 지어 입혔다고 하는 **"채색옷"**(창 37:3)은 원어적으로 소매가 넓은 옷을 의미한다. 동서를 막론하고 옛날 이처럼 소매가 넓은 옷은 노동자가 아니라 관리자층이 입는 옷이었다. 소매가 넓으면 노동에는 적합하지 않기 때문이다. 그러니까 야곱이 이런 옷을 요셉에게만 지어 입혔다는 것은 야곱이 그 아들 중에서 특별히 요셉만을 관리자로 키우려 했다는 것을 시사한다. 그의 종들 중에서 학식 있는 자에게 맡겨 요셉이 수리(數理)나 문자 등 당시로서의 고등교육을 받게 했을 가능성이 있다. 이것이 사실이라면 우리는 어떻게 요셉이 보디발 집에서 노예신분으로 다른 노예들에 비해 탁월함을 나타낼 수 있었는지 설명할 수 있다. 즉 그만이 경영자와 관리자의 소양을 갖추고 있었기 때문이라는 것이다.

그런데 여기서 우리가 기억해야 할 사실은 이처럼 그의 소양이 쓸모 있어지기 전에 먼저 요셉의 그 '소매 넓은 옷'이 벗겨져야만 했다는 사실이다. 하나님은 요셉이 은 스무냥에 팔려 철저히 밑바닥 노예신분으로 떨어지는 상황을 허락하셨다. 요컨대 하나님은 요셉을 높이시기 전에 그를 야곱에게서 완전히 떼어내어 야곱이 그에게 부여한 역할과 특권을 빼앗아 가셨던 것이다. 이것은 역시 요셉을 그의 아버지 야곱이 아니라 하나님 당신에게 속한 자로 다시 만들고자 하신 의도에 따른 것이었다고 할 수 있다. 다시 말해 하나님은 요셉이 아버지 야곱으로부터 분화(分化)되어 하나님의 사람으로 거듭나게 하고자 하셨다.

2. 요셉이 꾼 꿈

하나님께서는 형제간의 불화를 통해 야곱을 그의 원가정으로부터 떼어놓으셨던 것처럼 요셉을 또한 그렇게 그의 원가정으로부터 떼어놓으셨다. 우리는 이것을 창세기 37장에서 볼 수 있는데 요셉이 이렇게 그의 가족으로부터 분리되는 경험은 그에게 훨씬 더 고통스러운 경험이었을 것으로 여겨진다. 요셉은 자신을 죽이려는 형들에 의해 광야의 마른 구덩이에 던져졌고 그 속에서 굶주림과 죽음의 공포를 마주했다. 이 같은 충격적 경험은 이후에 이른바 **외상후스트레스장애**(posttraumatic stress & disorder: PTSD)를 야기할 수 있었을 만치 외상적인 경험이었을 것이다. 실제로 요셉이 이후 이 같은 증상을 경험했는지 어땠는지는 우리가 알 수 없다. 다만 우리가 아는 것은 설혹 그가 그 같은 어려움을 겪었다 할지라도 결국 그 모든 과정을 잘 극복해 냈다는 사실이다.

사실 요셉은 구덩이에서 나온 이후에도 계속해서 그의 나이에 감당하기 어려운 시련들을 견뎌냈다. 요셉이 세겜 들에서 형들의 행방을 찾아 방황하는 모습에서(창 37:15) 우리는 당시 그가 평소 집 밖에도 별로 나와보지 못한, 17세의 미숙한 소년이었음을 알 수 있다. 그런 요셉이 낯선 미디안상인들에 의해 생면부지의 땅, 당시 최고의 문명국이었던 애굽에 끌려와 그 곳 노예시장에서 노예로 팔리는 과정이 얼마나 그에게 신체적, 정신적으로 감당하기 어려운 변화와 고난이었을지 짐작해 볼 수 있다. 또 아버지 슬하에서 긴 소매 옷을 입고 장부에 양들의 수를 적던 소년이 웅장한 보디발의 집에서 가장 하급노예로 갖은 고생을 하며 지낸 수년간이 그에게 얼마나 힘겨운 과정이었을지도 짐작해 볼 수 있다. 아마도 어떤 신체적 고통이나 적응의 어려움보다 그에게 더 견디기 힘들었던 것은 친형들에게조차 버림받은 아픔과 이제 자신은 아무도 믿거나 기댈 수 없다는 절망감이었을 것이다. 또한 그가 견디기 힘들었던 것은 아무도 의지할 이 없는 애굽 땅에서의 깊은 외로움과 고향에 대한 사무치는 그리움이었을 것이다. 이제 고향에 돌아갈 수 있는 가능성도, 앞으로 그의 삶에 어떤 희망도 없다는 절망감이 어쩌면 그를 자살충동으로까지 몰아갈 수도 있었을 것이다. 그러나 다행히, 사실 상황적으로 보면 놀랍게도 그는 그런 극단적 선택의 유혹에 넘어가지 않고 그 모든 역경을 잘 이겨낸다. 여기서 우리가 갖게 되는 질문은 요셉으로 하여금 그 모든 어려움을 이겨내게 한 힘이 어디에서 나왔을까 하는 것이다.

우선 우리는 요셉이 어려움을 이겨내게 한 그 긍정의 힘이 근원적으로 유년시절 그의 아버지와 가진 친밀한 관계로부터 나왔다고 볼 수 있다. 또한 그 관계 속에서 그에게 전수된 하나님 신앙으로부터 비롯된 것이라고 추정할 수 있다. 신디 밀러-페린 Cindy Miller-Perrin 과 엘리자베스 맨쿠소 Elizabeth K. Mancuso 는 "긍정심리학의 관점에서 본 신앙"이라는 그들의 논문에서 개인이 내면에 가진 긍정의 힘이 성장기 부모의 신앙 및 그 부모와의 긍정적 관계경험과 깊은 상호관련성이 있음을 증명한다.[10] 이들의 주장이 옳다면 요셉이 어린시절 아버지와의 사이에

---

10) Cindy Miller-Perrin and Elizabeth Krumrei Mancus, *Faith from a Positive Psychology Perspective* (New York, NY: Springer, 2014), 154–162.

빅토르 프랑클 Victor Frankl

경험한 친밀한 관계와 그 속에서 전수받은 하나님 신앙은 이후 그가 삶 가운데 소망을 잃지 않고 역경을 이겨내는 힘으로 작용했을 것이 분명 하다. 아마도 야곱의 신앙은 야곱이 가족과 함께 쌓은 제단과 예배를 통해, 또한 거기서 그가 가족에게 들려준 조상들과 야곱 자신의 이야기 들을 통해 요셉에게 전수되었을 것이다. 아마도 요셉은 힘들고 어려울 때 **"엘엘로헤 이스라엘"**(창 33:20)을 부르던 그 아버지의 모습을 떠올리 며 그와 같이 기도했고 또 그 아버지가 들려준 조상의 이야기, 하나님 의 이야기를 떠올렸을 것이다. 특별히 야곱이 요셉에게 들려준 이야기 들이 요셉에게 큰 힘이 되었던 것은 그 이야기들에 비추어 요셉 자신의 삶과 고난의 의미를 찾을 수 있었기 때문이리라 생각된다. 여기서 우리가 기억할 만한 것은 이른바 **의미요법**(로고테라피: logotherapy)을 개발한 빅토르 프랑클 Victor Frankl 이 이야기하는 2차 대전 당시 그의 나치수용소에서의 경험이다.

한 사람이 자신의 고난을 자신의 운명으로 인정할 때 그는 그것을 자신에게 주어진 특별한 과제로 받아들이게 된다. 아무도 그의 자리에서 그 대신 고통당하거나 그의 고통을 경감할 수 없음을 인정하고 그에게 주어진 짐을 짊어지는 것이 자신에게 주어진 기회가 된다는 생각을 가져야 한다. 우리들 수감자들에게 이런 생각은 현실과 동떨어진 한갓 명상이 아니었다. 그러한 생각은 우리로 하여금 하루하루를 견뎌내게 하는 힘이었다. 우리가 살아서 그 곳을 벗어날 가망이 전혀 없어 보이는 상황에서조차 그런 생각은 우리를 절망에서부터 구해주는 힘의 근원이 되었다.[11]

추측컨대 요셉은 그에게 주어진 고난을 바로 위에서 프랑클이 말하는 것 같은 "운명(destiny)"이나 "특별한 과제"로 받아들였던 것이 아니었을까? 그러면서 그는 하나님을 그의 그런 "특별한" 운명과 과제의 부여자로 상정했을 것이다. 아마도 요셉은 자신이 겪는 고난을 견뎌내기 위해 그 하나님이 자신에게 주신 "운명"과 "특별한 과제"가 구체적으로 무

---

11) Victor Frankl, *Ein Psycholog erlebt das Konzentrationslager*, Ilse Lasch et. al. tr., *Man's Search for Meaning* (Boston, MA: Beacon Press, 2014), 99.

요셉의 꿈

엇인지 더 알고 싶어 했을 것이다. 다시 말해 자신의 현재 고난의 구체적 의미를 하나님께 물었을 것이다. 저자는 아마도 요셉이 이처럼 자신의 고난의 의미를 알고자 하나님 앞에서 씨름하며 붙잡았던 것이 바로 그가 어린 시절 꾼 꿈이 아니었을까 생각한다. 어린 시절 요셉은 두 가지 계시적인 꿈을 꾸었다. 첫 번째 꿈은 그와 형제들이 들에서 곡식단을 묶는데 자신의 단이 일어서고 형들의 단이 그의 단을 둘러서서 절하는 꿈이었다. 두번째 꿈은 그의 부모와 형제들을 의미하는 듯한 해와 달과 열 한 개 별들이 그에게 절하는 꿈이었다. 여전히 기억이 선명해서 어떤 징조 있는 꿈이 분명한 그 꿈들의 의미를 알고자 요셉은 하나님께 매달렸을지 모른다. 보디발의 집 종살이가 힘에 버거울 때, 억울한 이유로 감옥에 갇히는 더욱 이해하기 힘든 고난이 그에게 찾아왔을 때, 삶의 소망은 희미해지고 살아갈 이유를 찾기가 더욱 어려워졌을 때 요셉은 아마도 어린 시절 그가 꾼 그 꿈들을 부여잡고 하나님께 물었을 것이다. 이 꿈들이 의미하는 바가 과연 무엇이냐고, 하나님이 자신에게 주신 특별한 길이 과연 무엇이냐고……

창세기 40장에서 요셉은 꿈을 해석하는 은사를 하나님께 받아 가진 것으로 나타난다. 그러나 성경은 요셉이 언제 이러한 은사를 받았는지, 어떻게 그처럼 특별한 능력을 갖게 되었는지 아무런 경위를 우리에게 말해주지 않는다. 그것에 대해 우리가 다만 추정할 수 있는 바는 아마도 요셉이 바로 자기 자신이 어린 시절 꾼 꿈을 붙잡고 그것의 의미를 하나님께 물으며 씨름하는 가운데 그 같은 은사를 받았으리라는 것이다. 그러나 요셉이 바로의 술관원장이나 떡관원장의 미래를 예지했던 것처럼 그 자신의 미래를 그처럼 분명히 내다볼 수 없었던 것으로 보인다. 요셉은 여전히 고향으로 돌아가기를 염원하며 술관원장에게 자신의 선처를 부탁하고 있다(창 40:14). 이것은 하나님께서 아직 그에게 그 자신이 꾼 꿈의 의미를 확실히 알려 주시지 않으셨음을 말해주는 것이며, 동시에 그의 말과 같이 그 꿈을 해석하는 능력이 하나님께 있고 그 자신에게 있지 않음을 말해주는 것이다. 그러나 하나님은 요셉에게 적어도 그의 어린 시절 꿈이 장차 그에게 실현될 어떤 '운명'을 계시하는 꿈이라는 사실만은 분명히 알게 하셨을 것이다. 또한 자신의 꿈을 붙잡고 그렇게 하나님께 그 의미를 묻는 가운데 그로 하여금 계속해서 하나님을 붙들며 현재의 고난을 넘어서는 힘을 얻도록 하셨을 것이다. 프랑클에 의하면 고난의 '의미'를 찾는 것이 고난을 이기는 힘이 되는 것은 그것에 대한 답을 이미 찾았기 때문이 아니라 그 답을 현재 찾는 과정에 있기 때문이다. 이것은 그 답자체보다 그 답을 찾기 위해 씨름하는 과정이 바로 우리로 하여금 고난을 이기게 하는 힘이 된다는 의미로[12] 결국 고난을 이기는 힘은 아직 나타나지 않은 것에 대한 믿음과 소망에 있음을 강조하는 것이다. 프랑클의 의미요법이 결국 하나님에 대한 소망과 신앙의 강조로 귀결될 수밖에 없는 이유가 바로 여기에 있다.[13]

용서와 화해의 가족드라마

성경의 요셉 이야기는 전체가 한 편의 드라마 같지만 그 중에서도 특히 창세기 42장에서 45장에 걸쳐 비교적 소상하게 기록된 일련의 사건들은 마치 한 편의 가족치유드라마를 보는 듯하다. 저자는 이 창세기 42장에서 45장의 이야기가 실제로 하나님께서 친히 요셉의 가정을 치유하시기 위해 연출하신 한 편의 치유드라마를 보여준다고 생각한다. 이렇게 하나님이 연출하신 치유드라마에 이름을 붙이자면 우리는 그것

---

12) 위의 책, 81.

13) 아마도 바로 이런 이유로 빅토르 프랑클의 박사논문 제목은 「무의식적 하나님 *The Unconscious God*」(1948)이었다.

을 '**용서와 화해의 드라마**'라고 부를 수 있다.

1. 용서의 드라마

우선 이 치유드라마는 하나님께서 요셉의 내면에서 그를 버린 가족에 대한 용서와 그 상처로부터의 해방이 일어나도록 이끄신 과정이다. 이를 위해 하나님은 먼저 요셉의 형들을 애굽으로 이끌어 와 요셉으로 하여금 그를 팔았던 그의 형들을 다시 대면하게 하신다. 용서에 관한 모든 심리학 이론들이 공통적으로 강조하는 바는 진정한 용서의 과정은 먼저 자기 안에 감춰진 부정적 감정을 직면하는 데서 시작된다는 것이다.[14] 특별히 피해 당사자가 직면해야 할 부정적 감정은 바로 가해자를 향한 분노라고 할 수 있다. 그런데 피해자가 자기 안에 이 같은 분노를 감추고 억압해 버리는 것도 문제지만 그것을 가해자의 면전에서 직접 공격적으로 표출하는 것도 또 한 번의 예기치 못한 고통과 상처를 낳을 수 있는 위험이 있다. 때문에 심리치료자들은 내담자로 하여금 가해자 본인보다는 그의 대역(代役)이나 빈 의자 등을 대상으로 자신의 묻어 두었던 분노를 표출할 수 있도록 돕는다. 이 같은 기법을 활용하는 대표적인 심리치료방법들 중 하나가 바로 **드라마치료**(drama therapy)이다. 그런데 우리가 창세기 42~45장에서 목격하는 하나님의 치료드라

---

14) Robert D. Enright and Richard P. Fitzgibbons, *Forgiveness*, 방기연 옮김, 『용서심리학』 (서울: 시그마프레스, 2011), 86.

애굽 궁정의 고관
애굽 총리 요셉의 모습을 상상해 볼 수
있게 한다.

마는 이런 현대의 드라마치료기법과 또 다른 특별한 방법, 바로 '하나님
의 방법'을 사용하고 있다. 그것은 곧 피해자 요셉이 가해자인 형들을
직접 대면하여 그 감정을 표출하게 하면서도 그런 상황을 가해자인 형
들 자신이 인식조차 하지 못하도록 하는, 실로 기발한 방식의 치료 과
정이라고 할 수 있다. 형들을 마주할 때 요셉이 하고 있었을 애굽식의
얼굴화장이나 복식(服飾), 그리고 그가 사용했을 애굽어는 그가 요셉임
을 형들이 알아보지 못하게 하는 하나님의 특별한 셋팅이었다. 그런데
단지 이런 외양만이 아니라 요셉이 애굽총리로서 지닌 위의(威儀)는 형
들이 감히 그를 우러러보기도 어렵게 했을 것임에 분명하다. 이러한 제
반 상황은 단지 그 형들로 하여금 요셉을 알아보지 못하게 할 뿐 아니

라 요셉의 감정표출과 용서가 진정으로 치유적인 과정이 될 수 있게 하는 하나님의 무대장치였다. 마하트마 간디가 말한 것처럼 "용서는 강자(强者)의 덕목이다." 다시 말해 용서는 강자의 자리에서라야만 실효적으로 행해질 수 있다. 그 때라야 비로소 용서는 단지 죄를 덮거나 넘겨 버리는 것이 아니라 진정으로 그것에 대한 보응을 철회하는 행위가 될 수 있기 때문이다. 하나님은 바로 이와 같은 강자의 자리에 요셉을 세우셨고, 바로 그 자리에서 형들을 대면하게 하셨다.

이렇게 형들을 다시 대면한 요셉의 마음에는 만감이 교차했을 것이다. 그러나 무엇보다 그에게 먼저 떠오른 것은 미디안상인들에게 끌려가던 당시 자신을 외면하던 형들의 모습이었고 그런 형들에 대해 다시 일어나는 원망과 분노였다. 우리는 처음 형들을 대하는 요셉의 태도에 이러한 그의 분노한 감정이 실려 있는 것을 엿볼 수 있다(창 42:7). 그것은 형들인 줄 알면서도 짐짓 모르는 체하고 엄하게 그들을 추궁하는 그의 목소리에서다. 이러한 엄한 목소리와 추궁은 물론 그의 고의적인 연기(演技)이기도 했다. 그러나 우리는 이러한 그의 고의적 행위 자체가 아직도 해결되지 않은 그의 깊은 내면의 상처를 드러내는 것이라 볼 수 있다. 그 때문이 아니라면 그러한 고의적 모함이나 이후 일년은 족히 걸렸음직한, 그로 인한 지연(遲延)상황은 달리 설명할 이유가 없는 것이기 때문이다. 그 일년여의 기간은 무엇보다 요셉의 내적 치유와 온전한 용서를 위해 필요했던 시간이었을 것이다.

처음 형들을 만난 요셉은 그들에게 첩자의 혐의를 씌워 그들 모두를

요셉과 형들

삼일 동안 감금한다. 그리고 다시 삼일만에 그들을 끌어낸 요셉은 그들 중 한 명 시므온을 지목하여 다시 감금하고 나머지는 풀어준다. 요셉은 이렇게 그들을 풀어주며 명하기를 고향에 돌아가 가족을 구휼(救恤)하되 다시 올 때는 반드시 그들의 막내 베냐민을 데리고 오라고, 그래서 그들의 결백을 증명하라고 요구한다. 이러한 요셉의 행동과 요구는 심리적 차원에서 다층적인 의미를 지닌 것이라 볼 수 있다. 첫째 그것은 요셉 자신에게 고통을 끼친 형들에게 그가 심리적인 보복을 행하는 것이었다고 볼 수 있다. 요셉이 특별히 시므온을 지목하여 감금한 것은 둘째 형인 그가 바로 자신을 구덩이에 던지고 자신을 해치려고 형제들을 선동한 장본인이었기 때문일 것이다.[15] 요셉은 형들을 만나 세 번우는데, 그 첫 번째 울음은 바로 그 형들이 자기들끼리 수근거리는 이야기를 듣고서였다. 그것은 바로 과거 그들이 요셉을 구덩이에 던질 때살려 달라고 애걸하는 요셉을 그들이 외면하였던 일을 두고 그들 중에시비가 일어난 것이었다. 요셉은 그 얘기를 듣고 혼자 물러나 몰래 눈물을 흘린다(창 42:21-24). 아마도 그 때의 고통과 원망이 심중에 되살아났기 때문이었을 것이다. 요셉은 그렇게 그의 안에 되살아난 아픔과분노를 스스로 다시 대면해야 했고, 그렇게 형들을 위협하고 곤경에 빠트리는 행동으로 그 감정을 행동화(acting out)했던 것이다.

한편 요셉이 형들에게 막내 베냐민을 데려오라고 요구한 것은 우선그런 방식을 통해서라도 베냐민의 얼굴을 다시 보고싶어서였을 것이다. 성경은 베냐민을 다시 본 요셉이 **"마음이 타는 듯하여 급히 내실로물러나 울었다"**(창 43:30)고 기술하고 있다. 이 두 번째 요셉의 울음은말할 것도 없이 진한 혈육의 정을 이기지 못해 터진 울음이었다. 이 울음은 그의 깊은 내면에 숨겨두었던 그리움, 비단 동생뿐 아니라 그토록오랫동안 보고 싶었던 고향과 아버지에 대한 그리움이 덩어리채 솟구쳐 오른 장면이었음에 분명하다. 또한 이것은 요셉이 형들로부터 아버지 야곱이 생존한다는 소식을 듣고 동생 베냐민의 건강한 모습을 실제로 마주하면서 그 사실이 너무나 감사한 나머지 흘린 눈물이기도 했을

15) 『야살의 책』 41장 25절은 바로 이처럼 시므온이 요셉을 해치자고 형제들을 선동했던 것으로 묘사하고 있다. "시므온이 형제들에게 말하기를, 저기 봐라. 꿈꾸는 자가 우리에게 온다. 저를 죽여서들에 있는 구덩이에 던져 버리자. 아버지가 물으면 사나운 짐승이 삼켰다고 하면 된다."

요셉의 울음

것이다. 그런데 사실 이 모든 장면은 이것의 연출자인 하나님이 이 과정을 통해 요셉의 마음을 어루만지고 치유하시는 과정이었다고 볼 수 있다. 이 과정을 통해 요셉은 비단 자기 안에 아직 울고 있던 내면 아이를 다시 만났을 뿐 아니라 지난 역경의 시간을 통해 자신을 이 곳으로 인도하시고 자신을 변화시켜 오신 하나님을 바라보게 되었을 것이다. 그의 눈물은 이 모든 일을 미리 내다보시고 이 환란의 때에 그의 가족을 구원하시기 위해 자신을 애굽에 먼저 있게 하신 하나님의 섭리에 감격해서 흘리는 눈물이기도 했다.

이 같은 하나님에 대한 인식은 이미 요셉이 그의 형들을 처음 대면하는 순간부터 시작되었던 것이다. 우리는 이것을 창세기 42장 9절에서 알 수 있다. 창세기 42장 9절은 요셉이 자기 앞에 와 엎드린 형들을 보고 바로 그가 어린 시절 꾼 꿈을 기억했다고 기술한다. 이것이 의미하는 바는 그가 그 순간 어린 시절 자신이 꾼 그 꿈의 의미를 깨달았다는 것이다. 그에게 왜 지난 모든 과정이 필요했으며 왜 그가 지금 여기에 서 있는지 그 이유를 분명히 알게 되었다는 것이다. 그러나 그럼에도 불구하고 요셉이 그의 형들에게 자신의 정체를 숨기고 짐짓 엄한 목소리를 발했다는 것은 아마도 그 순간 그의 안에 치열한 내적 싸움이 있었다는 것을 시사하는 것인지 모른다. 그가 그의 맏아들의 이름을 "므낫세(잊어버림)"(창 41:51) 라 지었던 것은 과거의 아픔과 상처를 이제 그만 마음에서 지워버리려는 그의 의도를 보여준다. 그러나 실상 그의 안에는 아직도 형들에게 팔려가던 당시의 아픈 기억과 상처가 남아 있었다. 아직도 해결되지 않은 상처를 안고 울고 있는 아이가 있었다. 그리고 형들을 대면한 순간 그 숨겨진 아이의 아픔과 분노가 일시에 형들을 향해 사나운 호통과 분노로 표출돼 나왔던 것이다. 그런데 한편으로 그에 안에서는 그 모든 과정을 통해 당신의 놀라운 계획을 이루어 오신 하나님을 바라보는 성숙한 신앙인의 눈이 동시에 열리고 있었다. 어쩌면 그의 안에서는 이렇게 새롭게 열리는 자아의 인식이 순간 다시 되살아난 내면 아이의 감정과 서로 치열한 갈등을 일으키고 있었던 것인지 모른다. 그런데 사실상 요셉이 이제 그 형들을 다시 만나 그들을 진정으로 용서하기 위해서는 이 같은 두 자아의 인식과 갈등이 반드시 필요했던 것이다.

용서의 심리학에 따르면 우리가 진정으로 남을 용서하기 위해서는 자신의 상실과 고통을 있는 그대로 직면하는 것과 더불어 그로 인해 자신에게 일어난 결과들을 사실 그대로 수용하는 과정이 반드시 필요하다.[16] 그러나 우리가 그러한 과정을 통해 확인하게 되는 결과가 다만 무의미한 상실과 상처뿐이라면 이러한 인식의 과정은 치유가 아니라 오히려 또 하나의 외상이 될 수 있다. 그러나 형들을 대면하면서 되살아난 요셉의 기억이 그 같은 부정적 결과로 이어지지 않을 수 있었던 이유는 그 과정 속에서 그가 겪은 고난이 그로 말미암아 그가 잃어버린 것보다 훨씬 더 큰 의미를 성취하는 과정이었음을 알 수 있었기 때문이다. 즉 그 모든 과정이 하나님께서 함께하시며 당신의 계획을 이루신 과정이었음을 확인할 수 있었기 때문이다. 그러나 요셉의 용서가 완성되기 위해서는 이처럼 하나님의 섭리를 발견하는 일 외에 또 한 가지 필요한 과정이 있었는데 그것은 곧 그 사이 일어난 형들의 변화를 확인하는 일이었다.

2. 화해의 드라마

요셉이 형들에게 베냐민을 데려오라고 한 것은 무엇보다 아직도 해결되지 않은 그의 분노의 표현이며 자신을 버린 그들에 대한 심리적 보복이었다고 볼 수 있다. 그런데 그러한 요셉의 요구 이면에 감춰진 또 한 가지 심리적 동기는 바로 형들의 변화의 진정성을 확인하려는 것이었

---

16) Robert D. Enright & Richard P. Fitzgibbons, 『용서심리학』, 90.

다. 즉 과거처럼 형들이 자신을 위해 동생을 희생시키려 하는지 아니면 이제는 동생을 살리기 위해 그 자신들의 희생을 불사할 만큼 그들이 정말 달라졌는지 알고자 한 것이었다. 이를 위해 요셉은 베냐민에게 누명을 씌워 그를 노예로 삼으려 하면서 이에 대한 형들의 반응을 시험했다.

그런데 우리가 이 요셉의 시험을 요셉 자신이 아니라 하나님의 기획, 즉 하나님이 연출하시는 치료드라마라는 관점에서 본다면 이 일은 바로 과거에 광야에서 일어났던 사건을 하나님께서 **재연**(再演: reenactment)하는 과정이라 볼 수 있다. 즉 과거 요셉의 자리에 대신 베냐민을 두고 그들 모두가 당시의 상황에 돌아가 그 상황을 다시 경험하도록 한 것이다. 드라마치료에서 재연은 이처럼 그것을 통해 참여자들로 하여금 과거 사건을 재경험하도록 하는 것으로 사실 그들에게 그 과거의 상처가 되살아나게 할 위험을 무릅쓰는 것이다. 그러나 그럼에도 불구하고 치료자가 이런 시도를 하는 이유는 변화된 현재의 위치에서 그 과거를 새롭게 경험함으로 참여자들이 그 과거로부터 마침내 온전히 벗어날 수 있도록 도우려는 것이다. 요셉의 시험은 하나님의 견지에서 바로 이러한 목적을 위한 과거의 재연이라고 볼 수 있는데, 우리가 주목할 것은 하나님께서 이를 통해 치유하고자 하신 것이 비단 요셉만 아니라 그의 형들이기도 했다는 사실이다.

요셉의 형들은 애굽의 총리실에서 그들이 당한 현실을 일종의 데자뷰(déjà vu)처럼 느꼈을 것이다. 즉 그들의 동생이 살려 달라고 애걸하는 모습을 보면서 등을 돌리고 떠날 수 밖에 없는 이 현실이 과거의 사건이 그대로 다시 반복되는 것처럼 느껴졌을 것이다. 그러나 사실 그들에게는 과거를 동일하게 반복하지 않을 수 있는 길이 있었다. 그러나 그것은 그들이 선택하기 어려운 길이었는데, 그것은 바로 동생을 살리는 대신 자기 자신들이 희생하는 길이었기 때문이다. 그런데 형제들 중 주저하지 않고 맨먼저 앞으로 나와 이 길을 과감히 선택한 것은 바로 요셉의 넷째 형인 유다였다. 유다는 요셉 앞에 엎드려 이렇게 간청한다.

> 부디 저로 아이를 대신해서 주의 노예가 되게 하시고 아이는 형제들과 함께 돌려보내 주십시오. 제가 어찌 아이 없이 제 아비에게 돌아갈 수 있겠습니까? 두렵건대 제 아비가 죽는 것을 보게 될 것입니다(창 44:33-34).

유다는 과거 요셉을 미디안상인들에게 노예로 팔 것을 형제들에게 제안한 장본인이었다. 그리고 그 결과로 그는 그의 아버지 야곱의 깊은 상심과 고통의 눈물을 보았고 그 아버지가 삶의 의욕을 잃고 무기력하게 살아가는 모습을 옆에서 보았다. 그들의 행동이 그들이 빼앗겼다고 생각한 그 아버지의 사랑과 관심을 그들에게 돌려주기는 커녕, 오히려 그들에게 평생 지울 수 없는 죄책감과 회한만을 남기는 것을 경험했던 것이다. 아버지의 무관심으로 낮아졌던 그들의 자존감은 그 일에 대한 죄책감으로 인해 더욱 낮아질 수밖에 없었다. 어쩌면 이러한 죄책감과 심리적 공허감으로 인해 유다가 한 때 빠졌던 것이 그의 방종과 일탈행동이었던 것인지 모른다. 그런데 결국 그가 깨달은 것은 그런 방종과 일탈이 그의 결핍을 채울 수 없다는 사실이었다. 오히려 결과적으로 그에게 돌아온 것은 불명예와 더 큰 수치심일 뿐이었다.

성경은 유다가 다행히 이 같은 수치심에 기인한 자기방임적 행동에 계속 빠지지 않고, 이렇게 요셉 앞에 나타났을 즈음에는 이전과 사뭇 다른 태도를 지니고 있었음을 보여준다. 그러나 아쉽게도 성경은 그의 이런 변화를 설명할 만한 자료를 충분히 제공하고 있지 않다. 유다를 비롯한 형제들의 이러한 변화에 대해 가능한 설명은 다만 세월의 연단이 그런 변화를 가져왔다는 가장 단순한 설명일 뿐이다. 그러나 여기에 덧붙여, 특히 유다의 달라진 모습에 대해 한 가지 덧붙일 수 있는 말은 곧 아무리 실패한 인생이라도 살아 있는 한 언제나 올바른 선택의 기회는 남아 있다는 사실이다. 심리학은 한 사람의 실수나 실패에 대해 심리적 측면의 설명을 해 줄 수 있으나 결코 그것에 기인한 일탈을 정당화하거나 필연시하지 않는다. 아무리 상처와 결핍이 많은 인생이라도 올바른 선택을 할 능력과 책임은 항상 본인에게 남아 있다. 유다는 그에게 주어진 현재의 시간에 과거와 달리 그 같은 올바른 선택을 했던 것이다. 사실 이후에 이루어진 행복한 결말이 이러한 그의 선택의 결과라고 말하기는 어렵다. 그러한 결말은 이미 하나님께서 그들을 위해 예비하고 계셨던 것이기 때문이다. 그러나 그럼에도 불구하고 유다의 옳은 선택이 가져온 중요한 결과가 있었다고 한다면 그것은 바로 그런 그의 옳은 선택을 통해 그를 포함한 그의 가족이 한 걸음 더 빨리 치유와

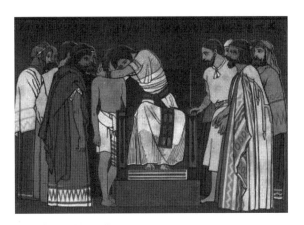

베냐민을 안고 우는 요셉

회복으로 나아갈 수 있었다는 것이다. 베냐민 대신 자신을 노예로 삼아 달라는 유다의 호소는 요셉의 심금을 울렸고 요셉으로 하여금 그의 형들을 마침내 진정으로 용서할 수 있게 하였다. 이로 말미암아 요셉뿐 아니라 유다를 포함한 그의 형제들도 그 과거의 상처로부터 벗어날 수 있었고 마침내 서로를 다시 가족으로 끌어안을 수 있게 되었다.

유다의 간청을 들은 요셉은 세 번째로 울음을 터뜨렸다고 성경은 이야기한다. 그런데 이 세 번째의 울음은 내실로 물러나 혼자 몰래 우는 그런 은밀한 울음이 아니라 마치 비명을 지르듯 그의 가슴 깊은 곳으로부터 터져 나오는, 그래서 그 총리실에 있던 사람들뿐 아니라 온 궁내에까지 다 들린 큰 오열(嗚咽)이었다. 다시 말해 이 울음소리는 그의 내면 아이가 이제껏 갇혀 있던 원망의 구덩이에서 마침내 빠져나오며 터뜨리는 그런 해방의 울음소리였다. 이 울음은 심리학자 조셉 와이스 Joseph Weiss 가 말한 "해피 엔딩에서 터진 울음(crying at the happy ending)"에 해당한다.[17] 그것은 이제껏 그를 붙잡고 있던 과거의 어둠에서 마침내 놓여 나면서 지난 고통보다 더 큰 환희를 그 내면이 표현하는 것이기 때문이다. 요셉이 이처럼 그 과거에서 벗어날 수 있었던 것은 무엇보다 그가 그의 형들을 이제 더 이상 가해자가 아니라 가족으로 다시 받아들일 수 있었기 때문이다. 이것을 가능케 한 것은 역시 동생 베냐민 대신 자신을 노예 삼아줄 것을 간청한 유다의 호소였다. 이것은 그의 아버지와 동생이 고통당하는 것보다 차라리 자신이 희생하기를 원한다는, 한 아버지의 자식이자 한 아이의 형으로서의 호소였다. 요셉은 이렇게 호소하는 유다와 형들에게서 가해자가 아니라 그의 형제들을 보았던 것이다.

그런데 요셉이 그 자리에서 보았던 것은 비단 그의 형제들만이 아니었다. 요셉이 그 자리에서 또한 보았던 것은 바로 그들을 여기까지 이르게 하신 하나님이었다. 자신이 바로 요셉임을 알리자 너무 놀란 나머지 아무런 대꾸를 못하는 형들에게 요셉은 이렇게 말한다.

"형들이 나를 이 곳에 팔았으므로 근심하지 마십시오. 한탄하지도 마십시오. 하나님이 모두의 생명을 구원하시려고 나를 앞서 여기에 보

---

17) Joseph Weiss, "Crying at the Happy Ending," *Psychoanalytic Review* 39 (1952), 338.

내신 것입니다"(창 45:5).

　요컨대 요셉이 그 형들을 진정으로 용서할 수 있었던 것은 그가 그렇게 자신을 팔았던 형들만을 보지 않고 그 일을 통해 모두를 위한 당신의 구원계획을 이루신 하나님을 보았기 때문이다. 다시 말해 자신이 이곳에 노예로 팔려온 일을 포함한 그 모든 일들이 그 하나님의 계획을 성취하는 과정이었음을 보았기 때문이다. 요셉의 가족치유드라마는 이처럼 모든 참여자에게 하나님의 목적과 의도가 밝혀지는 것으로 대단원의 막에 이른다. 다시 말해 그 모든 과정의 기획과 연출자가 바로 하나님이심이 밝혀지면서, 그 하나님의 시각에서 모든 과정이 설명되고 이해되는 것으로 완결된다.

가족역사의 재저작

1. 인생재저작(reauthoring life)

　빅토르 프랑클이 말하는 고난의 의미발견은 그 고난을 하나의 중요한 과정으로 삼는 '삶의 이야기(life story)'를 통해 그 고난의 의미를 밝히는 과정이라고 말할 수 있다. 프랑클이 강조하는 바는 결국 한 사람이 자기 삶을 어떻게 이야기하는지에 따라 그의 삶이 달라질 수 있다는 것이다. 동일한 어려움이라고 해도 그것을 이야기하는 방식에 따라 그것을 대하는 태도가 달라지기 때문이다. 이런 견지에서 건강하고 풍성한 삶은 어려움이 없는 삶이 아니라 그 어려움 속에서 그것의 의미를 찾고 그 의미에 대해 이야기하며 거기에 따라 어려움을 극복하며 살아가는 삶이라 할 수 있다. 가족치료자들은 바로 이 점에 착안하여 가족이 공유하고 있는 삶의 이야기를 변화시킴으로 건강한 가족의 삶을 도모하는 가족치료법을 개발해 왔는데 이것을 **이야기 가족치료**(narrative family therapy)라 부른다.

이야기 가족치료의 창안자 마이클 화이트 Michael White 는 그가 만난 수많은 가족들에게서 그 가족의 생활을 지배하는 "문제로 가득한 이야기들(problem-saturated stories)"을 발견했다. [18] 가족들은 그들의 가족생활에 대해 그처럼 '문제로 가득한 이야기들'을 쏟아내면서 그 이야기에 함몰된 삶을 살아가고 있었다. 그래서 화이트는 그러한 가족의 이야기를 변화시켜 줌으로 그 가족의 삶을 변화시키는 방안을 창안했는데 그것을 이름하여 "**삶의 재저작**(reauthoring life)"이라 불렀다. [19] 이 '삶의 재저작' 기법 중 하나는 가족의 경험을 새로운 각도에서 조명하는 가운데 그 속에서 이른바 '특별한 발견들(unique outcomes)'을 찾아내는 방법이다. 여기서 '특별한 발견들'이란 이제까지 가족의 지배적 이야기에 함몰된 고정적 시각으로는 볼 수 없었던 새로운 사실들을 찾아내는 것을 의미한다. 그

---

18) Michael White and David Epston, *Narrative Means to Therapeutic Ends* (New York, NY: W. W. Norton & Company, 1990), 39.

19) Michael White, *Maps of Narrative Practice*, 이선혜, 정슬기, 허남순 옮김 「이야기치료의 지도」(서울: 학지사, 2010), 89.

마이클 화이트 Michael White

런데 이 때 이야기 치료가 말하는 새로운 사실들은 말 그대로 새로운 사실들이라기보다 동일한 사실이라도 바라보는 관점에 따라 새롭게 발견되는 사실들을 뜻한다. 예컨대 '아버지가 붕어빵을 사 가지고 집에 왔다'는 것은 비록 실제 있었던 사실이지만 '아버지가 평소처럼 술에 취해서 아무 생각 없이'라는 고정관념에 의할 때 별 의미 없는 사실로 무시되어왔다. 그런데 '아버지가 그렇게 술에 취한 와중에도 집에 있는 우리를 생각해서'라는 새로운 시각에 의할 때 그것은 아버지의 사랑의 증거로 새롭게 발견되는 사실인 것이다. 이야기치료의 사회구성주의이론에 따르면 이처럼 '사실'과 '이야기의 관점'은 서로 불가분의 관계에 있다.

우리가 이러한 이야기치료이론에 입각하여 요셉의 가족드라마, 특히 창세기 45장의 대단원(大團圓)의 장면을 다시 조명해 보면 우리는 거기서 벌어지고 있는 일이 바로 그들 야곱 가족 이야기의 재저작이라는 것을 알 수 있다. 그것은 곧 지나온 모든 과정이 하나님의 섭리였음이 밝혀지며 이제까지 있었던 일들이 그러한 관점에서 새롭게 발견되는 사건이다. 형들에 의해 요셉이 미디안 상인들에게 팔렸던 일은 단지 가슴 아픈 가정비극이 아니라 요셉을 애굽으로 보내시는 하나님의 방법이었다. 요셉이 보디발 처(妻)의 무고(誣告)로 무고히 시위대 감옥에 보내진 것도 단지 억울한 일이 아니라 그를 바로 앞에 세우기 위한 하나님의 책략이었다. 술 맡은 관원장이 요셉의 청원을 잊어버린 것도 역시 그를 고향으로 돌려보내지 않고 애굽의 총리로 세우시려는 하나님의 섭리의 일환이었다. 이 같이 지나온 삶의 과정을 이전과 달리 새롭게 바라보는 관점의 변화는 삶의 저작권(authorship)이 그들 자신이 아니라 하나님께 있음을 인정하는 일이 되며 바로 이런 의미에서 그 변화는 **삶의 저작권 재설정**(reauthorization of life)이라고 지칭할 수 있다. 결국 기독교적 관점에서 삶의 재저작은 이처럼 인생의 저작권을 하나님께 돌려드리는 과정이 된다. 이것은 다시 말해 인생의 주권과 목적이 하나님께 있음을 인정하고 거기에 따라 현재를 바라보는 일이라고 할 수 있다.

이 같은 의미에서 인생의 재저작은 반드시 그 모든 과정이 지나고 난 후에야 이루어질 수 있는 일은 아니다. 그것은 그 인생의 과정중, 혹 고난의 과정 속에서도 이루어질 수 있으며 오히려 그렇게 될 때 더 의미 있는 일이 된다. 사실 요셉의 삶에 있어 하나님의 저작권 인정은 그의 고난 중에 이루어졌다. 그의 시각에서 현실을 받아들이기 어렵고 거기에 아무런 의미를 찾을 수 없을 때 그는 하나님을 원망하며 인생을 포기할 수도 있었다. 하나님에 대한 신앙을 버리고 탈선할 수도 있었다. 그러나 그가 보디발의 아내의 손을 뿌리친 것처럼 그는 결국 그 모든 유혹의 손길을 뿌리치고 그의 삶의 주권을 하나님께 맡긴다. 우리는 이러한 결정이야말로 진정한 인생의 저작권 재설정이라 말할 수 있다. 자신의 인생을 자신의 손으로 쓰는 것이 아니라 하나님이 써 가시도록 맡겨드린 일이기 때문이다.

2. 야곱의 절망과 신앙

한편 우리가 이런 요셉과 그의 아버지 야곱을 비교해 보면 야곱의 경우는 그 인생의 여러 상실과 시련들 속에서 자기 인생의 저작권을 그 아들만큼 적극적으로 하나님께 돌려드리지 못했던 것처럼 보인다. 야곱은 특히 그의 인생 후반부에 그가 겪은 고통스런 사건들, 라헬과 요셉을 잃어버린 사건이나 온 가족이 기아(飢餓)에 처하는 상황처럼 그가 받아들이기 힘든 현실에 대해 어떤 적극적인 문의나 의미부여를 하고 있지 못하다. 그와 같은 일련의 사건들에 대해 그가 보인 반응은 단지 수동적이고 방어적일 뿐이다. 요셉이 짐승에 물려 죽었다는 얘기를 들은 그의 반응은 다른 아들들의 위로를 거절하고 **"내가 슬퍼하며 음부의 아들에게로 내려 가리라"**(창 37:35)며 우는 것이었다. 야곱은 이후 오랫동안 이 상실의 슬픔을 극복하지 못하고 우울과 무기력증에 빠져 있었던 것으로 보인다. 이러한 야곱의 우울증은 이야기치료적 관점에서 보자면 자신의 삶의 이야기를 상실한 것이라 할 수 있다. 다시 말해 그의 삶의 이야기가 더 이상 써지지 않고 중단되어 버린 상황인 것이다. 이후에 일어나는 일련의 사건들 속에서도 그는 더 이상 적극적으로 어떤 의미를 찾거나 찾으려고도 하지 않고 다만 수동적, 방어적으로 반응할 뿐이다. 그는 마치 이미 인생이 끝나 버린 사람같아 보인다.

사실 야곱이 원래 쓰고 싶었던 이야기는 그의 가족, 특별히 라헬, 요셉과 함께 안정된 가정을 이루고 행복하게 사는 이야기였다. 그러나 실제 그의 인생은 그처럼 그가 원했던 방향으로 전개되지 않는다. 그는 라헬과 요셉을 잃어버리고 대신 남은 가족, 사내만 칠십명에 이르는 대가족의 족장으로 노년의 삶을 살아간다. 얍복강가에서 허벅지 관절이 어긋난 이후 그는 이런 자신의 현실에 대해 하나님께 적극적으로 항의하는 태도를 보이지 않는다. 그러나 그렇다고 자기에게 일어난 그 이해할 수 없는 상실과 고통의 의미를 적극적으로 하나님께 묻지도 않는다. 다만 **"내가 죽어 음부로 내려가리라"**(창 37:35, 42:38, 44:29)고 입버릇처럼 말하는 그에게서 우리는 자기 이야기에 그만 종지부를 찍고 싶어하는 그의 심정을 읽을 수 있다. 이것은 여전히 그의 삶의 저작권을 하나님께 돌려드리기보다 하나님에게 소극적으로 저항하는 모습이라 볼 수 있다. 이러한 소극적 저항은 그러한 상실의 아픔 속에서도 하나님을 바라보기보다 여전히 손에 남아 있는 자식에게 집착하는 모습으로 나타난다. 온 가족이 굶주리고 있는 상황에서도 베냐민을 내어주지 않으려는 그의 고집이 바로 그런 것이다. 그러나 야곱은 이런 자신의 고집 때문에 계속 굶주리고 있는 자손들을 보며 결국 그 마지막 집착마저 내려놓게 된다. **"내가 또 자식을 잃게 되면 잃으리로다"**(창 43:14). 이것이 결국 그가 베냐민을 그 형들과 함께 떠나보내며 했던 말이다. 이것은 그의 자포자기적 심정을 드러내는 말이지만 조금이나마 여기서 우리는 그가 눈을 들어 하나님을 향하고 있는 것을 엿볼 수 있다. **"잃으면 잃으리라"**는 그의 말에 이어지는 고백, 즉 **"전능하신 하나님께서 그 사람 앞에서 너희에게 은혜를 베푸사 그 사람이 시므온과 베냐민을 돌려보내기 원하노라"**(창 43:14)는 고백에서 엿볼 수 있는 것이 바로 그런 것이다. 비로소 야곱은 자기의 집착을 버리고 그의 삶의 주관자이신 하나님을 바라보고 있는 것이다.

이러한 야곱의 눈이 마침내 하나님을 향해 활짝 열린 것은 요셉이 그를 태우려고 보낸 수레를 보고서였다(창 45:27). 마침내 요셉이 살아 있는 것을 실감한 야곱은 **"족하다 내 아들이 지금까지 살아 있으니 내가 죽기 전에 가서 그를 보리라"**(창 45:28)며 이제까지의 무기력을 떨치고 일어난다. 그러나 진정으로 야곱이 지나온 과정의 의미를 새롭게 발견하게 된 것은 애굽으로 가는 길에서 하나님을 만나고나서였다. 하나님이 이상(異像)중에 야곱에게 하신 말씀에서 우리는 야곱이 애굽으로 내려가고 있었지만 그 마음에 일말의 주저함이 있었다는 사실을 알 수 있다. 아마도 그 이유는 그 길이 하나님께서 그와 그 자손에게 주리라 약속하신 땅을 떠나는 길이었기 때문일 것이다. 야곱은 사랑했던 아내와 아들을 그 곳에서 잃어버리고 그의 젊은 시절 꿈도 함께 잃어버렸다. 그러나 한편으로 그는 그 곳에서 일흔 명이 넘는, 그의 남은 자손들을 잘 양육하는 것이 과거 그 곳 벧엘에서 그가 받은 하나님의 소명을 수행하는 일이라 생각했을 것이다. 요컨대 그에게는 이 같은 소명의식과 소중한 처자(妻子)와 삶의 의미를 함께 잃어버린 노년의 상실감이 공존하고 있었다. 다시 말해 그의 내면의 상처와 허무감이 그로 하여금 그의 조상과 그에게 주신 하나님의 약속을 더 적극적으로 끌어안기 어렵게 했던 것이다. 이것은 또 다시 말해 선대로부터 전해 들은 하나님의 이야기가 온전히 그 자신의 이야기로 통합되지 못하고 있었다는 것을 의미한다. 그런데 요셉이 살아 있음을 알게 된 후, 그리고 그 요셉을 만나러 가는 길에 브엘세바에서 하나님을 만난 후 그에게 이제까지 그가 겪었던 모든 일들이 하나의 일관된 이야기로 꿰어지며 그의 삶을 통해 하나님께서 하신 일들이 명확해지기 시작했다. 그래서 조부대(祖父代)로부터 전해들은 하나님의 이야기가 이제 온전히 그 자신의 이야기로 받아들여지게 되었던 것이다. 이로 인해 이제 애굽으로 향하는 그의 발걸음은 확신에 찬 발걸음이 되었다.

오늘날 우리도 야곱에게서 볼 수 있는 것처럼 하나님의 이야기가 온전히 우리 자신의 이야기가 되기까지 많은 우여곡절과 진통을 겪곤 한다. 그 전까지 야곱에게 그 조부대의 이야기가 아마도 그렇게 느껴졌을 것처럼 성경에 기록된 이야기는 우리 자신과 별로 상관없는 이야기처

럼 느껴진다. 또는 성경의 이야기가 단지 간헐적으로만 우리 자신의 이
야기와 연결된다고 느껴진다. 그러다가 삶 가운데 어떤 좌절이나 회의
가 찾아들면 부정적 생각과 감정이 마음을 지배하면서 성경의 이야기
는 우리 자신의 삶과 전혀 무관한 것이 되곤 한다. 이러한 성경의 이야
기가 마침내 우리 자신의 삶과 온전히 하나가 되기 위해서는 야곱에게
그랬던 것처럼 내면의 상처가 치유되고 깨어진 관계가 회복되며 하나
님과의 새로운 만남이 이루어지는 등 일련의 과정이 소요된다. 그런데
역으로 우리가 자신의 삶을 보다 적극적으로 성경의 이야기와 연결시
켜 이해하려고 노력할 때 그 이야기가 우리로 하여금 내면의 상처와 외
적 역경들을 보다 더 잘 이겨내도록 돕는 힘이 되는 것을 경험한다. 성
경의 이야기가 그러한 내적, 외적 도전과 응전에 의미와 좌표를 부여하
기 때문이다. 성경묵상일기나 개인/그룹성경연구(PBS/GBS) 등이 개인의
치유와 성숙에 도움을 주는 이유가 바로 여기 있다.

한국사회에 최근 가장 심각한 문제 중 하나로 대두되는 노인우울증
과 자살 문제는 근원적으로 볼 때 결국 노인들의 삶의 의미상실의 문제
라고 볼 수 있다. 노년기의 야곱의 이야기는 이러한 오늘의 한국 현실
에 중요한 시사점을 던져준다. 그것은 곧 노년의 삶에 무엇보다 중요한
일이 하나의 통합된 이야기를 갖는 일이라는 점이다. 이것은 곧 자신
의 지나온 삶을 일관된 의미구조 안에서 이해하면서 남은 여생동안 자
신의 소명을 인식하며 사는 것을 의미한다. 사실 이것의 중요성은 이미
에릭슨이 노년의 심리사회적 발달과제를 논하며 언급한 바이기도 하

요셉의 두 아들을 축복하는 야곱

다. 에릭슨에 의하면 건강이 약화되고 살 날이 얼마 남지 않은 노년기에 '절망'은 사실상 누구에게나 불가피한 일이다.[20] 이 때 이런 노년의 절망을 이기는 힘은 우선 이제까지의 삶을 얼마나 스스로 의미 있는 것으로 받아들이느냐는 문제와 관련된다.[21] 자신의 삶이 가치 있었다고 믿는 만큼 그 삶의 마지막을 보다 잘 수용할 수 있을 것이기 때문이다. 그런데 또 한 가지 에릭슨이 노년의 절망을 이기는 힘과 연관된다고 본 것은 생애초기와 마찬가지로 여전히 그가 '소망(hope)'을 가지고 있느냐

20) Erik Erikson, *The Life Cycle Completed* (New York, NY: W.W. Norton & Company, 1998), 113.

21) 위의 책, 113.

는 문제이다.[22] 죽음을 앞둔 삶에 있어 소망이란 무엇인지 자문하며 에릭슨은 그것이 결국 '신앙(faith)'의 문제일 수밖에 없다는 결론에 이른다.[23] 결국 인생의 완숙(完熟)함은 종교와 무관한 문제일 수 없다는 것이 노년의 에릭슨이 이른 결론이다.

야곱이 말년에 얻은 마음의 평화는 사실 그의 가정이 애굽에서 누리게 된 물질적 안정이나 특혜로 말미암은 것이 아니었다. 심지어 그것을 요셉과의 재회로 인한 것이었다고 볼 수만도 없다. 병약해진 그는 죽음에 따른 재이별(再離別)을 앞에 두고 있었기 때문이다. 야곱의 마음의 평화는 무엇보다 그의 일생이 하나님이 이루시는 거대한 역사의 한 부분임을 인식한 데 말미암은 것이다. 죽기 전 야곱은 요셉에게 자신의 유해를 고센이 아니라 헤브론의 막벨라굴에 장사하라고 당부한다. 이것은 그의 삶과 죽음이 이 곳 애굽이 아니라 그 곳 하나님의 약속의 땅에 속한 것임을 분명히 한 것이다. 이런 당부후에 야곱은 침상 머리에 엎드려 하나님께 경배한다(창 47:31). 이것은 그의 사후 성취될 하나님의 약속을 바라보며 그의 영혼을 하나님께 맡기는 행동이었다. 즉 그의 소망이 하나님께 있음을 표하는 행동이었다. 그리고 야곱은 이러한 소망과 신앙에 따라 죽기 전까지 그의 자손들을 축복하는 소임을 다한다(창 49:1-28).

---

22) 위의 책, 113.

23) 위의 책, 62.

나오며: 가족 치유매뉴얼

오늘날 한국사회는 가족구성원간의 불화와 이혼, 가출, 노인 및 아동 학대 등 다양한 가족문제와 상처로 몸살을 앓고 있다. 최근 1인가구가 급증하고 있는 현상은 심리적 차원에서 볼 때 가족간 '정서적 단절(emotional cut-off)'이 심화되고 있는 사실을 방증(傍證)하는 것이다. 여러 심리학이론들이 공통적으로 이야기하는 바는 이처럼 서로 단절된 채 살아가는 현대인들의 우울과 불안, 자살충동, 강박, 감정조절장애, 중독 등 다양한 심리적 증상들이 근원적으로 그들의 역기능적 가족 경험과 관련이 있다는 점이다. 오늘날 이러한 역기능적 가족 문제에 응답하는 것이 교회에 주어진 중차대한 과제들 중 하나가 아닐 수 없다. 이런 상황에서 우리에게 작은 위로가 되는 사실은 성경의 이야기 가운데 오늘날 우리 사회에서 볼 수 있는 것 같은 가족문제와 심리적, 정서적 문제의 전형(典型)들을 발견할 수 있다는 것이다. 이것은 그러한 문제들이 동서고금(東西古今)의 역사 속에 끊임없이 반복되어 온 인간문제라는 것을 말해주는 동시에 그 문제를 하나님께서 너무나 잘 알고 계시고 수없이 다루어 오신 문제, 지금도 계속해서 다루고 계신 문제라는 사실을 말해준다. 따라서 가족문제 해결의 열쇠는 바로 하나님께 있으며 그 하나님의 치유를 신뢰하는 데 있다. 성경의 이야기, 특별히 본 장에서 살펴본 요셉의 가정 이야기는 하나님께서 어떻게 가족과 가족구성원들의 내면의 문제를 다루고 계신지, 그리고 그 모든 과정을 통해 어떻게 하나님의 계획을 성취하고 계신지 우리에게 보여주는 매뉴얼과 같다. 이 치유매뉴얼을 통해 우리는 오늘날 우리 삶 속에서도 일하고 계신 하나님을 발견할 수 있을 것이다.

야곱과 요셉의 재회

제5장
광야의 심리학

모세가 광야에서 만난
하나님

모세가 광야에서 만난 하나님

광야의 영성(靈性)

광야는 문명도시에서 입고 있던 허울과 가면을 벗는 곳이다. 벌거벗은 자신을 대면하는 곳이다. 그래서 초기교회 교부들은 교회가 사회적 인정을 받게 되고 권력을 얻게 되자 광야의 사막으로 들어갔다. 심리적 측면에서 볼 때 이런 움직임은 도시의 삶이 그들로 하여금 쓰게 만든 거짓자기(pseudo-self)의 가면을 벗기 위함이라고 할 수 있다. 즉 사람들의 인정을 얻기 위한 가면, 그인정을 잃을까 두려워서 쓴 가면, 또는 사람들에게 인정받지 못한 상처를 스스로 보상받기 위해 쓴 자기애적인 가면을 벗고자 함이었던 것이다. 이런 가면 뒤에서 사람들의 내면은 채워지는 것이 아니라 오히려 더 공허해진다. 그래서 사막의 교부들은 그 거짓자기를 벗고 진정한 자기를 찾기 위해 광야의 극한 환경 속으로 들어갔다. 그러나 사실은 그 광야 자체가 그들에게 진정한 자기를 찾아 주는 것은 아니다. 인간은 본질적으로 아무 것도 없는 공허(空虛)를 견디기도 어렵고 그 속에서 자유를 경험하기도 어렵다. 인간은 본질적으로 관계적 존재이며 대상지향적 존재이기 때문이다. 그렇기 때문에 자칫 그런 공허를 지향하는 영성은 '초월적 자기'라는 또 하나의 자기애적 환상에 사로잡힐 수 있다. 반면 성경이 보여주는 광야의 영성은 모든 자기대상(selfobject)을 초월하게 되는 것이 아니라 오히려 진정한 자기대상을 만나는 것이다. 즉 그 광야에서 거짓의 가면을 벗고 초라하고 연약한 자신의 모습을 대면하는 동시에 그런 자신과 함께하시는 하나님을 만나는 것이다. 본 장에서 우리는 성경의 모세의 이야기를 통해 그가 어떻게 광야에서 연약한 자신을 대면하고 그 모습 그대로 그와 함께하시는 하나님을 만났는지 살펴볼 것이다. 이를 통해 우리는 우리 자신이 쓰고 있는 가면은 무엇인지 돌아보고 우리가 그것을 벗고 만나야 할 하나님은 어떤 분인지 기억할 수 있기를 기대한다.

애굽 왕실의 입양아(入養兒)

모세는 말하자면 애굽의 공주에게 입양된 아들이었다. 아마도 그러한 성장환경 때문에 청년기 모세의 행동은 오늘날 '입양아 증후군'이라고 불리는 입양아들의 독특한 특징에 부합하는 면들을 나타낸다.[1] 물론 모세는 유아시기에 생모에게서 완전히 분리되지 않고 유모로 들어온 생모의 젖을 먹으며 자랐기 때문에 성장환경에 있어서 일반적인 입양아들과는 차이가 있다. 그러나 모세가 실제로 얼마 동안이나 이 생모의 양육을 받았는지, 또 그 기간동안 얼마나 그 생모와 깊은 관계를 가질 수 있었는지 우리는 확실히 알 수 없다. 우리가 추측할 수 있는 것은 다만 생모 요게벳이 단지 유모로 고용된 것이었기 때문에 모세와 함께한 기간이 그렇게 길지 못했으리라는 점과 그 기간 동안 그녀가 모세에게 깊은 애정을 쏟았다 할지라도 젖을 뗀 이후 어쩔 수 없이 다시 아직 어린 그를 두고 떠나야 했으리라는 점이다. 모세의 입장에서 보면 이것은 역시 어린 나이의 그가 오늘날 입양아들이나 이혼가정의 자녀들이 겪는 것과 유사한 친모로부터의 외상적 분리를 경험할 수밖에 없었다는 것을 의미한다. 아마도 요게벳은 정황상 어린 모세에게 자신이 생모라는 사실을 감출 수밖에 없었을 것이고, 때문에 그것이 무엇인지조차 불분명한 그 '가슴 아픈 이별'은 어린 모세의 내면에 지워지지 않는 상처를 남겼을 것이다. 아마도 그 상처의 모호한 정체성은 이후 그가 청소년기에 경험했을 정체성 혼란에 깊은 영향을 끼쳤으리라 여겨진다.

흔히 언급되는 입양아 신드롬 가운데서도 모세가 필히 경험했으리라

---

1) Betty Jean Lifton, *Journey of the Adopted Self: A Quest for Wholeness* (New York, NY: Basic Books, 1994), 92. 일반적으로 거론되는 입양아 증후는 유기불안, 양부모에 대한 죄책감, 정체성 혼란, 도벽, 거짓, 가출, 중독, 반항적/반사회적 행동 등이 있다.

추정되는 것은 무엇보다 청년기의 정체성 혼란(identity confusion)이다. 즉 유아기 생모와의 관계에서 무의식 속에 각인된 히브리인으로서의 정체성이 애굽의 왕실교육을 통해 습득된 문명국 애굽인으로서의 정체성과 그의 안에서 하나로 통합되지 못한 채 서로 갈등을 일으키고 있었을 가능성이 크다. 애굽인의 관점에서 볼 때 히브리인으로서의 자신은 열등한 존재, 그래서 수치스럽고 감추고 싶은 자기였을 것이다. 그러나 그 히브리인으로서의 자기는 생애초기 요게벳과의 애틋한 애착관계를 통해 형성된 자기였기 때문에 정서적으로 충만한 자기이며 그래서 그에게 더 중심적인 자기(core self)였을 것이다.

유아기 모세가 생모와의 깊은 애착관계를 경험했으리라는 추정이 가능한 반면 자라면서 그가 얼마나 그의 양모(養母), 곧 바로의 딸이나 다른 왕실 사람들로부터 관심과 인정을 받았을런지 확실치 않다. 그러나 당시 바로가 모세의 동족 히브리인들을 학대하고 있었을 뿐 아니라 나중에 모세도 죽이려 한 사실(출2:15)을 생각할 때 어릴 적 모세 역시 왕궁내에서 애굽인들의 많은 멸시와 차별, 냉대를 경험하며 자랐을 가능성이 크다. 때문에 그는 실제로 애굽인 가운데서 애굽인처럼 살았지만 애굽인으로서의 자기정체성을 내면화하기 어려웠을 것이다. 이런 모세의 내적 갈등은 미국의 한인(韓人) 입양아 같이 국제입양된 아이들이 경험하는 정체성 혼란과 매우 유사한 것이 아니었을까 생각된다. 오늘날 많은 국제입양아들은 자신을 어느 편에도 속하지 못하는 '주변인(outsider)'으로 경험한다. 모세는 미디안광야로 도망한 후 미디안제사장의 딸 십보라와 결혼해서 아들을 낳는데 그 맏아들의 이름을 "게르솜"이라 짓는다. 그 뜻은 '이방인, 또는 추방당한 자'라는 뜻이다. 추측컨대 그 이름은 비단 그가 사람을 죽인 후 애굽에서 추방당한 현실만을 지칭하는 것이 아니라 애굽에서 자랄 때부터 이미 그가 양쪽 어느 민족에게도 속하지 못하는 소외된 자였음을 기억하는 이름일 것이다. 태어난 아들에게 그 같이 자기동일시적인 이름을 지을 만큼 그의 안에 그 같은 소외감이 컸다는 것이다. 명색이 애굽의 왕자였지만 애굽 왕실에 머물지 못하고 이스라엘 사람들 주변을 어설프게 서성거리는 청년 모세의 모습에서 우리는 그 같은 주변인으로서의 그의 방황을 엿볼 수 있다.

물론 이 모든 것은 어디까지나 정황적인 추정일 뿐 실제로 성경은 모세의 성장과정이나 청년기에 대해 자세히 언급하고 있지 않다. 다만 청년기에 그가 우발적으로 저지른 살인사건에 대해서만 간략히 기술하고 있을 뿐이다. 그러나 저자는 이 책 서두에서 미하엘 벨커 Michael Welker를 논거로 삼아 주장한 바대로 우리의 상상력이 성경인물과 실제로 인격적이고 영적인 교류를 가능케 하는 통로가 될 수 있다고 믿는다. 뿐만 아니라 저자는 우리 시대의 국제입양아들에 대한 공감적 이해가 성경이 자세히 말하지 않는 3천5백년전 애굽 청년 모세의 내면으로 좀 더 접근할 수 있는 통로가 된다고도 믿는다. 벨커의 주장대로 인간은 공감적 상상력을 통해 시간적, 물리적 거리를 뛰어넘어 서로 교통할 수 있는 영적 존재이기 때문이다.

우리가 오늘날 국제입양아들에 대한 이해와 공감적 상상력을 통해

고대 이집트의 왕녀와 아들

유추할 수 있는 청년기 모세의 또 다른 특징은 심리학에서 말하는 소위 '반사회적 성향(antisocial tendency)'과 '자기애적 성향(narcissistic tendency)'이다. 먼저 그의 '반사회적 성향'은 과격하게 애굽 사회질서를 거부하고 폭력적으로 저항하는 그의 태도에서 엿볼 수 있다. 모세의 살인은 단지 의분을 이기지 못한 행동으로 보기에는 지나친 적의(敵意)를 드러내고 있다. 이 '적의'는 어린 시절부터 그가 애굽인들 가운데서 경험한 차별과 멸시에 대한 무의식적 분노의 전이(transference)일 가능성이 크다. 한편 그의 동족을 학대하는 애굽인 감독자를 맨주먹으로 쳐죽인 모세의 행동에서 우리는 또한 그의 과시적 자기애적(narcissistic) 성향을 엿볼 수 있다. 다시 말해 자신이 이스라엘 민족의 영웅인 것처럼 생각하고 행동하는 태도를 볼 수 있다. 이것은 그가 **과대적 자기상**(grandiose self-image)을 가지고 있었다는 것을 보여주는데, 이런 과대적 자기는 곧 애굽인들 가운데서 위축된 그의 자존감을 보상받고자 하는 무의식적 욕구의 표현이라고 볼 수 있다. 우리는 간혹 국제입양아들 가운데서 이런 모습을 볼 수 있는데, 이것은 이를 테면 영화『아바타 Avatar』(2009)의 주인공 제이크 설리 Jake Sully 가 가진 것 같은 구원자 콤플렉스이다. 자신이 사실은 나비(Na'vi)족의 구원자로 예정된 자라고 믿으며 그처럼 행동하는 것이다.

한편 이러한 나르시스적 성향과 더불어 한 가지 더 우리가 추정할 수 있는 모세의 특징은 그런 그의 성향이 그의 근원적인 수치심 내지 낮은 자존감과 동전의 양면을 이루고 있다는 점이다. 과시적 과대자기는 좌절된 반영욕구의 보상기제이다. 따라서 그에게 과대적 자기상이 발견된다는 것은 먼저 그의 자기반영욕구가 지속적으로 좌절되어 온 경험이 있었다는 것을 의미한다. 이러한 좌절의 경험은 아마도 그의 양모나 바로(Pharaoh)와의 관계에서의 경험이었을 것이다. 명목상 애굽의 왕자였지만 애굽왕 앞에서 모세가 다른 왕자들에게 밀려 소외를 당했을 것은 사실 당연한 일이다. 모세의 열등감과 수치심은 아마도 이런 경험에서부터 비롯되었을 것이다. 심리학자들에 의하면 입양아들은 종종 그들의 양부모에 대해 양가적인 감정을 품는데 모세 역시 마찬가지였을 가능성이 있다. 오늘날 입양아들의 경우는 종종 그들을 키워준 양부모에 대해 반감(反感)과 더불어 죄책감(guilty feeling)을 가진다고 한다. 그것

영화 『아바타』 Avatar 의 주인공 제이크 설리 Jake Sully

은 곧 자신들을 키워준 그들을 내심 배반하고 있다는 자격지심이다. [2]
그런데 모세가 애굽왕실에 대해 가졌던 자의식은 이런 죄책감보다는
출애굽기 2장 14절이 말하는 "두려움"에 더 가까왔으리라 생각된다. 그
것은 곧 자신이 동족 히브리인들에게 더 강한 유대감을 품고 있다는 사
실이 발각되고 거기에 대해 징벌당할지 모른다는 무의식적 두려움이
다. 이러한 두려움의 이면에는 역시 그의 열등의식과 수치심이 작용하
고 있었을 것이다.

이상의 고찰을 통해 우리가 얻게 되는 결론은 결국 애굽인을 죽인 모

---

2) John David Palmer, *The Dance of Identities: Korean adoptees and their journey toward empowerment* (Honolulu, HI: University of Hawaii Press, 2011), 8.

세의 행동이 단순히 동족의 고통을 차마 보지 못해 저지른 의로운 행동으로만 보기 어렵다는 것이다. 그것은 오히려 다분히 그의 상처 입은 자아의 투사(projection)이자 손상된 자존감의 보상행동이었을 가능성이 크다. 만일 그것이 분명한 자기소신에 의한 행동이었다면 그의 행동이 그렇게 충동적이지도, 이후에 그가 그렇게 허둥지둥 시체를 감추려 하고 또 사실이 발각되자 제 풀에 놀라 그렇게 줄행랑을 치지도 않았을 것이다. 이 사건에 대한 이스라엘 사람들의 반응에서 우리는 그가 실제로 그다지 동족들의 인정이나 신망을 얻지도 못하고 있었다는 사실도 알 수 있다. 실상 그는 두 민족 어느 편에서도 인정받지 못하는 주변인이었을 뿐, 일견 '영웅적'인 그의 행동은 실상 그가 가진 과대자기적 환상의 발로(發露)였다. 그런데 그 사건 이후 그의 이러한 환상은 산산이 깨어졌고 미디안광야로 도망간 그는 역시 어디서도 환영받지 못하는 초라한 자신의 실체만을 대면하게 된다.

입이 뻣뻣한 사람

미디안광야에서 모세가 보낸 40년은 그의 자기애적 과대자기(grandiose self)가 철저히 벗겨지는 기간이었다. 그리고 아무 것도 아닌 현실의 자기에 익숙해지는 기간이었다. 그의 나이 팔십에 호렙산 떨기나무 사이에서 하나님이 그에게 나타나셨다. 그리고 말씀하시기를 "내가 너를 바로에게 보내어 내 백성 이스라엘을 인도하여 내게 하리라"(출 3:10)하셨을 때 모세의 대답은 "내가 누구기에 바로에게 가며 이스라엘 백성을 인도하여 내리이까?"(출 3:11)였다. 이런 그의 대답에서 우리는 그가 이미 오랜 광야생활을 통해 미디안의 양치기, 한 여자의 남편, 두 아이의 아버지 이상 아무 것도 아닌 소시민적 삶에 완전히 적응되어 버린 것을 볼 수 있다. 다시 말해 이스라엘 백성을 위해 무슨 일을 한다든지, 애굽왕 바로에게 개인적으로 맞선다든지 하는 일은 감히 생각할 수 없는, '이상적 자기(ideal self)'가 거세되어 버린 사람이 된 것이다. 이러한 모세의 상태를 멜라니 클라인 Melanie Klein 의 용어로 다시 설명하자면 그는 자신과 상대방을 선(善)과 악(惡)으로 나누어 보던 '편집분열적 자리(paranoid-schizoid position)'에서 자신의 보잘것 없음을 수용하는 '우울적 자리(depressive position)'로 옮겨간 것이라 말할 수 있다. 상대적으로 볼 때 이러한 변화는 일종의 성숙이라 볼 수 있지만 그렇다고 이것을 온전히 건강한 모습이라 보기 어렵다. 한낱 양치기일 뿐임을 자인(自認)하는 모세의 우울한 삶의 자리는 오늘날 현대인들에게서도 흔히 볼 수 있는 소시민적 삶의 자리, 자기이상을 포기하고 반복되는 일상에 길들여진 삶의 자리이다.

그런데 하나님은 이 같은 모세에게 새로운 정체성과 사명을 부여하신다. 먼저 새로운 정체성이란 "나는 네 조상 아브라함과 이삭과 야곱의 하나님이라"(출 3:6)는 하나님의 자기소개에 내포되어 있다. 즉 모세가 아브라함과 이삭과 야곱의 자손, 즉 언약의 자손임을 상기시킨 것이

멜라니 클라인 Melanie Klein

다. 사실 이것은 모세에게 전혀 새로운 것은 아니었지만 이 시점에서는 그에게 다시 새롭게 확인된 민족적 정체성이었다. 이와 함께 그에게 주어진 새로운 사명은 옛날 조상들에게 주신 그 하나님의 언약을 지금 이 시대에 성취하는 백성의 지도자이자 하나님의 종으로의 사명이었다. 모세는 이제까지 그가 전혀 생각해 보지 못했던 삶, 그가 전해 듣기만 했던 조상들의 이야기를 이제 그 자신의 이야기로 이어가는 삶으로 부르심 받은 것이다. 그러나 모세는 이러한 하나님의 부르심을 선뜻 그 순간에 받들기는 어려웠는데 그 이유는 크게 두 가지로 설명할 수 있다.

첫째 그는 지난 40년간 미디안 광야의 소시민적 삶에 너무 적응되어 버렸다. 사실 그동안 모세는 정말 아무 것도 아닌 사람이었다기보다

한 여자의 남편, 두 아이의 아버지, 미디안의 양치기로서의 삶에 적응해 왔다. 아마도 모세의 아내 십보라는 그가 계속 미디안사람으로 남기를 바랐을 것이다.[3] 모세가 하나님의 부르심을 받고 이스라엘인으로서의 그의 정체성을 다시 회복한 것은 바로 이 같은 아내의 기대를 저버리는 일이었다. 출애굽기 3장 24~26절에 기록된 사건, 즉 하나님이 모세를 죽이려 하자 십보라가 아들의 양피를 베어 그 앞에 던지며 **"당신은 내 피남편이라"**(출 4:25)한 것은 바로 이러한 갈등을 내비치는 사건이다. 이것은 십보라가 마지못해 남편뿐 아니라 그 아들 역시 히브리인임을 인정하게 되었음을 보여주는 사건이기 때문이다. 그러나 이후에 십보라는 결국 광야를 떠나 친정으로 돌아가는데(출 18:2), 여기서 우리는 그들의 부부갈등이 쉽게 해결되기 어려운 정도의 문제였음을 엿볼수 있다.

그러나 사실 미디안의 데릴사위로서의 정체성은 모세의 내면에서 애초부터 큰 갈등의 원인은 되지 않았던 것으로 보인다. 반면 그가 하나님의 소명을 받아들이는 데 있어 내면의 가장 큰 어려움은 따로 있었는데 그것은 바로 그의 낮은 자존감과 열등의식의 문제였다. 이러한 모세의 낮은 자존감과 열등의식은 근원적으로 바로 왕실에서부터 시작된 것이라 볼 수 있다. 우선 모세의 양모(養母)였던 바로의 딸은 애초 갈대상자에 든 아기가 너무 사랑스럽고 안쓰러워 취했던 것일 뿐 곧바로 그

---

3) 반면 성경에 따르면 그의 장인 이드로는 오히려 모세가 이스라엘의 지도자로서의 길을 가는 것을 좀 더 지지하는 것처럼 보인다. 모세가 그의 동족에게 돌아가는 것을 허락한다든지(출 4:18), 모세가 돌려보낸 가족을 모세에게 다시 데려 온다든지(출 18:2-4) 하는 행동이 그것이다.

를 유모에게 맡길 만큼 그에게 특별한 애착을 가진 것은 아니었으리라 여겨진다. 그의 양모가 이러했다면 왕실의 다른 이들은 어떠했을지 가히 짐작되고 남음이 있다. 아마도 어린 모세는 그들로부터 많은 거절과 멸시를 경험했을 것이고 그것은 어린 그의 자연스러운 자기애적 욕구가 좌절되고 상처 입는 경험이었을 것이다. 이 같은 경험은 자기존재에 대한 수치심과 분노로 무의식 속에 남게 된다. 물론 어린 시절 모세는 그가 유모로 알았던 생모 요게벳과의 사이에 깊은 사랑을 경험했으리라 추정된다. 추측컨대 이러한 긍정적 자기대상의 경험은 그의 안에 내면화되어 그의 긍정적 자기상을 형성했을 뿐 아니라 이스라엘 동족에 대해 그가 가진 강한 긍휼심의 근원이 되기도 했을 것이다. 그러나 자라면서 모세는 그가 그렇게 긍정적 자기대상으로 경험했던 그 여인이 비천한 히브리인 유모에 지나지 않았다는 사실을 알게 되고 다른 왕자들과 달리 자신이 그 여인처럼 흰 피부색을 가졌다는 사실에 수치와 열등감을 느끼면서 그런 긍정적 자기의 손상을 경험할 수밖에 없었을 것이다. 청소년기 특유의 불안과 소외감은 대개 이런 어린 시절부터 가진 수치심 및 열등의식과 맞물려 더욱 심화되어간다.

호렙산에서 모세는 하나님께 자신은 **"원래 말을 잘 하지 못하고" "입이 뻣뻣하고 혀가 둔한 자"**(출 3:10)라고 얘기한다. 그러나 우리는 이 모세가 바로 광야에서 수 많은 이스라엘백성을 이끌며 그들의 규례를 세우고 오경(五經)을 기록한 장본인이란 사실을 고려할 때 그의 이 말을 곧이곧대로 받아들이기 어렵다. 그러나 우리가 모세가 말하는 그의 그런 특징이 적어도 그 당시까지는 어느 정도 사실이었다는 것을 인정한다면 그것의 원인은 아마도 선천적이라기보다는 환경적인 데 있었다고 보야 할 것이다. 즉 어린 시절부터 그가 애굽왕실에서 자라면서 주눅들고 위축되었던 경험이 그런 그의 어눌함을 형성했다고 추정할 수 있다. 그가 **"입이 뻣뻣하고"** 말을 잘하지 못하는 사람이었던 것은 그가 자라며 존중받지 못한 경험에 기인했다는 것이다. 이것을 뒷받침해 주는 성경구절이 그가 하는 다른 말, **"그들(이스라엘 동족들)이 내 말을 믿지 아니하고 내 말을 듣지 아니하며 하나님이 네게 나타나지 아니하셨다 할 것입니다"**(출 4:1)이다. 이 말에서 드러나는 그의 자기상(像)은 사람들에게 인정받지 못하고 신임을 사지 못하는 사람이다. 그가 이러한 자기상을 갖게 된 것은 아마도 그의 과거 대인관계경험에서 비롯된 것이라 볼 수 있다. 그 경험은 첫째 어린 시절 애굽왕실에서의 경험이었을 것이며 또한 장성한 이후 동족 이스라엘 사람들에게 가서 그들 가운데 경험한 경험이었을 것이다. 어린 시절부터 그렇게 존중받지 못하고 인정받지 못한 사람은 그로 인해 부정적 자기상을 갖게 되고 이런 사람은 모세가 우려하는 바대로 실제로 다른 사람들 앞에 가서도 리더십을 잘 발휘하지 못할 때가 많다. 왜냐하면 그렇게 자기를 부정적으로 생각하는 사람은 사람들 앞에서 자기를 잘 표현하지 못하고 또한 스스로를 긍정적으로 보지 못하는 것처럼 다른 사람들 역시 긍정적으로 받아들이거나 신뢰하지 못하기 때문이다.

이렇게 모세와 같이 부정적 자기상을 가진 사람은 먼저 스스로조차 그렇게 부족하게 느끼는 자신을 긍정적으로 받아주는 대상, 즉 긍정적 자기대상(selfobject)의 경험이 절실하다. 그런 긍정적 자기대상을 경험할 수 있을 때 그 경험을 내면화하여 스스로 자신을 그렇게 긍정적으로 보는 사람이 될 수 있기 때문이다. 그러나 안타깝게도 모세는 어린 시절 생모와의 이별 이후 이 같은 긍정적 인간관계를 별로 많이 경험하지 못했을 것으로 여겨진다. 다만 그가 어느 정도 성장한 이후 아마도 그의 친가족과 재회가 이루어졌을 것이고 상당한 괴리감이 있었겠지만 그래도 그들을 통해 얼마간의 위안을 맛보았을 것이다. 그러나 그 친가족과의 관계도 모세가 미디안광야로 도망치면서 다시 단절되고 만다. 이후 모세는 미디안광야에서 새로운 가족을 이루고 아마도 그 가족 안에서 다시 새로운 위안과 긍정적 관계를 발견할 수 있지 않았을까 추측된다. 그러나 그렇다고 해도 그것은 어린 시절부터 형성된 그의 수치심이나 열등감을 근본적으로 치유하고 변화시키기에는 역부족이었을 것이다. 그의 내면이 보다 근원적으로 치유되고 변화된 것은 역시 그가 광야에서 하나님을 만나고나서라고 볼 수 있다.

하나님 안에서 찾은 자기

"저들이 내 말을 믿지 아니하며 내 말을 듣지 않을 것입니다."(출 4:1)
"이스라엘 자손도 내 말을 듣지 않는데 바로가 어찌 듣겠습니까?"(출

6:12) 반복되는 이 같은 모세의 말에서 우리는 그가 자기 확신이 매우 부족한 사람, 또는 자기가 빈약한 사람이었다는 것을 알 수 있다. 이처럼 자기가 빈약한 모세에게 하나님이 주신 대답은 **"내가 너와 함께하며 할 말을 가르치리라"**(출 4:12)는 것이었다. 이것은 곧 사이코드라마 (psychodrama) 등에서 사용하는 용어로 하자면 하나님께서 모세의 **보조자아**(auxiliary ego) 역할을 하시겠다는 의미다. 모세와 같이 자아가 약한 사람은 다른 사람 앞에서 자기 얘기를 똑바로 잘 하지 못한다. 그렇게 하려고 하면 과거에 경험했던 두려움이 되살아나 자신을 사로잡기 때문이다. 이 때 사이코드라마에서 주인공의 보조자아 역할을 맡은 사람은 주인공 곁에 서서 그를 지지하며 그가 스스로 잘 표현하지 못하는 내면의 감정을 대신 표현하거나 그 표현을 돕는 역할을 한다.[4] 하나님께서 **"[모세]와 함께하며 [그의] 할 말을 가르치신다"**는 것은 그에게 바로 이 같은 역할을 하시겠다는 의미다. 뿐만 아니라 하나님께서 모세에게 그 형 아론을 붙여 주신 것 역시 자신감이 부족한 그를 위해 일종의 보조자아역을 붙여주신 것이다.

하나님께서는 또한 모세로 하여금 그 자신이 아니라 하나님의 이름으로 이스라엘 백성과 바로 앞에서 하나님의 말씀을 전하게 하신다. 심리치료적 관점에서 보면 이것은 모세로 하여금 이런 과정을 통해 그 연약한 자신의 한계를 넘어설 수 있도록 이끄신 것이다. 이것은 하나님께

---

4) Tian Dayton, *The Living Stage*, 김세준 옮김, 「사이코드라마 매뉴얼」 (서울: 시그마프레스, 2012), 52.

서 게슈탈트(Gestalt)치료 등에서 말하는 **대리자아**(surrogate self) 역할을 하셨다는 의미이다. 게슈탈트치료에서 상담자는 자기 표현을 잘 하지 못하는 내담자로 하여금 그가 가장 신뢰하는 한 사람, 예컨대 친한 친구 한 명을 선택하게 해서 이제 그 자신이 아니라 그 사람의 자리에서 그의 이야기를 이어가게 한다. 이렇게 하는 가운데 내담자는 평소 자신을 억누르는 감정이나 생각 등으로부터 벗어나 좀 더 객관적으로 상황을 바라볼 수 있게 된다.[5] 하나님께서는 이와 비슷하게 모세로 하여금 하나님의 자리에서 하나님의 이름으로 사람들에게 말하게 하신다. 이로써 그가 사람들 앞에서 경험하는 두려움과 자격지심을 극복할 수 있게 하신 것이다. 이것은 하나님 자신을 모세에게 일종의 대리자아로 내어주신 것이라 할 수 있다.

심리치료에서 **보조자아** 또는 **대리자아**는 이처럼 아직 자아가 약해 자신의 생각이나 감정을 잘 표현하지 못하는 내담자로 하여금 일시적인 외부의 지지(支持)를 통해 결국 스스로 설 수 있도록 돕는 기법이다. 그런데 사실 이러한 보조자아 내지 대리자아의 활용이 심리치료 밖에서 일상화되면 때로 바람직하지 못한 결과로 이어질 수 있다. 결과적으로 자기를 찾는 것이 아니라 타인에게 의존적, 종속적이 되어 오히려 자기를 잃어버리는 길이 될 수 있는 것이다. 예컨대 오늘날 많은 사람들이 정치가나 연예인, 종교지도자 같은 다른 유명인을 통해 자신의

---

5) Hugh Gunnison, "The surrogate self," *Personnel & Guidance Journal*, 54-10 (1976), 523-524.

숨겨진 욕구를 표출하고 대리적으로 자기를 실현하려는 것을 볼 수 있다.[6] 그런데 이런 방식으로 표현되거나 실현되는 '자기'는 그 사람의 진정한 자기가 아니라 일종의 자기환상, 혹은 **거짓자기**(pseudo-self)일 수 있는 것이다. 다시 말해 이런 '자기'가 궁극적으로 그들의 진정한 자기를 찾아 주는 것이 아니라 오히려 그들 자신으로부터의 소외를 초래할 수 있다. 그렇다면 하나님께서 모세의 보조자아/대리자아가 되신 것 같이 하나님께서 우리 자신의 일부가 되시는 것은 어떻게 이와 다르다고 할 수 있는가? 예수께서 말씀하신 것처럼 **"[그가 [우리] 안에, [우리]가 [그] 안에"**(요 14:20)있어 우리가 그리스도처럼 말하고 그리스도처럼 행동하게 되는 것은 어떤 의미에서 자기로부터의 소외가 아니라 진정한 자기의 실현이라고 할 수 있는가?

요컨대 건강한 보조자아나 대리자아의 역할은 진정한 자기를 잃게 하는 것이 아니라 오히려 찾을 수 있도록 돕는 것이라 할 수 있다. 성장기 부모의 역할이 바로 그와 같은 것이다. 부모는 아이의 내적 요구를 공감하고 그것을 구체적으로 반영(mirroring)해줌으로써 아이의 보조자아/대리자아기능을 한다. 그런데 부모는 이 같은 역할을 통해 아이가 자기를 잃어버리게 하는 것이 아니라 오히려 자기를 찾아가도록 돕는다는 점에서 다른 역기능적인 대리자아들과 다르다. 그런데 실제로는 부모 역시 위에서 말한 것 같은 역기능적 역할을 할 수 있는 것이 사

---

6) 나찌 독일의 히틀러 추종이 대표적인 예이며 오늘날 우리 사회에서 성행하는 SNS 등의 익명의 아이디를 통한 자기표명도 이 같은 예라고 할 수 있다.

실이다. 즉 아이로 하여금 진정한 자기를 찾는 것이 아니라 오히려 잃어버리게 할 수 있다. 이것은 아이와 부모의 관계가 아이의 필요보다 부모 자신의 욕구에 맞춰질 때 그러하다. 이 때 아이는 실제 자신의 욕구보다 부모의 욕구에 순응하여 살아가게 되는데, 바로 이렇게 해서 형성되는 아이의 '자기(self)'를 도널드 위니캇 Donald Winnicott 은 **'거짓자기 (false self)'**라고 불렀다. 그런데 여기서 한 가지 우리가 유념할 것은 위니캇이 말하는 진정한 자기(true self)와 거짓자기(false self)의 구분이 사실은 그렇게 말처럼 분명한 것이 아니라는 점이다. 사실 자기(self)라는 것은 선험적으로 존재한다기보다 관계 속에서 형성되는 것이라 봐야 한다. 그럼 이런 관점에서 우리는 과연 무엇을 '진정한 자기(true self)'라고 부를 수 있는가?

위 질문에 대한 답은 첫째 우리의 '진정한 자기'를 존재의 선험성이 아니라 그 **존재의 목적성**(telos)에서 찾아야 한다는 것이다. 기독교적 관점에서 인간 존재의 목적은 **하나님의 형상**(imago Dei)을 이루는 것이다. 이런 관점에서 우리가 우리의 현존재를 넘어 하나님의 현존(現存)에 참여하는 것은 우리의 '진정한 자기'를 잃어버리는 것이 아니라 찾는 길이다. 모세가 바로 앞에 하나님의 이름으로 하나님의 말씀을 말하는 것은 그의 진정한 자기로부터 소외가 아니라 오히려 그것을 찾아가는 경험이라 볼 수 있는 근거가 여기 있다. 물론 실제로는 부모가 그럴 수 있는 것처럼 기독교신앙이 우리로 하여금 진정한 자기로부터 오히려 멀어지고 거짓자기로 살아가게 하는 것이 될 수 있다. 그러나 우리는 진정한 하나님과 이런 거짓종교의 하나님을 구별해야 한다. 모세의 하나님은 단순히 그의 연약한 실체를 감추기 위한 '코스프레'가 아니었다. 그의 상처 입은 자기애를 보상하는 일종의 보상기제도 아니었다. 모세의 하나님은 모세가 애굽왕실과 미디안의 광야에서 잃어버렸던 그의 진정한 정체성을 찾게 하신 그의 구속자(救贖者: redeemer)였다.

이스라엘의 진정한 정체성은 하나님의 부르심에 응답하는 가운데 발견되는 것이다. 즉 하나님의 부르심에 응답하여 그들의 조상 아브라함과 이삭과 야곱의 땅으로 돌아가 거기서 하나님을 예배하는 삶 가운데 회복되는 것이다. 모세는 하나님으로부터 이스라엘을 이러한 길로 인도하라는 사명을 받았다. 그런데 이것은 하나님께서 그를 통해 이스라엘백성의 자기정체성을 회복하신 것일 뿐 아니라 그들을 인도하는 모세 자신 역시 그 과정에서 그의 진정한 자기를 찾게 하려는 것이었다. 그런데 여기서 진정한 자기를 찾는다는 것은 단지 아브라함과 이삭과 야곱의 자손으로서의 그의 정체성 회복만 아니라 그를 억누르던 모든 내적 억압과 거짓으로부터의 자유를 의미하는 것이다. 하나님께서 이스라엘백성을 애굽의 압제로부터 구속하실 때 하나님은 그들뿐 아니라 그들을 인도하는 모세 역시 그를 억누르던 모든 내적 억압으로부터 구속(救贖)하고자 하셨다. 즉 애굽의 왕실에서 자라나면서 그가 경험했던 멸시와 열등감으로부터, 청년기 그가 사로잡혀 있던 자기애적 분노와 혈기로부터, 성장한 이후 동족들 사이에서 그가 경험했던 소외감과 위축감으로부터, 광야로 도망한 이후 줄곧 그를 사로잡고 있던 자격지심과 무력감으로부터 그를 구속하려 하신 것이다.

하나님께서 그 같은 모든 내적 억압으로부터 모세를 구속하신 방식은 요컨대 하나님께서 그의 좋은 자기대상(selfobject)이 되신 것이다. 앞에서 하나님이 그의 보조자아/대리자아가 되셨다고 한 것은 달리 설명하자면 하나님이 모세의 자기대상기능을 하셨다는 것이다. 특별히 초기 모세의 사역에서 하나님의 역할은 모세의 빈약한 자기를 보완해주고 지탱해 주는 지지자로서의 역할이다.[7] 이것은 일반적으로 부모가 어린 자녀에게 해 주는 역할로, 예컨대 아이가 아빠의 존재를 의지해서 자신을 괴롭히는 친구에게 "우리 아빠가 그러면 안 된대"라고 할 때의 아빠의 역할 같은 것이다. 이 때 부모의 존재는 두려워하는 아이의 마음을 붙잡아주고 도저히 못할 것 같은 말을 할 수 있게 하는 힘이 된다. 모세는 애굽땅으로 나아갈 때 한 손에 그의 지팡이를 쥐고 나아간다(출 4:20). 이 지팡이는 그가 붙들고 있는 하나님을 상징하는 동시에 하나님의 손에 붙들린 그 자신을 상징하는 것이라 할 수 있다. 하나님은 모세에게 늘 이 지팡이를 손에 쥐고 나아가라고 말씀하신다(출 4:17; 17:5).

이후 모세의 사역에서 모세와 하나님의 관계는 특별한 친밀함으로 특징지어진다. 성경은 **"하나님께서 친구와 이야기함 같이 모세와 대면**

---

7) 안젤라 손은 "하나님께서 그(모세)에게 자기대상으로서 제공하신 자기보완(self-augmentation)은 그로 하여금 그의 인간적 한계에도 불구하고 위대한 사람이 될 수 있도록 했다"고 주장함으로써 모세에 대한 하나님의 역할을 자기대상기능(selfobject function)으로 규정한다. Angela Son, "Making a great man, Moses: Sustenance and augmentation of the self through God as selfobject," *Pastoral Psychology*, 64 (2015), 760.

하여 말씀하셨다"(출 33:11)고 하고, 하나님께서 "**그와 명백히 말하고 은밀한 말로 아니하며 그가 또 여호와의 형상을 보았다**"(민 12:8)고 한다. 또한 "**이후에는 이스라엘에 모세와 같은 선지자가 일어나지 못하였으니 모세는 여호와께서 대면하여 아시던 자**"(신 34:10)라고까지 그를 평가하고 있다. 이것은 요컨대 모세가 하나님의 얼굴을 줄곧 마주보며 함께 마음을 나누는 관계가 되었다는 의미이며 하나님이 그의 친밀한 자기대상이 되셨다는 의미이다.

여기서 친밀한 자기대상이 되셨다는 것은 무엇보다 하나님께서 모세의 감정과 생각을 거울처럼 반영하고 공감해 주는 대상이 되셨다는 것이다. 사실 우리는 정확하게 모세가 어떻게 하나님과 대화를 나누었는지 알 수 없다. 흔히 우리는 영화에서 보듯이 모세가 하늘로부터 하나님의 육성을 들었다고 생각하지만 그것이 오늘날 우리가 기도 속에서 하나님과 대화하는 방식과 전혀 다른 방식이라고 생각하는 것은 오히려 더 비성경적일 수 있다. 오늘날 우리가 하나님의 말씀을 듣고자 할 때 우리 자신의 생각이나 감정과 무관한 방식이 아니라 우리 생각과 감정을 통하여서 그 말씀을 식별하는 것 같이 모세 역시 그 자신의 생각이나 감정을 상당부분 하나님에게 투영하면서 하나님의 뜻을 식별했다고 보는 것이 더 타당하다. 이것은 다시 말해 하나님께서 상당부분 그의 감정과 생각을 반영해 주시면서 그에게 말씀하셨다는 의미가 된다. 이렇게 볼 때 모세오경에 기록된 하나님의 분노와 후회, 그러나 그 마음을 돌이키고 이스라엘을 다시 긍휼히 여기시는 모습 등은 상당부분 모세 자신의 마음과 감정의 투영이라 생각할 수 있다. 다시 말해 그것이 하나님이 반영해 주시는 모세 자신의 마음이면서 동시에 모세에게 나눠 주신 하나님의 마음이었다는 것이다.

이것은 또한 하나님께서 모세에게 **또 다른 자아 자기대상**(alter ego selfobject), 또는 **쌍둥이 자기대상**(twinship selfobject)이 되셨다는 의미라고도 할 수 있다. 애굽인들 속에서 아버지와 형제 없이 자랐던 그에게 하나님께서는 친히 아버지가 되셨을 뿐 아니라 친구 같고 형제 같은 존재가 되셨다. 광야의 모세에게는 물론 아론처럼 하나님께서 그의 짐을 나눠 지도록 붙여 주신 동역자가 있었다. 그러나 오늘날 목회자의 자리도 마찬가지인 것처럼 이스라엘백성을 인도하는 지도자의 자리는 많은 것을 홀로 감당해야 하는 외로운 자리였다. 이 외로움은 모세에게 어린 시절부터 싸워왔던 부정적 정서를 일깨워서 이 감정이 광야에서 정서적 소진과 함께 찾아올 때 그의 사역을 위기에 빠트리곤 했을 것이다. 그러나 모세가 이런 심리적 함정에 빠지지 않고 매번 이겨낼 수 있었던 것은 하나님께서 친히 그의 곁에서 친밀한 자기대상이 되셨기 때문이다.

앞에서 성경에 묘사된 하나님이 상당부분 모세 자신의 반영일 수 있다고 한 것은 결코 하나님이 모세의 상상적인 자기투영에 지나지 않았다는 의미가 아니다. 하나님은 분명 살아 계신 하나님으로 모세와 다른 실재이다. 대표적으로 이 점을 분명히 하신 일이 바로 모세가 이스라엘 백성 앞에서 자기 분노를 이기지 못하고 행동하였을 때 그 이유로 그가 가나안 땅에 들어가지 못하리라 선고하신 일이다(민 20:10~12). 심리학적 견지에서 볼 때 이 일은 모세에게 필요한 경계를 세워주심으로 그가 자신을 하나님과 혼동하지 않도록 하신 것이라 할 수 있다. 하나님은 사실 이제까지 여러 번 애굽인들이나 이스라엘백성 앞에서 모세를 마치 **"하나님과 같이"**(출 7:1; 11:3) 높이신 일들이 있었다. 특히 그가 시내산에서 40일간 하나님을 독대(獨對)하고 내려왔을 때는 그의 얼굴에 광채가 나서 이스라엘백성이 감히 그를 쳐다보지 못할 정도였다 (출 34:30). 심리학적 견지에서 이런 일들은 과하다고 할 만치 모세의 과대자기(grandiose-self)를 팽창시켜 주신 일이라 할 수 있다. 하나님은 이렇게 모세가 더 이상 자기애적 욕구에 집착하지 않을 수 있을 만큼 그를 높여 주시는가 하면 때에 따라서는 분명한 하나님과 그 사이의 경계를 세우셨다. 이것은 요컨대 하나님이 모세에게 코헛이 말한 **최적의 좌절**(optimal frustrations)을 제공하신 것이라 이해할 수 있다. 하나님은 이런 과정을 통해 그가 진정 하나님을 닮은 이스라엘의 지도자로 성숙해 가게 하신 것이다.

나오며: 하나님의 형상

우리가 출애굽기에서 민수기에 이르는 이스라엘의 광야 행로를 따라가다 보면 점점 더 성숙해져 가는 모세, 그래서 이제는 참으로 하나님의 형상을 보는 듯한 모세의 변화된 모습을 발견한다. 예컨대 이스라

시내산과 시내광야

엘백성이 범죄하였을 때 하나님께 그들의 사죄를 구하면서 그렇게 하지 않으시려면 자신의 이름도 책에서 제해 달라고 간청하는 그의 모습에서 우리는 바로 성육신하신 그리스도의 형상을 볼 수 있다(출 32:32). 또한 이 땅의 어떤 사람보다 더 온유했다고 성경이 평가하는 그의 모습(민 12:3)에서도 이런 그의 변화를 확인할 수 있다. 미리암의 나병은 그의 권위에 도전한 잘못에 대한 하나님의 징계였다. 그렇지만그 병을 치유해달라고 미리암을 위해 중보하는 모세의 모습(민 12:13)에서 우리는 성숙한 신앙인과 지도자의 전형(典型)을 발견한다. 다시 말해 하나님의 인격이 그의 안에 **변형적으로 내재화**(transmuting internalization)된 것을 볼 수 있다. 이처럼 변화한 모습의 그는 이제 젊은 시절 그와는 사뭇 다른 모세이다. 더 이상 자기중심적인 어린 아이가 아니라 자신보다 타인을 먼저 생각하는 성숙한 부모의 형상, 즉 하나님의 형상인 것이다. 이처럼 모세가 광야에서 찾은 그의 진정한 자기는 바로 그가 사모하고 따른 하나님의 형상이었다.

제6장
왕좌(王座)의 심리학
사울과 다윗의 흥망성쇠

사울과 다윗의 흥망성쇠

광야 vs. 왕좌(王座)

앞 장에서 우리는 모세가 광야에서 비단 그 자신의 연약한 실체를 대면했을 뿐 아니라 그런 자신과 함께하시는 하나님을 만났던 과정을 살펴보았다. 광야는 이처럼 하나님을 만나는 장소가 된다. 우리는 성경에서 이렇게 광야에서 하나님을 만난 사람을 모세 외에도 여럿 찾아볼 수 있는데 그 중 한 명이 바로 다윗이다. 이제 본 장에서 우리는 이 다윗의 삶과 신앙에 대해 살펴보려 하는데 그 이전에 먼저 그와 대비시켜 보려는 것이 바로 그의 선왕(先王)이었던 사울이다.

주지하듯 사울은 다윗과 마찬가지로 하나님의 선택을 받아 이스라엘의 왕위에 오른 인물이다. 그러나 사울은 다윗과 다른 길을 걷다 결국 비참한 결말을 맞은 비극의 주인공이다. 우리는 무엇이 이 두 사람의 결말을 이처럼 다르게 만들었는지 묻게 된다. 우리가 두 사람의 인생에서 발견할 수 있는 차이점 중 하나는 다윗은 광야를 거쳐 왕위에 오른 반면 사울에게는 그런 광야가 없었다는 점이다. 사울은 별 고난의 과정 없이 왕으로 선출되어 왕위에 올랐다. 어쩌면 이것은 그의 행운이 아니라 결국 몰락의 원인이 된 것인지 모른다. 만일 그렇다면 어떻게 그것이 그를 몰락의 길로 이끌었는지, 그가 그것을 피할 수는 없었는지, 왜 하나님은 그가 이렇게 될 것을 아시면서 그를 택하신 것인지 질문들이 이어진다. 이제 우리는 사울의 인생을 그 시작점에서부터 되짚어보며 이 같은 질문들에 답해보려 한다.

사울의 몰락

1. 자기애(自己愛)적인 사울

한 사람을 심리적으로 이해하기 위해서는 그 사람의 성장기에 대해 아는 것이 필요하다. 그러나 사실 성경이 사울의 성장기에 대해 우리에게 말해주는 바는 거의 없다. 유일하게 한 가지가 있다면 그것은 역대상 족보에 의할 때 사울이 그 아버지의 외아들로 보인다는 점이다(대상 8:33). 이스라엘에서 아들이 차지하는 중요성을 감안할 때 이것은 사무엘상 10장 2절, **"네 아버지가 암나귀들의 염려는 놓았으나 너로 말미암아 걱정하여 이르되 내 아들을 위하여 어찌하리요"**라는 말의 함의를 짐작케 한다. 물론 이제까지 다른 인물들의 이야기도 대부분 마찬가지인 것처럼 이 역시 추측일 뿐인 것이 사실이다. 그렇지만 우리가 심리상담에서 내담자를 이해할 때와 마찬가지로 성경인물들을 이해하려 할 때 역시 그들의 과거를 엿볼 수 있는 자료는 단지 명시적인 사실기록만이 아니다. 심리상담에서 상담자는 내담자의 현재 경험이나 현재 느끼는 감정 등을 통해서도 그 사람의 과거에 접근할 수 있다. 예컨대 어떤 젊은 여성이 중년남성인 직장상사나 심지어 상담자에게까지 강한 불편감이나 분노를 느낀다고 한다면 상담자는 그것을 통해 그녀의 과거 아버지와의 관계를 추정해 볼 수 있다.[1] 비슷한 나이의 권위자에게 느끼는 감정은 그 아버지에 대한 감정의 **전이**(transference)일 가능성이 크기 때문이다. 만일 우리가 이와 같은 방식으로 성경인물들을 이해하려 한다면 그들의 성인기에 일어난 사건이나 그 사건에서 그들이 드러내는 감정을 통해서도 그들의 성장과정에 대해 추정해 볼 수 있다. 물론 상담에서와 다른 점은 상담에서처럼 질문을 통한 확인이 불가능하다는 점이다.

이런 접근방식으로 우리가 사울의 성인기 사건이나 경험들을 살펴본다면 장성한 그의 내면심리를 보여주는 중요한 단서 중 하나는 그가 왕으로 선출되었을 때 짐보따리 사이에 숨었던 행동이다(삼상 10:22).

---

1) 구체적인 예는 이만홍, 황지연 공저, 『역동심리치료와 영적 탐구』, 174-176을 참조하라.

이재호는 이런 사울의 행동이 일견 "겸손의 행위"처럼 보이지만 사실은 자기과시의 다른 측면인 "열등감"의 표현이며 그의 "자기애적 미성숙"을 보여주는 행동이라고 지적한다.[2] 다시 말해 매우 부끄러움이 많아 보이는 이 행동이 사실은 그가 이후에 자기를 위해 기념비를 세우는 것 같은 자기과시적 행동(삼상 15:12)의 이면에 해당하는 것이라는 지적이다. 심리학에서는 일견 겸손해 보이는 행동으로 이렇게 자기과시욕을 감추는 성격을 **"은밀한 자기애**(covert narcissism)**"** 또는 **"취약한 자기애** (vulnerable narcissism)**"**적 성격이라고 부른다.[3] 이런 취약한 자기애적 성격에서 자주 발견되는 특징은 바로 **관계회피**인데 이것은 "타인들의 기대에 못 미치는 것 때문에 얻게 되는 실망과 수치로부터 자신을 보호하기 위한" 행동이다.[4] 우리는 바로 이와 같은 행동을 짐보따리 사이에 숨는 사울에게서 볼 수 있다. 사울이 이러한 행동을 하게 된 데에는 그만한 원인이 성장기에 있었을 것이다. 성경의 기록만으로는 그 성장기의 원인이 무엇인지 정확히 알아내기는 어렵다. 다만 우리가 이런 그의 성격과 행동의 원인을 추정하는 데 있어 오토 컨버그 Otto F. Kernberg 가 이야기하는 다음과 같은 자기애적 성격의 특성이 참조가 될 수 있다.

    이들 내담자의 배경에는 흔히 만성적으로 차갑고 드러나지 않지만

2) 이재호, "사울 왕의 놉 제사장 학살 사건: 심리적 분석," 『목회와 상담』 28 (2017), 229.

3) 홍이화, 『하인즈코헛의 자기심리학 이야기 I 』, 101.

4) 위의 책, 102.

강렬한 공격성을 가진 부모가 있다. 필자가 치료한 많은 내담자는 부모상, 대개 어머니 혹은 어머니 대리자가 피상적으로는 잘 정리된 집에서 자기 역할을 하지만, 냉담함, 무관심, 비언어화된 원망에 찬 공격성을 일관되게 나타낸다. 이런 환경에 있는 아이한테 구강기적 좌절, 원망, 공격성이 심하게 일어나면 아이는 우선 강한 시기와 증오에 대해 방어하게 된다. 여기에서 이런 내담자는 다른 경계선 내담자와 구별되는 매우 특정한 양상을 보인다. 그들의 개인력을 보면, 각 내담자는 객관적으로 타인의 시기와 감탄을 유발할 수 있는 어느 정도의 타고난 자질을 가지고 있다. 예를 들면, 뛰어난 신체적 매력 혹은 어떤 특별한 재능은 사랑받지 못하고 복수에 찬 증오의 대상이 될 것 같은 감정을 피할 수 있는 피난처가 될 수 있다. (중략)이들은 종종 가족 중심 구조에서 중심을 차지한다. 즉, 독자, '명석한' 유일한 아이 혹은 가족의 갈망을 이룰 것이라는 기대를 받은 아이의 위치에 있다.[5]

사울의 성장환경이 얼마나 컨버그가 이야기하는 이 자기애적 성격의 배경과 일치했는지 우리가 확인할 길은 없다. 다만 여성들의 평가에 유독 민감했던 그의 모습을 볼 때(삼상 18:8) 어린 시절 그의 배후에 그처럼 "차갑고 드러나지 않지만 공격성을 가진 어머니"가 있었을 개연성이 없지 않다. 또한 그가 가업을 이어야 할 집안의 외아들이면서 온 이

---

5) Otto F. Kernberg, *Borderline Conditions and Pathological Narcissism*, 윤순임 외 공역, 『경계선 장애와 병리적 나르시시즘』 (서울: 학지사, 2008), 246-247.

스라엘에 그 같은 사람이 없었다고 평가될 만치 큰 키와 준수한 외모를 가진 사람이었던 사실(삼상 9:2)을 감안하면 그의 모습이 상당히 위에서 말하는 자기애적 성격의 특징에 부합하는 것도 사실이다. 물론 이 정도의 근거만으로 사울의 성장배경에 대해 단정하는 것은 역시 무리가 있다. 다만 짐꾸러미 사이에 숨는 그의 행동이 취약한 자기애적 성격의 특징을 보여주는 것만은 어느 정도 확실해 보인다. 그는 자신이 결국 왕으로 선출되는 상황을 보면서 어려서부터 사람들에게 받았던 과도한 기대와 현재 사람들이 자신에게 거는 기대가 갑자기 숨막히도록 부담스럽게 느껴졌을지 모른다. 갑자기 몰려든 두려움 때문에 도저히 그 자리에 서 있을 수 없었을지 모른다. 그런데 이런 자기애적 성격의 역설은 그 같은 사람들의 기대와 관심이 사라지면 오히려 그것을 더 견디기 어려워한다는 점이다. 그들의 자존감은 그런 타인들의 관심에 의존하고 있기 때문이다.

취약한 자기애든 그 반대인 과시적 자기애든 자기애(narcissism)의 공통점은 자기 자신에 대해 부족한 확신을 타인의 인정이나 찬사를 통해 채움받으려 한다는 것이다. 취약한 자기애는 타인들의 기대에 못 미칠 것이 두려워 지레 숨어버리는 반면 과시적 자기애는 타인들의 인정과 찬사를 얻기 위해 과장과 허언을 일삼는다. 일견 두 성격은 전혀 다른 성격처럼 보이지만 사실 양자의 차이는 단지 상황에 따른 차이일 뿐 오히려 많은 경우 우리는 동일인에게서 두 가지 모습을 다 발견하게 된다. 사울이 바로 그 같은 경우라고 할 수 있다. 결정적으로 사울의 태도가 달라진 것은 그가 길르앗 야베스를 침략한 암몬족속을 크게 무찌르고 난 뒤부터였다. 사울이 암몬을 이렇게 무찌를 수 있었던 것은 물론 하나님이 그와 함께하셨기 때문이다(삼상 13:6). 그런데 문제는 사울이 암몬을 이렇게 물리친 후 자신을 통해 그 일을 행하신 하나님을 바라보기보다 환호하는 사람들에게 더 주목하며 그들이 주목하는 자신에게 더 관심을 갖기 시작했다는 점이다. 이제 사울은 자신의 위대함을 유지해서 자신을 앙망하는 사람들을 실망시키지 않는 일에 주력(注力)하기 시작한다. 취약한 자기애자였던 사울이 이제 과시적 자기애자가 된 것이다.

왕이 된 사울이 얼마나 사람들의 반응과 자신의 위상을 유지하는 데 집중했는지 우리는 사무엘상 13~15장에 이어지는 일련의 사건들을 통해 볼 수 있다. 첫번째는 블레셋과의 전쟁을 앞두고 사무엘이 오는 것을 기다리지 못한 사울이 직접 하나님께 제사를 드리는 사건에서다. 이것은 정치적 관점에서 보면 사울이 신정(神政)국가의 질서를 위반한 사건이라고 볼 수 있지만, 심리적 관점에서 보면 하나님의 왕되심보다 그 자신의 왕위에 더 급급한 그의 자기애를 드러낸 사건이라 볼 수 있다. **"백성들이 자신에게서 흩어지는 것을 보고"**(삼상 13:11)어쩔 수 없이 제사를 드렸다고 하는 사울의 변명에서 우리는 그의 주안점이 이미 사람들의 반응에 가 있는 것을 볼 수 있다. 제사는 이미 하나님을 향한 것이기보다 사람들 앞에서 자신의 권위를 세우기 위한 것이 되었다. 사무엘상 14장의 블레셋과의 전투에서 사울이 하나님의 궤를 가져오라고 명한 일 역시 같은 맥락에서 해석할 수 있다. 이제 제사를 드리는 것이나 여리고전쟁 때처럼 하나님의 궤를 앞세우는 것, 금식을 선포하는 것 모두 사람들을 자기에게로 결집시키기 위한 일종의 고식행위일 따름이다. 본질적으로 그것은 **"힘 있는 자나 용맹한 자를 불러모은 일"**(삼상 14:52)이나 다를 바 없는 행위인 것이다. 이재호가 바로 지적하는 것처럼 사무엘상 15장에 기록된 사울의 불순종 역시 동일한 동기에서 비롯된 것이다.[6] 심지어는 사무엘이 그의 불순종을 책망하는 상황에서조차 그는 사무엘에게 자신과 함께 예배하는 모습을 백성에게 보여 달라, 그래서 그들 앞에서 자기를 높여 달라고 간청한다(삼상 15:30). 이것은 사무엘이 책망하는 자신의 문제가 무엇인지 전혀 깨닫지 못하고 있음을 보여주는 장면인 것이다.

2. 질투와 편집증

사울의 문제는 곧 사람들의 반응과 자신의 이미지에 집중한 나머지 정작 하나님을 보지 못하고 있다는 점이다. 시간이 지날수록 하나님을 보는 그의 눈은 점점 더 어두워져서 다윗이 등장할 즈음에는 사울의 영안(靈眼)이 거의 감겨 있다. 사울은 이처럼 영적으로 거의 죽은 상태가 되어버리는데, 이러한 사울의 영적 실상을 보여주는 것이 바로 놉 제사장들을 학살한 사건이다. 다윗을 도왔다는 죄명으로 놉의 제사장 팔십

---

6) 이재호, "사울 왕의 놉 제사장 학살 사건: 심리적 분석," 228.

오인을 비롯하여 놉의 주민과 아이들, 심지어는 가축까지 전부 도살한 사건이다(삼상 22:6-19). 영적인 의미에서 이 사건은 사울이 하나님보다 자신의 왕위에 더 치중하는 수준을 넘어 이제 하나님을 정면으로 대적하는 수위에까지 이르렀음을 보여주는 사건이다. 심리적 차원에서 보면 이 사건은 사울의 자기애적 집착이 병리적 수준에 이르러 일종의 편집증적 증상(paranoid)으로까지 발전했음을 보여주는 사건이다. 이러한 그의 편집증을 확실히 보여주는 것이 바로 그가 기브아 산에서 그의 신하들에게 이렇게 말하는 대목이다.

> 너희가 다 공모하여 나를 대적하며 내 아들이 이새의 아들과 맹약하였으되 내게 고발하는 자가 하나도 없고 나를 위하여 슬퍼하거나 내 아들이 내 신하를 선동하여 오늘이라도 매복하였다가 나를 치려 하는 것을 내게 고발하는 자가 하나도 없도다(삼상 22:8).

이재호가 지적하는 대로 이러한 사울의 질책은 전혀 합당한 근거가 없는, 오히려 자신이 가진 적의(敵意)를 상대방에게 투사해서 상대에게 혐의를 씌우는 편집증적 인지왜곡을 보여준다.[7] 이런 편집증적 인지왜곡의 특징은 어떤 문제에 부딪혔을 때 그 문제의 원인을 자신에게서 찾지 않고 대신 현실을 왜곡해서 보는 것이다. 이런 편집증적 사고를 가진 사람이 기브아산의 사울처럼 권력에 오르면 그로 인해 많은 사람의

---

7) 위의 논문, 222.

고뇌하는 사울왕 Ernst Josephson 作

고통을 야기하게 된다. 왜냐하면 그가 가진 권력으로 인해 그 수하에 있는 사람들도 모두 그와 똑 같이 왜곡된 시각과 잘못된 행동을 강요당하거나 그렇게 하지 않으면 그의 적으로 간주되어 해를 입게 되기 때문이다.

이런 사울의 편집증은 이재호가 지적한 대로 다윗이 골리앗을 물리친 뒤 이스라엘 여인들이 개선하는 군대를 맞아서 부른 노래에 의해 촉발되었다.[8] **"사울이 죽인 자는 천천이요 다윗은 만만이로다"**(삼상 18:7)는 노래를 듣고 분노한 사울은 이렇게 말한다. **"다윗에게 만만을 돌리고 내게는 천천만 돌리니 그의 더 얻을 것이 나라밖에 무엇이냐"**(삼상

---

8) 위의 논문, 222-223.

18:8). 성경은 바로 **"이 때부터 사울이 다윗을 주목하였다"**(삼상 18:9)고 이야기한다. 사실 사울이 이제까지 줄곧 주목해 왔던 것은 자신에 대한 사람들의 평가였다. 이렇게 하나님보다 사람들의 평가에 더 주목하던 사울이 이제 다윗을 주목하게 된 것은 그의 자기애적 집착이 편집증적 인지왜곡으로 발전하는 과정에 해당한다. 사울을 사로잡은 왜곡된 사고는 첫째 자신을 왕으로 만드는 것이 사람들의 자신에 대한 평가라는 생각이다. 이것은 바로 과시적 자기애의 그릇된 신념으로 과시적 자기애자들은 사람들이 자신을 대단하게 볼수록 자신이 정말 대단해진다는 잘못된 믿음을 갖고 있다. 요컨대 과시적 자기애자들은 사람들을 속임으로 자신을 속이는 것이다. 편집증적 인지왜곡은 이러한 자기애적 인지왜곡의 발전이라고 할 수 있다. 즉 다윗이 사람들의 인정과 칭찬을 자신에게서 다 빼앗아갔기 때문에 자신의 왕위가 위태로워지고 자신이 불행해졌다고 믿는 것이다.[9] 그래서 사울은 다윗이 없어지면 사람들이 자신에게 되돌아오고 자신의 왕위가 다시 든든해지리라는 생각을 하게 된다. 이런 왜곡된 생각에서 사울이 놓치고 있는 가장 중요한 진실은 그에게 왕위를 주신 것이 바로 하나님이시라는 사실이다. 그런데 사실은 비단 그에게 왕위를 주신 것만 아니라 전쟁에서 승리를 주신 것도,

---

9) 제이코 함만은 사울의 질투심(envy)을 멜라니 클라인의 이론에 비추어 설명하면서 사울의 질투심이 그 자신이 한 때 누리던 "좋은 젖가슴(good breat)," 즉 사무엘의 지지와 백성의 신망을 다윗이 앗아갔다고 느끼는 박탈감에서 비롯됐다고 해설한다. Jaco J. Hamman, "The memory of feeling: Envy and Happiness," *Pastoral Psychology*, (2015), 451. 사울은 결국 이런 박탈감을 스스로 수용하지 못했기에 편집분열자리(paranoid-schizoid position)를 극복하고 우울적 자리(depressive position)로 나아가지 못했다(Ibid., 449).

백성들의 사랑을 주신 것도 하나님이었다. 뿐만 아니라 그의 내면 깊은 곳의 인정과 사랑에 대한 갈구를 진정 채워 주실 수 있는 분도 하나님이었다.

3. 완고한 최후

자기심리학은 자기애적 성격이 근원적으로 성장기의 공감적 자기대상의 결여로 말미암았다고 이야기한다.[10] 자신의 감정을 진정성 있게 반영해주고 자신의 인정욕구를 충분히 공감해 주는 누군가가 없었기 때문에, 또는 친구처럼 자신과 마음을 나눌 만한 누군가가 없었기 때문에 자기애적인 사람이 된다는 것이다. 이런 사람은 그처럼 공감적인 대상이 없었기 때문에 그런 대상의 힘을 내면화하여 스스로를 달래거나 격려할 수 있는 능력을 갖추지 못한다. 그래서 자기애적인 사람은 대신 다른 사람들이 자신을 바라봐 주고 인정해 주는 외적 지지를 통해 자신을 지탱하려 하는 것이다. 이런 의미에서 자기애적인 사람은 타인의존적인 사람이다. 코헛 Heinz Kohut 은 그런데 인간은 누구나 타인의존적이며 그래서 인간에게 본질적으로 홀로서기란 불가능하다고 말한다.[11] 인간은 이렇게 본질적으로 홀로 설 수 없는 존재임에도 불구하고 홀로 서

---

10) 홍이화, 「하인즈 코헛의 자기심리학 이야기 I 」, 85.

11) Heinz Kohut, *How does Analysis Cure?* 이재훈 옮김, 「정신분석은 어떻게 치료하는가?」 (서울: 한국심리치료연구소, 2007), 86.

야 하는 역설적 운명을 타고났다. 그런데 인간이 처한 이러한 역설에 대한 해답이 바로 하나님이다. 인간은 하나님을 의지함으로 세상에서 비로소 홀로 설 수 있다. 다른 사람의 인정과 칭찬에 매달리지 않고 대신 하나님을 힘입어 홀로 설 수 있다는 것이다. 역으로 말하자면 이것은 하나님 없는 인간이 끊임없이 사람들의 인정과 칭찬을 갈구하면서 점점 그것의 노예가 되어간다는 것을 의미한다. 또는 세상의 인정과 칭찬을 얻기 위해 싸우다가 점점 자신을 파괴하는 삶을 살게 된다는 것이다. 바로 이 같은 인생을 예시(例示)하는 것이 사울이다. 우리는 하나님께서 왜 이런 사울을 애초에 왕으로 택하셨는지 묻지 않을 수 없다.

그 물음에 대한 한 가지 답은 하나님께서 애초에 그를 단지 이스라엘 왕으로 부르신 것이 아니라 하나님 자신과의 관계 속으로 부르신 것이라는 답이다. 하나님께서는 그가 이스라엘의 왕좌에 오르기 전에 먼저 하나님을 그의 왕좌에 모시는 사람이 되기를 원하셨다. 사무엘을 통해 계속된 경고는 그가 바로 이렇게 하나님께 돌아오라는 요청이었다. 이 회개의 요청은 무려 40년에 걸쳐 계속됐다. 다시 말해 하나님께서는 사울을 40년동안 기다려 주신 것이다. 이 기간동안 하나님은 사무엘을 통해, 또 다윗을 통해 사울에게 거듭 회개를 요청하셨다. 그러나 사울은 자신의 목숨이 다윗의 손에 두 번이나 맡겨지는 상황에서도 끝내 하나님께 돌아서지 않았다. 길보아산에서 자신의 칼 위에 엎드러져 죽는 사울의 최후는 끝내 하나님께 돌아서지 않는 인생의 말로(末路)를 보여준다. 끝까지 자신의 힘으로 지키려 한 '자기의 우상'이 무너지자 사울은 더 이상 견디지 못하고 스스로 목숨을 끊은 것이다.

한국이 세계에서 자살률이 가장 높은 나라들 중 하나라는 것은 그만큼 이 사회에 사울과 같은 인생이 많다는 것을 의미할지 모른다. 그 중 상당수의 자살은 아마도 자기애가 부딪친 절망의 표현이라고 볼 수 있을 것이기 때문이다. 또한 그 중 다수는 사울의 경우처럼 하나님께 끝까지 돌아서지 않는 완고함의 표현일지 모른다. 그런데 자살은 절망의 표현일지언정 결코 절망의 탈출구는 아니다. 자살이 탈출구라 믿는 것은 또 하나의 자기애적 환상(幻想)이라 아니할 수 없다. 자기애적 절망의 진정한 탈출구는 자살이 아니라 하나님이다. 세상으로부터 늘 자신에 대해 확인받아야 하는 사람들을 그러한 항존적 불안으로부터 놓임받게 하시는 분이 하나님이기 때문이다. "우리 영혼이 하나님 안에 쉬기까지 우리는 불안합니다"라는 성 아우구스티누스 St. Augustinus 의 고백은 바로 이러한 인간 실존에 대한 고백이다.[12] 사울은 끝내 하나님께 돌아서기를 거부함으로 마지막까지 그 영혼의 쉼을 얻지 못했다. 안타까운 현실은 이것이 3천년전 사울의 모습일 뿐 아니라 오늘날 이 시대를 살아가는 수많은 현대인들의 모습이기도 하다는 것이다. 더욱 안타까운 사실은 사울도 그랬듯 이것이 오늘날 하나님을 믿는다고 하는 많은 사람들, 심지어 하나님을 섬긴다고 하는 목회자들에게서 발견되는 모습이기도 하다는 사실이다. 오늘날 적지 않은 목회자들이 사울처럼

---

12) St. Augustine of Hippo, *Confessions*, 선한용 옮김, 『성 어거스틴의 고백록』 (서울: 대한기독교서회, 2003), 19.

하나님의 왕좌가 아니라 자신의 왕좌를 세우고 있다. 또는 사울처럼 자기애적 상처(narcissistic injury)와 시기심으로 인해 타인을 해하며 또한 스스로를 해하고 있다. 이것은 자기에게 절망하면서도 정작 그 속에서 하나님을 바라보지 않기 때문에 일어나는 일들이다. 하나님께서 3천년전 이런 모습의 사울을 안타깝게 바라보고 계셨던 것처럼 하나님은 지금도 그와 같은 사람들을 동일하게 안타깝게 바라보고 계신다. 결국 사울처럼 그 자신의 칼에 엎드러지는 선택을 하기 전에 그들이 고개를 들어 하나님을 바라보기를 애타게 기다리고 계신 것이다.

다윗의 보호자

한편 우리는 사울과 동시대인이면서 고난 속에서 사울과는 좀 다른 반응을 보여주었던 한 인물을 성경에서 만나게 된다. 그는 바로 다윗이다. 다윗이 사울과 달랐던 점은 인간의 실존적 불안에서 구원받는 길이 무엇인지 그는 알고 있었다는 점이다. 시편에서 그는 **"군대가 나를 대적하여 진 칠지라도 내 마음이 두렵지 아니하며 전쟁이 일어나 나를 치려 할지라도 내가 여전히 태연하리로다"**(시 27:3)고 고백한다. 그런데 사실은 이 다윗이야말로 일생 그의 대적(對敵)과 위험에 둘러싸여 매일같이 죽음과 마주하며 살아야 했던 사람이다. 때문에 그 누구보다 삶의 불안과 두려움이 무엇인지 잘 아는 사람이었다. 그러나 이런 불안과 두려움이 그를 사로잡을 때마다 그는 자신에게 이렇게 외쳤다. **"내 영혼아 네가 어찌하여 낙심하며 내 속에서 불안해하느냐, 너는 너의 하나님을 바라라"**(시 42:5). 이제 우리는 다음에서 다윗이 구체적으로 어떻게 그 자신을 에워싸는 삶의 불안과 두려움 속에서 하나님을 바라보았는지 함께 살펴보려 한다.

1. 소년 다윗의 광야

서두에 언급한 것처럼 다윗이 사울과 다른 점은 사울의 인생에는 광야가 없었던 반면 다윗에게는 광야가 있었다는 점이다. 다윗의 광야라함은 물론 우선적으로 그가 사울에게 쫓겨 다니던 그 광야를 말한다. 그러나 사실 다윗에게는 그 이전과 이후에도 광야가 있었다. 사실 다윗은 인생의 초반기부터 광야에 있었다. 성경에서 우리는 이미 십대시절부터 다윗이 홀로 광야에서 그 아버지의 양을 치고 있는 모습을 발견한다. 이 시절도 역시 우리가 광야기라고 볼 수 있는 이유는 십대시절 그가 단지 공간적으로 광야에 있었기 때문만이 아니라 그 시기가 그에게 이후 못지않게 힘들고 외로운 시기였으리라 추정되기 때문이다.

다윗의 십대가 무척 힘들고 외로웠으리라 추정되는 이유는 첫째 그가 그의 아버지에게 잊혀진 아들이었기 때문이다. 다윗의 아버지 이새는 **"당시 사람중에 나이 많아 늙은 자"**로 소개될 만큼 연로했다.[13] 때문

---

13) "다윗은 유다 베들레헴 에브랏 사람 이새라 하는 자의 아들이었는데 이새는 사울 당시 사람 중에

에 그는 주로 들에 있었던 막내아들과 실제적 접촉이 많지 않았을 것이다. 그만큼 다윗은 아버지를 친밀하게 경험하지 못했고 아버지도 다윗을 항상 기억하지 못했을 가능성이 있다. 사무엘의 제사 때 이새가 다윗을 데려오지 않은 것은 다윗을 그만큼 상대적으로 소홀히 여겨서일 수도 있지만 어쩌면 그 아버지가 잠시 그 아들의 존재자체를 잊었던 것일지 모른다. 어쨌든 보다 분명한 사실은 이새가 상대적으로 손위 아들들을 그보다 더 중히 여겼다는 것이다. 이것을 우리는 그가 위의 세 아들부터 사무엘 앞에 데려다 세우는 행동에서도 엿볼 수 있지만 전쟁에 나간 그 세 아들의 안부를 염려하는 대목에서도 확인할 수 있다. 이새가 그 손위 세 아들을 전쟁에 내보낸 것은 아마도 그들의 출세를 바라서였을 것이다. 그러나 그들에 대한 염려를 거둘 수 없던 그는 급기야 막내아들 다윗을 보내 그들의 안부를 확인하고자 한다(삼상 17:18). 요컨대 다윗의 아버지는 전통적 관념을 가진 옛날 우리나라 가부장적 아버지를 연상케 한다. 이 같은 고령의 아버지를 둔 십대시절의 다윗은 종종 그 마음에 빈 자리를 느꼈음직하다.

다윗의 십대를 광야기라고 지칭하는 또 한 가지 이유는 실제로 당시 들에서 양을 치는 일이 그만큼 힘들고 위험한 일이었기 때문이다. 창세기 31장 38~40절에서 야곱이 밧단아람에서 양을 치던 이야기를 들어보면 옛날 이 지역에서 목양이 얼마만큼 고단하고 힘든 일이었는지 짐

나이 많아 늙은 자로서 여덟 아들이 있는 중……"(삼상 17:13).

광야에서 양을 치는 다윗 William Dyce 作

작할 수 있다.[14] 극심한 일교차 속에서 밤낮 눈붙일 겨를 없이 지내야 하고 간간이 침입하는 도둑으로부터 양들을 지켜야 할 뿐 아니라 다윗 자신의 말에 의하면 다윗의 경우는 때때로 빈 들에서 양을 노리는 사자 나 곰 같은 맹수들과도 싸워야 했다(삼상 17:34~35). 형제들이 많은데 왜 연소한 다윗이 혼자 이렇게 양을 지키면서 목숨을 걸어야 했는지 그 정확한 이유를 우리는 알 수 없다. 다만 전반적으로 볼 때 십대의 다윗

---

14) "내가 이 이십 년을 외삼촌과 함께 하였거니와 외삼촌의 암양들이나 암염소들이 낙태하지 아니하 였고 또 외삼촌의 양 떼의 숫양을 내가 먹지 아니하였으며 물려 찢긴 것은 내가 외삼촌에게로 가 져가지 아니하고 낮에 도둑을 맞았든지 밤에 도둑을 맞았든지 외삼촌이 그것을 내 손에서 찾았으 므로 내가 스스로 그것을 보충하였으며 내가 이와 같이 낮에는 더위와 밤에는 추위를 무릅쓰고 눈 붙일 겨를도 없이 지냈나이다"(창 31:38-40).

이 자주 빈 들에 혼자 방치되어 있었던 것만은 사실인 듯하다. 한 가지 가능한 추정은 아버지가 연로한 까닭에 손위의 형들이 집안일을 주관하면서 해야 할 일들을 어린 막내동생에게 많이 떠넘겼으리라는 것이다. 맏형 엘리압이 다윗을 대하는 태도(삼상 17:28)를 보면 상당히 고압적이라는 인상을 준다. 십대의 다윗이 실제로 이런 상황과 이런 형제관계 속에 있었다면 빈 들에 혼자 남겨진 그는 비단 몸뿐만 아니라 마음조차 힘든 적이 많았으리라 여겨진다.

놀라운 것은 하나님께서 이런 다윗을 보고 계셨고 그의 마음을 알고 계셨다는 사실이다. 정말 세상 사람들만 아니라 가족들조차 잊어버린 그를 하나님은 기억하고 계셨으며 심지어 이미 이 때부터 그를 이스라엘의 왕으로 예정하고 계셨다(삼상 16:1). 사무엘의 기름부음을 받았을 때 아직 연소한 그가 그 기름부음의 의미를 얼마나 깊이 이해했는지 알 수 없다. 다만 다윗 자신이나 그의 가족이 보기에 그 의미가 의심스럽기도 했으리라 여겨지는 이유는 실상 그 이전이나 이후나 그의 삶이 별로 달라진 것이 없었기 때문이다. 그러나 그럼에도 불구하고 한 가지, 다윗이 그 기름부음을 받으면서 분명히 깨닫게 된 사실이 있었다면 그것은 바로 눈에 보이지 않지만 살아 계신 하나님께서 자신을 지켜보고 계시다는 사실이었다. 이후로 다윗은 그 눈에 보이지 않지만 살아 계신 하나님을 바라보고 하나님과 동행하는 삶을 살기 시작한다. 살아 계신 하나님과의 교제가 시작된 것이다. 다윗은 아마 이 때부터 그의 수금을 들고 하나님을 노래하기 시작한 것이리라 생각된다.

여호와는 나의 목자시니 내게 부족함이 없으리로다.

그가 나로 푸른 초장에 누이시며 쉴만한 물가로 인도하시는도다.

내 영혼을 소생시키고 자기 이름을 위하여 의의 길로 인도하시는도다.

내가 사망의 음침한 골짜기로 다닐지라도 해를 두려워하지 않을 것은 주

께서 나와 함께 하심이라

주의 지팡이와 막대기가 나를 안위하시나이다 (시 23:1~4)

이 시편 노래가 정확히 이런 형태로 완성된 것은 훨씬 나중의 일일지 모르나 이 노래의 가사는 다윗의 소년시절 목양(牧羊)의 경험을 바탕으로 하고 있음이 분명하다. 소년 다윗은 자신과 함께하시는 하나님에 대해 이처럼 노래하며 하나님과 자신의 관계를 눈 앞에 보이는 양들과 자신의 관계에 비추어 이해했을 것이다. 이렇게 자신의 목자되신 하나님이 늘 자신을 지켜 주신다는 실제적 믿음이 있었기 때문에 그는 그처럼 용감하게 맹수에게 덤벼들어 싸울 수 있었다(삼상 17:34-35). 하나님께서는 이런 그를 실제로 그 사자나 곰의 발톱으로부터 지켜주셨고, 그것으로 그의 믿는 바를 확증해 주셨다. 이러한 다윗의 소년 시절 경험은 우리가 성경에서 보듯이 이후 그가 용감하게 골리앗과 맞서 싸울 수 있는 용맹성의 기반이 된다.

아마도 소년 다윗은 그의 부모나 형제들과의 사이에서 그가 충분히 누리지 못한 친밀감을 보상적으로 하나님에게서 찾았을 것이다. 시편에서 다윗은 **"내 부모는 나를 버렸으나 여호와는 나를 영접하시리이**

다"(시 27:10)고 고백한다. 여기서 "버리다"로 번역된 히브리어동사 '아
자브(עזב)'는 '버리다' 외에 '방치하다'는 의미를 지닌 말이다. 즉 이것은
성장기에 그가 부모의 상대적인 무관심 속에 버려진 경험을 지칭하는
말일 수 있다. 만일 그렇다면 시편 27편 10절에서 다윗은 그가 부모에
게서 충족받지 못한 관심과 돌봄을 하나님이 베풀어 주셨다고 고백하
고 있는 것이라 볼 수 있다. 심리학적 견지에서 이런 다윗의 고백은 하
나님이 그에게 일종의 **중간대상**(intermediary object)이 되셨다는 의미이다.
즉 젖뗀 아이가 그 부모의 빈 자리를 견딜 수 없어 마음에 만들어낸 중
간대상 같은 기능을 하나님께서 하고 계셨다는 것이다. 실제로 심리적
인 면에서 하나님은 다윗뿐 아니라 많은 사람들에게 이러한 중간대상
의 기능을 하신다.[15] 그런데 여기서 한 가지 우리가 분명히 해야 할 것
은 하나님이 이처럼 우리의 중간대상 기능을 하신다는 것이 그가 우리
밖에 살아 실재하시는 분이 아니라는 뜻은 아니라는 점이다. 오히려 우
리는 하나님께서 우리 안에서 그 같은 심리적 기능을 하신다는 것이 바
로 하나님께서 우리가 느끼고 이해할 수 있는 수준에서 우리와 만나 주
시는 분, 즉 임마누엘의 하나님이시라는 사실을 보여주는 것이라고 할
수 있다.

---

15) Anna Maria Rizzuto, 『살아있는 신의 탄생』, 328-329.

2. 다윗의 결핍과 방어기제

위에서 우리는 다윗이 소년시절 아버지의 상대적인 무관심 속에 놓여 있었다는 이유로 당시를 그의 첫번째 광야기라고 지칭했다. 그러나 실제로 다윗과 그의 아버지의 관계가 그의 인격형성에 아주 부정적인 영향을 끼칠 만큼 역기능적이었다고 단정할 만한 근거는 성경에 없다. 다만 우리는 소년 다윗이 그 마음의 빈 자리로 인해 하나님이라는 중간대상을 필요로 했을 만치 그의 부모를 비롯한 가족과의 관계가 적절히 소원(疏遠)한 관계였다고 추정해 볼 수 있다. 사실 이러한 소원한 관계는 다윗이 원가족으로부터 적절히 분화되면서 하나님과의 관계가 깊어질 수 있도록 하는 **최적의 좌절**(optimal frustration)이었다고 볼 수도 있다. 김지연 등이 지적하는 것처럼[16] 엘라 골짜기에서 다윗이 맏형 엘리압의 질책에 반응하는 모습(삼상 17:29~30)을 보면 이 때 이미 그가 상당히 분화수준이 높은 사람이라는 생각이 든다. 만일 그렇지 않았다면 그 맏형의 말에 감정이 상한 나머지 그는 도저히 골리앗과의 싸움에 집중할 수 없었을 것이기 때문이다. 소년시절 다윗은 아버지의 두둔을 받는 웃형들의 권위에 오랫동안 눌려 지내면서 거기에 대한 분노와 피해의식을 가지고 있었을 수 있다. 그러나 엘라골짜기에서 다윗은 엘리압의 부당한 질책에 감정적으로 반응하지 않았고 그 순간 그가 싸워야 할 적(敵)이 누구인지 혼동하지 않았다. 이것은 그가 그간 하나님과의 관계

---

16) 김지연, 김정아, 김용태, "다윗의 분화수준 변화과정에 대한 연구: 다윗과 밧세바 이야기를 중심으로," 『한국기독교상담학회지』 25권 2호 (2014, 6), 39.

를 통해 그만큼 내적으로 치유되고 성장했다는 것을 의미한다고도 볼 수 있다. 그렇지만 이것은 또한 한편으로 그의 가족관계가 그러한 그의 내적 성숙을 근본적으로 저해할 만큼 역기능적이지 않았다는 것을 의미할 수도 있다. 혹자는 엘리압과 다윗의 대화뿐 아니라 사무엘상 17장 17~18절에 나타난 아버지와 다윗의 일견 친밀해 보이는 관계가 이 점을 말해준다고 주장할지 모른다. 여기서 이새는 군대간 세 형들의 안부를 확인하고 그들의 상관에게 선물을 전달하라는 심부름을 다윗에게 시킨다. 이 때 그런 아버지의 지시를 들은 그대로 충실히 수행하는 다윗에게서 우리는 그와 그의 아버지의 관계가 그리 나쁘지만은 않다는 인상을 받게 된다. 이 부분은 또한 형들의 입대 이후 그들 부자관계가 더 친밀해졌으리라는 가정도 가능하게 한다. 그러나 저자는 이러한 추정들이 일면 개연성 있는 것을 인정하면서도 그렇게 성실하게 아버지의 지시를 따르는 다윗에게서 우리가 볼 수 있는 것이 단지 그런 면만은 아니라고 생각한다.

성실히 아버지의 심부름을 행하는 다윗에게서 우리는 그런 그와 그의 아버지의 관계가 다분히 그의 효용성(efficacy)에 기반한 관계였다고 추론할 수도 있다. 사무엘의 제사 때 다윗을 잊어버렸던 이새, 혹은 제외시켰던 이새는 군대간 손위 세 아들의 안부가 염려되어서 다윗을 불렀다. 다시 말해 노쇠한 그를 대신해서 그 세 아들의 안부를 확인해 줄 사람으로 다윗을 필요로 했던 것이다. 이 때도 여전히 그의 우선적 관심은 손위 세 아들에게 가 있었다. 늘 이렇게 우선적으로 형들에게 관심이 가 있으면서 막내인 자신은 양을 돌보거나 심부름을 시킬 일로만 기억하는 아버지에게 다윗은 내심 불만을 품었음직하다. 그러나 실제로 다윗이 아버지에게 보여주는 태도는 오히려 양을 치는 평소 일과를 게을리하지 않으면서 아버지의 시킨 일을 성실히 수행하는 매우 순종적인 태도이다. 이것은 어쩌면 이 같은 태도를 통해서라도 아버지의 인정을 받아 보려는 그의 절박한 노력을 시사하는 것일지 모른다.

우리는 이러한 가정 아래 그가 처음에 사울과 맺은 관계의 성격도 미루어 짐작해 볼 수 있다. 블레셋과의 전쟁이 일어나기 전 다윗은 궁중악사(宮中樂師)로 발탁되어 왕궁에서 사울을 섬긴 일이 있었다. 이런 일이 있었음에도 사울이 나중에 다윗이 **"누구 아들이냐"**(삼상 17:55)고 물었던 것은 다윗을 전혀 알지 못했기 때문이라기보다 이제까지 일개 소년 악사(樂師)로만 알았던 그를 다시 보게 되었기 때문이라고 해석할 수 있다. 이런 맥락에서 사무엘상 16장 21절의 사울이 **"그(다윗)를 크게 사랑하였다"**는 것은 매우 인격적인 관계에서의 사랑이 아니라 단지 악사로서의 그의 재능을 사랑하였다는 의미로 읽을 수 있다. 그러나 그럼에도 불구하고 다윗의 입장에서 이런 사울의 호의는 추측컨대 매우 의미 있는 것으로 받아들여졌을 것이다. 왜냐하면 소년 다윗은 아버지의 관심과 사랑에 굶주린 사람이었기 때문이다. 대개 아버지의 관심과 인정을 충분히 누리지 못한 사람은 학교선생님이나 목회자 등 다른 권위자와의 관계에서 그 같은 관심이나 인정에 집착하는 태도를 보인다. 이것은 일종의 전이현상으로 이런 감정의 전이로 인해 사람들은 윗사람의 작은 인정이나 칭찬에도 엄청난 의미를 부여하거나 그런 인정을 얻기 위해 엄청난 노력과 헌신을 기울이기도 한다. 사울의 부하가 된 이후 다윗이 사울에게 보인 태도가 이와 유사하다고 볼 수 있다. 다윗은 사울의 명에 따라 목숨을 걸고 싸움터에 나가기까지 한다(삼상 18:27).

　이런 시각에서 우리는 다윗이 사울의 부하로 있을 때 일어난 두 가지 사건의 의미를 새롭게 조명해 볼 수 있다. 첫 번째로 생각해 볼 것은 사울이 던진 창을 다윗이 가까스로 피해 생명을 구한 사건이다. 사울이 당시 다윗에게 얼마나 큰 의미를 지닌 존재였는지 생각할 때 우리는 이때 다윗이 경험한 심리적 충격과 상처의 크기를 짐작할 수 있다. 이전에 다윗이 사울을 궁중악사로서 섬길 때 다윗은 사울에게 그 아버지로부터 받아보지 못한 '사랑'을 경험했다. 물론 이 '사랑'은 앞에서 언급했듯이 실제로 사울 편에서는 단지 다윗의 음악적 재능에 대한 호의에 지나지 않았을 수 있다. 그러나 다윗의 입장에서 그 호의는 그보다 훨씬 더 큰 의미로 받아들여졌을지 모른다. 사울왕의 그 '사랑'은 다윗의 내면 깊은 굶주림을 자극했고 그로 인해 다윗은 사울을 자신의 마음의 빈자리를 채워줄 **이상적 아버지**(ideal parent)로 바라보게 되었을지 모른다. 그의 친아버지가 되어 주지 못했던 **이상적 자기대상**(ideal selfobject)을 그가 사울에게서 찾았으리라는 것이다. 이렇게 본다면 그 사울이 던진 창이 거의 그를 죽일 뻔했을 때 그것이 얼마나 다윗에게 수용하기 어려운 충격이었을지 짐작해 볼 수 있다. 오래도록 이 경험은 다윗에게 분명하게 해석되지 않는 혼란스러운 경험으로 남아 있었을 것이다. 그의 이상적 아버지상(像)으로서의 사울과 자신을 죽이려 했던 실제의 사울은 좀처럼 그의 안에서 하나로 통합되지 않는 두 대상이었을 것이다. 다윗에게 창을 던진 것이 사울 본인이 아니라 사울을 때때로 사로잡는 악신이었다는 성경의 해석은 어쩌면 바로 다윗 자신의 방어적 해석이었을지 모른다.

사울의 창에 맞아 죽을 뻔한 사건 이후에도 다윗은 여전히 사울을 위해 충성을 다한다. 사울의 사위가 되기 위해 소수의 부하들만 이끌고 블레셋 진영에 들어간 다윗은 목숨을 걸고 싸워 블레셋 병사 이백 명의 양피를 베어 돌아온다(삼상 18:27). 물론 처음에 다윗이 사울의 사위가 되기를 잠시 주저하는 모습을 보였던 것이 사실이다. 처음에 자신의 사위가 되라는 사울의 전언을 받았을 때 다윗은 **"내가 누구며 이스라엘 중에 내 친족이나 내 아비의 집이 무엇이기에 내가 왕의 사위가 되겠습니까"**(삼상 18:18)라고 대답한다. 이 대답 속에는 그가 사울에 대해 가진 양가감정이 엿보인다. 우선 이 말에는 진심으로 사울을 높이 우러러보면서 상대적으로 자신을 작게 여기는 열등의식이 담겨 있다. 이런 의식은 당시 다윗이 사울을 심리적으로 이상화(idealization)하고 있었기 때문이다. 그런데 그 대답에는 동시에 사울과 더 가까워지는 것에 대한 일말의 두려움이 감춰져 있기도 하다. 이것은 당연히 사울의 창에 죽을 뻔한 사건의 충격 때문일 것이다. 이 사건으로 인해 다윗이 사울에 대해 품고 있던 이상(理想)과 신뢰가 흔들리게 되었다. 어쩌면 그 사건은 어릴 적부터 그의 안에 자리잡은 근원적 두려움, 즉 권위자에게 버려지는 것에 대한 두려움을 일깨웠을지도 모른다. 그러나 결국 사울의 사위가 되기로 결심한 다윗은 위험을 무릅쓰고 적진으로 들어간다. 여기서 우리가 볼 수 있는 것은 내면의 두려움을 오히려 모험으로 극복하는 다윗 특유의 공포대항적(counter-phobic) 성향이다. 이런 성향은 골리앗과 싸울 때 보여주었던 것 같은 용맹함으로 나타나기도 하지만 사실은 그가 가진 일종의 방어기제라고 볼 수 있다. 그 모험(冒險)은 자기 내면의 감정을 직면하기보다 무시하는 방어적 행동이기 때문이다.

이렇게 자기의 감정을 직면하지 않고 무시하는 다윗의 성향은 그의 배우자 선택에 있어서도 나타난다. 다윗은 처음이나 나중이나 그의 배우자 선택에 있어서 자신의 감정에 충실한 결정을 하지 못한다. 즉 자신의 사랑하는 감정에 따라 배우자를 선택하는 것이 아니라 다른 요인들에 의해 결혼을 결정하는 것이다. 다윗이 사울의 사위가 된 것은 사실 미갈을 선택한 것이 아니라 사울을 선택한 것이었다. 다시 말해 자신을 죽이려 한 사울을 경계하기보다 자신이 이상화한 사울을 계속 믿기로 선택한 것이었다. 그런데 이것은 사실 여러 의미에서 그릇된 선택이었다. 첫째 이것은 자신의 심리적 이상을 보호하기 위해 사울을 객관적으로 보려 하지 않았다는 점에서 잘못된 선택이었다. 또한 그것은 미갈에 대한 자신의 감정을 확인하기보다 사울과의 관계를 더 우선시하는 선택이었다는 점에서 잘못된 선택이었다. 물론 이것은 단지 다윗의 심리적 문제만이 아니라 정략결혼(政略結婚)이라는 당시의 사회적 관행에 따른 잘못이었던 것이 사실이다. 동서고금을 막론하고 정략결혼이라는 사회적 관행은 결과적으로 수많은 불행을 야기해 왔다. 다윗의 결혼 역시 첫째로 순진하게 다윗을 연모했기 때문에 그와 결혼했던 미갈을 성경에 나오는 가장 불행한 여인들 중 하나로 만들었다. 또한 다윗의 그릇된 선택은 그 자신에게도 불행을 야기했는데, 그것은 먼저 그에게 심리적 만족과 행복을 가져다주어야 했을 결혼이 그렇게 되지 못한 것이다. 그는 이후에도 여러 명의 여인과 정략적인 성격의 결혼을 했는데, 아마도 이 결혼들 역시 정서적인 면에서 매우 만족스러운 결혼이 되지 못했던 것처럼 보인다.[17] 밧세바와의 외도가 이 점을 반증한다. 또한 사랑이 결여된 그의 결혼들은 이후 자녀들 사이의 갈등을 낳고 압살롬의 반란 같은 가정비극의 씨앗이 되기도 했다. 이 모든 것이 근원을 찾자면 자신의 감정을 돌아보지 않는 그의 심리적 방어기제에 기인했다고 볼 수 있다.

3. 다윗의 이상적 보호자

처음에 사울은 다윗에게 있어 코헛이 말하는 **이상적 보호자상**(ideal parental imago)이었다. 물론 다윗은 소년시절 양 무리 가운데서 자신의 이상적 보호자를 만났다. 바로 그가 자신의 목자라고 고백한 하나님이

---

17) 물론 나발의 아내였던 아비가일과의 결혼은 약간의 예외라고 볼 수 있다. 이 결혼은 다윗이 아비가일 본인에게 품게 된 호감에 의해 이루어진 결혼이기 때문이다. 그러나 이 결혼 또한 순수한 애정에 의한 결혼이라기보다는 다분히 나발의 유산(流産)과 지역 사람들과의 우호관계를 얻기 위한, 정략적 성격의 결혼이었을 가능성이 있다.

그 이상적 보호자이다. 그러나 다윗을 포함한 우리 모두는 좀처럼 하나님만으로 만족하지 못하는 특성을 갖고 있다. 하나님보다 더 실질적으로 느껴지는 다른 누군가를 만나면 그를 또 하나의 이상, 즉 심리적 우상으로 삼곤 한다. 그런데 다윗은 그에게 이런 우상이 되었던 사울의 창에 두 번씩이나 죽을 뻔하는 경험을 했다. 또 이후에 사울이 그를 죽이려고 보낸 부하들에게서 가까스로 목숨을 건지는 경험을 했다. 이런 경험들은 심리적 측면에서 바로 그가 바라보던 우상이 깨어지는 경험이었을 것이다. 구체적으로 이 때 다윗에게 깨어진 것은 자신을 지켜줄 것이라고 믿었던 **이상적 보호자상**이었다.

이렇게 다윗은 그가 보호자라고 믿었던 사람으로부터 생명의 위협을 받고 도망치면서 다시 한 번 과거 부모에게서처럼 버려지는 경험을 한다. 소년시절 광야에서처럼 다시 혼자가 된 것이다. 놉의 제사장 아히멜렉이 **"네가 왜 혼자냐?"**(삼상 21:2)고 물었을 때 다윗은 이런 실상을 감추고 그의 부하들이 함께 있는 것처럼 거짓말을 한다. 이것은 자신의 홀로됨을 스스로 받아들이지 못하고 부끄러워하며 숨기려 하는 그의 방어심리를 드러낸다. 이처럼 보호자를 상실하고 홀로 버려지는 경험은 인간에게 수치심과 두려움을 가져온다. 이것은 엄마를 잃어버린 아이가 하얗게 질려서 우는 얼굴에서 드러나는 것 같은 그런 공포심이다. 또한 이런 공포심에는 깊은 수치심이 동반되는데 이는 그것이 바로 자신을 **지켜주는 얼굴**을 상실한 감정이기 때문이다. 자신을 지켜주는 얼굴을 상실했을 때 인간은 이렇게 큰 수치심과 두려움으로 어찌할 바를 모르게 된다. 바로 이와 같은 모습을 우리는 아기스 앞에서 미친 사람처럼 행동하는 다윗에게서 발견할 수 있다(삼상 21:13). 마치 미친 사람처럼 침을 흘리며 대문을 긁적거리는 다윗의 행동은 물론 살아남기 위해 하는 연기였다. 그러나 우리는 이것을 단순히 그의 연기로만 볼 것이 아니라 그가 현실 속에서 직면한 깊은 절망과 두려움을 자기도 모르게 표현하고 있는 것으로 볼 필요가 있다. 현실 속에서 도저히 어찌할 바를 몰라 광인(狂人)의 행동 뒤로 숨으려 하는 그의 심리를 보여주는 것이다. 그러나 이러한 광인의 행동도 결국 그를 온전히 보호해주지 못한다. 그래서 결국 블레셋에서도 쫓겨난 그는 블레셋과 이스라엘 국경에 위치한 아둘람 동굴에 은신(隱身)한다.

좌우 어디로도 향할 곳이 없어진 다윗이 그 굴 속에서 마침내 하나님을 향해 부르짖어 고백한 심경이 시편에 담겨 있다. **"다윗이 굴에 있을 때에 지은 마스길"**이라고 부제가 붙은 시편142편에서 다윗은 먼저 이렇게 자신의 마음의 고통을 토로(吐露)한다. **"아무도 나를 아는 이가 없고 피난처도 없고 내 생명을 돌보는 이도 없나이다."**(시 142:4) 다시 말해 그는 자신에게는 아무 보호자가 없다고 호소하고 있는 것이다. 그러나 이런 호소를 그가 하나님을 향해 하고 있는 것 자체가 이미 하나님만이 자신의 진정한 보호자시라는 고백이라고 할 수 있다. 그리고 그는 마치 어린 아이가 부모에게 자신을 괴롭히는 친구들을 일러주는 것처럼 그를 해하려는 자들을 하나님께 고발한다. 이 때 그가 그의 대적들을 사자 같은 맹수에 비유하고 있는 것(시 57:4)은 소년시절 그가 하나님을 의지하여 맹수와 싸우던 때를 상기하고 있었음을 시사한다. 즉 광야에서 맹수와 싸우던 때나 골리앗과 싸우던 때와 마찬가지로 이제도 하나님이 맹수의 발톱에서 자신을 지켜 주시기를 요청하고 있는 것이다.

다윗은 이렇게 하나님을 맹수 같은 대적에게서 자신을 지켜주시는 참 보호자로 고백하는 가운데 그를 사로잡고 있던 두려움과 불안으로부터 차츰 벗어난다. 마치 어린 아이가 부모의 품에서 편안해지는 것처럼 더 이상 자신의 감정을 감추거나 방어하지 않고 솔직하게 토로하기 시작한다. 우리가 시편을 보면 다윗이 이렇게 자신을 속이거나 감추지 않고 자기의 감정을 있는 그대로 쏟아놓기 시작할 때 일견 퇴행적으로 보이는 이런 모습과는 대조적인 또 하나의 자아가 그에게서 나타나는 것을 볼 수 있다. 이 새로운 자아는 하나님을 바라보고 찬양하는 다윗, 하나님이 어떠한 분이심을 믿고 담대히 선포하는 다윗의 모습이다. 때로 이 다른 모습의 다윗은 두려워하며 낙심하고 있는 다윗을 향해 "**어찌하여 네가 낙망하며 불안해하느냐**"(시 42:5)며 호통을 치기도 한다. 그러나 이것은 자책(自責)이 아니라 자신을 권면(勸勉)하고 격려하는 모습이다. 이처럼 보다 성숙한 그의 모습은 영적인 견지에서 보면 성령으로 새로워진 그의 모습이라 할 수 있지만 심리학적 관점에서 설명하자면 바로 하나님이라는 자기대상을 내면화함으로써 그의 안에 새롭게 형성된 자기라고 할 수 있다. 하인즈 코헛 Heinz Kohut 에 따르면 성숙이란 외부의 자기대상을 자기 안으로 내면화하여 스스로가 자신을 달래고 격려할 수 있는 힘을 가지게 되는 것을 말한다.[18] 코헛은 이 **변형적 내면화**(transmuting internalization)의 과정을 우리가 고기나 계란을 섭취하여 단백질을 합성하는 과정에 비유했다.[19] 이 때 코헛이 말하는 외부의 섭취 대상은 물론 우선적으로는 공감적인 부모를 뜻하지만 기독교적 관점에서 이 자기대상은 단지 부모만이 아니라 하나님이 되실 수 있다. 그 실례가 바로 다윗의 경우이다. 다윗에게 친부모와의 관계나 사울왕과의 관계는 그의 성숙을 위해 충분히 좋은 자원이 되지 못했다. 반면 아둘람굴에서 그가 대면한 하나님과의 깊은 교제는 그의 안에 새로운 자기, 다시 말해 그의 안에 **하나님 형상**이 빚어지는 과정이 되었다. 그리고 오갈 데 없는 다윗이 머물렀던 그 아둘람굴은 사실상 고난이라는 효소를 통해 그의 안에 새로운 자기를 빚으시는 하나님의 숙성실(熟成室)이었다.

다윗이 사울에게 쫓겨 다니던 광야기간을 통해 그의 안에 생겨난 그 새로운 자아가 얼마나 숙성되었는지 시험하는 몇 가지 사건들이 사무엘상 후반부에 이어진다. 그 중 한 가지는 바로 동굴에서 사울을 죽일 수 있는 기회가 그에게 주어진 일이었다. 심리적 측면에서 볼 때 다윗이 사울에게 가진 심층심리는 거절감과 자기애적 분노일 수밖에 없다. 사울의 핍박은 그를 이상적 대상으로 바라보던 다윗에게 깊은 **자기애적 상처**(narcissistic injury)를 안겨주었기 때문이다. 그러나 다윗은 결국

---

18) 홍이화, 「하인즈 코헛의 자기심리학 이야기 I 」, 78–80.

19) 위의 책, 80.

그런 자기 심리에 사로잡혀 사울을 해치는 행동을 하지 않았다. 이것은 김지연 등이 지적한 대로 그의 안에 이미 상당한 수준의 분화된 자기가 자리하고 있었기 때문이라고 볼 수 있는데,[20] 우리는 이 점을 사무엘상 25장의 또 다른 사건에서도 확인할 수 있다. 그것은 바로 다윗이 갈멜의 부호(富豪)였던 나발의 무례함에 분노해서 칼을 든 일이었다. 다윗의 거절감이나 분노는 원래 사울을 향한 것이었다. 그러나 다윗은 여전히 사울을 이상화하고 있었기 때문에 그 분노가 사울을 향해 직접 드러나지는 못했다. 그런데 그 분노는 언제든지 다른 대상에게로 전치(displacement)되어 나타날 수 있었는데 바로 그 같은 전치가 일어난 것이 무례한 나발을 향해서였다. **"근자에 자기 주인에게서 뛰쳐나온 종이 많다더라"**(삼상 25:10)는 나발의 모욕적인 언사가 다윗의 심기를 건드렸던 것이다. 그러나 다행히 다윗은 결과적으로 그의 억압된 분노를 파괴적으로 행동화(acting out)하지 않을 수 있었다. 이렇게 될 수 있었던 것은 물론 아비가일의 역할 때문이었지만 그런 아비가일의 만류(挽留)를 그렇게 수용할 수 있었던 그의 성숙한 자아의 힘 때문이라고도 할 수 있다.

한편 다윗은 광야기에 마지막으로 그의 성숙도를 테스트하는 시험을 당하는데 그것은 바로 아멜렉족속이 와서 블레셋 땅에서 일군 그의 보금자리를 완전히 짓밟은 사건이었다(삼상 30:1~6). 다윗이 부하들과 함께 전쟁에 출정한 사이 아멜렉이 침략하여 그들이 거하던 시글락의 모든 집과 성을 불태우고 처자식을 사로잡아갔다. 그의 부하들은 절망해

---

20) 김지연, 김정아, 김용태, "다윗의 분화수준 변화과정에 대한 연구", 39.

서 울 기력이 다하도록 울다가 급기야 돌을 들어 다윗을 치려 한다(삼상 30:5~6). 사실 이 때 그들 못지않게 주어진 현실에 절망하고 분노한 것은 바로 다윗 자신이었을 것이다. 그러나 그들의 리더로서 잘못된 결정을 하여 이러한 결과를 초래한 다윗은 그 분노를 다른 이에게 쏟을 수도 없는 상황이었다.[21] 이런 상황은 사실 다윗이 그 절망과 분노감정을 자신에게로 향하여 자살과 같은 극단적 행동을 저지를 수도 있는 상황이었다. 사울은 실제로 비슷한 상황에서 그 같은 충동에 사로잡혀 그런 선택을 한 경우라고 할 수 있으나 다윗은 그와 달리 이런 상황에서 끝까지 그런 선택을 하지 않는다. 그 이유는 분명하다. 사울은 그 상황에서 끝까지 사람들과 자기 자신만 보고 있었던 반면 다윗은 하나님을 바라보았기 때문이다.

아동심리학자들은 소위 "시각벼랑실험"이란 실험을 통해 아이들이 바라보는 **부모의 얼굴**이 얼마나 아이들의 심리와 행동에 큰 영향을 끼치는지 보여준다.[22] 시각벼랑 끝에 이른 아이는 웃는 표정으로 자신을 격려하는 엄마의 얼굴을 보고 용기를 내어 벼랑을 건너기 시작한다. 우리는 심리적 측면에서 보았을 때 사실 본질적으로 이와 동일한 장면을 사무엘상 30장에서 볼 수 있다. **"다윗이 크게 다급하였으나 그 하나님**

---

21) 실상 조국(祖國) 이스라엘과 싸우러 출병을 한 다윗의 잘못된 결정은 역시 근원적으로 그릇된 대상(아기스)에게서 '이상적 아버지(ideal parent)'를 찾는 그의 심리기제로 말미암은 것이라 볼 수 있다.

22) E. J. Gibson and R. D. Walk, "Visual Cliff," *Scientific American* 202-4 (April, 1960), 64.

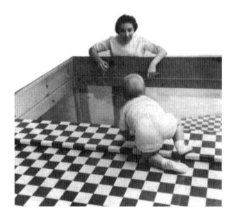

시각벼랑실험

여호와를 힘입고 용기를 얻었더라"(삼상 30:6). 다윗은 그 다급한 상황에서 자신을 향해 "낙망하지 말고 일어서라"고 격려하시는 하나님의 얼굴을 바라보았고 그로 인해 힘을 얻었다. 자기심리학에서는 이처럼 자기 스스로를 격려하고 일으키는 힘을 자가생성할 수 있게 되는 것을 자기대상의 **변형적 내면화**라고 지칭한다.[23] 다윗의 경우 이렇게 내면화하고 있는 대상은 바로 그를 바라보시는 하나님의 얼굴이다. 그 하나님의 얼굴이 그의 안에 내면화되어 그로 하여금 다시 용기를 내어 아말렉을 뒤쫓을 수 있게 했던 것이다. 그 결과는 그의 처자식뿐 아니라 잃었던 모든 것을 되찾게 된 것이다. 뿐만 아니라 다윗은 유다족속이 아말렉에게

---

23) 홍이화, 『하인즈 코헛의 자기심리학 이야기 I 』, 79.

빼앗겼던 재물들까지 모두 되찾아와서 그들에게 돌려주었고 그 일을 계기로 유다 백성의 신임을 얻어 마침내 그들의 왕이 된다(삼하 2:4).

4. 자기를 기만한 다윗

많은 사람에게 두 가지 자기가 있는 것처럼 다윗 역시 마찬가지로 두 가지 자기가 있었다고 볼 수 있다. 그 두 자기는 곧 성숙한 신앙적 자기와 여전히 내적 결핍에 매여 있는 미성숙한 자기이다. 한 가지 우리가 우리 삶과 성경 속에서 공히 발견하는 사실은 흔히 우리가 생각하는 것과 달리 한 사람의 미성숙한 자기는 반드시 연륜이 높아지는 것에 비례하여 사라지는 것이 아니라는 점이다. 이 점을 우리는 사울의 인생에서만 아니라 다윗의 인생에서도 역시 확인할 수 있다. 우리는 다윗이 유다의 왕이 되고 칠년 후에 다시 온 이스라엘의 왕이 되었을 때 그런 다윗의 신분변화와 비례해서 그의 인격도 그만큼 완숙하게 되었으리라 기대한다. 그런데 실상 우리가 하나님이 약속하신 왕위에 올라 나라 안팎의 안정을 얻은 다윗에게서 발견하게 되는 것은 놀라울 만치 실망스러운 모습이다. 물론 이것은 밧세바와의 불륜(不倫)사실이 드러날 것을 두려워한 나머지 요압의 손을 빌어 우리야를 죽이는 그의 모습을 말한다.

사무엘상 11장에서 다윗은 그의 군대를 출정시키고 홀로 왕궁에 남아 왕궁 옥상을 거닐고 있었다. 이 때 불현듯 그를 사로잡은 강한 성적 유혹은 여러 가지 각도에서 설명될 수 있는데 그 중 한 가지는 그것이 야곱의 아들 르우벤이나 유다의 경우처럼 어린 시절부터 그의 안에 자리해 온 내적 결핍과 관련이 있다는 것이다. 다시 말해 어린 시절 빈 들에 홀로 남겨진 그가 경험했던 허전함이나 불안과 관련이 있을 것이라는 시각이다. 사람들은 그 타고난 기질이나 환경에 따라 자신에게 있는 이 같은 내적 결핍에 대해 반응하는 방식이 다 다르다. 다윗의 경우 자주 나타나는 행동성향은 바로 모험적인(risk-taking) 성향이라고 얘기할 수 있다. 사자나 곰이 양새끼를 물고 달아날 때 그것을 쫓아가서 싸워 되찾는 행동은 확실히 지나칠 만큼 모험적이다. 이것은 타고난 용맹함일 수도 있지만 앞에서 언급한 것처럼 그가 가진 일종의 심리적 방어기제일 수 있다. 즉 자기내면의 결핍을 그처럼 모험을 추구하는 행동을 통해 무시(無視)하는 습성인 것이다. 심리학에서는 이처럼 모험을 추구하는 행동성향을 '감각추구형(sensation-seeking type)'이라고 부르기도 하는데, 이것은 그것이 항상 무엇인가 강렬하거나 새로운 감각적 경험을 추구하는 성향이기 때문이다. 연구에 의하면 이런 성향은 부모와의 불안정 애착(insecure attachment)과 관련이 있다.[24] 즉 부모와의 불안정한 애착관계로 말미암아 내면의 공허감이나 불안을 가진 사람은 그것을 자신의 의식으로부터 방어하기 위해 줄곧 모험을 선택할 수 있다는 것이다. 다윗이 맹수와 싸운 일뿐 아니라 전쟁에서 용맹을 발휘해 온 일들이 이러한 심리적 방어기제일 수 있다는 점을 고려하게 하는 대목이다. 물론

---

24) 일례로 Vaneesa Joy Wiebe, "Parent-Child Attachment and Defense Mechanisms: A Developmental Perspective on Risk-Taking Behavior in a Clinical Sample of Adolescents" (PhD dissertation, Simon Fraser University, 2006).

우리는 가령 그렇다고 해도 하나님께서 다윗의 이러한 방어기제를 그의 신앙적 탁월함으로 승화시키셨다고 말할 수 있다. 그러나 우리가 유념할 점은 다윗뿐 아니라 다른 모든 '영적 전사들(spiritual warriors)'에게 있어 그 하나님의 개입 때문에 원래 그 방어기제를 통해 감추려 했던 그들의 내적 문제가 그냥 사라지는 것이 아니라는 점이다. 다윗의 경우 그 문제는 다윗이 더 이상 몸소 전장에 나갈 필요가 없을 만큼 외적으로 평안을 얻었을 때 마침내 그의 밖으로 표출되었다.

사람들의 **성적인 모험**(sexual risk-taking)은 흔히 내면의 불안과 공격성이 외적으로 발현될 기회가 적어질 때 변형적으로 나타나는 현상 중 하나이다. 만일 우리가 다윗이 밧세바와 행한 불륜을 바로 이 같은 관점에서 본다면 그것의 근본원인은 역시 어린 시절부터 그에게 자리한 내적 결핍에서 찾을 수 있다. 이것은 오랜 세월이 지나 어린 시절 그와는 전혀 다른 지위에 오른 그에게까지 여전히 사라지지 않고 남아 있는, 뿌리 깊은 내적 문제이다. 여기서 우리는 왜 다윗이 그처럼 하나님과 오랜 교제와 신앙적 연단을 거치고서도 여전히 그 문제를 안고 있는지 질문하게 된다. 이에 대해 우리는 인간 내면의 문제에는 결국 직접적인 하나님과의 관계만으로 해결되지 않는 부분이 있다고 답할 수밖에 없다. 그러나 이것은 성격결정론적인 결론은 아니다. 왜냐하면 저자가 말하고자 하는 것은 그 남은 부분이 하나님 안에서 긍정적 인간관계를 통해 치유될 수 있다는 것이기 때문이다. 이런 관점에 따르면 다윗의 넘어짐은 단지 어린 시절부터 그에게 있었던 내적 문제에만 기인한 것이 아니라 그 이후 그에게 주어진 치유적 기회를 잘 선용하지 못한 탓이라할 수 있다. 여기서 '치유적 기회'란 무엇보다 그의 결혼생활을 의미한다. 다윗의 내적 불안이 성장기에 중요한 사람과의 관계 속에서 형성된문제라고 할 때 그 문제를 해결하는 데 결정적으로 중요한 것이 치유적인 인간관계이다. 그런데 하나님과의 관계는 인간관계가 아니기 때문에 실질적인 부분에서 한계가 있는 반면 결혼관계와 같은 친밀한 인간관계는 인간의 그 실질적 부족분을 메워줄 수 있는 보완적 관계가 된다. 창세기 2장의 하나님은 이미 아담과 친밀한 관계를 가지고 계셨음에도 불구하고 **"아담이 독처하는 것이 좋지 못하다"**(창 2:18)고 하시면서 그의 배우자를 지으셨다. 이것은 인간이 단지 하나님과의 관계만 아니라 결혼 같은 인간상호관계를 통해 더 온전한 하나님 형상을 이루어가도록 디자인하셨음을 시사하는 것이다.

다윗은 그런데 정략결혼이라는 문화적 관행 때문이건 그의 미온적심리 때문이건 그런 중요한 치유적 기회를 결국 놓쳐 버리고 만다. 처음 미갈과의 결혼부터 잘못 단추가 끼워졌을 뿐 아니라 이후의 결혼들에서도 그가 왕으로서 그의 입지를 공고히 하기 위한 정략결혼을 선택함으로써 정작 더 중요한 본인이나 배우자의 감정은 외면하고 만다. 그나마 가장 좋은 결혼이 될 수 있었던 결혼이, 즉 치유적 계기가 될 수있었던 결혼이 아비가일과의 결혼이었다. 아비가일은 다윗에게 좋은자기대상이 될 만한 현숙한 여인이었기 때문이다. 그러나 헤브론으로이주한 후 이미 있는 아내들 외에 주변 여러 실권자들의 딸들을 아내로 더 맞아들이고 이로 말미암아 그 아비가일과의 결혼 역시 결국 깊은 친밀한 관계로 발전하지 못하게 된다. 결과적으로 다윗의 내면에는 계속해서 친밀한 관계의 결여로 말미암은 빈 자리가 남아 있었을 것이고 아마도 그렇게 남아 있던 그의 결핍과 내적 불만이 더 이상 전장(戰場)의 모험으로 표출될 수 없게 되자 급기야 성적 모험으로 행동화됐던 것이라 여겨진다.

사실 불륜 자체보다 더 심각한 다윗의 범죄는 음모를 통해 신복(臣僕) 우리야를 죽인 일이었다. 이것이 하나님 보시기에 악한 행위인 까닭은 무엇보다 아담과 하와가 하나님의 얼굴을 피해 숨었던 것처럼 하나님에게조차 그 자신의 행위를 숨기려 했기 때문이다. 다시 말해 우리야를 죽일 음모를 꾸미는 다윗은 하나님과 단절된 상태에 있었다. 적어도 이 시점에서 다윗은 하나님을 잊고 있었던 것이다. 이렇게 하나님을 의식하지 못하고 있었다는 것은 자신의 악행을 그 자신조차 똑바로 보지 못하고 있었다는 의미이기도 하다. 이것은 다시 말해 자신의 범행을 자의식(self-consciousness)으로부터도 감추는 자기기만이었다는 것이다. 오늘날 범죄자들에게서도 우리는 이 같은 모습을 볼 때가 있다. 즉 자신의 범행을 실제로 기억 못하거나 오히려 자신이 피해자인 것처럼 진실을 왜곡하는 모습이 그것이다. 또한 이런 모습과 연장선상에 있는 것이 바로 자신과 동일한 잘못을 범한 사람을 적반하장으로 강하게 매도하는 태도이다. 심리학에서 외재화(externalization)[25] 또는 투사적 동일시

---

25) 프로이드 심리학에서 외재화(externalization)란 한 사람이 자기 안에 있는 어떤 특징이나 욕구

(projective identification)라 부르는 이런 태도를 우리는 사무엘상 12장의 다윗에게서도 발견할 수 있다. 곧 선지자 나단의 이야기를 듣고 그 이웃을 약탈한 부자에 대해 심히 분노하는 그의 모습에서다. **"바로 당신이 그 사람이라"**(삼상 12:7)는 나단의 지적은 이런 다윗의 자기기만(自己欺瞞)을 직면시키는 말이었다. 이 말을 듣고서 비로소 다윗은 자신이 다른 사람들에게뿐 아니라 하나님과 심지어 자기 자신에게조차 감추려 했던 자신의 추악한 실상을 보기 시작한다.

　"선지자 나단이 다윗을 찾아왔을 때"라고 부제가 붙은 시편 51편에서 다윗은 자신이 **"죄 가운데(בְּחֵטְא)"**(시 51:5) 잉태되었다고 고백하고 있다. 원어적으로 이 말은 자신의 삶이 처음부터 잘못 놓여졌다는 의미이다. 심리학적 관점에서 이것은 아주 어린 시절부터 그의 삶이 그의 내적 결핍으로 말미암아 왜곡된 욕망에 의해 지배되어 왔다는 사실을 통찰한 것이라 할 수 있다. 그의 불륜이 단지 처음부터 잘못된 그의 결혼 생활로 말미암은 것일 뿐 아니라 근원적으로 그보다 더 이전인 그의 어린 시절부터 그의 안에 자리잡은 거절감과 불안에 기인한 것이었음을 인식했다고 볼 수 있는 것이다. 기독교상담가인 이만홍과 황지연은 그들의 책에서 바로 이 같은 자신의 "무의식과 핵심감정에 대한 통찰을 얻을수록… 우리가 죽을 때까지 우리 자신의 핵심감정에서 벗어나는

를 외부의 대상, 특히 다른 사람에게로 투영해서 동일시하는 무의식적 방어기제이다. 예컨대 누군가를 미워하는 사람이 자신은 그렇지 않은데 그 상대방이 자신을 미워한다고 믿는 것 같은 경우이다. Joseph Sandle ed., *Projection, Identification, Projective Identification* (New York, NY: Routledge, 1988), 5.

것이 불가능하다는 사실을 알게 된다"고 지적한다.[26] 바로 그렇기 때문에 성경이 말하듯 우리가 거듭나서 '새것이 된다'는 사실이 얼마나 놀라운 기적인지 인정할 수 있다는 것이다. 시편 51편을 보면 우리는 다윗 역시 이와 비슷한 인식을 고백하고 있는 것을 볼 수 있다. 10절에서 그는 그의 안에 새로운 자기를 창조해 달라고 기도한다. 여기에 내포된 그의 인식은 본래의 자기를 단순히 치유하거나 고치는 일이 거의 불가능하다는 인식이다. 그래서 그는 하나님께서 자기 안에 완전히 새로운 자기를 만들어 달라고 구하고 있는 것이다. 이처럼 다윗은 자기 자신과 사울을 포함한 모든 인간의 왜곡된 품성이 근본적으로 고쳐지기 어렵다는 사실을, 그런 의미에서 인간은 본질적으로 죄인이라는 사실을 깊이 인식했던 것 같다. 이러한 인식은 이후에도 일생 그를 떠나지 않았던 것으로 보이는데, 이 점을 우리는 그가 아들의 반란으로 왕궁에서 쫓겨날 때 시므이의 저주를 달게 받아들이는 모습에서 엿볼 수 있다(삼하 12:11~12). 이것은 자신이 근본적으로 하나님의 저주 아래 있는 죄인임을 인정하는 자세인 것이다. 아마도 다윗은 이처럼 그의 근본적 죄성에 대해 철저히 인식하고 있었기 때문에 오직 하나님만이 그를 그 저주에서 벗어나게 하시는 분이라 고백할 수 있었다. 그래서 그는 끝까지 하나님만을 자신의 소망으로 붙잡았던 것이다.

다윗이 이처럼 그의 파란만장한 생을 통해 이르게 된 내적 통찰은 오늘날 심리치료에도 시사하는 바가 크다. 그것은 곧 심리치료가 기존의

---

26) 이만홍, 황지연, 『역동심리치료와 영적 탐구』, 40.

자아를 고치려 하기보다 새로운 관계 속에서 새로운 자기를 형성하도록 돕는 데 주력해야 한다는 것이다. 기독교적 견지에서 이처럼 새로운 자기를 형성해 갈 수 있는 것은 물론 우선적으로 하나님과의 관계에 서이다. 그런데 우리 삶에서 하나님과의 관계는 비단 직접적으로 하나님과 갖는 관계만이 아니라 치유자나 배우자, 가족과 공동체 등 다양한 인격적 관계를 통해 간접적으로 이루어지는 것이기도 하다. 요컨대 기독교적 의미의 치유란 이처럼 직접적인 하나님과의 관계뿐 아니라 간접적으로 사람들과 맺는 관계 속에서 서로에게 하나님의 사랑을 반영하며 함께 하나님의 형상을 이루어가는 과정이라고 할 수 있다. 사실 다윗에게는 요나단과의 관계가 바로 그 같은 관계가 될 수 있었던 관계였다. 그런데 다윗이 광야로 쫓겨나면서 안타깝게도 그 관계는 오래 지속되지 못했다. 아마도 다윗이 요나단을 잃고 그토록 슬퍼했던 이유는 그 죽음이 바로 그에게 그 같은 소중한 기회의 상실이라 느꼈기 때문일지 모른다. 물론 다윗이 사울의 죽음을 슬퍼했던 것 역시 같은 맥락에서 이해할 수 있다. 적어도 청년 시절 다윗의 관점에서는 사울이 그와 하나님 사이에 있는 그의 이상적 보호자이자 모델이었을 것이기 때문이다.

나오며: 심리학과 기독교

"인간은 일평생 잃어버린 부모를 찾아 헤매는 존재"라는 프로이트의 말을 인용하면서 이만홍과 황지연은 이것이 사실은 너무나도 신학적인 명제라고 지적한다.[27] "기독교적 관점에서 볼 때 인간은 모두가 하나님의 잃어버린 자들이고 따라서 그들이 잃어버린 부모, 쫓겨나온 자신의 집을 영원히 그리워하며 찾는다는 것은 전혀 새로운 내용이 아닌"데, 프로이트의 말이 바로 이 점을 이야기하고 있다는 것이다.[28] 그런데 문제는 하나님을 알지 못하는 사람들이 이런 그들의 마음의 빈 자리로 인해 하나님이 아닌 다른 대상을 하나님처럼 바라보거나 혹은 외부의 대상이 아니라 바로 자기 자신을 하나님처럼 위하는 자기애(自己愛)에 빠져 있다는 점이다. 그런데 우리는 본 장에서 이것이 비단 하나님을 모르는 비신앙인들만이 아니라 하나님을 믿는 신앙인들에게도 마찬가지로 발견되는 현상이라는 점을 확인한다. 이것은 사실 본 장에서 살펴본 사울과 다윗의 이야기만이 아니라 오늘날 우리들 자신에게도 해당되는 이야기이다. 우리는 머리로 하나님을 믿으면서도 사실 마음으로는 자기도 모르게 다른 어떤 대상을 하나님처럼 바라보거나 혹은 자기 자신을 하나님처럼 위하며 살아간다. 그러면서 우리는 이처럼 자신 안에 하나님 아닌 것이 가득한 것을 스스로 인식조차 못하고 사는 것이다. 그

---

27) 위의 책, 244.

28) 위의 책, 244.

다윗이 숨어 있던 아둘람굴

래서 하나님은 때로 우리를 광야로 인도하신다. 광야는 우리 마음을 차지하던 허상(虛像)들이 흩어지고 진정한 하나님만을 대면하게 되는 곳이다. 진정한 우리의 보호자를 만나게 되는 곳이다.

　이런 의미에서 광야는 심리학과 신앙이 만나는 곳이라고도 할 수 있다. 심리학은 일상 속에서 우리를 지배하는 많은 열망과 욕심들, 물질욕과 권력의 추구, 자기애(自己愛)와 같은 다양한 대상추구가 근본적으로 우리가 가진 심리적 결핍에 기인한 것임을 보여준다. 그러나 심리학은 그처럼 우리 마음을 지배하는 우상들로부터 우리가 어떻게 놓임을 얻을 수 있는지에 대해서는 분명한 답을 가지고 있지 못하다. 다만 그 길이 이전의 자기를 넘어 새로운 자기를 찾는 데 있음을 어렴풋이 인식하고 있을 뿐이다. 그 길이 구체적으로 어디인지에 대해서는 아직 심리학 스스로가 다방면으로 탐색중이라 할 수 있다. 근래 심리학이 영성(spirituality)에 관심을 갖는 것 역시 그러한 탐색의 일환이라 할 수 있다. 그런데 이만홍과 황지연이 이야기하듯 기독교 신앙은 이미 오래전부터 그 길이 하나님 안에서 참된 부모를 만나는 데 있음을 이야기해 왔다. 성 아우구스티누스 St. Augustinus 의 말처럼 하나님 안에서 얻는 안식이 곧 인생의 근원적 불안을 벗어나는 길인 것이다. 광야에서 하나님을 만난 다윗은 바로 이 진리를 우리보다 먼저 발견한 사람이었다.

제7장
난임(難姙)의 심리학
세 여인의 난임(難姙)과 신앙

세 여인의 난임(難姙)과 신앙

난임이라는 광야

성경의 여성들이 겪은 광야 경험들 중 한 가지는 바로 난임(難姙)이
었다. 히브리어에서 난임을 뜻하는 단어 '아카르(קר)'는 식물이 뿌리가
잘린 상태, 그래서 열매를 맺지 못하는 상태를 의미하는 말로[1] 당시 사
람들에게 난임이 실로 불모(不毛)의 광야처럼 인식되었음을 시사한다.
고대(古代)의 강한 종족적 연속성이나 집단정체성을 고려할 때 이러한
당시의 난임(infertility)이 얼마나 중대한 결손과 상실로 여겨졌을지 짐작

---

1) 이러한 의미는 영어의 난임을 뜻하는 단어들, barrenness, sterility, infertility 등에도 마찬가지
로 내포되어 있다.

되고 남음이 있다. 그러나 그 옛날뿐 아니라 오늘날에도 이런 난임에 대한 인식은 여전히 남아 있어서 많은 여성들에게 난임은 사회적, 가족 관계적 차원에서의 결손일 뿐 아니라 심리적 차원에서도 중대한 결핍과 상실로 경험되고 있다. 난임여성들에 관한 심리적 연구에 따르면 현대의 많은 난임여성들이 임신의 실패로 인한 **자존감의 상실**(loss of self-esteem)을 경험하고 있다.[2] 이러한 자존감의 상실은 자기심리학의 관점에서 중요한 자기대상의 상실로 인한 **자기애적 상처**(narcissistic injury)로 설명된다.[3] 이것을 뒤집어 보자면 자녀가 여성들에게 일종의 보상적 자기대상 역할을 한다는 뜻이 된다. 즉 여성들이 자신의 원가족이나 부부관계, 또는 사회문화 속에서 경험하는 '자기의 결핍(self-deficit)'을 심리적으로 보상 받기 위한 대상으로 자녀를 필요로 한다는 것이다. 그런데 난임으로 인해 이러한 필요가 채워지지 않을 때 그 여성은 또 한 번의 심리적 좌절을 경험하게 된다. 난임여성들에게서 자주 보고되는 분노, 수치심, 우울감 등의 심리 증상들은 바로 이러한 맥락에서 이해될 수 있다. 요컨대 난임은 여성들에게 중요한 자기대상욕구(selfobject needs)의 좌절로 경험될 수 있다는 것이다.

본 장에서 우리는 성경의 여성들에게 난임이 구체적으로 어떠한 상

---

2) Annette L. Stanton and Christine Dunkel-Schetter eds. *Infertility: Perspectives from Stress and Coping Research* (New York, NY: Plenum Publishing, 1991), 34.

3) Sharon N. Covington and Linda Hammer Burns eds., *Infertility Counseling: A Comprehensive Handbook for Clinicians* (New York: Cambridge University Press, 2006), 108.

황에서 이러한 자기 상실로 경험되었는지 살펴볼 것이다. 그리고 또한 그들이 그런 상황에서 어떻게 반응했고 그것이 어떻게 그들의 하나님과의 관계에 영향을 끼쳤는지 살펴보면서 난임과 신앙의 상관관계에 대해 생각해 보려 한다.

사라의 웃음

창세기 기록에 따르면 원래 사라는 아브라함의 이복누이였다(창 20:12). 아브라함이 데라의 본처 소생이었다고 전제한다면 이것은 그녀가 데라의 후처(後妻)의 딸이었다는 것을 의미한다. 이것이 시사하는 바는 사라가 어린 시절부터 후에 남편이 될 아브라함에게 상대적 열등의식을 가지고 자랐을 가능성이 있다는 것이다. 어쩌면 아브라함과의 결혼이 그녀로서는 그런 자기의 결핍을 보상받기 위한 선택이었을지 모른다. 그런데 결혼 후 아브라함이 아내를 사랑한 것은 사실이지만 애굽에서 사라를 누이라고 속이고 다닌 데서 볼 수 있듯이 그 사랑이 사라를 위해 자기를 내어줄 정도의 사랑은 아니었다. 아브라함이 이렇게 사라에게 자신을 지켜주는 존재로서 확신을 줄 정도는 아니었다는 것은 다시 말해 아브라함이 사라의 자기 결핍을 채워주는 자기대상으로서 한계가 있었다는 것이다. 그래서 김은미 등이 지적하듯이 초반부의 아브라함과 사라의 부부관계는 아직 미성숙한 결합, 즉 정서적 융합

(emotional fusion)의 특징을 나타낸다.[4] 구체적으로 보자면 그것은 부부관계에서 남편 아브라함은 보다 의존적이 되고 아내 사라는 보다 주도적이 되는 방식의 융합이었다. 이런 양상을 가장 분명히 보여주는 사건이 바로 사라의 주도로 아브라함이 하갈을 씨받이로 들인 일이었다.

부부관계에서 사라의 주도성은 단지 그녀의 타고난 성품일 뿐 아니라 그녀가 자기의 결핍을 보상받고자 발달시킨 일종의 자기보상기제였다고 볼 수 있다. 즉 아브라함의 의존성이 그런 것과 마찬가지로 사라의 주도성은 본질적으로 강한 면모라기보다는 연약한 자기를 방어하기 위한 방어기제였다는 것이다. 이러한 사라의 주도성은 줄곧 그녀의 주변인과 상황을 통제하려는 태도로 나타난다. 심리학에서 **통제**(control)란 용어는 주로 자기 자신의 감정이나 행동을 안으로 억압하려는 성향을 지칭하는 말로 사용되지만 외향적이고 주도적인 성격의 경우 이러한 성향은 타인이나 상황을 통제하려는 행동으로 나타나기도 한다. 이러한 행동을 **조종**(manipulation)이라는 다른 용어로 부를 수도 있겠지만, 사라의 경우 타인이나 외적 상황을 조종하려는 시도는 반드시 부정적 의도를 내포한 것은 아니라고 볼 수 있기 때문에 그냥 통제(control)라고 부르는 것도 가할 것이다. 구체적으로 그녀의 통제는 남편으로 하여금 씨받이를 들여 아들을 낳게 하려는 행동으로 나타난다. 이러한 통제는 근원적으로 사라의 내적 불안에 기인한 것이었다. 즉 아들을 갖지 못함

---

4) 김은미, 황혜숙, 김용태, "보웬이론으로 본 아브라함과 사라 이야기", 『신앙과 학문』 18권 4호 (2013), 79-80.

으로 아브라함 가문에서 '잘려 나간' 여인이 될 것을 두려워하는 불안심리에 기인한 행동이라 볼 수 있는 것이다. 이 불안과 두려움은 더 근원적으로는 가부장적 시대에 여성으로서 가질 수밖에 없었던 자기의 결핍감과 아울러 후처에게서 태어나 가계의 정통으로 인정받을 수 없었던 그녀의 근원적 열등의식으로 말미암은 것이었다고 추정할 수 있다.

한편 사라의 통제행동은 그녀가 하나님과의 직접적인 관계를 아직 충분히 맺지 못했음을 시사하는 것이기도 하다. 다시 말해 이것은 사라의 주된 대상이 아직 하나님이 아니라 남편이었다는 것이고, 하나님과의 관계는 남편을 통해 맺은 간접적인 관계였다는 것이다. 아브라함의 조카 롯이 하나님을 따라왔다기보다는 삼촌을 보고 따라왔던 것처럼 어쩌면 사라 역시 처음부터 하나님을 따라왔다기보다는 남편 아브라함을 따라 갈대아 우르를 떠나왔던 것일지 모른다. 즉 남편이 하나님께 받은 말씀을 듣고 그 말씀대로 남편을 통해 큰 민족의 조상이 되겠다는 꿈을 가지고 남편을 따라나왔으리라는 것이다. 그런데 여기서 "남편을 통해"라는 말의 의미는 '남편의 뒤에서 보조적인 역할을 감당하면서'라는 의미이기도 하겠지만 동시에 '자신이 품은 꿈을 성취하도록 남편을 조종하면서'라는 의미를 내포할 수도 있다. 실제로 사라에게서 우리는 아브라함을 조종해서 자신의 의도를 이루려는 행동을 반복해서 발견하게 된다. 그것은 남편의 침실에 자신의 여종을 들여보내는 주도적 행동에서뿐 아니라 남편에게 불평해서 하갈을 학대하도록 허락받고 결국 그 사라의 학대를 견디지 못해 하갈이 가출하도록 만드는 행동으로도 나타난다(창 16:6). 이런 행동은 오랜 세월이 흐른 후 그녀가 이삭을 낳아 기를 때에도 비슷한 방식으로 나타나는 것을 볼 수 있다. 즉 이스마엘이 아들을 괴롭힌다는 사실을 알고 남편을 부추겨 결국 이스마엘과 하갈을 내쫓도록 만든 일이 그것이다(창 21:9-10). 이것 역시 남편을 조종하여 자신의 뜻을 관철시키려는 행동으로 이것이 그녀에게 쉽게 변화되기 어려운, 매우 뿌리깊은 습성이었음을 보여준다.[5]

　다시 강조하건대 남편을 조종하고 상황을 통제하려는 사라의 행동은 그녀 안에 깊이 감춰진 불안으로 말미암는 행동이었다. 그 불안은 근원적으로 어린 시절부터 그녀에게 있었던 자기의 결핍으로 인한 것이면서 동시에 그 결핍을 채우기 위한 노력이 뜻대로 이루어지지 않을까 노심초사하는 불안이기도 했다. 결국 그녀의 행동은 하나님에 대한 신앙이라기보다는 다분히 그 자신의 힘으로 자신의 불안을 통제하려는 노력이었다. 그런데 이런 그녀의 노력으로 결코 그녀의 뜻대로 통제할 수 없는 것 한 가지가 바로 그녀의 난임(難妊)이었다. 어려운 상황이 되면 자기 자신의 노력으로 그 상황을 바꾸거나 통제하려 하는 것이 그녀의 주된 방어기제였다는 점을 생각하면 도저히 그녀가 그렇게 할 수 없는 이 난임의 상황이 그녀에게 얼마나 깊은 불안과 좌절을 안겨주었을지

---

5) 김은미 등은 아브라함으로 하여금 하갈과 이스마엘을 내쫓게 하는 사라의 행동이 이전과 달리 단순한 감정반사행동이 아니라고 해석한다(위의 논문, 85). 그것이 냉정해 보이기는 하지만 하나님의 언약에 근거한 합리적이고 목적지향적 행동이었다고 보는 것이다. 저자는 이러한 해석이 일리가 없는 것은 아니지만 역시 정서적인 측면에서 볼 때 그것은 과거와 같이 자신의 불안을 통제하려는 욕구에 기인한 것이라 생각한다. 결론적으로 사라의 이 행동은 양면성이 있다고 볼 수 있으며 신앙과 인격 성숙이 반드시 일치하지는 않는다는 것을 보여주는 부분이라고도 볼 수 있겠다.

짐작할 수 있다. 그녀에게 이 상황은 아무리 가도 끝이 없는 광야처럼 느껴질 수밖에 없었는데 그 이유는 이것이 단지 한 두 해가 아니라 수십 년에 걸쳐 계속되는 상황이었기 때문이다. 이 긴 연단의 세월 속에서 그녀가 자신의 불안과 씨름하며 깨달았던 진실은 바로 모든 것을 자신의 뜻대로 통제하는 것이 그 자신이 아니라 하나님이시라는 사실이었다.

상황을 다스리는 것이 자신이 아니라 하나님이시라는 사실은 사실 그녀가 두 번 이상 겪은 신변의 위기를 통해서 깨달은 점이기도 했다. 그 신변의 위기란 곧 그녀가 이방의 권력자 손에 넘어가 남편을 생이별할 뻔한 상황이었다. 어찌 보면 이것은 주변강대국 실권자의 후실(後室)이 되어 개인적 안녕을 누릴 수 있는 기회였다고도 할 수 있다. 그러나 사라가 그 상황을 이런 기회로 여길 만큼 하나님과 남편에게 불성실한 여인은 아니었다.[6] 그렇다면 사라에게 그 같은 상황은 본인의 의지와 통제를 벗어난 위기상황이었는데, 하나님께서는 결국 이 상황을 바꾸셔서 그녀와 아브라함으로 하여금 오히려 이 일을 통해 그 이방왕들로부터 큰 은혜를 입게 하셨다. 특별히 사라는 하나님께서 이 사건을 계기로 아비멜렉의 집 여인들의 태를 여시는 것을 보았다. 이를 통해 그녀는 그녀에게 가장 어려워보이는 그 난임의 상황도 바꾸실 수 있는 분이 바로 하나님이시라는 사실을 눈으로 경험했다(창 20:17). 그러나 하나님이 난임의 상황을 바꾸시는 분이라는 것을 사라가 진정으로 깨달

---

6) 그랄 왕 아비멜렉이 아브라함에게 은 천 개를 주어 사라의 수치를 풀었다(창 20:16)할 때 "수치를 푼다"는 말은 사라의 정당성을 입증한다는 의미로 사라가 본인의 의사에 반하여 끌려갔던 것이라는 점을 시사한다.

게 되었던 것은 역시 폐경이 된 자신의 몸에서 아이가 태어나게 하시는 기적을 몸소 체험하면서였다.

자기의 힘으로 난임의 상황을 극복하려는 시도들이 철저히 실패로 돌아갔을 때 사라에게 찾아온 심리증상은 역시 자책과 우울이었다. 난임에 관한 심리연구에 따르면 갖가지 임신 노력에 실패했을 때 많은 여성들이 자책, 분노, 우울 같은 심리증상들을 경험한다.[7] 성경은 아마도 80세이후의 사라에게도 이와 비슷한 증상들이 나타났으리라 추정하게 한다. 사라의 경우 이렇게 그녀에게 찾아온 자책과 우울감을 더욱 자극했던 요인은 역시 그녀의 집안에서 그녀의 눈에 계속 밟힐 수밖에 없는 이스마엘과 하갈의 존재였다. 만일 사라가 자신의 인간적 방식으로 상황을 바꿔 놓겠다고 나서지 않았더라면, 즉 남편보다 오히려 앞장서서 그렇게 하갈을 씨받이로 들이지 않았더라면, 자신의 심기를 긁어 놓는 두 사람의 존재는 지금처럼 눈앞에 없었을 것이기 때문이다. 두 사람을 늘 눈 앞에 두고 보면서 그녀는 상대적으로 더욱 심한 박탈감과 우울감에 시달릴 수밖에 없었다. 하갈이 자신의 임신 사실을 깨닫고 사라를 무시하기 시작했을 때 사라가 경험했던 것은 엄청난 소외감과 분노였을 것이 분명하다. 그것은 바로 자기 자신이 욕망했던 그것을 여종 하갈이 차지하고 있는 것을 보는 경험이었기 때문이다.

---

7) Susan C. Klock (June, 2011), "Psychological Issues Related to Infertility," *The Global Library of Women's Medicine* [On-line], http://www.glowm.com/section_view/heading/Psychological%20Issues%20Related%20to%20Infertility/item/412, (2019년 7월 1일 접속).

후처의 소생으로 어린 시절부터 자신을 억눌러 왔던 열등의식을 아브라함과 결혼을 통해 보상받으려 했던 사라였다. 아브라함의 자식을 낳아 큰 민족의 어미가 됨으로써 그 자신의 열등의식을 보상받으려 했던 것이다. 그런데 이제 현실에서 그녀가 눈 앞에 보는 것은 자신의 종이었던 하갈이 자신이 원하던 그 자리를 차지하고 자신은 사실상 어린 시절 그녀의 친모(親母)처럼 뒷전으로 밀려나는 신세가 된 상황이었다. 이런 그녀를 더욱 비참하게 만드는 것은 바로 이러한 상황을 초래한 장본인이 바로 그녀 자신이라는 사실이었다. 이 모든 상황이 그녀 자신의 잘못된 판단과 행동으로 인해 벌어진 상황이었다. 이로 인한 사라의 자책과 우울감은 그녀에게 일종의 자조적(自嘲的) 태도를 형성했던 것으로 보인다. 창세기 18장을 보면 하나님 −혹은 그의 사자들−이 아브라함을 찾아와서 **"내년 이맘때 ⋯⋯사라에게 아들이 있으리라"**(창 18:10) 예언한다. 이 때 장막 뒤에서 그 말을 들은 사라가 속으로 웃었다고 성경은 전한다(창 18:12). 이 웃음은 이미 폐경이 된 초라한 현실의 자신에 대한 자조적 웃음인 동시에 자신의 무능을 하나님의 무능으로 전이(轉移)시켜 그 무능한 하나님을 몰래 냉소(冷笑)하는 불신의 웃음이기도 했다.

그러나 놀랍게도 하나님은 일년후 과연 예언하신 대로 폐경기를 지난 사라의 몸에서 아들이 태어나게 하셨다. 사라가 자신의 몸의 변화를 깨닫고 점점 배가 불러오는 것을 경험했던 그 일년간은 그녀의 자조적이고 냉소적이었던 웃음이 점차 놀라움과 기쁨의 웃음으로 변화되는 기간이었다. 사라는 아들을 낳고 그 아들의 이름을 '이삭', 즉 '웃음'이

장막 문 뒤에서 천사들의 말을 엿듣는 사라

라 지었다(창 21:3). 이 이름이 증언하고 있는 것은 그녀의 그러한 웃음의 변화와 함께 이루어진 그녀의 하나님에 대한 태도의 변화일 것이다. 이러한 태도의 변화란 곧 하나님을 그녀가 더 이상 자신의 목적을 위한 수단으로 삼는 것이 아니라 자신의 주(主)로 인정하게 된 변화라고 할 수 있다. 요컨대 그 이름은 자신의 삶을 통치하시며 그 계획하신 바를 반드시 이루시는 하나님에 대한 그녀의 신앙고백이었다. 이런 견지에서 우리는 '웃음'이란 뜻의 이삭의 이름이 내포한 의미를 좀 더 확대해서 유추해 볼 수 있다. 그것은 곧 '하나님의 미소'라는 내포적 의미이다.

이삭을 낳기 전까지 사라에게 있어 하나님의 이미지는 어쩌면 자신의 난임과 닮은 꼴의 무능하고 답답한 모습의 하나님이었을지 모른다.

사람들은 살아 계신 하나님을 경험하기 전까지 흔히 자신이 가진 내적 대상들을 하나님에게 투영한 하나님상(像)을 가지고 있다. 그것은 자신이 경험한 부모의 상일 수도 있고 그들 자신에 대해 그들이 가진 상일 수도 있다. 때로는 매우 친밀한 대상 경험이 적었기 때문에 하나님을 자기 자신의 공허감을 닮은 부재자(不在者)로 느낄 수도 있다. 어쩌면 처음에 사라가 느낀 하나님은 이처럼 부재하신 하나님에 더 가까웠을지 모른다. 그래서 그녀는 자신의 힘으로 그 빈 자리를 채우려고 그렇게 노력했던 것일지 모른다. 하나님은 이러한 사라의 하나님 의식, 하나님의 부재 의식을 마치 묵인(默認)이라도 하듯 참으로 오랫동안 침묵하셨다. 그러다가 그녀의 나이 구십 세에 실로 갑자기 그녀에게 아들을 주신 것이다. 그런데 사실 이것은 갑자기가 아니라 아브라함과 그녀를 갈대아 우르에서 불러내실 때부터 미리 약속하신 바를 신실하게 당신의 때에 이행하신 일이었다. 우리는 이 때 사라가 비로소 하나님의 얼굴을 보았다고 말할 수 있다. 하나님의 자신을 향한 미소를 보았다고 말할 수 있다. 즉 자신을 향한 하나님의 뜻이 재앙이 아니라 평강이라는 사실을 진정으로 깨닫게 되었다. 이로 말미암아 비로소 사라는 그녀가 가진 그 근원적 불안으로부터 놓임을 얻을 수 있었다.

물론 사라는 이후에도 오늘날 과보호 부모들에게서 흔히 볼 수 있는 모습처럼 아들의 환경에 지나치게 예민한 나머지 자신이 개입해서 그 상황을 통제하려는 강박적 태도와 행동을 여전히 보여주고 있다(창 21:9-10). 그러나 이것을 이상히 여길 필요가 없는 것은 심지어 다윗과 같이 그 누구보다 하나님과 친밀했던 사람조차 여전히 그 같이 심리적으로 미숙한 측면을 가지고 있었고 우리 모두도 그렇게 한편으로 미성숙한 측면을 가지고 있기 때문이다. 어쩌면 성숙과 미성숙은 신앙여부에 상관없이 대부분의 사람 안에 공존하는 두 가지 측면이라고 봐야 할 것이다. 사라의 경우 특별히 불안한 상황을 인위적으로 통제하려는 성향은 그녀가 하나님보다 그녀의 아들에게 더 집중하고 있을 때 두드러졌다. 이런 면에서 사라는 어린 이삭과 융합되어 있었고 자기의 만족을 하나님보다 아들에게서 더 찾고 있었다고 볼 수 있다. 다시 말해 그녀의 주된 자기대상이 아들이 되고 있었던 것이다. 이와 같을 때 그녀는 원래 그녀가 가지고 있었던 자기방어적 태도와 통제성향을 더 많이 드러내게 된다.

사라가 127세에 죽기까지 얼마나 이런 그녀의 모습이 변화될 수 있었는지 우리는 확인할 길이 없다. 다만 한 가지 추정할 수 있는 것은 만일 이삭을 번제로 드리려는 아브라함의 의도를 그녀가 미리 알았다고 한다면, 다시 말해 그것이 사라가 알면서도 허용한 일이었다고 한다면, 사라의 분화수준은 이 때까지 이미 상당한 수준으로 올라온 것이라 봐야 한다. 그것은 자신의 강박적 불안을 그만큼 하나님 앞에 내려놓을 수 있었음을 의미하기 때문이다. 물론 이것은 성경이 확인해주지 않는 부분으로 사라가 그 일을 알고도 순응했다는 전제에 따른 이야기이다. 그런데 우리는 이것의 사실여부와 상관없이 부부의 분화수준이 서로 어느 정도 일치한다는 가족치료이론에 근거하여 만년(晚年)의 사라도 아마 남편 못지않게 하나님 앞에서 나란히 변화되고 성숙해 갔으리라 상상해 볼 수 있다.

라헬의 남근선망(penis envy)

창세기를 보면 사라뿐 아니라 그녀의 며느리인 리브가와 손자며느리 라헬까지 대대로 일정기간 난임을 겪었던 것을 볼 수 있다. 그런데 리브가의 경우는 별 큰 어려움 없이 그 상황을 기도로 잘 극복했던 것으로 보이는 반면, 라헬의 경우는 언니 레아와의 경쟁이라는 또 다른 요인으로 말미암아 그 난임의 상황을 훨씬 더 고통스럽게 경험했던 것으로 보인다. 라헬은 남편 야곱으로부터 훨씬 더 많은 사랑을 받았던 여인이었다. 그래서 그녀는 언니 레아보다 훨씬 더 행복한 삶을 살았을 것 같지만 사실은 그녀 역시 아픔이 많은 삶을 살다가 안타깝게도 너무 일찍 세상을 떠났다.

라헬의 아픔을 그 근원부터 헤아려 보자면 우리는 그 근본 원인이 먼저 당시의 가부장적 사회문화와 일부다처제, 그리고 무엇보다 그의 아버지 라반의 물질욕에 있었음을 알 수 있다. 라반이 야곱에게 두 딸을 준 것은 그렇게 함으로 우선 다른 경우라면 지출했어야 할 결혼지참금을 아낄 수 있고[8] 또 야곱의 노동력을 무상으로 사용할 수 있다는 이중

8) 창세기 31장 15절에서 레아와 라헬이 야곱에게 하는 말 중 "아버지가 우리를 팔고 우리의 돈을 다

의 이득 때문이었다. 다시 말해 라반이 야곱을 사위로 받아들인 것은 친족간의 정리(情理) 때문이 아니라 물질적 이윤 때문이었던 것이다. 야곱에 대해서건 두 딸에 대해서건 인정보다는 이윤을 먼저 앞세우는 이러한 라반의 태도, 이윤을 위해서라면 자신의 딸들조차도 서슴없이 이용하는 태도를 보면 이 때만 아니라 과거 두 딸이 어렸을 때부터 그가 그들에게 어떤 아버지였으리라는 점을 짐작케 한다. 아마도 이처럼 이기적인 아버지에게서 어린 두 딸이 자기심리학에서 말하는 반영적 자기대상(mirroring selfobject)이나 이상적 자기대상(ideal selfobject)을 찾기란 어려운 일이었을 것이다. 그렇다면 결과적으로 그들 자매는 내적으로 상당히 빈핍한 자기를 가지고 자랐을 수밖에 없었으리라는 결론이 나온다.

아마도 이러한 레아와 라헬의 빈곤한 자기를 더욱 빈곤하게 만든 것은 당시의 남아중심적인 가부장적 문화였을 것이다. 라반 역시 이런 남아중심적 사고를 가진 사람이었음이 분명하다고 볼 때 그나마 그가 자식들에게 보여준 사랑은 주로 그의 아들들을 향한 것이었으리라 짐작할 수 있다. 그렇다면 레아와 라헬이 원가족에서 경험한 소외감과 정서적 허기는 그만큼 상대적으로 더 클 수밖에 없었다는 이야기가 된다. 여기서 우리가 이러한 레아와 라헬의 내면을 좀 더 깊이 헤아려 보기 위해 잠시 참조할 수 있는 것이 프로이트 정신분석학이다. 프로이트에 따르면 여자 아이들은 영아기부터 자신들에게 남근(phallus)이 없다는 사

먹었다"는 것은 곧 라반이 그들의 결혼지참금을 그들에게 주지 않았음을 의미한다. 권혁관, "라헬-라반의 갈등 내러티브에 나타난 드라빔의 기능", 「ACTS 신학저널」 23 (2015), 15-16.

라헬을 만난 야곱 William Dyce 作

실을 깨닫고 남자들이 가진 남근을 부러워하는 소위 남근선망(penis envy)
을 품게 된다.[9] 이 남근선망은 먼저 그 남근을 가진 아버지를 선망하는
것으로 나타나는데, 결국 여아(女兒)들은 그 아버지의 남근을 자신이 가
질 수 없다는 사실을 깨닫고 대신 아버지의 아이를 갖고자 하는 욕망을
갖게 된다. 요컨대 이렇게 남성의 남근 대신 남성의 아이를 갖고자 하
는 욕망을 품게 되는 것이 바로 여아들이 여성으로서 자기정체성을 갖
게 되는 과정이라는 것이다. 그런데 에리히 프롬 Erich Fromm 같은 이른
바 신프로이트(neo-Freudian)학파는 프로이트가 말하는 이러한 '남근선망'
이 여성의 생리적 본능이 아니라 다분히 가부장적 사회구조에 기인하

9) Pamela Thurschwell, *Sigmund Freud* (New York, NY: Routledge, 2000), 59.

는 사회적 심리라 주장한다.[10] 그런 심리가 실제로 여아들에게 있다면 그것은 그들이 아버지와 결합해서 아들을 낳음으로써 가부장적 사회에서 그들이 갖지 못한 힘과 지위를 획득하고자 하는 소망이라는 것이다. 어느 쪽이 옳건 간에 우리가 이 두 이론을 참조하여 이르게 되는 결론은 아마도 라헬과 레아 역시 그 시대의 일반적 여성들이 그랬던 것처럼 가부장적 사회문화 속에서 여성으로서 자신들의 상대적으로 열등한 위치를 받아들이는 대신 결혼과 득남(得男)을 통해 그들의 그 '결핍'을 충족 받기 원하는 여인들이었으리라는 것이다.

가부장적 사회와 이기적인 아버지 외에 성장기의 라헬과 레아를 더욱 힘들게 만든 한 가지 요인이 더 있었다면 그것은 아마 그들 자매간의 경쟁이었을 것이다. 그러나 그들 자매가 어린 시절부터 줄곧 서로 경쟁적이기만 했다고 보는 것은 온당치 않다. 아버지의 상대적인 무관심과 남자형제들로부터의 소외 속에서 오히려 그들 자매는 서로를 많이 의지하는 사이였을 가능성이 크다. 자기심리학의 관점에서 보자면 이것은 그들이 어릴 적부터 서로를 '보완적인(supplementary)' 자기대상으로 삼았다는 의미가 된다.[11] 즉 부모에게서 채움 받지 못한 자신의 결핍을 서로를 통해 채움 받고자 했다는 것이다. 그런데 이렇게 될 때 문제는 그들이 그들의 부모에게서만 아니라 그들 서로에게서조차 자기애

10) Lawrence J. Friedman, *The Lives of Erich Fromm: Love's Prophet* (New York, NY: Columbia University Press, 2013), 92.

11) Jenny A. Joyal, "Hidden in plain sight: the sibling relationship and psychodynamic theory," *Theses, Dissertations, and Projects*, 806 (2014), 76.

적 상처를 경험하게 될 가능성이 있다는 점이다. 왜냐하면 그들은 아직 누군가를 심리적으로 채워주기보다 자신이 먼저 채움 받기를 기대하는 미숙한 소녀들이었을 것이기 때문이다. 그래서 자매가 서로에게 품은 기대가 좌절되고 그로 인해 상처를 받으면 그들은 그들의 부모에게 느낀 좌절감이나 분노까지 서로에게 전이시켜 서로를 원망하게 된다. 이때 그들이 그 감정을 서로에게 어떻게 표현하느냐는 그들이 각자 타고난 기질뿐 아니라 그들의 출생순서(birth order)와 관련이 있다.

아마도 라헬과 레아는 많은 자매들이 그런 것처럼 어린 시절부터 서로를 많이 의지하면서도 동시에 끊임없이 갈등을 겪는 사이였을 것이다. 그러나 사실 우리는 어린 시절 그들의 사이가 구체적으로 어떠했는지 알 길이 없다. 다만 우리는 야곱과 결혼한 이후 그들이 서로 경쟁하고 갈등을 겪는 양상을 보면서 어린 시절부터 그들의 사이가 어떠했을지 미루어 짐작해 볼 수 있다. 결혼 이후 그들의 갈등양상을 보면 상대적으로 언니 레아는 보다 수동공격적인 데 비해 라헬은 훨씬 더 적극적이고 노골적으로 공격적인 태도를 보여준다. 라헬과 레아가 이렇게 서로 다투었던 까닭이 아마 그들이 각자의 입장에서 서로에게 가진 피해의식 때문이었으리라는 것은 이해할 만하다. 레아 입장에서는 남편 야곱이 자신보다 라헬을 더 사랑했기 때문에 피해의식이 있었을 것이고 라헬 입장에서도 원래 자신의 남편이 될 야곱을 레아가 먼저 가로챘다는 생각 때문에 피해의식이 있었을 것이다. 이런 라헬을 더 참을 수 없도록 화가 나게 한 것은 언니 레아가 연이어 네 명씩이나 아들을 낳은 상황이었다. 이 상황을 보면서 라헬은 남편 야곱에게 **"나로 아들을 낳게 하라. 안 그러면 내가 죽어버리겠다"**(창 30:1)고 위협한다. 왜 이렇게까지 라헬은 언니만 아들을 낳는 상황을 견딜 수 없었던 것일까? 우리는 역시 그 이유가 프로이트가 말하는 '남근선망(penis envy)'과 관련이 있을 것이라 추측해 보게 된다.

신프로이트주의적 관점에서 '남근선망'은 가부장적 사회에서 남성이 가진 힘과 주도권에 대한 선망이다. 상대적으로 열등한 위치에 있던 여성들은 대신 아들을 낳음으로써 그 '남근'의 지위를 소유하고자 하는데, 이 때 이것이 일부다처의 상황하에서라면 아내들 사이에 그렇게 아들을 낳기 위한 치열한 경쟁으로 전개될 수밖에 없다. 라헬과 레아의 경우 그들 사이의 이러한 출산경쟁이 더욱 치열할 수밖에 없었던 이유는 그들이 어린 시절부터 자매로서 가졌던 경쟁심리가 거기에 더해졌기 때문이다. 라헬 입장에서는 애초에 언니 레아에게 야곱의 본처(本妻) 자리를 빼앗긴 일부터 그녀가 어린 시절부터 언니에 대해 가졌던 콤플렉스를 자극하는 일이 아닐 수 없었다. 여기서 언니에 대한 콤플렉스란 정신분석학의 용어로 표현하자면 언니를 대상으로 한 **엘렉트라 콤플렉스**(Electra complex)라고 설명할 수 있다. 즉 아버지의 남근(phallus)을 언니가 먼저 가로채 버린 데 대한 동생의 질투와 분개를 뜻한다. 프로이트가 말하는 대로 여성의 남근선망이 아들을 낳으려는 욕망으로 전치된다고 할 때 그렇게 남편을 가로챈 언니가 먼저 아들을 넷이나 낳은 상황은 동생 라헬 안에 격심한 질투와 분개심을 불러일으키기에 충분한 상황이었을 것이다.

라헬은 그런 언니를 따라잡기 위해 자신의 몸종 빌하를 남편 야곱에게 준다(창 30:3). 그리하여 빌하가 낳은 두 아들의 이름을 **"단"**(창 30:6)과 **"납달리"**(창 30:8)라 붙였다. 이 이름들의 뜻은 **"나의 한을 풀었다"**와 **"언니와 경쟁하여 이겼다"**는 것이다. 이 같은 라헬의 경쟁심리는 근원적으로 원가정에서 그녀가 둘째 딸로 태어나 언니의 자리를 빼앗으려고 발버둥쳐온 성장과정과 연결되어 있을 것이다. 출생순서에 관한 아들러 Alfred Adler 의 연구에 따르면 대개 둘째는 첫째보다 훨씬 더 적극적이고 투쟁적인 성향을 나타낸다.[12] 그 이유인즉 둘째는 이미 첫째가 차지하고 있는 자리를 빼앗거나 다른 새로운 자리를 개척해야 하는 처지에 놓여 있기 때문이다. 흥미롭게도 우리는 아들러가 이야기하는 이러한 둘째의 특징이 라헬에게서도 그대로 나타나는 것을 볼 수 있다. 아들러에 의하면 항상 먼저 싸움을 거는 쪽은 둘째인데,[13] 라헬과 레아의 경우에도 먼저 도발하는 자는 항상 라헬이었다. 먼저 여종을 남편에게 주어 출산경쟁을 일으킨 것도 라헬이었고 레아의 장남 르우벤이 구해온 합환채(合歡菜)를 당돌하게 요구한 것도 라헬이었다(창 30:14). 라헬이 르우벤의 합환채를 요구한 이 장면은 더욱 흥미롭다고 할 수 있는데, 왜냐하면 이것이야말로 라헬이 남편 야곱을 성적으로 매료시켜 이

---

12) **Alfred Adler,** *The Collected Clinical Works of Alfred Adler: The general system of individual psychology*, **Henry T. Stein ed.**(Bellingham, WA: The Classical Adlerian Translation Project, 2006), 79.

13) 위의 책, 80.

고대 근동의 드라빔 (teraphim)

미 얻고 있는 그의 마음을 완전히 더 차지하고자 하는 욕심을 보여주기 때문이다. 프로이트적 견지에서 보자면 이것은 남편의 남근을 온전히 독차지하려는 욕망의 표현인 동시에 언니가 선점한 그 '아버지의 남근' 을 언니에게서 빼앗아오려는 의지의 표현이라고 볼 수 있다.

'아버지의 남근'에 대한 라헬의 욕망은 또한 야곱의 가족이 라반에게서 도주할 때 라헬이 아버지의 드라빔을 훔친 일에서도 확인할 수 있다. 당시에 이 드라빔이 어떤 의미를 지녔느냐는 논의에서 드라빔이 바로 남성 성기의 상징이라는 견해가 제기되어 왔다.[14] 그러나 우리가 굳

---

14) 일례로 조셉 휠리스는 라헬이 이 드라빔을 깔고 앉은 자세가 바로 이것이 발기한 남성의 성기를 상징하는 물건임을 시사한다고 주장한다. Joseph Wheless, *Is It God's Word?* (New York, NY: Cosimo, 2007), 178.

이 이런 견해에 기대지 않고 다만 신프로이트학파의 견지에서 보더라도 라반의 드라빔은 라헬에게 '아버지의 남근'이었다고 말할 수 있다. 즉 라반의 드라빔은 곧 가부장적 사회에서 그가 가진 주도권이나 소유권의 상징이었다는 것이다. 권혁관은 라헬이 드라빔을 훔친 이유가 바로 나중에 그녀의 아들 요셉이 가진 상속권을 주장하기 위해서였다고 설명한다.[15] 권혁관에 따르면 야곱이 고향으로 돌아갈 계획을 처음 품은 것이 바로 **"요셉이 태어났을 때"**(창 30:25)였는데, 이것은 야곱이 요셉을 자신의 상속자로 생각했음을 말해준다는 것이다.[16] 그런데 라헬은 요셉이 단지 야곱의 상속자만 아니라 아버지 라반의 상속자도 되기를 원했다. 그래서 아버지의 신(神)이자 가장권의 상징인 드라빔을 그녀가 훔쳐 나왔다는 것이다. 이것은 라헬이 탐했던 유업(遺業)이 시조부(媤祖父) 아브라함과 이삭의 유업이 아니라 친조부 브두엘과 라반의 유업이었다는 것을 뜻한다. 여기서 우리는 라헬의 이러한 속임수와 그녀의 고모이자 시어머니인 리브가가 이전에 행한 속임수 사이의 유사점을 볼 수 있는 동시에 차이점을 발견할 수 있다. 상대적으로 라헬은 리브가에 비해 하나님의 유업에 대한 관심이 적었던 것이다.

어쩌면 라헬은 야곱의 아내였음에도 불구하고 죽을 때까지 진정한 하나님에 대한 신앙에 눈을 뜨지 못했던 것인지 모른다. 하나님께서 라헬의 아픔을 권고하시고 마침내 그녀에게 요셉을 주셨을 때 라헬은 "하

---

15) 권혁관, "라헬-라반의 갈등 내러티브에 나타난 드라빔의 기능", 25.

16) 위의 논문, 24.

나님이 나의 부끄러움을 씻으셨다"(창 30:23)고 고백한다. 그러나 그녀는 그 아들의 이름을 요셉, 즉 '더하심'이라 짓는다. 하나님이 다른 아들을 다시 더 주시기 원한다는 의미였다. 여기서 우리는 그녀가 하나님을 진정으로 믿고 바라본다기보다 단지 자신의 목적을 위해 하나님을 수단시하고 있다는 인상을 받게 된다. 바로 그래서라고 할 수 있을까? 라헬은 일생 동안 자신의 결핍이 더 채워지기를 위해 싸웠지만 결국 그 욕심이 이뤄지는 것을 보지 못하고 길 위에서 그녀의 둘째아들을 낳다가 죽고 만다. 마침내 그녀가 원했던 대로 아들을 더 얻었지만 그 아들을 품에 안지 못하고 이생을 떠난 것이다. 그녀는 그렇게 죽으면서 그 둘째아들의 이름을 베노니, 즉 '슬픔의 아들'이라 불렀다. 성경에서 가장 서글픈 장면 중 하나인 이 장면에서 우리는 인생무상(人生無常)을 보게 된다. 즉 하나님이 아닌 세상의 것을 붙잡으려는 인간의 몸부림이 결국 그 자신의 결여를 채워주지 못하며 오히려 그 공허를 더 크게 할 뿐이라는 교훈을 얻는다.

한나의 우울증

우리가 사무엘의 어머니인 한나를 라헬과 비교해 보면 비슷한 상황에서도 두 사람의 차이가 분명히 드러나는 것을 볼 수 있다. 우선 두 사람은 모두 일부다처의 가정에서 다른 아내와 경쟁하는 상황에 놓여 있었고 이런 상황에서 특히 난임으로 인해 상대적 박탈감을 경험하고 있었다. 대신 그들 두 사람은 남편으로부터 각별한 사랑을 받고 있었다는 점에서도 서로 비슷하다. 그러나 두 사람은 이처럼 서로 비슷한 상황이면서도 서로 매우 대조적인 모습을 나타낸다. 라헬이 매우 공격적으로 레아를 이기려 하면서 그런 자신의 승부욕 때문에 오히려 그 자신을 괴롭힌 경우라면 이와 반대로 한나는 그녀 자신이 난임이면서 도리어 자녀가 있는 브닌나로부터 괴롭힘을 당하고 있는 입장이었다. 이런 한나의 성격은 분노를 표출하지 않고 자기 자신에게로 전향(轉向)시키는, 전형적인 내향적(內向的) 성격이라고 이야기할 수 있다. 이런 성격의 사람에게서 흔히 볼 수 있는 심리증상이 바로 우울증이다.

프로이트심리학은 우울증의 원인이 비난과 분노를 자기 자신에게로 돌리는 데 있다고 말한다.[17] 이것은 다시 말해 비난하는 목소리를 내면화한다는 것인데, 한나의 경우 그렇게 내면화한 목소리는 일차적으로 그녀를 핍박하는 브닌나의 목소리라고 할 수 있지만 더 넓게는 그녀가 처한 가부장적 사회의 아이를 못 낳는 여성에 대한 인식과 태도라고 할 수 있다. 이를테면 그것은 난임여성은 쓸모 없는 존재, 하나님의 저주를 받은 여자라고 보는 것 같은 평가였다. 한나는 아마도 브닌나의 공격을 통해 이러한 평가를 스스로 내면화하고 이로 인해 부정적 자기인식에 시달렸던 것으로 보인다. 사무엘상 1장 8절을 보면 이런 한나

---

17) Sigmund Freud, "슬픔과 우울증," *Gesammelte Werke*, 윤희기, 박찬부 역 『정신분석학의 근본개념: 프로이트전집 11』, (서울: 열린책들, 2003), 247.

는 울며 슬퍼하고 있을 뿐 아니라 음식도 먹지 아니하는 **거식증**(拒食症; anorexia nervosa) 증상도 일부 나타냈다. 이처럼 우울증에 동반되는 거식 증은 심리적 견지에서 자기 자신을 사랑하며 자신을 있는 그대로 수용 하지 못하는 데 기인한 자기거부증상이다.[18] 즉 자기를 보는 눈이 외부 의 평가에 지배되고 있어서 그 외부의 시각으로 자신을 혐오하고 학대 하는 태도인 것이다.

한나의 우울증과 거식증은 또 다르게 볼 때 한나의 **자기분화수준**이 아직 미흡하다는 것을 말해주는 것이라고도 할 수 있다. 자기의 경계가 명확치 못하여 브닌나의 공격이나 사회적 평가를 스스로의 생각과 잘 구분짓지 못하는 모습을 엿볼 수 있기 때문이다. 성경은 브닌나의 언 행이 한나를 심히 격동시키고 흔들어 놓았다고 표현한다(삼상 1:6). 이 것은 브닌나와의 관계에서 그녀가 가족치료학에서 말하는 **감정반사행 동**(emotional reaction)을 심하게 했다는 의미이다. 다만 그 감정반응이 밖 으로 드러나기보다 안으로 스스로를 괴롭힌 점이 다를 뿐 상대방의 감 정에 크게 영향 받는다는 점에서 공격적인 반응과 다르지 않다. 가족치 료학에서는 이러한 감정반사행동을 이성적 사고가 자신의 감정으로부 터 분리되어 스스로를 잘 객관적으로 보지 못하고 감정에 휘둘려 행동 하는 증상으로 본다. 한나의 이와 같은 미분화된 감정과 행동은 그녀와 엘가나, 그리고 브닌나 사이의 **역기능적 삼각관계**(dysfunctional triangle)

---

18) 홍이화, 『하인즈 코헛의 자기심리학 이야기 I 』, 200.

로 인한 것이다.[19] 엘가나는 그녀를 사랑했지만 이것은 브닌나의 질투를 더 심하게 일으켰고 이로 인해 그녀에 대한 브닌나의 공격은 더욱 심해졌다. 이 때 한나는 마치 신데렐라와 계모의 관계처럼 실질적으로 더 많은 시간을 한 집안에서 함께 보내야 하는 브닌나에게서 남편에게보다 상대적으로 더 많은 영향을 받았을 것이다. 물론 이러한 삼각관계 속에서 한나의 역기능적 감정반응이라든지 또 위에서 언급한 부정적 자기평가와 분노의 내향화 등은 모두 심리학이론에 따른 추정일 뿐이다. 그러나 성경의 한나의 모습이 단순한 우울정서만 아니라 거식증과 더불어 심지어 '심인성 실성증(心因性失聲症: hysterical aphonia)'에 가까운 증상까지 나타내고 있는 것을 볼 때 오늘날이라면 마땅히 위와 같은 원인에 의한 우울질환으로 진단받을 만한 심리상태였다고 말할 수 있다.

그러나 한 가지 한나가 일반적인 우울증 환자들과 다른 점은 그녀 자신의 상한 감정을 하나님께 가지고 나아가 눈물로 토로(吐露)했다는 점이다. 한나가 기도하면서 통곡했다는 것은 그녀의 감정을 단지 안으로 삼키기만 한 것이 아니라 밖으로 배출하기 시작했다는 것을 의미한다 (삼상 1:10). 또한 그녀가 기도하면서 **"입술만 동하고 음성은 들리지 않았다"**(삼상 1:13)는 것 역시 단순한 실성증(失聲症)으로만 보기 어려운 이유는 일반 실성증에서처럼 감정이 안으로 갇혀 있는 것이 아니라 계속해서 그러한 내적 억압과 싸우며 밖으로 표현되고 있기 때문이다. 그런

---

19) Kamila Blessing, "Family Systems Psychology as Hermeneutics," in J. Harold Ellens and Wayne G. Rollins eds., *Psychology and the Bible: A New Way to Read the Scriptures* (Westport, CT: Praeger Publishers, 2004), 193.

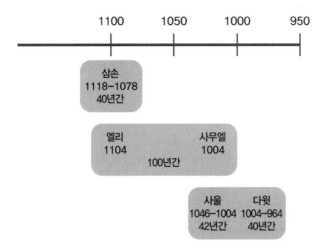

데 이렇게 그녀가 자신의 감정을 밖으로 표출하고 있었다는 점보다 더 중요한 것은 그런 그녀의 마음이 하나님을 향하고 있었다는 사실이다.

한나가 어떻게 사무엘상 1장 11절과 같은 나실인 서원을 할 수 있었을까 이유를 찾자면 우리는 그것이 사사기 13장에 나오는 삼손의 출생담과 연관이 있을 것이라 추정해 볼 수 있다. 한나가 기도를 드릴 당시 삼손은 아직 살아서 활동중이었다. 당시 이스라엘을 괴롭히던 주적(主敵)이 블레셋이던 점을 고려하면 이 시기 삼손은 이스라엘 사람들 가운데 민족적 영웅으로 칭송받고 있었을 것이며 그의 출생과 행적에 관한 이야기들이 인구(人口)에 회자(膾炙)되고 있었을 것이다. 그렇다면 우리는 아마도 한나가 그렇게 서원기도를 올리면서 마음에 떠올리고 있었던 것이 자신처럼 난임이던 여성에게서 태어난 불세출의 영웅 삼손이었다고 가정할 수 있다. 즉 하나님께서 만일 자신에게 그런 삼손 같은 아들을 주신다면 그가 단지 그녀 자신만을 위한 아들이 아니라 삼손처럼 하나님을 위해 쓰임 받는 나실인이 되게 하겠다는 서원을 하나님께 드렸다는 것이다.

여기서 우리는 한나의 기도가 단지 그녀의 말대로 하나님께 자신의 개인적 감정을 쏟아 놓은 것만이 아니었음을 알 수 있다. 그녀는 그렇게 하는 가운데 당시 이스라엘의 현실을 바라보며 하나님께 나름 설득력 있는 거래를 제안하고 있었다. 그리고 이러한 기도를 통해 그녀의 관심은 점차 개인의 문제에서 이스라엘의 현실로, 개인의 소망에서 하나님의 구원역사로 옮겨갔다. 이것을 우리는 카밀라 블레싱 Kamila Blessing 의 표현대로 새로운 치유적 삼각관계(therapeutic triangle)의 출현이라고 이해할 수도 있다.[20] 즉 '하나님-한나-태어날 아들'의 삼각관계가 그녀 마음에 새로운 중심축으로 자리하면서 이제까지 그녀를 묶고 있던 '엘가나-브닌나-한나'의 역기능적 삼각관계로부터 벗어날 수 있었다는 것이다. 이 과정을 또 다르게 설명하자면 그녀의 적극적 상상력에 의해 그녀의 삶의 이야기가 그녀 개인의 불행한 삶의 이야기에서 하나님의 구원 역사의 일부분으로 바뀌어 쓰여진 것이라고도 말할 수 있다. 기도 중인 그녀의 가슴이 이런 새로운 비전으로 벅차오르고 있을 때 제사장 엘리가 그녀에게 해 준 말이 이것이었다. **"이스라엘의 하나님이**

---

20) Kamila Blessing, "Family Systems and Psychology as Hermeneutics," 193.

네가 기도하여 구하는 것을 허락하시기 원하노라"(삼상 1:17). 아마도 한나는 이 엘리의 말을 자신이 기도하고 서원한 바에 대한 하나님의 응답이라고 믿었던 것 같다. 이후로 한나는 더 이상 얼굴에 수색(愁色)을 나타내지 않았다(삼상 1:18). 이것은 그녀가 더 이상 자신의 현재 상황을 브닌나의 비난이나 세상의 평가에 연결시키지 않고 대신 하나님의 구원사에 연결시키며 더 이상 과거의 부정적 감정패턴에 매몰되지 않게 되었음을 의미한다.[21]

그러나 사실 더 이상 수색을 띠지 않는 한나의 모습이 그녀의 온전한 치유를 의미한다고 봐야 할지는 아직 석연치 않은 부분이 있다. 어쩌면 거기에는 자기 내면의 감정에 대한 일말의 부인(denial)이 섞여 있었을지도 모른다. 우리가 이 점과 연결시켜 생각해 볼 것은 나중에 어린 사무엘이 겪었을지 모르는 '분리불안(separation anxiety)'의 문제이다. 한나가 젖뗀 지 얼마 되지 않은 어린 아들을 성소에 데려와 바친 일은 아무리 서원을 준행한 일이라 해도 어린 사무엘에게는 역시 좀 가혹했던 처사라 여겨진다. 이관직은 이 때 어린 사무엘이 적지 않은 정신적 충격을 받았으리라 지적한다.[22] 이것은 일반적 경우에 비춰 보더라도 상당히 일리 있는 지적이 아닐 수 없다. 그런데 우리가 여기서 생각해 볼 것은

---

21) 한나의 시야가 이처럼 그녀 개인의 차원을 넘어 하나님의 구원역사를 바라보는 차원으로 확장되었다는 사실을 우리는 사무엘상 2장에 나오는 그녀의 노래에서 확인할 수 있다. 예컨대 여호와는 "가난한 자를 진토에서 일으키시며 빈핍한 자를 거름더미에서 드사 귀족들과 함께 앉게 하시며 영광의 위를 차지하게 하시는도다. 땅의 기둥들은 여호와의 것이라. 여호와께서 세계를 그 위에 세우셨도다"(삼상 2:8) 같은 고백이 보여주는 것이 그런 시야의 변화이다.

22) 이관직, 「성경인물과 심리분석」, 141.

한나가 그녀와 떨어지기를 두려워했을 어린 아들을 어떻게 그처럼 냉정히 외면하고 돌아설 수 있었을까 하는 점이다. 이것은 이 아이가 자신의 것이 아니라 하나님의 것이라고 믿었고 그러므로 하나님께서 친히 그를 잘 양육하실 것이라 믿었기 때문이라고 할 수 있다. 하지만 한편으로 이런 한나의 냉정함이 아이를 향한 자기 자신의 감정을 외면하는 태도라고 여겨지는 면이 없지 않다.

한나가 자녀가 없어서 슬퍼한 것은 그 증상으로 보거나 다른 성경의 난임여성들의 경우를 유추해 보더라도 역시 아이를 통해 자신의 외로움을 보상 받고자 하는 자기애적 욕구가 있었기 때문이라 볼 수 있다. 만일 이렇게 본다면 마침내 하나님께서 그녀를 권고하심으로 태어난 사무엘은 한나에게 하나님의 은혜에 크게 감사할 이유일 뿐 아니라 커다란 자기애적 보상과 만족을 주는 존재였을 것이 분명하다. 또한 사무엘의 출생으로 한나는 그녀를 그토록 괴롭히던 브닌나의 코를 납작하게 해 주었다는 득의감도 결코 없지 않았을 것이다. 그러나 사무엘의 출생 이후 한나의 태도에서 우리는 그와 같은 자기만족을 스스로에게 일절 허용하지 않는 그녀의 엄격함을 발견하게 된다. 이것은 그 아이 사무엘이 결코 한나 자신을 위한 아이가 아니라 하나님의 아이라는 철저한 신앙고백에 입각한 태도였다고 볼 수 있다. 그러나 우리는 동시에 거기서 자연스런 자신의 감정을 부인하는 한나의 강박적 방어심리를 또한 읽을 수 있다. 행복에 익숙치 않은 사람들은 이처럼 짐짓 자신의 감정을 부인하는 방식으로 언제 또 찾아올지 모르는 불행으로부터

사무엘을 바치는 한나

자신을 방어하려는 경향이 있다. 어쩌면 한나 역시 이와 비슷한 이유로 자신의 감정을 스스로 외면하고 있었기 때문에 어린 사무엘의 감정 역시 공감적으로 수용할 수 없었던 것인지 모른다. 자신의 모정(母情)을 스스로 부정하는 것처럼 자신을 향한 사무엘의 애착욕구와 분리불안을 외면했다는 것이다.

지금 우리가 이야기하고 있는 것은 그러나 사무엘을 바친 한나의 헌신이 진정한 신앙의 행위가 아니었다는 것은 결코 아니다. 한나의 헌신은 확실히 진정성 있는 믿음의 행동이었다. 그러나 한나뿐 아니라 우리 모두의 신앙에서 발견하게 되는 아이러니 중 하나는 어떤 것이 설령 진정한 신앙의 행위라고 하더라도 심리적 측면에서 그것이 여전히 자기

방어나 자기감정의 부인(denial)일 수 있다는 사실이다. 당시의 시점에서 이러한 자기방어나 부인은 무의식적 차원의 것이었기 때문에 우리가 당시 한나가 어린 사무엘을 떼놓지 않았더라면, 혹은 아예 그런 서원을 하지 않았더라면 하고 가정하는 것은 무의미한 일이다. 같은 이유에서 심지어 하나님께서 과연 한나의 그런 서원을 정말 원하셨을까라고 묻는 것 역시 별 의미가 없다. 중요한 점은 하나님께서 그제나 이제나 인간의 이런 모든 불완전함과 실수에도 불구하고 그 모든 일을 통해 합력하여 선을 이루시는 분이라는 사실이다. 사무엘의 경우 어린 시절 그가 그런 심리적 충격과 불안을 겪은 것이 사실이라 할지라도 오히려 그로 인해 그가 그 어린 시절부터 더욱 간절하게 하나님을 붙들었던 것이라 볼 수 있다. 또한 여기서 우리가 한 가지 더 기억해야 할 사실은 나중에 하나님께서 한나에게 세 아들과 두 딸을 더 주심으로 그녀 스스로 돌아보지 않던 그녀의 마음을 하나님께서 친히 돌아보시고 치유하셨다는 사실이다(삼상 3:21).

그러나 이렇게 하나님의 은혜가 한나의 모든 삶을 덮은 것이 사실이라 할지라도 그녀의 무의식적 방어기제로 인해 생겨난 사무엘의 '상처'가 이후 사무엘 자신과 그의 자손들에게 아무런 영향도 끼치지 않았으리라 기대하는 것은 역시 너무 순진한 기대일 것이다. 이관직이 지적하는 것처럼 "뇌물을 취하고 판결을 굽게 하는"(삼상 8:3) 사무엘의 아들들의 문제가 그들의 조모 한나가 가지고 있었던 심리적 미해결과제

(unfinished business)와 전혀 무관한 것이라 보기는 역시 어려운 일이다. [23]

나오며: 갈망(渴望)의 두 얼굴

우리 인생에서 원했지만 채워지지 않은 부분은 많은 경우 우리로 하나님을 바라보게 하는 매개(媒介)로 작용한다. 우리에게 바로 그와 같은 상황 중의 하나가 난임(難姙)이다. 아이를 갖지 못함으로 인한 마음의 고통은 성경 속에서나 오늘 우리의 현실에서나 인간의 노력의 한계를 인정하고 눈을 들어 하나님을 바라보게 한다. 그러나 실제로 난임의 상황이 항상 이렇게 사람들을 하나님에게로만 인도하는 것은 아니다. 역시 많은 경우에 난임의 상황은 마치 가난이 물질에 대한 집착을 낳는 것처럼 또 하나의 집착을 낳기도 한다. 우리가 성경의 라헬에게서 볼 수 있는 모습이 그런 것이다. 그런가 하면 난임은 처음에 사라나 한나에게서 볼 수 있었던 것처럼 사람들로 하여금 자책과 우울에 빠져 있게도 한다. 결국 우리가 알 수 있는 것은 상황자체가 우리를 하나님께로 나아가게 하는 것이 아니라 어떤 상황이든지 그 속에서 우리가 하나님을 바라볼 때 그것을 통해 하나님을 경험할 수 있다는 사실이다. 한

---

23) 이관직의 해석에 따르면 사무엘의 아들들의 비행은 바로 부모로부터 직접 양육을 받지 못한 사무엘이 그 자신의 자녀들을 어떻게 양육할지 몰라서 일어난 문제이다. 이관직, 「성경인물과 심리분석」, 142. 우리는 이것을 단순히 양육기술의 부족의 문제만이 아니라 정서적인 무관심의 세대전수라는 측면에서 바라볼 수 있을 것이다.

두 임신녀 Charles Leplae 作

나의 경우는 난임의 상황에서 아이만을 바란 것이 아니라 하나님을 바랐기 때문에 그 상황을 넘어서게 되었다고 말할 수 있다. 그런데 어쩌면 한나는 결과적으로 너무 지나칠 만큼 아이를, 또 그와 함께 그 자신의 마음을 돌아보지 않았던 것인지도 모른다. 하나님에 대한 헌신이라는 이유로 아이의 마음과 그 아이에 대한 자신의 마음조차 무시해 버렸던 것인지 모른다. 하나님은 실은 고통당하는 자의 마음을 돌아보시는 하나님이신데도 말이다. 여기서 우리는 진정한 헌신은 자신을 돌아보지 않는 것이 아니라 하나님의 마음으로 자신을 사랑하고 또 사람들을 사랑하는 것이라는 점을 기억하게 된다.

제8장
부성(父性)의 심리학
성경 속의 아버지들

성경 속의 아버지들

아버지의 중요성

자녀에게 있어 아버지의 중요성은 아무리 강조해도 지나치지 않다. 우선 기독교신앙의 견지에서 아버지는 하나님의 표상(representation)이라 할 수 있다. 물론 심리적 차원에서 자녀에게 하나님 표상은 비단 아버지만 아니라 어머니가 될 수도 있으며 조부모나 다른 중요한 타자들(significant others)이 될 수 있다.[1] 그러나 역시 전통적 기독교의 관점에서 하나님 표상은 우선적으로 아버지라 할 수 있는데 그 이유는 무엇보

---

1) 대상관계심리학의 관점에서 하나님 표상(the internal representation of God)에 대해 연구한 애너 마리아 리주토에 의하면 심리내적인 하나님상은 비단 아버지뿐 아니라 어머니를 비롯한 중요 타자들과의 관계의 영향 아래 형성된다. Ana-Maria Rizzuto, 『살아 있는 신의 탄생』, 87.

다 예수께서 하나님을 그와 우리의 **"아버지"**(요 20:17)라 부르셨기 때문이다. 예수님의 이러한 호칭은 단순한 비유 이상의 의미라 할 수 있다. 왜냐하면 하나님과 예수의 관계는 창세이전부터 아버지와 아들의 관계였고 우리 인간은 예수 그리스도 안에서 그와 마찬가지로 하나님을 아버지라 부르는 피조물, 즉 **"하나님의 자녀"**(요 1:12)로 창조되었기 때문이다. 그러므로 이 땅의 아버지와 자녀의 관계는 그러한 하늘의 관계를 예표(豫表)하는 관계라 할 수 있다. 이것의 의미는 이 땅의 아버지와 아들의 관계가 하나님과 우리의 관계를 가리키는 비유로 우연히 선택된 것이 아니라 그 하나님과의 관계를 가리키는 표지(標識)로 처음부터 설계된 관계라는 것이다. 따라서 이 땅의 아버지와의 관계가 깨어지는 것

은 그 자녀들이 하나님을 찾아가는 데 있어 그처럼 중요한 표지를 잃어버리는 일이라 할 수 있다.

자녀에게 있어 아버지의 중요성은 기독교만 아니라 일반심리학이나 교육학 등의 영역에서도 매우 강조되고 있다. 특히 최근 들어 아버지 역할의 중요성이 더욱 강조되고 있는 것은 대체로 다음의 두 가지 이유에서라 할 수 있다. 첫째 그것은 사회변화로 인해 전통적인 가부장적 사회에서 아버지들이 지녀온 소원(疏遠)한 태도, 특히 자녀양육에 있어서의 소극적 태도가 비판되고 있는 상황과 관련된다.[2] 즉 보다 적극적이고 친밀한 아버지의 역할이 강조되고 있는 것이다. 또 한 가지 이유는 특히 심리학 분야에서 대상관계이론 등에 의해 어머니 역할의 중요성은 충분히 강조되어 온 데 비해 상대적으로 등한시되어 온 아버지 역할의 중요성이 새롭게 재조명되고 있기 때문이다. 최근 심리학자들은 자녀가 어머니로부터 분화되어 독립적 자기정체성을 형성하는 데 있어 아버지 역할의 중요성을 특별히 강조하고 있다.[3] 예컨대 어니스트 에블린 Ernest L. Abelin 은 프로이트와 마가렛 말러 Margaret Mahler 의 이론을 접목시켜 유아발달과정을 설명하면서 6~12개월 유아가 엄마와의 공생적 융합으로부터 분리되어 자율성을 얻는 데 아빠가 중요한 매개자 역할

---

2) 강란혜, 『성경적 관점에서 본 아버지 역할과 아동발달』 (서울: 그리심, 2012), 153.

3) Michael E. Lamb ed., *The Role of Father in Child Development*, 김광웅, 박성연 옮김, 『아버지 역할과 아동발달』 (서울: 이화여자대학교 출판부, 1995), 27.

을 한다고 주장한다.[4] 에블린에 따르면 유아의 아빠는 엄마와 아이 사이에서 안정적 삼각관계를 형성함으로써 아이로 하여금 엄마로부터 분리되어 세상을 경험하면서도 불안에 떨지 않을 수 있도록 돕는 역할을 한다.[5] 이것은 다시 말해 엄마와의 과도한 융합으로 아이가 자아를 상실하거나 유아적 자기 환상에 함몰되지 않도록 아빠가 중간 역할을 한다는 것이다.[6] 결국 문제가 되는 아버지의 부재는 이혼 등의 사유로 인해 실제 그 같은 역할을 할 아버지가 없거나 아버지가 있어도 그 같은 역할을 잘 감당하지 못하게 되는 경우이다. 과거 가부장적 사회에서 이러한 문제의 원인이 주로 자녀양육에 잘 동참하지 않는 소원(疏遠)한 아버지에 있었다면 오늘날 가정에서는 이혼 등의 또 다른 상황들이 그 같은 문제의 원인이 되고 있다. 이제 우리는 본 장에서 이 같은 오늘의 상황에서 반면교사(反面教師)로 삼을 만한 성경 속 아버지들의 이야기를 살펴보고자 한다. 구체적으로 그것은 아브라함과 이삭, 야곱 족장3대의 이야기와 이스라엘의 지도자일 뿐 아니라 그 자녀들의 아버지이기도 했던 모세와 사무엘, 다윗의 이야기이다.

---

4) 위의 책, 32.

5) 위의 책, 33.

6) 물론 과도한 융합은 경우에 따라 아빠와 아이 사이에도 일어날 수 있으며 이 때는 역으로 엄마의 존재가 둘 사이의 건강한 분리를 돕는 매개자 역할을 할 수 있을 것이다. 에블린의 초기 삼각관계는 바로 이 두 가지 경우 모두에서 유아의 분리개별화를 돕는 구조라고 볼 수 있다.

친밀한 아버지들: 아브라함, 이삭, 야곱 3대

아브라함, 이삭, 야곱 3대가 그 자녀들과 맺은 부자관계에 대해서는 이미 많은 부분 앞에서 다루었기 때문에 여기서는 다만 간략하게 그들의 부성(父性)적 측면에만 주목해 보고자 한다. 아브라함, 이삭, 야곱 3대는 앞에서 살펴본 것처럼 성격적으로 연약한 부분이 많았지만 한 가지 긍정적으로 볼 수 있는 점은 그들이 대체로 그들의 아들에게 친밀한 아버지였다는 사실이다. 그런데 이것은 그들이 그들의 모든 자식들에게 친밀한 아버지였다는 의미는 아니다. 아브라함의 두 아들 중 이스마엘은 이삭에 비해 상대적인 소외감을 느낀 아들이었고, 이삭의 두 아들 중에는 야곱이 그러했으며, 야곱의 집안에서는 요셉을 제외한 다른 대부분의 자녀들이 상대적인 소외감 속에서 자랐다. 그러나 야곱의 경우 이처럼 다른 자녀들이 느낀 소외감은 일부다처제의 상황 속에서 아버지의 편애(偏愛)로 말미암은 상대적인 소외감이었지 그 아버지 자신의 성품에 기인한 문제는 아니었다고 할 수 있다. 이 점은 조부 아브라함이나 아버지 이삭 역시 마찬가지였다. 그들은 모두 적어도 한 아들과의 관계에서는 매우 친밀하고 애정 많은 아버지였다. 실상 그 외 자녀들이 느낀 소외감도 그러한 아버지의 친밀함과 애정을 함께 나눠 가질 수 없었던 상대적 요인으로 말미암은 것이지 그들 아버지가 그들을 전혀 사랑하지 않았기 때문은 아니라고 할 수 있다. 요컨대 아브라함, 이삭, 야곱 세 사람은 친밀하고 다정한 아버지의 품성을 가진 사람들로서 이러한 그들의 품성은 그들 자신의 아버지와의 관계에서 내면화된 것이 이후 그 자녀와의 관계에서 나타나고 있었던 것이라 볼 수 있다.

테레스 베네덱 Therese Benedek 은 아들과의 관계에서 아버지 안에 대체로 다음 두 가지의 자기동일시가 일어난다고 이야기한다.[7] 첫째는 아들과의 자기동일시로 자신이 일생동안 이루지 못한 자아이상(ego-ideal)을 그 아들에게 투영하는 것이다. 아브라함에게 있어 이러한 자기투영은 이삭을 통해 그의 자손이 그 가나안 땅에 편만(遍滿)하게 되는 꿈으로 나타났다. 이러한 비전에는 아브라함의 충족되지 못한 자아실현 욕구와 하나님의 언약에 대한 믿음이 혼재되어 있었다. 그래서 하나님께서는 바로 이러한 아브라함의 무의식적 욕망을 시험하고자 이삭의 번제를 그에게 요구하셨던 것이다. 한편 아버지가 된 이삭에게서 그의 맏아들 에서와의 자기동일시는 앞의 3장에서 이미 살펴본 바와 같이 그가 실제 해 보지 못한 일탈과 방종을 그 아들을 통해 대리 실행하는 무의식적 작용으로 나타난다. 이 같은 무의식에 의해 지각이 어두워진 이삭은 결과적으로 에서가 아니라 야곱을 선택하신 하나님의 뜻을 잘 이해하지 못한 것이다. 한편 이렇게 자신에게 상대적으로 무관심한 아버지 밑에서 자란 야곱의 경우 그 아들 요셉과의 자기동일시는 자신이 어린 시절 충족 받지 못한 아버지 사랑을 역시 그 아들을 통해 대리충족받으려는 무의식적 작용으로 나타난다. 그의 편애는 자신과 동일시하는 요

---

7) Elwyn James Anthony and Therese Benedek, *Parenthood: Its Psychology and Psychopathology* (Boston: Little Brown, 1970), 173; Michael Lamb, 「아버지 역할과 아동발달」, 54–55에서 재인용.

섭을 다른 아들들보다 더 많이 사랑함으로 자신이 빼앗긴 아버지 사랑을 대리적으로 보상받으려는 무의식적 시도였다고 볼 수 있다.

야곱이 이렇게 아들인 요셉과 자신을 동일시하는 자기동일시는 그 자신의 과거 아버지와 자신을 동일시하는 자기동일시와 동시에 일어난다.[8] 그런데 아들과의 자기동일시가 그런 것과 마찬가지로 과거 아버지와의 자기동일시 역시 모순적인 이중성을 내포하고 있다. 즉 아버지는 아들과의 관계에서 실제 그들의 아버지처럼 되는 동시에 실제 그들의 아버지가 되어 주지 못한 이상적 아버지가 되려고 노력한다. 이 중 어느 쪽이 더 우세하냐는 첫째 그가 얼마나 자신의 과거 아버지와 긍정적 관계를 경험했느냐에 달려 있다. 만일 자신의 아버지와의 관계가 매우 긍정적이었고 그가 그것을 그렇게 만족스러운 경험으로 기억한다면 그 아버지는 아들과의 관계에서 그 아버지와 동일한 아버지가 됨으로써 동일한 경험을 무의식적으로 반복하려 할 것이다. 반면 과거 자신의 아버지와의 관계가 불만스럽고 심지어 외상적(外傷的)이었다면 그는 그 아들과의 관계에서 실제의 그 자신의 아버지와는 다른 아버지가 되려고 노력할 것이다. 그러나 문제는 이러한 경우에조차 그 아버지는 실제로 그 아들과의 관계에서 자기도 모르게 그 자신의 과거 아버지의 모습을 반복하게 된다는 점이다. 이것은 아들에게 자신의 과거를 투영하면서 자신의 과거 두려움이나 아픔 등 부정적 감정이 되살아나 그를 지배하게 되기 때문이다. 여기서 우리는 아버지와 아들의 관계 속에 과거와

---

8) 위의 책, 55.

현재, 사실과 소망, **일치적 동일시**(concordant identification)와 **상보적 동일
시**(complementary identification) 등이 동전의 양면처럼 서로 복잡하게 맞물
려 있는 것을 볼 수 있다.[9]

또 한 가지 우리가 아버지와 아들의 관계에서 발견할 수 있는 특징은
일견 매우 친밀해 보이는 아버지가 사실은 과거 자신의 성장기에 잃어
버린 무언가를 보상받기 위해 노력하는 아버지일 수 있다는 사실이다.
때문에 친밀해 보이는 부자관계가 반드시 건강한 관계가 아닐 수 있으

---

9) 상담 상황에서 일치적 동일시(concordant identification)란 상담자가 내담자 자기 자신과 동일
시하는 것을 말하고 상보적 동일시(complementary identification)이란 내담자의 경험 속에 있
는 타인(ex. 아버지)과 상담자 자신을 동일시하는 것을 말한다. Heinrich Racker, *Transference
and Counter-transference* (London: Karnacbooks, 1982), 134-35 참조.

며 아들과 친밀해 보이는 아버지가 반드시 좋은 아버지만은 아닐 수 있다. 이 점은 족장 세 사람의 경우 역시 마찬가지이다. 노년에 얻은 아들을 애지중지하는 아브라함이나 맏아들 에서가 사냥한 고기를 애호하는 이삭, 라헬의 소생인 요셉만을 편애하는 야곱의 사랑에는 어딘가 병리적인 면이 있다. 자식에 대한 그들의 애착은 단순히 부성애로만 보기에는 너무 자기애적인 요소와 자기보상욕구가 많이 내포되어 있다. 이러한 욕구들 이면에는 그들 자신의 과거의 상실과 두려움, 좌절과 불안 등이 감춰져 있는 것이다. 그들의 아들에 대한 애착이 이 같은 불안요인들에 의해 무의식적으로 추동되고 있기 때문에 그들과의 관계 속에서 그 아들들 역시 그러한 그들의 불안에 영향받을 수밖에 없다. 즉 그러한 아버지의 불안을 상쇄하기 위해 그들은 다소 과도하게 반응하는 아들들이 된다. 그래서 이삭은 과도하게 순응적인 아들이 되었고, 에서는 반대로 과도하게 외향적인 성향을 나타내었으며, 요셉은 다시 아버지와 매우 동반의존적인 아들이 되었다. 친밀한 부자관계라는 긍정성이 역기능적인 부자(父子)융합의 패턴과 동전의 양면을 이루어 세대간에 되풀이되고 있는 것이다.

우리가 아브라함, 이삭, 야곱 3대의 부자관계를 살펴보면서 발견하는 것은 그 아버지의 친밀함이 진정 그 아들에게 긍정적인 영향을 미치기 위해서는 그들이 저마다 한 번씩 그 사랑하는 아들을 내려놓는 경험을 해야만 했다는 사실이다. 먼저 아브라함의 경우 실제로 이삭을 잃어버린 것은 아니지만 이삭을 번제로 드리는 과정에서 그를 마음으로부터 끊어내는 고통을 경험했다. 말하자면 이것은 그 부자(父子)가 서로의 상실을 연습한 셈이라 할 수 있는데, 이를 통해 그들은 그들 안의 불안과 상호의존심리를 직면하고 이런 경험을 통해 서로에게서부터 좀 더 건강하게 분화(分化)될 수 있었다. 아버지 아브라함은 모리아산에서의 그 경험을 통해 하나님에 대한 그의 헌신을 새롭게 하면서 아들로부터 건강한 거리를 형성할 수 있었고, 아들 이삭은 그러한 아버지를 본받아 하나님에 대한 분리개별화된 신앙을 키울 수 있었다. 아버지와의 친밀한 관계가 이삭으로 하여금 그의 모친 사라와의 융합으로부터 떨어져 나올 수 있게 한 것처럼 하나님에 대한 개별적 신앙이 그로 하여금 부자간의 융합으로부터 분화되어 나올 수 있도록 작용한 것이다.

우리는 이런 원리를 후대의 이삭과 야곱, 야곱과 요셉의 관계에서도 마찬가지로 확인할 수 있다. 야곱의 속임수로 인해 형제관계가 깨어지고 에서가 야곱을 미워할 뿐 아니라 그 아버지조차 원망하며 등을 돌리게 되자 아버지 이삭은 비로소 정신을 차리고 다시 하나님을 바라보게 된다. 또한 그 상황에서 부모와 결별하게 된 야곱은 부모대신 하나님을 의지할 수밖에 없게 된다. 그러나 이후 야곱은 다시 하나님보다 자신의 가족과 소유에 더 집착하는 모습을 나타낸다. 특히 과거에 그가 충족받지 못한 애정욕을 그 아들 요셉과의 관계에 전이시켜 아들에게 집착하던 야곱은 결국 그렇게 사랑하던 아들 요셉을 갑작스럽게 잃어버리고 만다. 이 일이 비록 당시 야곱으로서는 참으로 죽음 같은 고통이었겠지만 여기서 우리가 확인할 수 있는 점은 그 일이 그 아들 요셉에게 있어서는 오히려 유익한 일이었다는 점이다. 아버지 야곱의 신앙이 아들 요셉의 신앙으로 온전히 자리잡은 것은 그렇게 아버지로부터 물리적으로 떨어져 나온 이후의 일이었다. 요셉은 아버지와의 분리 이후에야 비로소 고난 속에서 하나님을 바라보던 그 아버지의 신앙을 자신의 신앙으로 내면화할 수 있었다. 이 점, 즉 아버지와의 분리가 아버지 신앙의 '변형적 내면화(transmuting internalization)'를 가져왔다는 점은 그 아버지 야곱의 경우도 마찬가지였고 그 조부 이삭의 경우 역시 마찬가지였다. 이들 삼대에서 우리는 아버지로부터의 건강한 분화가 하나님과의 관계 성숙으로 이어진다는 기본원리를 확인할 수 있다.

현대 아동교육학자들은 단순히 친밀하기만 한 부모보다 친밀하면서도 권위 있는 부모가 가장 바람직한 부모라고 이야기한다.[10] 여기서 '권위 있는 부모(authoritative parent)'란 자녀의 마음과 생각을 잘 공감해 주면서도 시의적절하게 자녀로 하여금 '좌절'을 경험할 수 있도록 해주는 부모다.[11] 그런데 사실 이러한 부모가 된다는 것은 생각처럼 쉬운 일은 아니다. 자녀에게 공감적이면서도 기준이 분명한 부모가 되기 위해서는 그 부모 자신이 우선적으로 자신의 원가정으로부터, 또 그 자녀로부터 건강하게 분화된 사람이지 않으면 안 된다. 그런데 성경의 세 족장이 그러했던 것처럼 우리들 대부분은 자신의 원가정에서 미해결된 내적

---

10) 장혜순, 『부모교육』 (고양: 공동체, 2013), 70.

11) 자기심리학적 관점에서 볼 때 권위 있는 부모는 곧 자녀에게 '최적의 좌절'을 제공할 수 있는 부모이다. P. J. Watson, Tracy Little, and Michael D. Biderman, "Narcissism and Parenting Styles," *Psychoanalytic Psychology*, 9-2 (1992), 232.

문제를 가지고 있으며 그것을 자기도 모르게 자녀와의 관계에 투사하여 되풀이하는 그런 불완전한 부모이다. 따라서 자녀에게 성숙한 부모, 권위 있는 부모가 되기 위해서는 부모 자신부터 먼저 하나님 앞에서 자신의 그런 미성숙한 욕구를 직면하고 내려놓지 않으면 안 된다. 실상 자녀에게 권위 있는 가르침은 부모가 주려고 한다고 해서 줄 수 있는 것이 아니다. 다만 부모 자신의 기대와 욕망이 꺾이는 상황에서도 부모가 하나님께 순복하는 모습을 보면서 자녀가 자기도 모르게 그 신앙을 모방하게 되는 것이다. 하나님의 의중을 알지 못하면서도 하나님께 순복하는 아버지를 보면서 이삭은 하나님께 순종하는 법을 배웠고, 억울하게 우물을 빼앗기는 상황에서도 하나님을 신뢰하는 아버지를 보면서 야곱은 하나님에 대한 신뢰를 배웠다. 또한 요셉은 사방 두려움에 둘러싸인 상황에서도 단을 쌓고 하나님의 이름을 부르던 그 아버지의 기억으로부터 그 애굽땅의 고생과 두려움 속에서 하나님으로부터 힘을 얻는 법을 배웠다. 그런데 한 가지 흥미로운 점은 아들들의 삶에서 이러한 배움의 실효성이 나타난 것은 그들이 그 부모로부터 분리되고 난 이후였다는 점이다. 즉 일차적인 의존대상인 아버지가 눈 앞에서 사라진 이후였다.

요컨대 아버지와 아들의 친밀한 관계는 하나님에 대한 신앙 전수의 중요한 통로가 되는 동시에 장애가 되기도 한다. 먼저 부자간의 친밀한 관계는 아버지와 아들 서로에게 거울작용(mirroring function)을 해서 서로의 감정과 사고를 반영할 뿐 아니라 서로를 무의식적으로 닮아가는 거

울이 된다. 그리해서 이런 상호반영적인 관계는 신앙적 가치관의 전수뿐 아니라 내면의 정서나 행동패턴이 전수되는 통로가 된다. 가족체계론이 이야기하는 역기능적 패턴의 다세대 전수만 아니라 신앙적 태도와 같은 순기능 역시 전수되는 통로가 바로 부자관계라는 것이다. 이것이 의미하는 바는 역으로 그 부자관계가 단절되거나 서로 소원해질 경우 그처럼 귀중한 신앙적 태도 역시 다음 세대로 전수되기 어려워진다는 것이다. 이런 의미에서 친밀한 부자관계는 세대간 신앙전수의 중요한 요건이라고 할 수 있다. 그러나 우리가 족장 3대의 부자관계들에서도 볼 수 있는 바와 같이 과도하게 밀착된 부자관계는 오히려 그 아들이 하나님과 인격적 관계를 형성하는 데 도움이 아니라 오히려 장애가

되기도 한다. 하나님께서 요셉을 사용하시기 위해 그를 그의 아버지로부터 냉정하게 분리시키지 않으면 안 되었을 만치 그와 그의 아버지의 정서적 융합은 요셉에게 해로운 것이었다. 이 점은 오늘날 한 두 명 밖에 없는 자녀와 매우 친밀하고 상호의존적인 관계를 형성하고 있는 한국의 부모들에게 시사하는 바가 크다. 그런데 현대 한국의 부모들이 또한 가지 유념해야 할 것은 부부갈등이나 분거(分居), 이혼 등으로 말미암아 한 쪽 부모와 소원해지는 상황 역시 자녀에게 부정적 영향을 미칠 수 있다는 점이다. 그러한 상황은 신앙이 전수되는 데 장애가 될 뿐 아니라 여러 가지 기타 정서적 문제들을 야기할 수 있는데 이런 문제를 우리는 다음의 성경인물들의 부자관계 속에서도 발견할 수 있다.

소원(疏遠)한 아버지들: 모세, 사무엘, 다윗

하나님에 대한 신앙을 상하수준으로 평가하는 것은 부적절한 일이겠지만 흔히 생각하기에 이제부터 살펴볼 세 사람은 앞의 세 족장들과 비교할 때 확실히 신앙적으로나 인격적으로나 더 우위에 있다고 여겨지는 사람들이다. 그런데 매우 구체적인 상황은 알 수 없지만 성경에 나타난 사실들만 놓고 볼 때 그들은 아마도 한 때 자신을 특별히 그 자녀들과의 관계에서 '실패한 아버지'라고 여겼을 만하다. 오늘날에도 그들처럼 많은 사람들에게 존경받는 인물이 아버지로서 실패자인 경우가 있는 것처럼 하나님 앞에서는 참으로 충성되고 신실한 종이며 "(하나님) **마음에 합한 사람**"(행 13:22)이라고까지 평가된 사람이 아버지로서 그 자녀와의 관계에서는 스스로를 실패자라고 여길 수밖에 없었던 것이 엄연한 성경적 사실인 것이다. 이제 우리는 그런 성경 속 세 인물의 면면을 이스라엘지도자로서가 아니라 그 자녀들의 아버지로서 차례로 살펴보려 하는데 그 첫번째 인물은 바로 이스라엘백성의 출애굽을 이끈 모세이다.

1. 모세의 가정문제

사실 모세를 그의 아들들과의 관계에서 실패한 아버지라고 평가할 만한 근거는 충분치 않다. 모세의 두 아들은 게르솜과 엘리에셀인데 성경은 그들과 아버지 모세의 관계에 대해 별로 구체적으로 이야기해 주는 바가 없기 때문이다. 다만 우리는 사사기 18장에서 게르솜의 아들이며 모세의 손자인 요나단이라는 인물의 이야기를 읽을 수 있다. 요컨대 요나단은 이스라엘 성막에서 여호와 하나님을 섬기던 직무를 버리고 여기저기 유랑방황하다가 결국 단지파의 우상을 섬기는 제사장이 된 사람이다(삿18:30). 이것은 모세의 신앙이 당대, 그리고 후대의 이스라엘민족의 신앙으로 이어진 사실과 대조적으로 정작 모세 그 자신의 자손에게는 제대로 전수되지 못했음을 보여주는, 적이 충격적인 사실이 아닐 수 없다. 이러한 신앙의 단절이 구체적으로 무슨 이유로, 어떻게 일어나게 되었느냐는 것은 사실 확증하기 어렵다. 그러나 세대간의 역기능적 문제가 신앙전수의 장애요인이 될 수 있다는 점을 감안할 때 우리는 그러한 신앙단절이 모세의 손자대에 갑작스럽게 일어났다기보다 그 단초가 이미 모세의 가정에서부터 있었다고 가정해 볼 수 있다.

그 문제의 단초가 이렇게 모세의 가정에서부터 있었다면 역시 그것은 첫째로 모세의 부부문제와 연관이 있었을 것이다. 미디안을 떠나던 중 모세의 아내 십보라가 게르솜 –혹은 엘리에셀– 의 양피를 베어 던지며 모세를 **"피 남편"**(출 4:25)이라 부른 것은 그녀의 남편뿐 아니라 그 두 아들까지 이스라엘백성의 정체성을 가지는 데 그녀가 강하게 반대하고 있었음을 시사한다. 아마도 이처럼 그녀의 두 아들까지 할례를 받는 일에 그녀의 반대가 너무나 강경했기 때문에 하나님께서는 모세의 숨을 조이는 방법으로까지 그녀를 겁박할 수밖에 없었던 것이라 생각된다. 결국 십보라는 그 자리에서 굴복하고 말았지만 이후로도 계속해서 그녀가 모세의 가는 길을 잘 따랐다고 보는 데 어려움이 있다. 출애굽기 18장 2~3절에서 우리는 모세의 장인 이드로가 **"모세가 돌려보냈던 그 아내 십보라와 두 아들"**을 광야로 도로 데리고 오는 것을 볼 수 있다. 이것이 시사하는 바는 곧 그 이전에 광야에서까지 모세부부 사이의 갈등이 이어졌고 결국 모세는 그의 처자를 처가로 돌려보내는 힘든 결정을 할 수 밖에 없었다는 것이다. 다시 말해 그들 부부가 한동안 별거 –혹은 사실상의 이혼– 상태에 있었다는 것이다. 이것은 바로의 고집을 무너뜨렸던 모세가 끝내 그 아내의 고집을 꺾지는 못했다는 것을 의미한다.

두 팔을 치켜든 모세 Benno Elkan 作
크네셋 메노라부분

    두 사람의 별거는 당시 막중한 사명을 감당하고 있었던 모세에게는일면 내적 평화를 가져다주었을지 모르지만 아버지와 멀어진 그의 두 아들에게는 여러 가지 부정적 영향을 끼쳤을 것이 분명하다. 마치 오늘날 이혼, 재혼가정의 자녀들이 그런 것처럼 그 두 아들은 먼저 그들 부모 사이, 혹은 두 민족 사이에서 자기정체성과 소속감의 혼란을 겪었을 것이다. 심리학자들에 의하면 이혼가정의 자녀들은 이 외에도 여러 가지 내적, 외적 어려움을 겪는데 어쩌면 모세의 두 아들 역시 그와 비슷한 어려움을 겪었을 가능성이 있다. 이렇게 추정하는 이유는 모세부부 사이의 균열이 그들의 재결합 이후에도 여전히 잘 봉합되지 못하고 계속되었다고 볼 근거가 성경에 있기 때문이다. 민수기 12장 1절에 의하면 모세는 한 **"구스(Cushite)여인"**을 아내로 취하였다. 이 **"구스 여인"**이 미디안족속인 십보라를 지칭하는 것이기 어렵다고 볼 때 이 구절은 모세가 십보라를 두고 다른 아내를 취하였거나 혹은 갑작스레 십보라를 여의고 재혼했다는 의미가 된다. 만일 전자의 경우라면 아마도 그 이유는 모세가 십보라로부터 충분한 내조를 받지 못한다고 느꼈기 때문일 것이다. 이스라엘 지도자가 될 사람은 **"아내를 많이 두지 말라"**(신 17:17)고 가르친 그가 이런 선택을 했다는 것은 그만큼 그의 부부관계가 호전되기 어려운 상태였음을 반증하는 것일 수 있다. 또 다른 가능성은 십보라가 결국 다시 모세 곁을 떠났거나 또는 일찍 죽음을 당함으로 다시 모세가 혼자 되었을 가능성이다. 그래서 이렇게 혼자 지내는 것을 힘들게 느낀 모세가 그 구스 여인을 새로 아내로 맞아들였을 가능성도 있다. 이 중 어느 것이 사실이든 여기서 우리가 모세의 그 두 아들에 대해 추정할 수 있는 점은 그들이 이전까지도 소원하게 느꼈던 아버지로부터 이런 정황 속에서 더욱 심리적으로 멀어지게 되었으리라는 점이다.

이혼가정의 자녀 심리를 연구한 제임스 헤르조그 James Herzog 는 아버지의 부재가 자녀의 불안심리 증대 및 감정조절 능력의 약화와 관련이 있다고 지적한다.[12] 이것은 안정적인 삼각관계의 한 축을 잃어버렸기 때문인데, 이로 인해 이제 전적으로 어머니에게 의존하게 된 자녀들은 어머니와의 관계에서 자아가 위축되거나 역으로 무절제한 감정, 행동을 나타내게 된다. 이와 관련하여 또 한 가지 아버지가 없는 자녀들

---

12) Michael Lamb, 「아버지 역할과 아동발달」, 44-45.

에게 종종 나타나는 특징은 자기통제력이 약하거나 사회규범을 벗어난 행동을 할 수 있다는 점이다. 이것은 아마도 그들에게 역할 모델이 부재하기 때문일 것이다. 오늘날 이혼 가정의 자녀들에게서 흔히 발견되는 이러한 특징들이 모세의 두 아들에게서도 역시 나타났다고 우리가 단정할 만한 근거는 없다. 더욱이 모세가 소명을 받았을 당시 그의 두 아들은 이미 장성한 나이였을 가능성을 생각할 때 부모의 갈등이 그들에게 미친 영향은 제한적이었을 수 있다. 그러나 여기서 우리가 한 가지 기억해야 할 것은 정서적인 차원에서 아버지의 부재가 그 모세의 두 아들에게 이 때부터가 아니라 이미 그들의 어린 시절부터 계속되어 온 것일 가능성이 있다는 점이다. 돌이켜 생각해 보면 우리는 모세 자신부터 아버지 없이 자란 아이였다는 것을 알 수 있다. 이 때문에 내면화된 아버지상이 없는 모세는 어떻게 아버지로서 그의 두 아들과 관계를 맺어야 할지 잘 몰랐을 가능성이 있다. 많은 경우 정서적으로 부재한 아버지들은 그 본인이 '부성결핍'을 경험한 사람들이다.[13] 앞의 5장에서 살펴본 것처럼 모세가 어린 시절 애굽의 왕궁에서 경험한 성인남성들은 냉담하고 두려운 존재들이었을 것이다. 그렇다면 이런 애굽남성들과의 관계에서 모세의 내면에 자리잡은 위축감이나 분노가 그의 아들들과의 관계에서도 전이되어 나타났을 수 있다. 만일 이것이 사실이라면 아마도 모세는 그런 감정으로부터 그 자신과 아들들을 보호하기 위해 그들로부터 거리를 두는 방식을 선택했을지 모른다. 물론 모세는 하나님을

13) 위의 책, 58.

만난 이후 점차 내면이 치유되고 성숙한 모습으로 변화되어 갔다. 그러나 안타까운 점은 그들 부부간의 갈등으로 인해 이처럼 변화된 아버지를 그 두 아들이 경험할 기회가 적었으리라는 점이다.

그러나 서두에서 밝힌 것처럼 이 대부분은 다만 추정일 뿐 성경은 그 두 아들과 모세의 관계에 대해 거의 아무런 정보도 제공하고 있지 않다. 성경은 다만 모세의 손자, 즉 게르솜의 아들 요나단에 대해서만 사사기 18장에서 이야기하고 있다. 그런데 우리가 이 모세의 손자 요나단에게서 발견하는 것은 가히 충격적일 만치 조부의 신앙에 대해 무지하며 삶과 신앙에 있어 '자신의 소견에 좋을 대로' 처신하는 모습이다. 이러한 모습은 물론 사사시대 전반의 종교문화적 타락상을 보여주는 것이기도 하지만 다른 한 편으로 그의 원가정의 정서적 문제를 드러내는 것일 수 있다. 만일 이것이 사실이라면 그 문제는 근원적으로 '아버지의 부재'로 기인한 문제일 가능성이 크다. 즉 모세가 경험하지 못한 아버지를 그 아들 게르솜이 경험할 수 없었고 게르솜이 경험하지 못한 아버지를 그 아들 요나단 역시 경험할 수 없었기 때문일 수 있다는 것이다. 모세는 위대한 이스라엘의 지도자였지만, 또 오늘날까지도 수많은 신앙인들에게 존숭을 받는 인물이지만 이렇게 그의 친자손들에게는 충분히 좋은 아버지가 되지 못했던 것이 어쩌면 감춰진, 그러나 부인하지 못할 사실일지 모른다. 이것은 특히 하나님을 섬긴다고 하면서 정작 자기 가정을 잘 돌보지 못하는 오늘날 교회지도자들에게 경각심을 불러일으키는 대목이다.

2. 아버지 사무엘

성경에서 모세 버금가는 위대한 이스라엘의 지도자를 꼽으라면 떠올릴 수 있는 사람이 사무엘이다. 사무엘은 이렇게 영적인 면에서 성경에 나오는 그 누구 못지않게 탁월한 인물이었다. 그러나 이것이 그가 다른 모든 면에서도 완전한 사람이었다는 것을 의미하지는 않는다. 우리는 바로 앞 장 결미에서 **"뇌물을 취하고 판결을 굽게 한"**(삼상 8:3)그의 아들들의 문제가 어쩌면 그들의 선대(先代)로부터 이어져 온 심리적 미해결 과제와 연관이 있을지 모른다고 이야기했다. 이 말의 의미는 그들의 조모 한나의 심리적 문제가 아버지 사무엘의 심리적 문제와 연결되고 다시 그 사무엘의 문제가 그 아들들의 문제와 연결되어 있을지 모른다는 뜻이다. 만일 이것이 사실이라면 구체적으로 그것이 어떤 종류의 문제이며 또 어떻게 시작된 문제일지 이제 본 절에서 함께 생각해 보려한다. 특별히 본 절에서는 그 문제를 한나의 심리적 미해결 과제만 아니라 사무엘의 부성(父性)결핍과 연결시켜 보려 한다.

이러한 논의를 진행하기 앞서 먼저 참조할 것은 사무엘 아들들의 방종을 사무엘 가정의 역기능성과 연결시켜 설명한 이관직의 논의이다. 이관직은 사무엘의 아들들, 요엘과 아비야의 방종을 근원적으로 "삼 세 이후부터 부모의 양육을 경험하지 못한 사무엘이 가정을 이루었을 때, 아버지로서 자녀들을 어떻게 양육할지 몰랐"던 사정과 관련된 문제일 것으로 설명한다.[14] 심리학에서 말하는 3세는 대체로 외디푸스 콤플렉

---

14) 이관직, 「성경인물과 심리분석」, 142.

스가 시작되는 시기이다.[15) 이것은 다시 말해 이 시기까지 아이에게 지배적인 영향을 끼치던 어머니와 아이 사이에서 비로소 아버지가 이 때부터 중요한 역할을 하기 시작한다는 의미이다. 그런데 사무엘의 유아기를 보면 어머니 한나가 그와 배타적인 모자관계를 맺고 있어서 친아버지 엘가나가 좀처럼 그 사이로 들어오기 어려웠으리라는 점을 알 수 있다. 이 점을 우리는 예컨대 사무엘에 관한 제반 결정이 전적으로 그 어머니 한나에 의해 이루어지는 데서 볼 수 있다. 그러다가 사무엘이 3세가 되어 비로소 아버지의 역할이 심리적으로 중요해지기 시작했을 때쯤 사무엘은 그만 그 모친에 의해 성소(聖所)에 드려진 아이가 되었다. 어쩌면 엘가나는 한 번도 그의 아들 사무엘과 친밀한 부자관계를 경험해 보지 못한 채 그 아들을 빼앗긴 셈이라 할 수 있다. 이것을 다시 사무엘 입장에서 말하자면 그가 한 번도 친아버지와 의미 있는 부자관계를 경험하지 못하고 원가정으로부터 분리된 셈이라는 것이다. 만일 이것이 사실이라면 이 일은 이관직이 지적하는 대로 사무엘에게 "아직 뿌리를 내리지 못한 꽃나무가 뽑혀서 전혀 다른 땅에 심겨지는 것" 같은 매우 외상적인 경험이었을 것이다.[16) 이후의 사무엘의 모습을 보면 아마도 그는 엘리제사장을 대리부모로 삼아 그런 심리적 외상을 그럭저럭 잘 극복해낼 수 있었던 것처럼 보인다. 그러나 그런 초기 부성상

---

15) 이관직은 한나가 사무엘을 실로로 데리고 온 때가 사무엘의 3세 때일 것이라 추정하는데 그 근거는 사무엘을 바칠 때 "세 살 된 수소"(삼상 1:24)와 함께 바쳤다는 구절이다(위의 책, 140-41).

16) 위의 책, 142.

실의 경험은 어떤 식으로든 그의 안에 남아 후대의 그의 자녀들과의 관계에 영향을 미쳤을 것이다.

초기 아버지 상실의 경험이 사무엘에게 구체적으로 어떤 영향을 끼쳤을지 성경에 나타난 자료만으로는 정확히 알기 어렵다. 다만 우리가 성경에 기록된 부분들을 오늘날 유사한 사례들에 비추어 생각해 볼 수 있는 점은 다음과 같다. 첫째 아들들에게 있어 아버지는 대개 자신의 존재가치와 중요성을 반영해 주는 대상이다. 그렇다고 할 때 그런 아버지 경험이 부족했던 사무엘은 아마도 성막을 지키는 직분에 충실함으로써 대리아버지인 엘리 제사장에게 사랑과 인정을 받고 그것으로써 그의 내적 결핍을 보상받으려 노력했을 것이다. 그리고 이런 태도는 이후 선지자로서 직분에 충실함으로써 하나님과 이스라엘 백성들에게 사랑과 인정을 받으려는 노력으로 이어졌을 것이라 생각된다. 이것은 다시 말해 그의 자존감이 다분히 선지자로서의 그의 '효능에 기초한 것 (efficacy-based self-esteem)'이었으리라는 것이다. 이처럼 효능에 기초한 자존감의 함정은 첫째 자칫 일중독적(workaholic)이 되기 쉽다는 점이다. 사무엘 역시 어쩌면 이런 측면이 있었을 가능성이 있는데 이관직은 이 점에 대해 지적하기를 사무엘이 "전국을 순회하며 사사 기능과 제사장 기능을 감당하"느라 "막상 자신의 가정은 잘 돌보지 못했을 것"이라고 이야기한다.[17]

그런데 심리적 측면에서 볼 때 이러한 사무엘의 일중독은 단지 그가

17) 위의 책, 143.

가정을 잘 돌보지 못한 원인이 아니라 어쩌면 그에게 어색하게 느껴졌던 가정생활의 친밀함을 회피하는 한 방편이었을 가능성이 있다. 자기 효능에 따라 존재가치를 인정받는 데 익숙한 사람들은 가족과 같이 그냥 있는 그대로를 수용하고 서로 사랑하는 관계를 오히려 어색하게 느낄 수 있다. 엘리제사장이 그의 대리아버지 역할을 했으리라고 하지만 역시 그 관계는 그의 존재 자체보다 엘리의 아들들이 소홀히 한 성막관리 직분을 잘 감당하는 그의 효능에 기반한 관계였다. 이렇게 볼 때 그가 성인이 되어 시작한 평범한 가정생활이 그에게는 상당히 낯선 것이었을지 모른다. 만일 그렇다면 그런 상황에서 그의 자녀들이 그에게서 평범한 '아버지'를 느끼기란 쉽지 않은 일이었을 것이다. 뿐만 아니라 그의 아들들은 그의 아버지처럼 성실히 살아야만 인정받을 수 있다는 그런 암묵적 지시와 분위기 속에서 숨 막히는 압박감을 느꼈을지도 모른다.

사무엘이 친밀한 가족관계에 어색함을 느꼈으리라는 것은 그러나 결코 그가 가족을 사랑하지 않았다는 의미가 아니다. 오히려 그는 어린 나이에 가족으로부터 떨어져 나온 아픔 때문에 그 만큼 가족에 대해 더 강한 애착을 가지고 있었을 것이다. 이스라엘의 사사가 된 "그가 성소가 있는 실로에 머물지 않고 고향인 라마를 거점으로 활동한 것은 그의 부모와 형제자매들이 사는 곳에 함께 살고 싶은 유년기 이슈 때문"이었으리라는 이관직의 지적은 매우 탁월한 해석이 아닐 수 없다.[18] 그

---

18) 위의 책, 142.

어린 사무엘의 기도 Joshua Reynolds 作

가 가정생활의 어색함을 사역으로 회피했다는 것과 그가 이렇게 늘 가족과 함께 있고 싶어 했다는 것은 일견 모순된 두 가지 태도처럼 보인다. 그러나 이처럼 모순된 두 가지 심리가 실제로 공존할 수 있으며 사무엘의 경우가 바로 그런 경우였다고 볼 수 있다. 말하자면 사무엘에게 가족은 '흥분시키는 대상(exciting object)'인 동시에 '거절하는 대상(rejecting object)'이었을 것이다.[19] 즉 그에게 가족은 어린 시절 잃어버렸던 모체에 대한 갈망을 상기시키는 대상인 동시에 갑작스럽게 자신을 떼어버린 그 어머니에 대한 두려움을 상기시키는 대상이었을 수 있다. 갑작

---

19) Jill & David Scharff, *The Primer of Object Relations Therapy*, 오규훈, 이재훈 옮김, 『초보자를 위한 대상관계 심리치료』(서울: 한국심리치료연구소, 2008), 42-43.

스런 이별로 인해 그의 안에는 친밀한 관계에 대한 이러한 두 가지 감정이 서로 분열된 채 억압되어 있었을 가능성이 있다. 그래서 그에게서는 일견 상반돼 보이는 두 가지 태도가 함께 나타나고 있었을지 모른다. 자식들에 대해 강한 애착을 품고 있으면서도 정작 그들에게 그러한 애정을 잘 표현하지 못하는 아버지의 모습이 그런 것이다. 이런 모습은 곧 과거에 그를 너무나 사랑함에도 불구하고 그를 냉정하게 떼어놓았던 어머니에 대한 양가감정의 재현이라고 할 수 있다.

사무엘의 이러한 양면성 중 하나인 가족에 대한 강한 애착은 다분히 전외디푸스적(pre-oedipal) 성격의 사랑이었다고 볼 수 있다. 이 말의 의미는 그것이 어떤 규범이나 기준에 따르는 절제 있는 사랑이기보다 다분히 본능적이고 즉자적인 애착이었으리라는 것이다. 이것은 사무엘이 아는 사랑이 전외디푸스 단계의 어머니 사랑이었기 때문이다. 이러한 사랑이 자식들에게 향할 때 나타날 수 있는 문제는 그것이 현실에 대한 이성적인 분별력을 동반하지 못할 수 있다는 점이다. 브엘세바의 사사로 세운 그의 아들들이 **"뇌물을 취하고 판결을 굽게 하는"**(삼상 8:3) 상황에서 그가 더 조속히 어떤 조치를 취하지 못한 것은 그의 자식사랑에 그 같은 분별력이 부족했음을 시사한다. 애초에 그가 그 아들들의 부족한 자질을 알아보지 못하고 그들을 사사로 세운 일 자체가 그러한 분별력 부족을 의미하는 것일 수 있다. 이러한 분별력 부족은 이미 그 자식들의 어린 시절부터 그가 균형 잡힌 아버지 역할을 잘 감당하지 못했다는 것을 의미할 수 있다.

한편 그가 자신의 친자식들을 이스라엘의 사사로 세운 것은 어린 시절부터 그에 안에 있던 열등 콤플렉스와 연관된 것일 가능성이 있다. 엘리의 집안에서 사무엘은 말하자면 의붓아들과 같은 위치에 있었다. 그는 엘리의 아들들 중 하나처럼 여겨졌지만 아무래도 그의 친아들들과는 다른 대우를 받았을 것이다. 더욱이 아론의 자손도 레위인도 아닌 사무엘은 제사장으로서의 적법한 자격이 없었기 때문에 실제 제사장 같은 직무를 수행하면서도 엘리의 친아들들에 비해 상대적인 열등의식을 가질 수밖에 없었을 것이다. 어쩌면 이런 사무엘의 열등의식 속에는 아주 어린 시절부터 그가 원가정에서 배다른 자녀들에게 당한 괴롭힘의 기억까지 무의식적으로 작용하고 있었을지 모른다. 어쨌든 사무엘은 이런 그의 열등 콤플렉스로 인해 더욱 혈육에 집착할 수밖에 없었고 자신의 열등한 위치를 보상받으려는 무의식적 시도로서 그의 아들들을 이스라엘의 사사로 세웠던 것일지 모른다. 다시 말해 사무엘이 선지자로서 백성들에게 인정받으려고 했던 노력뿐 아니라 그의 아들들을 브엘세바의 사사로 세운 일 역시 일종의 자기애적 보상의 노력이었으리라는 것이다.

그렇다면 사무엘상 8장에서 그에게 몰려온 이스라엘 백성들이 그의 아들들의 부정부패를 문제 삼으면서 그들을 다스릴 왕을 요구했을 때 그로서는 상당한 자기애적 상처를 받았으리라 짐작할 수 있다. 결과적으로 그를 버리는 것이 되는 그러한 요구는 그 어린 시절의 버려짐의 상처를 다시 일깨우는 일이었을 것이기 때문이다. 따라서 이 일은 그와 유사한 경험을 가진 보통의 사람이라면 강하게 방어적으로 반응했을 법한 일이었다. 물론 사무엘 역시 적잖은 방어적 반응을 보였다고 말할 수 있다. 그러나 그가 범인과 달랐던 점은 그런 상한 마음을 가지고 바로 하나님께 나아갔다는 점이다(삼상 8:6). 하나님께서는 이런 사무엘에게 **"그들이 너를 버림이 아니요 나를 버려 자기들의 왕이 되지 못하게 함"**(삼상 8:7)이라 말씀하심으로 그를 위로하셨다. 다시 말해 오직 하나님만은 그에게 그의 깊은 상처를 공감하면서도 현실적 조언을 해 주는 좋은 아버지 역할을 해 주셨던 것이다. 사무엘은 이후 이런 하나님의 본을 따라 이스라엘 백성을 때로 준엄하게 꾸짖으면서도 그들을 위해 간절하게 눈물로 기도하는 이상적 아버지의 모습을 보여준다. 그의 이런 모습이 가장 잘 드러나는 것이 바로 사울과의 관계에서이다. 사무엘은 비록 그의 친아들들과의 관계에서는 실패한 아버지였을지라도 사울과의 관계에서는 진정 하나님을 닮은 이상적 아버지의 모습을 보여준다. 이는 하나님 안에서 그가 하나님을 닮은 참 아버지의 형상으로 점차 변화되어 갔음을 말해주는 것이다.

3. 다윗과 압살롬 부자(父子)

마지막으로 우리가 만나보려는 성경 속 아버지는 바로 다윗이다. 이렇게 아버지로서의 다윗을 만나보기 전에 먼저 우리는 앞의 6장에서 이미 살펴본 다윗의 성장기를 다시 한 번 되짚어 볼 필요가 있다. 먼저 베들레헴의 빈 들에서 홀로 양을 치던 소년 다윗은 노령의 아버지에게는 거의 잊혀진 아들이었다. 그의 노부(老父)는 줄곧 그의 손윗형들에게 관심이 기울어 있었다. 한편 그의 노모(老母)는 아마도 기도로 하나님을 섬기는 신앙심 깊은 여인이었던 듯하다.[20] 추측컨대 다윗은 이런 어머니의 신앙을 통해 하나님을 알게 되었고 빈 들에서 홀로 양을 치면서 그 하나님을 떠올리며 외로움을 달래곤 했을 것이다. 사무엘이 와서 그에게 기름 부은 후 이런 하나님과의 교제는 더욱 역동적이 된다. 그의 시편에서 우리는 빈 들에서 홀로 수금을 치며 그의 '목자'이신 하나님을 노래하는 그의 모습을 그려볼 수 있다.

그런가 하면 그는 간혹 혼자서 사나운 맹수와 맞서는 것 같은 모험을 감행하기도 했는데 이런 행동은 하나님에 대한 그의 강한 신뢰를 보여주는 것이기도 하지만 한편으로 그의 내면의 허기와 불안을 그런 방식으로 떨쳐버리는 일종의 감정회피적 행동이었을 가능성도 있다. 이런 행동은 에니어그램 6번유형의 특징적인 공포대항적(counter-phobic) 행동이라고도 볼 수 있다. 에니어그램 6번은 사실 두려움이 없는 것이 아니라 두려움이 많은 유형의 사람이다. 그들의 공포대항적 행동은 그처럼 많은 두려움을 도리어 그 같은 모험적 방식으로 무시하는 행동이라 볼 수 있다.[21] 에니어그램 6번 유형이 두려움이 많기 때문에 보여주는 또

---

20) 다윗은 다음과 같은 시편의 고백에서 그의 어머니에 대해 언급하고 있다. "내게로 돌이키사 나를 긍휼히 여기소서. 주의 종에게 힘을 주시고 주의 여종의 아들을 구원하소서"(시 86:16). 여기서 "주의 여종"이라고 번역된 원어 אֲמָתֶךָ 에는 '당신을 섬기는 여인'이라는 의미가 담겨 있다.

21) 이런 행동으로 특징지어지는 또 한 명의 성경인물은 바로 마지막 12장에서 살펴볼 예수님의 제

한 가지 특징은 본능적으로 자신을 보호하고 지도해 줄 누군가를 찾는 것이다. 다윗의 경우는 그런데 우선적으로 그에게 그런 존재가 되어야 할 그의 아버지가 그런 존재가 되어주지 못했기 때문에 대신 하나님을 자신의 보호자로 삼는다. 그러나 이후에 그는 사울 같은 권위자에게 충성함으로 그런 부성적인 보호와 관심을 기대하기도 한다.

이렇게 누군가 자신을 보호해 줄 대상을 늘 찾으면서 한편으로 정작 자기 내면의 깊은 감정은 돌아보지 않는 그의 태도가 가장 특징적으로 나타나는 것이 바로 그의 결혼에서다. 다윗은 미갈이 아니라 사울을 선택해서 미갈과 결혼한다. 이런 식의 결혼은 그 이후에도 계속되는데 그는 자기 감정을 따르기보다 왕으로서 지원세력을 모으기 위해 여러 여인들과 결혼을 한다. 특히 이런 성격의 결혼이었다고 여겨지는 것이 그술(Geshur)왕 달매의 딸 마아가와의 결혼이었다(삼하 3:3). 아마도 다윗은 북방의 그술과 연합함으로 사울의 아들 이스보셋을 위 아래로 견제하기 위해 이런 결혼을 했을 것이다. 그리고 이렇게 다윗이 네번째로 결혼한 아내 마아가에게서 태어난 아들이 바로 다윗의 삼남(三男) 압살롬이었다. 추측컨대 다윗과 마아가 사이에는 친밀한 신혼기라는 것이 거의 없었을 것이다. 왜냐하면 다윗은 헤브론에 있던 7년반 동안 마아가 외에도 계속해서 세 명의 아내를 더 맞아들였고 그들에게서 여섯 명의 배다른 아들들을 낳았기 때문이다. 이것이 의미하는 바는 어린 압살롬

자 베드로이다. 예컨대 우리는 그가 풍랑의 두려움 앞에서 물 위를 걸으려고 하는 데(마 14:28)서 그의 그러한 공포대항적 성향을 발견할 수 있다.

이 늘 홀로 외로움에 눈물짓는 어머니의 모습을 보며 자랐을 가능성이 많으며 어릴 적부터 배다른 형제들과의 경쟁관계에 놓여 있었으리라는 것이다.

다윗은 헤브론에 있는 동안 그처럼 많은 아내를 얻었지만 정작 그 누구와도 충분히 만족스러운 부부관계를 경험하지 못했을 가능성이 크다. 밧세바와의 간통이 이런 추정을 뒷받침한다. 앞의 6장에서 지적한 것처럼 다윗의 간통은 또 다른 종류의 '모험추구적 행동(risk-taking behavior)'이었다고 볼 수 있다. 소위 '모험추구적 성향'은 이처럼 신체적 모험뿐 아니라 무절제하고 위험한 성관계로 내닫기도 하는데 이것은 근본적으로 자신의 내적 결핍에 대한 인식을 외면하는 방식이다. 다시 말해 성적 모험이 주는 감각적 흥분을 통해 "누군가가 자신을 필요로 하고 있다는 느낌, 자신이 정말로 실재하는 것 같은 느낌, 살아 있는 느낌" 등을 위조해내서 그것으로 자기의 내적 결핍을 덮으려는 태도이다.[22] 다윗은 이스라엘 통일 후 예루살렘에 옮겨 와서 **"후궁 열 명"**(삼하 15:16)을 더 들였던 것으로 전해진다. 이것은 당시 다윗이 정상적인 부부관계의 친밀감보다 성적 편력(遍歷)과 감각적 만족 추구에 경도되어 있었음을 시사한다. 문제는 이런 상황에서 다윗이 여러 아내들 중 한 사람, 한 사람과만 아니라 그의 자녀 한 명, 한 명과의 관계에서도 친밀한 대화나 교감을 갖기가 거의 어려웠으리라는 점이다. 그의 딸 다말이 그를 '아버지'가 아니라 **"왕"**(삼하 13:13)이라 부르고, 압살롬 역시 다

---

22) 홍이화, 『하이즈 코헛의 자기심리학 이야기 Ⅰ』, 160.

윗 앞에서 자신을 "종"(삼하 13:24)이라 칭하고 있는 데서 볼 수 있듯이 당시의 왕정제도하에서 그의 자녀들이 느끼기에 그는 더더욱 다가가기 어렵고 소원한 존재였을 것이다.

한편 우리는 다말을 강제추행하는 암논의 행동에서 다윗의 맏아들인 암논이 왕권주의의 부정적 측면을 매우 빠르게 학습하고 있었다는 점을 알 수 있다. 즉 왕권을 이용하여 성적 만족을 좇는 부왕의 모습을 그대로 모방하고 있었던 것이다. 다말의 친오빠인 압살롬은 어쩌면 이런 암논에게서 그가 어린 시절부터 내심 미워해 왔던 아버지의 일면까지 함께 보았을지 모른다. 그리고 아마도 암논에게 추행을 당한 뒤 두문불출하며 처량히 지내는 여동생의 모습에서 어린 시절 그가 자주 봐왔던 그의 어머니 마아가의 모습을 보기도 했을 것이다. 어린 시절부터 아버지보다 어머니와 더 가까이 융합되어 있을 수밖에 없었던 압살롬은 어머니 마아가의 아픔과 한을 그의 안에 서러움과 분노로 내면화하고 있었을 것이다. 뿐만 아니라 차라리 부왕 다윗보다 어머니를 통해 외조부인 그술왕 달매에게 더 친근감을 느끼고 있었을지도 모른다. 또 한 가지 압살롬에 대해 우리가 추정해 볼 수 있는 것은 아마도 그의 안에 감춰져 있었을 여러 이복형제들과의 경쟁의식, 특히 맏형 암논과의 경쟁의식이다.[23] 적이 의도가 의심스러운 암논의 청을 다윗이 그대로 들어준 일(삼상 13:7), 그래서 암논이 다말을 성추행한 뒤 비록 심히 노했다고 하지만 어떤 실제적인 징벌도 암논에게 내리지 않는 다윗의 모습을

---

23) 이관직, 『성경인물과 심리분석』, 172.

보면서 우리는 다윗이 암논을 특별히 아끼고 있었다는 것을 짐작할 수 있다. 그도 그럴 것이 암논은 다윗이 아직 사울에게 쫓겨 다니던 시절에 그에게 태어난 첫아들이었다. 그래서 그는 다윗이 이스라엘 왕위에 올랐을 때 당연스럽게 합법적인 왕위계승권자가 되었던 것이다. 다윗의 세번째 아내 아비가일은 비록 다윗이 아끼는 여인이었으나 원래 갈멜사람 나발의 아내였다가 그의 아내가 된 경우였기 때문에 그녀의 아들 길르압은 상대적으로 서자(庶子)처럼 여겨졌을 가능성이 크다. 그렇다면 다윗의 적법한 적자(嫡子)로서 그술왕의 왕손이기도 한 압살롬이 자신의 경쟁자로 느낄 만한 형제는 역시 맏아들 암논뿐이었다고 볼 수 있다.

압살롬은 암논을 살해하고 외가인 그술왕가에 피신했다가 다시 돌아온 이후에도 부왕의 왕위를 빼앗으려는 역모를 이어간다. 이 같은 압살롬의 반역행위는 위에 언급한 것 같은 여러 가지 심리내적/외적 요인들을 내포한 것이었다고 볼 수 있다. 첫째 그것은 여동생뿐 아니라 그의 어머니와 자기동일시에 의한 보복의 기도(企圖)였다. 즉 그 여동생과 어머니를 불행하게 만든 아버지에 대해 앙갚음하려는 시도였다는 것이다. 또한 그것은 무의식적 차원에서 그 아버지가 아들인 자신의 반영욕구를 충족시켜 주지 않은 데 대한 자기애적 분노의 표현으로 볼 수 있다. 말하자면 그것은 하나님이 아벨의 제사를 열납하시면서 자신의 제사를 받아주지 않은 데 대해 가인이 품은 분노와 유사한 분노였다는 것이다. 겉으로는 내심을 드러내지 않으면서 몰래 살인을 획책하는 압살롬에게서 우리는 바로 그의 조상 가인의 고개숙인 얼굴을 발견한다. 가인의 살의(殺意)가 비단 아벨만 아니라 하나님을 향했던 것처럼 압살롬의 살의 역시 비단 암논만 아니라 그의 아버지 다윗을 향한 것이었다. 원래 압살롬이 그의 잔치에 초청하려 했던 것은 암논만이 아니라 그의 아버지 다윗이었다(삼하 13:14).

또한 우리는 이렇게 압살롬이 그 아버지 다윗에게 품은 살의에서 그가 그 아버지와 어머니 사이에서 가진 외디푸스 콤플렉스를 읽을 수도 있다. 압살롬은 아버지 다윗과 친밀한 관계를 통해 그의 외디푸스 콤플렉스를 성공적으로 극복하지 못하고 어머니와 융합된 채 아버지와 심리적 적대관계에 머물러 있었다고 볼 수 있다.[24] 아마도 이러한 어머니와의 융합은 그의 과대자기적 환상을 팽창시키는 역할도 했을 것이다. 남편의 사랑을 충분히 받지 못한 여인이 자신의 아들에게 밀착되어 그를 '정서적 남편'으로 삼았던 것은 가히 이해할 만한 일이다. 이관직이 우리에게 상기시키듯이 이 압살롬은 참으로 외모가 수려하고 자질이 남다른 사내였다.[25] 이런 그가 그 어머니의 눈에 얼마나 이상적인 아들로 비쳤을지, 또 그런 어머니를 통해 그 아들 자신의 자아상이 얼마나 팽창되었을지 짐작하기 어렵지 않다. 더욱이 그는 필시 그 어머니를 통해 자신은 다른 이복형제들과 달리 왕가의 자손이라는 자부심을 가지고 자랐을 것이다. 그렇다고 한다면 그런 자신의 가치를 충분히 반영해

---

24) 이관직은 이러한 압살롬의 외디푸스 콤플렉스를 그가 다윗의 후궁들을 강간한 사건에서도 발견한다(위의 책, 174).

25) 위의 책, 172.

주지 않는 부왕에게 그가 얼마나 자기애적 상처를 받고 분노했을지도 짐작해 볼 수 있다. 그 아버지가 자신의 가치를 반영해 주지 않기 때문에 그는 스스로 그 왕위를 차지함으로 그 과대자기적 환상을 실현하려고 했던 것이다.

앞에서 이야기한 것처럼 자라면서 아버지와 정서적 교류가 부족했던 자녀는 기존질서를 무너뜨리는 반사회적인 행동으로 종종 기우는 것으로 나타난다.[26] 이것은 그 자녀가 아버지와의 자기동일시를 통해 그 아버지의 법을 수용하지 못했기 때문이라고 할 수 있는데, 우리는 압살롬에게서 바로 전형적으로 이러한 자녀의 예를 발견한다. 압살롬은 요압의 중재를 통해 예루살렘에 돌아와서도 여전히 아버지의 통치를 무너뜨리고 새로운 왕권을 창출할 음모를 꾀한다. 이런 압살롬에게서 우리가 발견하는 것은 겉으로 드러난 그의 행동이 실제 그가 마음으로 품고 있는 바와 다르다는 점이다. 이러한 겉과 속의 불일치는 단순한 속임수가 아니라 아마도 그와 아버지 사이의 의사소통방식이 그의 어릴 적부터 항상 이러한 불일치로 특징지어졌음을 시사하는 것일 수 있다. 버지니아 사티어 Virginia Satir 는 역기능적인 가족관계가 대부분 이렇게 내용과 표현이 불일치하는 의사소통으로 특징 지어진다고 이야기한다.[27] 역기능적 가정의 자녀들은 마음에 있는 것을 그대로 표현하는 일이 위험하다고 느끼기 때문에 그것을 자기방어적으로 변형시켜 표현하는 데

---

26) Michael Lamb, 「아버지 역할과 아동발달」, 412.

27) Virginia Satir, *Peoplemaking*, 성민선 역, 「사람만들기」 (서울: 홍익재, 2002), 75-76.

익숙해져 있다. 우리가 압살롬과 다윗의 자기표현방식에서 발견할 수 있는 것이 바로 이런 특징이다. 먼저 압살롬은 암논과 아버지에 대한 분노를 침묵으로 감추고(삼하 13:22), 또 살의와 음모를 잔치에 초청하는 것 같은 호의적 태도로 위장한다(삼하 13:24). 그술에서 돌아온 이후에도 겉으로 아버지의 용서를 구하는 것처럼 행동하지만 그 행동의 이면에는 아버지에 대한 반역의 음모가 감춰져 있다(삼하 14:28-5:6).

그런데 우리가 유념할 점은 압살롬에게 특징적인 이러한 이중성이 사실 그 아버지 다윗이 가진 특징이기도 하다는 점이다. 다윗이 나중에 압살롬이 죽은 후 문루에 올라 오열하는 모습을 보면 그가 얼마나 압살롬을 사랑하였는지 우리가 알 수 있다. 그러나 압살롬의 생전에 그가 아들을 대하는 태도를 보면 우리는 그러한 그의 속마음을 전혀 짐작할 수가 없다. 그는 그술에서 압살롬이 돌아왔을 때 그로 하여금 자기 얼굴을 보지 못하도록 명을 내린다(삼하 14:24). 물론 우리는 그가 그 아들을 사랑하는 만큼 그의 행동에 대해 심히 화가 났기 때문에 그렇게 한 것이라 짐작할 수 있다. 그러나 여기서 우리가 볼 수 있는 다윗의 태도는 매우 수동공격적이며 자신에 대해 솔직하지 못한 모습이다. 그는 사실상 압살롬을 매우 보고 싶어했으나 요압의 개입이 있고서야 비로소 마지 못해 그를 불러왔으며 그렇게 하고서도 정작 압살롬의 얼굴 보기를 거부했다. 그 아들의 입장에서 보면 이런 아버지에게서 거절감이 느껴지고 도저히 그 마음을 짐작하기 어렵고 두렵게 느껴졌을 만하다.

다윗이 아들과의 관계에서 이처럼 본심과 달리 두려움과 거절감을 느끼게 하는 아버지가 된 것은 아마도 근원적으로 그 자신이 그의 아버지와의 관계에서 마찬가지로 친밀하고 다정한 경험을 충분히 하지 못했기 때문일 것이다. 테레스 베네덱에 의하면 자녀에 대한 아버지의 반응에는 그 "자신의 아버지 경험 속에서의 억압된 기억과 감정이 흐르고 있어"[28] 자기도 모르게 아들과의 관계에서 자신의 아버지의 모습을 반복하게 된다. 이것은 또한 다윗이 성장 이후에도 역시 아버지 같은 권위자들과의 관계에서 그러한 친밀감을 경험하지 못하고 그래서 그 아버지 경험이 재구성되는 기회를 얻지 못했기 때문이라고도 볼 수 있다. 예컨대 사울왕과의 관계에서도 그는 사랑과 보호를 바랐지만 오히려 죽임의 위협을 당하는 깊은 상처를 입게 되었던 것이다. 어쩌면 이런 상처 때문에 이후 가드왕 아기스와의 관계에서도 다윗은 자신의 속마음을 정직히 표현하지 못하는 이중성을 보여준다(삼상 27:9-11). 더욱 마음 아픈 일은 다윗이 심지어 그 아들과의 관계에서조차도 가장 친밀함을 나누었어야 할 대상으로부터 오히려 배신을 당하고 살해위협을 당하는 아픔을 반복할 수밖에 없었다는 점이다. 압살롬이 죽은 후 다윗이 그 죽은 아들의 이름을 부르며 마음 아프게 애도(哀悼)했던 것은 어쩌면 그 아들과 함께 잃어버린 자신의 한 부분이었을지 모른다. 그 잃어버린 부분이란 곧 그 자신이 경험하지 못한 아버지와의 친밀한 관계, 그리고 그 자신이 되어 주지 못한 아버지로서의 아들과의 친밀한 관계

---

28) Therese Benedek, "Fatherhood and Providing," in E. J. Anthony & T. Benedek eds. *Parenthood* (Oxford: Little Brown, 1970), 173; Michael Lamb, 「아버지 역할과 아동발달」, 55에서 재인용.

였다.

압살롬은 생전에 자신을 기념할 기념비를 세웠는데 그것은 압살롬이 "자기 이름을 전할 아들이 없으므로"(삼하 18:18) 그것을 애도하며 세운 비석이었다. 이러한 압살롬의 비석에서 엿볼 수 있는 그의 비극은 곧 아버지와의 친밀함을 누리지 못한 압살롬이 자신과 친밀함을 나눌 아들조차 없었다는 사실이다.[29] 그런데 더욱 안타까운 사실은 그의 사후(死後)에 이런 비극이 곧 그의 아버지의 비극이 된 것이다. 즉 어린 시절 그의 아버지와 깊은 친밀함을 누려보지 못했던 다윗이 이제 더 이상 그 아들 압살롬과도 친밀한 관계를 누릴 기회조차 상실하게 된 것이다. 다윗은 압살롬의 죽음을 애곡(哀哭)하며 이렇게 탄식한다. **"내 아들 압살롬아 내 아들 내 아들 압살롬아 내가 너를 대신하여 죽었더면 압살롬 내 아들아"**(삼하 18:33). 이 탄식에 담겨 있는 다윗의 깊은 회한은 아마도 압살롬을 죽음에 이르게 한 것이 바로 자신이며 압살롬의 죽음은 곧 자신의 죄과(罪果)라는 인식이었을 것이다. 어쩌면 다윗은 압살롬이 반역을 일으켰을 때부터 이미 이 같은 생각을 하고 있었던 것인지 모른다. 다시 말해 압살롬이 반역자가 된 근본 원인이 바로 자신에게 있다고 생각했기에 그는 자신을 저주하는 시므이의 저주를 달게 받았던 것이다(삼하 16:11). 사실 근본적인 문제의 원인이 자신에게 있다는 것은

---

29) 그런데 사무엘하 14장 27절에 의하면 압살롬은 아들 셋이 있었다. 이 구절과 사무엘하 18장 18절의 모순에 대해서는 두 가지 해석이 있다. 첫째는 압살롬이 그 기념비를 세우기 전에 그 아들들이 불행히 죽었으리라는 것이고 또 다른 해석은 압살롬이 그 기념비를 세운 이후에 그 아들들이 태어났다는 것이다.

다윗 왕 Julia Margaret Cameron 사진

그가 밧세바와의 간음이 탄로되었을 때 이미 얻었던 깨달음이다. 이 깨
달음 속에서 그는 자신이 **"죄 가운데 태어난"**(시 51:5) 존재임을 시인하
고 있다. 때문에 사실 죽어야 할 것은 자신이지만 그 때도 지금처럼 정
작 죽은 것은 갓태어난 그의 아들이었다(삼하 12:18). 이렇게 볼 때 하나
님께서 그와 밧세바 사이에서 다시 태어난 아들을 또 그러한 비극적 죽
음에 이르게 하지 않으시고 오히려 **"여디디야"**(삼하 12:25), 즉 '하나님
의 사랑받는 자'라 불러 주신 일은 죄로 물든 그의 가계(家系)에 베풀어
주신 참으로 크신 은혜이며 위로였다고 말할 수 있다.

　솔로몬을 통해 다윗의 가정에 주어진 하나님의 은혜와 위로는 장성
한 그 아들 솔로몬과 다윗이 친밀한 부자관계를 맺는 것으로 이어진다.

다윗이 그 아들 솔로몬과 가진 친밀한 부자관계는 솔로몬의 잠언에 그대로 흔적이 드러난다. 잠언 4장에서 솔로몬은 그의 아버지 다윗이 늘 그에게 이렇게 가르쳤다고 고백하고 있다. "…… **내 말을 네 마음에 두라 내 명령을 지키라 그리하면 살리라**"(잠 4:4). 이것이 시사하는 바는 곧 노년의 다윗이 그의 계승자가 된 아들과 친밀한 관계 속에서 인생과 국정(國政)에 관한 많은 대화들을 나누었다는 사실이다. 이것은 아들 솔로몬에게도 큰 은혜였지만 그 아버지 다윗에게 더 큰 은혜가 아닐 수 없었다. 왜냐하면 이것은 그가 이전에 누려보지 못한 자녀와의 관계, 자기 자녀에게 자신의 진심을 잘 표현하지 못하던 그의 이전 모습과는 전혀 다른 관계의 경험이었기 때문이다. 또한 이러한 아버지와의 관계를 경험한 그 아들은 그 자손에게 다시 과거의 것 같은 허물을 물려주지 않을 수 있었기 때문이다.[30] 다윗은 자신과 자신의 후손에게 이 같은 새로운 삶을 주신 하나님께 깊이 감사하고 있었다. 그가 임종시 지었던 시편의 고백, 즉 하나님을 경외하는 자는 "**비 내린 후에 햇빛을 받아 새롭게 움이 돋는 새 풀 같으니 내 집이 하나님 앞에 이 같지 아니하냐**"(삼하 23:4)는 찬송은 바로 그처럼 그의 가정을 새롭게 하신 하나님 은혜에 대한 감사의 고백이었을 것이다.

---

30) 물론 이런 허물은 솔로몬이 많은 후궁을 취함으로 인해 후대에 다시 반복된다고도 볼 수 있다.

나오며: 새로운 피조물

영어로 PK(preacher's kids)라는 말은 문제라는 함의를 가지고 있을 정도로 역사적으로 목회자 자녀 중에는 문제를 일으키는 자녀들이 많았다. 그런데 이러한 현상은 비단 교회사에서만 아니라 성경 속에서도 발견할 수 있는 사실이라는 점을 우리는 본 장에서 확인할 수 있었다. 참으로 위대한 하나님의 사람이라 생각됐던 인물들이 사실은 우리와 마찬가지로 흠 많은 인간들이었으며 그 자녀들과의 관계에서 실패한 아버지들이었음을 알 수 있었다. 이것은 그들과 마찬가지로 자녀와의 관계에서 실패를 경험한 적이 있는 우리들에게도 한 편의 위안이 되는 사실이다. 그러나 그것은 또 한 편으로 우리 삶에 있어 진정 중요한 것이 무엇인지 다시 우리로 자문하게 한다. 그런데 이런 물음을 던지면서도 우리가 자인(自認)할 수밖에 없는 사실은 특히 자녀와의 관계에서 우리의 실패가 많은 부분 불가항력적이라는 사실이다. 우리는 우리 자녀와의 관계 속에서 우리의 의지와 상관없이 무언가 불가항력적인 힘에 이끌려 어린 시절 우리가 싫어했던 그 부모의 모습을 되풀이하고 있는 자신을 발견하곤 한다. 그리고 우리 자녀의 행동 때문에 때로 마음이 무너지는 일을 경험하면서도 그러한 그들의 모습이 우리가 부정할 수 없는 우리 자신의 모습임을 인정하게 된다. 그래서 우리가 더욱 감사하는 것은 하나님께서 우리의 진정한 아버지가 되셨으며 예수 그리스도 안에서 그 아버지의 자녀로 거듭난 우리들이 진정 새로운 피조물이 되었

다는 사실이다.[31] 즉 우리가 그리스도 안에서 그 아버지의 형상을 따라 새로운 아버지로 살아갈 수 있게 되었다는 사실 때문이다. 이것은 단지 우리의 신앙고백만이 아니라 본 장에서 살펴본 인물들의 삶에서도 역시 그러했던 것처럼 우리의 삶에서도 결국 실현될 진리인 것이다.

31) 그런즉 누구든지 그리스도 안에 있으면 새로운 피조물이라 이전 것은 지나갔으니 보라 새 것이 되었도다"(고후 5:17).

제9장
우울(憂鬱)의
심리학
우울증을 겪는 선지자들

우울증을 겪는 선지자들

사회적 우울증

한국이 십수년째 OECD국가들 중 자살률 최상위국가라는 것은 수많은 한국인들이 그렇게 자살을 기도할 만큼 우울증에 빠져 있다는 것을 시사한다. 현재의 한국사회는 한 마디로 우울한 사회이다. 일본의 심리학자 사이토 다마키斎藤環 는 이처럼 일개인에게 국한되는 증상이 아니라 사회적 원인에 따른 일종의 사회적 현상으로서의 우울증을 특별히 '사회적 우울증'이라 지칭한다.[1] 우리는 바로 이 같은 사회적 우울증이 오늘날 한국 사회에도 만연해 있는 것을 볼 수 있다. 그렇다면 오늘

---

1) 斎藤環, 『社会的 うつ病』, 이서연 옮김, 『사회적 우울증』 (서울: 한문화, 2012), 47.

OECD 주요국 자살률(OECD 표준연구10만명당)

날 한국사회에 나타나는 이러한 사회적 우울증의 원인은 무엇일까? 또 다른 일본의 심리학자 가타다 다마미 片田珠美 는 오늘날 이같이 하나의 사회적 증상으로 나타나는 우울증은 한 마디로 사람들이 이제 "성장이 멈춘 시대"라는 것을 받아들이지 못하기 때문에 나타나는 현상이다.[2] 즉 경제적 성장은 멈추었는데 사람들의 욕망은 멈추지 않기 때문에 나타나는 좌절감의 만연현상이 바로 사회적 우울증이라는 것이다. 이러한 가타다의 진단은 130여년전 에밀 뒤르켐 Emile Durkheim 이 당시 프랑스 사회를 진단하며 내린 결론과 비슷하다. 뒤르켐에 의하면 바로 이렇

---

2) 片田珠美, 『一億總うつ社會』, 전경아 옮김, 『배부른 나라의 우울한 사람들』 (서울: 웅진지식하우스, 2016), 204.

게 욕망은 한없이 증폭되는 데 비해 현실사회는 그것을 더 이상 충족시킬 수도, 통제할 수도 없는 상황에 이르렀을 때 폭증하는 것이 바로 그가 말하는 '아노미적 자살'이다.[3] 과연 이러한 설명들은 현재 한국 사회에도 잘 부합한다. 한국 사회는 지난 반세기동안 고도의 급성장을 경험해 왔고 그 속에서 사람들은 해마다 더 나은 삶, 더 많은 것과 좋은 것을 누리는 데 익숙해져 왔다. 그러나 최근 십수년간 한국 경제는 서서히 내리막길을 걷고 있다. 그에 따라 많은 사람들의 삶도 내리막길을 걷고 있다. 그러나 그들은 그러한 현실을 현실로 받아들이려 하지 않고 여전히 더 나은 삶을 바라고 있기 때문에 바로 이런 현실부정이 그들을 우울증과 자살로 몰아간다.

그런데 문제는 이러한 현실부정이 기독교인들 가운데서도 동일하게 발견된다는 점이다. 더 중요한 문제는 이러한 현실부정이 이제까지 가장 바람직하게 여겨져 온 목표 속에 내포되어 있으며 결과적으로 그것이 오히려 사람들 안에 더 많은 좌절감을 안겨주고 있다는 사실이다. 그 바람직하게 여겨져 온 목표란 바로 '교회부흥'이라는 이름으로 추구되어 온 교회의 양적 성장이다. 이러한 성장의 좌절로 인해 어려움을 겪는 사람은 누구보다 교회지도자들, 목회자들이다. 오늘날 한국 교회에는 생각보다 많은 목회자들이 우울증을 비롯한 각종 정신질환을 앓고 있다. 그 원인은 요컨대 그들의 목회현실이 그들이 이제까지 품어온

---

3) Emile Durkheim, *La Suicide*, 황보종우 옮김, 『(에밀 뒤르켐의) 자살론』 (서울: 청아출판사, 2008), 314-15.

목회비전과 너무 현격하게 차이가 나기 때문이다. 이로 인해 그들은 강박적 불안과 불면증, 분노조절장애, 허탈감이나 무력감에 시달리는가 하면 이것을 회피하기 위해 각종 중독에 빠져 있기도 하다. 이러한 문제의 원인은 가타다의 지적처럼 그들의 "되고 싶은 자기"와 "현실 속 자기 모습"이 서로 괴리되어 있는 현실이다.[4] 다시 말해 그런 증상들은 그들이 가진 자기애적 욕구의 좌절로 말미암는다고 할 수 있다.

그런데 여기서 또 한 가지 중요한 문제는 이렇게 그들이 되고 싶은 자기, 이를테면 '성공한 목회자'라고 하는 이상적 자아상이 그처럼 그들에게 성공을 가져다주는 하나님에 대한 믿음과 연결되어 있다는 점이다. 즉 능치 못하심이 없는 하나님이 그들에게 그렇게 해주시지 못할 리가 없다는 공고한 믿음이 그들로 하여금 오히려 더욱 현실을 받아들이기 어렵게 만든다. 바로 이런 이유로 인해 그들 목회자들을 비롯한 교회지도자들은 한국 사회의 변화에 가장 느리게 반응하는 보수그룹으로 비쳐지고 있다. 문제는 그런데 이처럼 자기 믿음을 고수하는 이들에게조차 오늘의 현실은 그들이 믿는 바와 점점 더 멀어지는 것으로 느껴진다는 사실이다.

이상과 괴리된 현실 속에서 좌절하고 우울에 빠진 사람들은 비단 목회자들만은 아니다. 또 한 그룹의 사람들은 현실에 실망한 나머지 그들을 이끌던 목회자들만 아니라 하나님조차 불신하며 교회로부터 멀어지거나 심지어 떠나가는 사람들이다. 냉소주의와 허무주의가 바로 그들

4) 片田珠美, 『배부른 나라의 우울한 사람들』, 5.

을 특징짓는 태도이다. 이들은 더 이상 실망하지 않기 위해 더 이상 아무 것도 기대하지 않거나 아무런 적극적 행동도 취하지 않기로 선택하는 사람들이다. 그러나 이들 역시 현실 속에서 우울하기는 매한가지이다. 이들 역시 여전히 삶 속에서 새롭게 붙잡을 믿음이나 소망을 찾지 못한 상태이기 때문이다.

오늘날 교회 안에서 우울과 씨름하고 있는 사람들은 이 외에도 또 한 종류의 사람들이 있다. 이들은 위의 두 가지 유형의 사람들, 즉 바라는 바가 이루어지지 않아 분노한 사람들이나 아무 것도 이제 믿으려 하지 않는 사람들 사이에서 함께 힘들어하는 사람들이다. 가타다 다마미가 지적하듯 우울증의 공통적 특징은 바로 타인을 비난하는 태도이다.[5] 근본적으로 우울증의 바탕에는 바라는 바가 이루어지지 않는 현실에 대한 분노가 있는데 사람들은 그로부터 자기를 방어하기 위해 그 분노를 타인에게 투사하는 경향이 있다. 그 대상은 그들을 이끌어 온 교회나 목회자일 수도 있고 역으로 그 목회자가 보기에 비협조적이고 나태한 교인들일 수도 있다. 이 양자 사이에서 어떤 이들은 설령 그 자신은 그런 현실 속에서 자기 나름의 의미를 찾고 있다 하더라도 그 주위에 그처럼 쏟아지는 비난과 분노에 자기도 모르게 영향받다 보면 역시 우울감에 빠질 수 있다. 이처럼 우울증은 감기와 같은 전염성이 있어서 하나의 사회적 현상으로까지 치닫고 있는 것이다. 본 장에서 우리는 이처럼 한국사회와 한국교회에 만연한 사회적 우울증에 대해 생각해 보

---

5) 片田珠美, 「배부른 나라의 우울한 사람들」, 60.

고 우리가 그것을 어떻게 극복해나갈지 성경을 거울삼아 성경 속에서 길을 찾아보고자 한다. 구체적으로 우리가 그렇게 거울삼을 성경의 세 인물은 바로 선지자 엘리야와 요나, 그리고 '눈물의 선지자'라고 일컫는 예레미야이다.

엘리야의 열정과 우울증

먼저 우리가 살펴볼 성경인물은 선지자 시대의 서막을 연 엘리야이다. 엘리야에 대해 살펴보기 전에 우리는 먼저 그가 활동하던 시대 상황을 잘 이해할 필요가 있다. 엘리야가 활동하던 시대는 바야흐로 고대 국가들의 '세계화'가 가속화되던 시기였다. 당시 이러한 변화를 촉진시킨 요인은 신(新)앗수르 제국의 중흥과 서진(西進)이었다. 당시 이스라엘을 포함한 지중해 연안의 국가들은 이러한 앗수르의 확장에 위기감을 느끼고 그로부터 자국을 지키기 위해 서로간의 동맹을 활성화한다. 이렇게 해서 이스라엘처럼 작은 부족연합의 국가가 세계무대에 발을 내딛게 되고 더 많은 외부의 영향을 받아들이게 되는데 바로 이런 배경 속에서 이루어진 일이 시돈왕 엣바알의 딸 이세벨과 오므리의 아들 아합의 결혼이다.[6]

---

6) 이스라엘왕 오므리의 이름은 주전 9세기 중반의 자료들을 보면 여러 곳에 나타나는데 일례로 앗수르 살만에셀3세의 비문에 이스라엘은 오므리의 땅으로 지칭되고 있다. 오므리 재임시 두로와 시돈은 친앗수르적이었으므로 아합을 이세벨과 혼인시킨 데서 볼 수 있듯이 시돈과 동맹한 이스라

엣바알은 그 이름에서 알 수 있듯이 원래 바알의 제사장으로 그의 딸 이세벨은 아합과의 결혼을 통해 이스라엘에 바알숭배를 전국적으로 확산시키게 된다. 그런데 이러한 바알숭배의 확산은 이스라엘에 비단 종교적 변화만 아니라 다양한 삶의 영역에서 변화를 가져왔다. 그 중 무엇보다 중요한 것이 토지법의 변화였다. 원래 모세의 법에 따르면 땅은 하나님의 소유로 그 하나님으로부터 분정(分定)받아 자손대대로 이어가도록 되어 있었다(레 25:23). 그러나 바알숭배와 더불어 이스라엘에는 땅을 사유(私有)하고 그 사유지를 맘대로 넓혀갈 수 있도록 허용하는 바알의 법이 확산된다. 당시 이러한 두 가지 법의 충돌을 보여주는 사건이 바로 나봇의 포도원 강탈사건이다(왕상 21:1-16).[7] 아합과 이세벨이 그들의 권력을 이용해서 나봇의 포도원을 강탈한 이 사건은 이스라엘에 점차 하나님의 법이 무너지고 약육강식으로 특징지어지는 바알의 법이 확산되고 있었음을 시사한다. 이러한 변화의 결과 나타난 현상은 무엇보다 빈부의 양극화와 사르밧 과부(왕상 17:8-16)나 죽은 선지자 생도의 가정(왕하 4:1-7)에서 볼 수 있는 것 같은 가난의 심화였다.

이러한 상황에서 사람들이 조상의 기업을 잃어버리고 가난에 떨어졌다는 것은 그들이 현실적으로 다시 일어날 소망을 잃어버렸다는 것을

엘 역시 초기에는 친앗수르적이었으리라 여겨진다. 그러나 이후 그를 계승한 아합은 카르카르 전투에서 앗수르에 대항한 서부국가연합의 주요 일원으로 나타난다. John H. Walton, Victor H. Matthews & Mark W. Chavalas, *Bible Background Commentary*, 정옥배 외 옮김, 『성경 배경주석』(서울: IVP, 2001), 534-35.

7) R. Archer Torrey, *Biblical Economics* (Taebaek: Jesus Abbey Publishing, 1999), 30-32.

뜻한다. 왜냐하면 과거처럼 희년(禧 年)이 되어 그들의 잃은 땅을 되찾을 수 있는 법적 기반이 무너졌기 때문 이다. 이제 가난은 상속되고 부모 의 가난으로 인해 자녀가 노예로 팔 리는 상황이 현실화되고 말았다. 이 것은 이전에 룻의 시모 나오미가 아 무 것도 없이 빈손으로 고향에 돌아 왔지만 여전히 모세의 법을 존중하 는 고향사람들 가운데서 그녀의 기 업을 되찾았던 상황과 대조된다. 더 이상 이런 과거와 같은 회복의 소망 이 없어진 사람들은 사르밧 과부의 모습에서 볼 수 있듯이 앞 날에 대 한 소망을 잃어버리고 그 날 그 날 을 그저 하루살이처럼 연명하며 살 게 된다. 엘리야는 바로 이처럼 소 망을 잃은 사람들에게 보내심 받았 던 것이다.

많은 사람들이 가난으로 소망을 잃은 상황에서 이스라엘에 3년반

바알 신상

갈멜산상의 엘리야

동안 임한 가뭄은 풍요의 신 바알에 대한 하나님의 심판이었다고 볼 수 있다. 엘리야는 처음에 하나님의 말씀대로 그 극심한 가뭄 속에서 홀로 그릿시냇가에 숨어 지낸다(왕상 17:3). 하나님께서는 까마귀를 통해 이런 엘리야를 먹이신다. 추측컨대 엘리야는 이런 그릿시냇가의 경험 속에서 과거 광야에서 만나를 먹었던 모세와 이스라엘백성들처럼 새로운 이스라엘을 재건할 꿈을 꾸었을 것이다. 시냇가에 혼자 숨어 지낼 때나 사르밧과부와 함께 지낼 때 실제 그의 삶에는 여러 가지 어려움이 있었을 것이다. 그러나 그 같은 이스라엘 재건의 꿈을 품고 있었기에 엘리야의 가슴은 아직 패기로 충만해 있었다. 이런 그의 모습을 우리는 갈멜산 위에서 혼자 바알선지자 450명과 대결하는 그의 모습에서 확인할 수 있다. 기손시내에서 바알선지자 450명을 참수한 그는 보통사람이라면 기진맥진했을 상황에서 **"허리를 동이고 이스르엘로 들어가는 곳까지 아합**(의 마차)**앞에서 달려갔다"**(왕상 18:46). 이것은 하나님의 초자연적 능력이 그에게 임하였다는 것을 보여줄 뿐 아니라 가슴에 벅찬 이스라엘 재건의 꿈이 그로 하여금 신체적 한계도 넘어설 만큼 의욕적이 되게 했다는 것을 말해준다.

그러나 열왕기상 19장에 오면 이런 그의 모습은 순식간에 사라지고 우리는 철저히 무너진 그의 모습을 만나게 된다. 이세벨의 위협으로부터 목숨을 건지려고 광야로 도망치는 그의 모습(왕상 19:3)은 이전에 그가 왕의 마차 앞에서 달려가던 모습과 극한 대비를 이룬다. 이런 그에게서 무너진 것은 그 당당하던 기백만이 아니라 그가 품었던 이스라엘 개혁의 꿈이었다. 그처럼 갈멜산에서 이세벨의 종교세력이 괴멸되었음에도 불구하고 그녀가 그처럼 여전히 기세등등했다는 것은 그녀의 지지기반이 비단 그 종교적 세력만이 아니었음을 말해준다. 아마도 엘리야를 위협하는 세력은 그녀의 새로운 시스템 속에서 부와 권력을 얻은 지배층으로부터 나오고 있었을 것이다. 그가 예상치 못하던 이러한 강고한 벽에 부딪친 엘리야는 순식간에 힘이 빠져 주저앉고 만다.

우리는 엘리야가 정신적으로 완전히 무너졌음을 보여주는 두어 가지 증상을 본문 속에서 확인할 수 있는데 그 중 첫번째는 그의 대인기피증이다. 그는 그를 따르던 사환조차도 떼어놓고 혼자 아무도 없는 광야로 들어간다. 열사(熱沙)의 유대광야는 당시 엘리야의 절망적 심경을 반영하는 장소이다. 사람들은 누구나 힘들 때 자신의 힘든 마음을 반영해줄 대상을 찾는다. 우선 그 대상은 친구나 가족 같은 다른 사람이 될 수 있지만 엘리야처럼 사람들에게 너무나 많이 실망하고 상처받은 경우에는 그 대상이 사람 외에 다른 사물이나 장소가 될 수 있다.[8] 당시 엘리야의 경우 그것은 황무한 사막이나 그 가운데 외롭게 선 로뎀나무였다고 볼 수 있다. 그러나 그 로뎀나무 그늘이 실제로 그에게 충분한 휴식처가 될 수 없었던 것처럼 심리적으로도 그에게 충분한 위로를 주지 못했을 것이다. 엘리야가 그런 곳을 찾은 것은 오히려 세상 어디에도 그에게 위로의 대상이 없었음을 시사한다.

이처럼 세상 어디에도 자신을 공감하고 이해해줄 대상이 없다고 느낄 때 사람들은 그렇게 버려진 자신을 대면하기 힘들어서 죽고 싶어 하게 된다. **"지금 내 생명을 거두소서"**(왕상 19:4)라는 엘리야의 호소는 바로 그런 심리를 담고 있다. 살기 위해 광야로 도망쳤던 그가 정작 그 광야에 와서 죽기를 구하는 이런 모습은 일견 역설적으로 보인다. 그러나 그가 피하려는 것이 그 자신의 무너진 모습이라고 보면 그 두 가지 행동을 다 이해할 수 있다. 이것은 그를 이처럼 철저하게 무너뜨린 것이 바로 그 자신의 '승리주의(triumphalism)'였음을 시사하는 것이기도 하다. 엘리야의 승리주의란 그의 뜨거운 신앙적 열정과 맞물려 있었는데 그 열정이란 바로 그의 조상의 시대, 이를테면 모세와 사무엘 시대에 일어났던 것 같은 부흥을 재현하고자 하는 열망이었다. 엘리야는 로뎀나무 아래에서 자신은 **"조상들만 못하다"**(왕상 19:4)고 고백한다. 이 때 그가

---

8) 예컨대 어두운 카페 안이라든지 못난이 인형 같은 것이 그러한 대상이라 할 수 있다.

광야의 로뎀나무
영어로 'broom tree'는 빗자루 나무라는 뜻으로 뜨거운 광야에서 충분한 그
늘을 주기 어려운 나무이다.

말하는 '조상'은 구체적으로 과거 이스라엘의 부흥을 이끈 모세나 사무
엘을 의미한다고 볼 수 있다. 그는 모세가 애굽에서 이스라엘백성을 이
끌어냈던 것처럼, 혹은 사무엘이 미스바에서 이스라엘의 회개와 승리
를 이끌었던 것처럼 이스라엘의 '부흥'을 꿈꾸었던 것이다. 그런데 문제
는 그가 처한 시대는 여러 가지 면에서 모세나 사무엘의 시대와 달랐다
는 점이다. 그의 시대 사람들은 모세시대처럼 하나님을 두려워하지 않
았고 그의 시대의 왕은 하나님을 따른 다윗처럼 하나님을 경외하지 않
았다. 이로 볼 때 엘리야는 애초에 그의 시대에 실현되기 어려운 부흥
을 꿈꾸었다고 할 수 있다.

어찌 보면 그의 실패의 원인은 단지 그러한 외적 요인에만 아니라 엘

리야 자신에게 있었다고도 볼 수 있다. 어쩌면 엘리야는 진정한 하나님의 계획이 아니라 그 자신의 꿈을 좇았던 것인지 모른다. 엘리야가 꿈꾼 부흥의 전략은 다윗의 시대처럼 국가권력을 통해 이스라엘을 개혁하는 '위로부터의 개혁'이었다. 그래서 그는 아합의 패역을 보면서도 그에게 맞서기보다 그를 보위(保衛)하며 그의 마차 앞에서 달렸던 것이다 (왕상 18:41, 46). 그러나 이런 방식의 개혁은 하나님이 뜻하신 계획이 아니었다. 하나님은 이 시대에 이것과 다른, 새로운 방식의 개혁을 계획하고 계셨다. 그 하나님의 계획은 호렙산에서 엘리야에게 하신 말씀 속에 드러나는데 그것은 곧 하나님께서 **"이스라엘 가운데 바알에게 무릎 꿇지 않은 칠천 명"**(왕상 19:18)을 남기셨다는 말씀이다. 이 말씀 속에 암시되는 하나님의 계획은 이제 하나님이 행하실 새로운 일은 왕을 통해서가 아니라 이름없는 그 '칠천 명'의 사람들을 통해 이루시리라는 것이다. 엘리야가 이러한 하나님의 뜻을 보다 정확히 알아 가는 데는 시간이 걸렸을 것이라 생각된다. 그 시간은 또한 하나님께서 그의 내면을 치유하고 회복시킨 시간이기도 했을 것이다.

하나님께서 엘리야를 치유하신 방식은 19장 본문에서 두 세 가지로 나타난다. 첫째로 그것은 어린 아이의 마음을 달래듯 엘리야의 마음을 어루만지고 달래 주신 것이다. 엘리야는 광야의 로뎀나무 아래서 자기 생명을 거두어 달라고 외치다 잠이 든다(왕하 19:5). 잠이 든다는 것은 죽고 싶다는 욕구와 마찬가지로 현실을 외면하고 싶은 심리의 표현이다. 비록 이것이 그처럼 현실도피적인 것이라 해도 하나님께서는 엘리야로 하여금 그러한 잠을 충분히 자도록 허락하신다. 그리고 그를 깨워 음식을 섭취하게 하심으로 그가 다시 충분한 체력을 회복하도록 도우신다. 깊은 잠을 자다가 깨어나서 하나님이 주신 음식을 먹고 다시 잠이 드는 엘리야의 모습은 마치 엄마 품에서 잠투정을 하던 아이가 잠결에 젖을 빨면서 다시 잠이 드는 모습을 연상케 한다. 하나님께서 엘리야에게 주신 것은 구체적으로 **"숯불에 구은 떡과 한 병 물"**(왕상 19:6)이었다. 성경에서 하나님께서 친히 숯불에 구운 떡을 사람에게 먹이신 이야기는 이 곳 외에 단 한 곳에 더 나온다. 요한복음 21장의 갈릴리해변에서 예수께서 제자들에게 조반을 먹이신 장면이 그것이다. 이 두 이야기의 공통점은 그 떡을 통해 살아갈 힘을 잃어버린 사람들이 다시 일어나게 하신 것이다.

하나님께서 주신 음식을 통해 다시 힘을 되찾은 엘리야는 북으로 이스라엘로 돌아가는 것이 아니라 남으로 호렙산으로 향했다(왕하 19:8). 아마도 호렙산은 엘리야 자신이 원했던 목적지였을 것이다. 그는 이전부터 항상 모세를 자신의 롤모델로 삼았기 때문에 이처럼 깊은 좌절을 경험했을 때 모세가 그랬던 것처럼 호렙산에 올라 하나님을 만나기 원했던 것이다. 사십주 사십야를 걸어 호렙산에 오른 엘리야는 산 위의 한 동굴에 들어가 하나님을 기다린다. 그 때 하나님께서 그에게 이렇게 물으셨다. **"네가 어찌하여 여기 있느냐?"**(왕하 19:9) 이에 대한 엘리야의 대답은 이런 것이었다.

내가 만군의 하나님 여호와께 열심이 유별하오니 이는 이스라엘 자손이 주의 언약을 버리고 주의 제단을 헐며 칼로 주의 선지자들을 죽였음이오며 오직 나만 남았거늘 그들이 내 생명을 찾아 빼앗으려 하나이다(왕상 19:10).

이러한 엘리야의 호소는 흡사 어린 아이가 자신의 억울함을 부모에게 이르는 모습을 연상케 한다. 이에 하나님께서는 그로 하여금 동굴 밖에 나가 흡사 모세가 하나님을 만났을 때처럼[9] 바위 사이에 서게 하신다. 그리고 그 곳에서 지축을 흔드는 하나님의 바람과 지진과 불을 경험하게 하신다. 추측컨대 하나님께서는 이 산에서 엘리야로 하여금 맘껏 그 내면의 아픔을 토로하게 하실 뿐 아니라 그 바람과 지진과 불을 통해 그 상한 내면을 치유하신 것이라 생각된다. 이 바람과 지진과 불은 우리로 하여금 오순절 다락방에 임한 성령의 바람과 진동과 불을 떠올리게 한다(행 2:1~3). 비록 엘리야는 그 바람과 지진과 불 속에서 그가 기대한 것 같은 하나님을 만나지 못했을지 모르지만[10] 하나님께서

---

9) "여호와께서 또 이르시기를 보라 내 곁에 한 장소가 있으니 너는 그 반석 위에 서라내 영광이 지나 갈 때에 내가 너를 반석 틈에 두고 내가 지나도록 내 손으로 너를 덮었다가 손을 거두리니 네가 내 등을 볼 것이요 얼굴은 보지 못하리라"(출 33:20-23).

10) "여호와께서 이르시되 너는 나가서 여호와 앞에서 산에 서라 하시더니 여호와께서 지나가시는데 여호와 앞에 크고 강한 바람이 산을 가르고 바위를 부수나 바람 가운데에 여호와께서 계시지 아니하며 바람 후에 지진이 있으나 지진 가운데에도 여호와께서 계시지 아니하며 또 지진 후에 불이 있으나 불 가운데에도 여호와께서 계시지 아니하더니 불 후에 세미한 소리가 있는지라" (왕상 19:11-12). 이 본문 속에는 이 사건을 처음 전한 엘리야 자신의 기대가 내포되어 있는 것이라 볼 수 있다.

는 그 바람과 지진과 불 속에서 눈에 보이지 않는 치유의 손으로 그의 내면을 만지셨다고 볼 수 있다.

이후에 하나님께서는 다시 전과 동일한 말로 그에게 물으신다. **"네가 어찌하여 여기 있느냐?"**(왕하 19:13) 이에 대한 엘리야의 대답도 전과 동일했다. 그러나 그렇게 대답하는 그의 내면은 아마도 전과 달라졌을 것이다. 이전처럼 동굴 안이 아니라 동굴 밖에 서 있는 그는 전처럼 단지 억울함과 절망을 토로하는 것이 아니라 막막한 현실에 대해 하나님의 인도를 기다리고 있었다. 이런 그에게 하나님께서 주신 말씀은 다음과 같은 것이었다.

> ……너는 네 길을 돌이켜 광야를 통하여 다메섹에 가서 이르거든 하사엘에게 기름을 부어 아람의 왕이 되게 하고 너는 또 님시의 아들 예후에게 기름을 부어 이스라엘의 왕이 되게 하고 또 아벨므홀라 사밧의 아들 엘리사에게 기름을 부어 너를 대신하여 선지자가 되게 하라(왕상 19:15~16).

이러한 하나님의 말씀에 대해 우리는 아마도 여러 가지 신학적 해석을 덧붙일 수 있을 것이다. 그런데 여기서 우리가 다만 심리치료적 관점에서 이 말씀을 생각해 보자면 이것은 무엇보다 엘리야의 기존 시각을 뒤집는 말씀이라 할 수 있다. 이 말씀은 이 땅에서 하나님의 일을 이룰 '하나님의 대행자(代行者)'들이 엘리야가 생각했던 것과 완전히 다른 사람들이라는 것을 가르친다. 그들은 엘리야가 생각했던 것처럼 이스라엘 왕이나 제사장이 아니라 아직 하나님을 모르는 이방인이나 알려지지 않은 무명인사들임을 말하고 있다. 아마도 엘리야는 이제껏 왕도 제사장도 아닌 사람, 더욱이 이방인인 사람에게 기름을 붓는다고 하는 생각을 전혀 해보지 못했을 것이다. 전통적으로 기름부음은 이스라엘의 제사장이나 왕을 위임하는 의식이었기 때문이다. 하나님께서는 그러나 그가 생각지도 못한 사람들에게 가라고 하시고 그들에게 기름을 부으라고 명하신다. 이처럼 엘리야가 가진 기존 생각을 뒤집으시고 그로 하여금 새로운 곳으로 나아가 새로운 사람을 만나게 하시는 것은 실상 그의 치유와 회복에 중요한 일이었다. 왜냐하면 그가 여전히 이스라엘 왕과 통치자들만 바라보는 한 그는 계속 낙심할 수밖에 없었고 그들을 통한 '위로부터의 개혁'만 생각하는 한 계속 좌절할 수밖에 없었을 것이기 때문이다. 그래서 하나님께서는 호렙산을 분기점으로 그의 사역의 '재구조화(reframing)'를 일으키셨다. 그로 하여금 이전에 그가 향했던 사람들과 다른 사람들에게로 나아가 그들과 함께 새로운 일을 행하게 하셨던 것이다.

또 한 가지 호렙산의 말씀이 엘리야에게 치유적이었던 이유는 그것이 그로 하여금 여러 사람들과의 관계 속으로 나아가라는 말씀이었기 때문이다. 엘리야는 유독 혼자서 달려가는 성향이 강한 사람이었다. 때문에 그는 그만큼 한 번 좌절하면 심하게 무너질 수밖에 없었다. 넘어질 때 그를 붙잡아줄 누군가가 곁에 없었기 때문이다. 하나님께서는 그런 그를 이제 혼자가 아니라 그를 따르는 많은 사람들과 함께 일하는 길로 인도하셨다. 특히 그와 달리 매우 관계적인 사람인 엘리사를 통하여 남과 북을 잇는 선지자 공동체를 형성하게 하시고 그들을 이끄는 정신적 리더가 되게 하셨다. 사실 하나님께서 엘리야를 공동체적 삶으로 이끄신 것은 이번이 처음이 아니었다. 그릿시내가 마르는 경험을 통해 그로 하여금 '나홀로 영성'의 한계를 깨닫게 하시고 사르밧 과부와 같은 가난한 서민들 속에서 그들과 함께하는 삶을 살게 하셨던 것이다. 엘리야는 그의 '위로부터의 개혁' 모델에 따라 일시 그런 삶으로부터 멀어졌지만 하나님께서는 호렙산에서 내려온 엘리야를 다시 그런 공동체적 삶으로 돌이키셨다. 비록 그와 엘리사가 이끄는 가난한 선지공동체는 세상 속에서 작고 힘없는 사람들의 공동체였으나 사실은 그들이야말로 다음 세대를 위한 하나님의 전략이었다. 그들이야말로 하나님께서 말씀하신 **"바알에게 무릎 꿇지 아니한 칠천 명"**(왕하 19:18)이었던 것이다. 이후 그들의 공동체는 직간접적으로 수많은 선지자들을 배출한 영적 산실이자 이스라엘을 넘어 열방에까지 하나님을 전하는 '하나님의 선교(missio Dei)'의 거점이 되었다. 엘리야는 이들의 영적 스승이었지만 그 역시 그들을 통해 그의 기존관념을 뒤집는 새로운 하나님의 비전을 발견할 수 있었다. 그것은 곧 낮은 자리에서 세상을 변화시키는 하나님의 교회, 이스라엘을 넘어 열방을 품는 하나님의 선교의 비전이었다.

이 같은 엘리야의 이야기와 이어지는 엘리사와 선지공동체의 이야기는 여러 면으로 오늘날 우리에게 도전을 줌과 동시에 반성의 거울이 된다. 먼저 그것은 우리로 하여금 우리가 품고 있는 '부흥'의 비전, 우리를 분발하게 하는 듯하지만 사실은 우리로 하여금 오히려 더 많은 좌절을 느끼게 하는 그것이 진정 하나님으로부터 온 것인지 돌아보게 한다. 그것이 사실은 우리 자신의 자기애적 욕망은 아닌지, '성장'이란 이름의 또 하나의 유혹은 아닌지 돌아보게 한다. 또한 혼자 달리다 로뎀나무 아래 주저앉은 엘리야는 이제껏 그처럼 아무도 없이 혼자 달려왔던 우리 자신의 목회의 길을 되돌아보게 한다. 그것은 또한 오늘날 한국사회뿐 아니라 한국교회에까지 유행하고 있는 개인주의문화에 대해서도 반성해 보게 한다. 오늘날 많은 한국의 크리스찬들이 하나님을 외면한 채 '은둔형 외톨이'로 살아가고 있다. 이제 우리는 다음 단락에서 또 한 명의 성경인물을 통해 이런 우리 자신의 모습을 비춰보고자 한다. 그 다른 한 명은 바로 하나님의 얼굴을 피해 다시스로 달아나는 선지자 요나이다.

은둔형 외톨이, 요나

유대전승에 의하면 요나는 엘리야가 살린 사르밧 과부의 아들(왕상 17:18~24)이거나 혹은 엘리사가 살린 수넴여인의 아들이다(왕하 4:11~37).[11] 그러나 요나가 스블론 가드헤벨(Gath Hepher) 사람 아밋대

---

11) Barbara Green, *Jonah's Journeys* (Collegeville, MN: Liturgical Press, 2005), 127.

의 아들이라는 것(왕하 14:25) 밖에는 요나의 신원(身元)에 관한 다른 성경의 기록이 없다. 이 기록은 위의 주장을 거의 뒷받침해주지 못하거나 오히려 반증(反證)하는 것일 수 있다. 그러나 그럼에도 불구하고 우리는 요나의 출신지와 활동시기(주전 780년전후) 등을 감안할 때 그가 엘리야와 엘리사가 이끈 선지자 공동체와 직간접적으로 연결되어 있으며 엘리야와 엘리사의 강한 영향력 아래 있었던 사람일 가능성을 배제할 수 없다.

이런 요나는 여러 가지 면에서 엘리야와 닮았으면서도 동시에 엘리야와 대조적인 사람이다. 엘리야와 마찬가지로 요나는 원래 다혈질적인 성격이었을 것으로 생각된다. 그런데 엘리야에게 있어 이런 다혈질이 하나님의 일을 이루고자 하는 열심으로 나타났다면 요나에게 있어 그것은 하나님을 향한 분노와 항의로 표현된다(욘 4:1). 엘리야의 성급함이 이스라엘의 변혁을 위해 달려가는 그의 모습에 드러나고 있다면 (왕상 18:46), 요나의 조급함은 하나님의 얼굴을 피해 다시스로 달아나는 모습(욘 1:3)이나 시든 박넝쿨을 향해 짜증을 내는 모습(욘 4:9)에 드러난다. 요나는 엘리야와 마찬가지로 자신의 생명을 거두어 달라고 하나님께 요구한 사람이다(욘 4:8). 그런데 엘리야가 그렇게 한 이유는 하나님 일을 이루는 데 자신이 실패했다고 느낀 까닭이라면 요나에게 있어 그 이유는 하나님이 자신의 뜻과 다르게 행동하고 계시기 때문이다 (욘 4:2). 요컨대 엘리야의 열심이 줄곧 하나님을 향하고 있었다면 요나의 마음은 줄곧 하나님으로부터 돌아서고 있었다.

이러한 엘리야와 요나의 차이는 그들의 성격의 차이이기 전에 먼저 그들이 처한 시대상황에 기인한 것이라 볼 수 있다. 역사적으로 보면 엘리야의 활동기(주전 875~850)는 앗수르의 위협이 아직 피부로 느껴지지 않아 이스라엘 주변에 마치 이스라엘을 압도할 만한 절대강자가 없는 것처럼 생각되었을 상황이다.[12] 이것은 엘리야가 다윗시대의 영광을 그의 시대에 재현할 수 있을 것처럼 생각한 배경을 설명해 준다. 그런데 엘리야와 요나 시대 사이에 이스라엘에 일어났던 일은 앗수르왕 살만에셀 3세 Shalmaneser Ⅲ 가 다메섹을 짓밟고 그 기세에 놀란 이스라엘이 그에게 항복하여 조공을 바치는 나라가 된 일이다(주전 841년경).[13] 이러한 사건은 이스라엘 사람들에게 큰 충격을 안겨주고 하나님의 선민(選民)이라는 그들의 자존심에 상처를 입혔을 것이다. 뿐만 아니라 그들은 이제껏 그들이 품고 있던 국가이상, '다윗 때처럼 강성한 이스라엘'을 세우는 꿈을 상실한 채 더 이상 무엇을 위해 기도해야 할지 모르는 혼란에 빠졌을 것이다. 어쩌면 이런 시대상황 속에서 배태된 것이 바로 요나의 냉소주의였을지 모른다.

우리가 요나서 1장을 보면 요나는 니느웨로 가서 하나님의 심판을 예언하라는 하나님의 부르심을 받고서도 전혀 그러한 사명을 수행할 의지를 보이지 않는다. 요나는 도리어 하나님이 지시하신 니느웨와 정반

---

12) 이스라엘의 아합과 아람의 벤하닷을 위시한 서부동맹국들이 앗수르의 서진(西進)을 저지하는 데 일시적으로 성공을 거둔 것이 이스라엘을 더욱 태만하게 만들었을 수도 있다. John H. Walton, Victor H. Matthews, Mark W. Chavalas, 「성경배경주석:구약」, 548.

13) 위의 책, 1128.

앗수르왕 살만에셀 3세에게 항복하는 이스라엘왕 예후(주전 841년경 앗수르 오벨리스크 부조)

대편인 **"다시스(Tarshish)"**(욘 1:3)로 가려고 욥바항으로 내려간다.[14] 이것은 하나님의 선지자로서의 역할만 아니라 하나님의 백성으로서의 그의 정체성까지 거부하는 행동이었다고 할 수 있다. 요나에게 있어 '다시스'란 하나의 현실도피적 이상이자 하나님과 완전히 무관한 삶을 살고자 하는 그의 의지의 표상이라 볼 수 있다.[15] 이처럼 다시스로 가려는 요나에게서 우리는 오늘날 한국 청년들에게서 볼 수 있는 것 같은 '심리적

---

14) "왕의 배들이 후람의 종들과 함께 다시스로 다니며 그 배들이 삼 년에 일 차씩 다시스의 금과 은과 상아와 원숭이와 공작을 실어옴이더라"(대하 9:21).

15) 구약주석가인 더글라스 스튜어트는 '다시스(Tarshish)'를 구체적 지명이라기보다는 일반적인 바다를 의미하는 것으로 보는 편이 더 타당하다고 주장한다. Douglas Stuart, *Hosea–Jonah*, 김병하 옮김, 「호세아–요나: WBC 성경주석 31」 (서울: 솔로몬, 2011), 791.

모라토리엄(psychological moratorium)'을 발견한다. 즉 현실에서 주어진 자신의 역할을 거부하지만 그렇다고 그것을 대체할 다른 이렇다 할 대안을 찾지도 못하고 있는 모습이 그것이다.

실제로 오늘날 한국의 청년세대에 있어 이러한 심리적 모라토리엄은 종종 '은둔형 외톨이(히키코모리)'의 행태로 나타난다. 다른 말로 '코쿤(cocoon)족'이라고도 부르는 이들의 특징은 "불확실한 사회에서 보호받고자 타인과의 접촉이나 교제에서 받는 스트레스를 거부하며, 외부 세상으로부터 도피하여 자신만의 안전한 공간에 머무르려고 하는 칩거증후군"이다.[16] 즉 현실 속에서 대안적 정체성을 적극적으로 모색하기보다 다만 현실에서 철수하여 혼자 칩거하는 방식으로 주어진 사회적 역할과 성장과제를 거부하는 것이다. 흥미롭게도 우리는 바로 이와 유사한 행태를 **"배 밑층에 내려가서 누워 깊이 잠이 든"**(욘 1:5) 요나에게서 발견한다. 로뎀나무 아래 잠든 엘리야와 비교할 때 이러한 요나의 잠은 현실도피적인 점에서는 공통적이지만 엘리야가 외면하고 싶었던 것이 현실에서 자신의 실패라면 요나의 잠은 그 자신의 책임이나 역할마저 회피하는 태도를 나타낸다. 이러한 차이는 그가 가진 궁극적 목표나 방향성의 부재에 기인한다고 볼 수 있다. 엘리야는 비록 실패와 좌절을 경험했을지언정 하나님의 영광이라는 목표가 있었던 것에 비해 요나에게는 그러한 목표가 없었다. 요컨대 요나의 '칩거증후군'은 이념을 상실한 세대의 특징이라고 볼 수 있다. 비록 환상에 가까웠을지언정 엘리야

---

16) 여인중, 『은둔형 외톨이』(서울: 지혜문학, 2005), 28.

에게는 이념과 이상이 있었던 데 반해 요나는 그런 것조차 갖지 못했던 것이다.

한편 요나의 문제는 하나님과의 관계의 문제이기도 했다. 요나에게는 기본적으로 엘리야에게서 볼 수 있는 것 같은 하나님을 향한 열정이 없었다. 엘리야는 사십주 사십야를 걸어 호렙산에 오를 만치 하나님의 얼굴을 사모한 반면 요나는 하나님의 얼굴을 피해 다시스로 달아났다. 이것은 요나가 하나님에 대해 '기본적 신뢰'를 잃어버린 상태였음을 시사한다. 왜 요나가 이렇게 하나님에 대한 신뢰를 잃어버렸을까 생각해 보면 역시 그것은 요나 당시의 시대적 상황과 관련이 있을 것이다. 당시 이스라엘 사람들에게는 하나님께서 당신의 백성에게 승리를 주시고 그들을 괴롭히는 대적을 징벌하실 것이라는 기대가 있었다. 특별히 그들이 앗수르에 대해 이러한 하나님의 징벌을 기대했던 이유는 다른 민족들에 대한 그들의 잔해(殘害)가 극악무도했기 때문이었다.[17] 그러나 이스라엘과 유다의 선지자들은 이미 이 때 즈음부터 하나님께서 앗수르를 먼저 징벌하시는 것이 아니라 도리어 그들을 통해 이스라엘을 징계하시리라는 묵시를 받고 있었다.[18] 이러한 묵시는 아마도 민족주의적

---

17) "아시리아(앗수르)인들은 피정복민의 여성들을 강간하고, 참수하고, 말뚝에 꿰고,산 채로 가죽을 벗기는 등 악행으로 악명이 높았다" J. Stephen Lang, *Everyday Biblical Literacy*, 남경태 옮김, 「바이블 키워드, 1권」 (서울: 들녘, 2017), 316.

18) 예컨대 요나의 동시대 사람인 유다출신 선지자 아모스는 이스라엘왕 여로보암 때에 "여로보암은 칼에 죽겠고 이스라엘은 반드시 사로잡혀 그 땅을 떠나겠다"(암 7:11)고 예언하고 있다. 이러한 아모스의 예언은 "하맛 어귀에서부터 아라바 바다까지 여로보암이 이스라엘 지경을 회복하리라"(왕하 14:25)던 요나의 예언과 일견 상반된 것으로 보인다. 이것은 요나의 예언에 그 자신의 희망이

인 이스라엘사람들 가운데 혼란과 의문을 야기했을 것이다. 어쩌면 이 것은 -아마 요나에게처럼- 그들 이스라엘 사람들에게 하나님의 처사 에 대한 불만과 반감을 불러일으켰을지 모른다. 요나서 4장 2절에서 요 나는 하나님께 이렇게 항변한다.

여호와여 내가 고국에 있을 때에 이러하겠다고 말씀하지 아니하였 나이까. 그러므로 내가 빨리 다시스로 도망하였사오니 주께서는 은 혜로우시며 자비로우시며 노하기를 더디하시며 인애가 크시사 뜻을 돌이켜 재앙을 내리지 아니하시는 하나님이신 줄 내가 알았음이니이 다.[19]

이로 볼 때 요나는 자신이 품은 민족적 원한을 하나님께서 설욕해 주 시기를 기대했다가 하나님께서 그렇게 하시지 않자 그 분(忿)을 역으로 하나님에게로 향하게 되었던 것이다. 이런 요나를 통해 우리가 깨달을 수 있는 점은 우리 자신이 가진 상한 감정을 하나님께 투영할 때 그것 이 하나님과의 관계의 단절을 초래할 수 있다는 점이다. 역설적이게도 이처럼 요나와의 깨어진 관계를 회복하기 위해 하나님께서 그에게 예

반영되어 있었고 그만큼 이후의 하나님의 계시로 인한 그의 실망이 컸을 가능성을 시사한다.

19) 요나의 이러한 항변 속에는 역설적인 요소가 담겨 있는데 그것은 곧 그가 "자비롭고 은혜롭고 노 하기를 더디하고 인자와 진실이 많은"(출 34:6) 이스라엘의 하나님에 대해 불만을 표현하는 가운 데 역설적으로 그 하나님이 이스라엘만 아니라 열방의 하나님이시기도 하다는 인식을 드러내고 있다는 점이다. 이런 이유에서 그는 역설적이게도 새로운 시대의 선지자라고 할 수 있다. 그러나 그는 그러한 자신의 새로운 정체성을 스스로 수용하지 못한 것이다.

물고기 뱃속에서 나온 요나

비하신 것은 바로 고난이었다. 하나님께서는 그가 바다 한가운데 던져져 그를 삼킨 물고기 뱃속에서 삼일밤낮을 고통받게 하셨다. 요나는 그가 그 **"스올의 뱃속"**(욘 2:2)에서 하나님께 부르짖었고 하나님께서 그의 기도에 응답하셨다고 고백한다. 하나님의 얼굴을 피해 달아나던 그로 하여금 다시 하나님의 얼굴을 바라게 한 것은 역설적이게도 죽을 만치 힘든 고통이었던 것이다.

여기서 우리는 기독교적인 의미의 치유가 일반적인 의미의 치유와 어떻게 다른지 생각해 보게 된다. 기독교적인 의미의 치유는 단지 고통으로부터 벗어나는 것이 아니라 그것을 통해 하나님과의 관계가 회복되고 하나님의 뜻을 이해하게 되는 것이다. 비록 그 과정에서 심한 고통을 겪거나 계속해서 그러한 고통이 있다고 할지라도 그것을 통해 우리가 하나님의 뜻을 이해하며 하나님을 바라보게 된다면 그것이 기독교적인 의미에서 치유라고 말할 수 있다. 이런 견지에서 우리가 비단 요나뿐 아니라 오늘날 한국의 젊은 세대가 겪는 우울증후군을 바라볼 때 약물이나 미식(美食), 일회적 오락 등을 통해 그러한 고통을 일시 경감시키는 것이 그들이 가진 문제의 근본해결책이 될 수 없음을 상기하게 된다. 더 중요한 것은 그러한 고통 속에서도 그들이 하나님을 만나고 그 만남을 통해 자신의 삶의 의미를 찾도록 돕는 일이다.

이런 의미에서 요나의 치유와 회복은 그가 물고기 뱃속에서 나온 이후에도 여전히 완전한 것은 아니었다. 요나는 여전히 하나님께서 니느웨에 벌을 내리지 않으시는 데 불만을 토로하며 이럴 것이면 차라리 자신의 생명을 거두어 달라고 항의한다(욘 4:3). 이런 요나의 저항에서 우리는 아직 그가 하나님의 마음과 계획을 온전히 이해하지 못하고 있음을 볼 수 있다. 열방을 향한 하나님의 뜻은 심판이 아니라 구원이며 이스라엘을 향한 하나님의 계획은 열방 가운데서 하나님의 증인으로서 살아가는 것이다. 그런데 이러한 하나님의 증인으로서의 삶은 많은 이스라엘 사람들이 생각한 것처럼 그들이 다른 나라들을 이기고 그들 위에 군림하는 것이 아니라 도리어 고난의 자리, 낮은 자리에서 이방을 섬기는 종으로서 살아가는 삶이었다.[20] 이것은 다시 말해 세상 속에서

---

20) 이것이 곧 나아만의 여종이나 다니엘, 느헤미야 같은 사람들의 삶이었다고 할 수 있다. 요나와 비교할 때 그보다 조금 앞서 활동했던 엘리사는 오히려 이처럼 새로운 하나님의 인도하심에 눈을 뜨고 있었던 것처럼 보인다. 그는 나아만의 병을 고쳐준 이후 그 대가를 탐한 게하시를 이렇게 꾸짖

그리스도의 예표로 살아가는 삶이었는데, 하나님께서 요나를 삼일간 물고기 뱃속에 있게 하신 뜻이 바로 여기에 있었다고 할 수 있다. 요나는 그러나 이런 하나님의 뜻을 깨닫고 수용하기까지 여전히 그에 안에 있는 '분노'를 온전히 다스릴 수 없었다.[21] 원래 앗수르를 향한 것이었던 그의 분노는 하나님을 향한 분노가 되고 다시 자기 자신을 향한 것이 되어 차라리 죽고 싶다는 충동으로 표현된다. 요나는 이 죽음의 충동을 넘어 하나님 앞에서 그의 자아가 죽는 죽음으로 나아가기 어려웠던 것이다.

예레미야의 눈물과 소망

요나의 죽고 싶은 충동은 그에게 주어진 사명을 온전히 받아들이지 못하는 정체성 모라토리엄과 관련이 있다. 요나는 비단 이스라엘의 선지자가 아니라 열방의 선지자로 하나님께 부르심 받았으나 다분히 민족주의적인 그의 정서가 그러한 하나님의 소명을 온전히 수용하기 어렵게 했다. 이런 요나와 마찬가지로 **"열방의 선지자"**로 부르심 받은 또 한 명의 선지자가 바로 예레미야이다. 요나와 비교할 때 예레미야는 그

는다. "지금이 어찌 은을 받으며 옷을 받을 때냐"(왕하 5:26).

21) 이러한 요나의 분노는 창세기 4장의 가인의 '분노'를 연상케 한다. 요나의 분노는 가인의 분노와 마찬가지로 본질적으로 하인즈 코헛이 말한 것 같은 '자기애적 분노(narcissistic rage)'라 할 수 있다. 즉 하나님께서 자신의 욕구를 그대로 수용해 주지 않은 데 대한 분노였던 것이다.

자신의 말에 의하면 그가 아직 '어릴' 적에 그렇게 **"열방의 선지자"**(렘 1:5~6)로 부르심 받았다. 이것은 그의 소명과 정체성을 수용함에 있어 그에게 상대적으로 선택의 여지가 적었다는 것을 시사한다. 즉 하나님께서 그를 **"누구에게 보내시든지, 무엇을 명하시든지 그대로 하는"**(렘 1:7)하나님의 종으로서의 정체성, 그렇게 해서 하나님의 뜻에 따라 **"열국(列國)을 뽑고 무너뜨리고 세우며 심는"**(렘 1:10) 열방의 선지자로서의 소명을 그가 다분히 '숙명적'으로 받아들였다는 것이다. 이러한 예레미야의 '숙명주의'는 아마도 이미 유다의 국력이 쇠하여 나라의 운명이 다분히 혼란한 국제정세에 달려 있게 된 상황과 관련이 깊을 것이다. 그렇지만 사실 심정적으로는 예레미야 역시 누구 못지않은 민족주의자였다. 우리는 이러한 예레미야의 민족애를 특별히 그의 애가(哀歌)속에서 잘 읽을 수 있다. 쇠망한 예루살렘과의 자기동일시는 그로 하여금 한없이 깊은 슬픔에 빠져들게 한다. 이 슬픔의 눈물로 인해 예레미야는 '눈물의 선지자'라 불린다.

우리가 이 예레미야에게서 발견할 수 있는 증상 역시 일종의 사회적 우울증이다. 예컨대 예루살렘의 멸망으로 인해 **"눈에 흐르는 눈물이 그치지 아니하여"**(애 3:49) **"밤낮으로 강처럼 눈물을 흘리는"**(렘 14:17) 그의 모습이 바로 그것이다. 또한 우리는 예레미야 역시 죽음을 원하는 것을 볼 수 있다. 우리는 예레미야서 20장 18절에서 그가 **"어찌하여 내가 태에서 나와서 고생과 슬픔을 보며 나의 날을 수욕으로 보내는고"** 하고 자신의 출생을 한(恨)하는 모습을 볼 수 있다. 즉 그와 같은 멸망의

예레미야 Enricho Glicenstein 作

시대에 태어나서 그 자신도 원치 않는 멸망을 사람들에게 예언하고 또 그 예언으로 인해 동족의 핍박을 받는 자신의 운명이 그도 싫었던 것이다. 그런데 앞에서 살펴본 엘리야나 요나와 비교할 때 이 예레미야는 스스로 죽고 싶다거나 죽게 해 달라고 호소하지 않았다. 이 차이는 어디서 말미암는 것일까? 이 답이 중요한 이유는 그 답 속에서 어쩌면 우리가 우리 시대의 우울을 극복하는 길을 찾을 수 있을 것이기 때문이다.

예레미야가 스스로 죽기를 구하지 않은 이유는 요컨대 그의 안에 그처럼 깊은 슬픔이 있는가 하면 동시에 '소망'이 있었기 때문이다. 이러한 그의 소망의 근거를 우리는 바로 다음과 같은 그의 고백에서 발견할 수 있다.

내 고초와 재난 곧 쑥과 담즙을 기억하소서. 내 심령이 그것을 기억
하고 낙심이 되어나 중심에 회상한즉 오히려 소망이 있사옴은 여호와
의 자비와 긍휼이 무궁하시므로 우리가 진멸되지 아니함이니이다. 이
것이 아침마다 새로우니 주의 성실이 크도소이다(애 3:19~23).

이 고백에 나타나는 예레미야의 소망의 근거는 바로 하나님의 무궁
한 자비와 긍휼이다. 그런데 여기서 다시 질문은 어떻게 예레미야는 이
처럼 하나님의 자비와 긍휼이 무궁하심을 동시대인들과 달리 확신할
수 있었느냐는 물음이다. 이러한 물음에 대해 우리는 대체로 다음의 두
가지 정도의 답을 성경에서 찾을 수 있다.

첫째는 그가 유다 백성의 고난을 몸소 체휼하는 과정에서 그들을 향
한 하나님의 마음을 깊이 이해하게 되었기 때문이다. 예레미야는 하나
님의 예언을 유다 왕과 백성들에게 선포하는 과정에서 많은 수모와 고
통을 당했는데 그의 이러한 경험은 장차 유다 백성이 겪을 수모와 고통
을 그가 미리 맛보는 경험이었다. 즉 유다의 멸망을 예언하던 예레미야
는 시드기야 왕과 그 신하들에게 미움을 사서 매맞고, 토굴에 갇히고,
또 깊은 진흙 웅덩이에 던져져 굶주리는 고통을 받게 된다(렘 38:6). 그
런데 우리가 그의 애가를 보면 그는 자신이 당한 이러한 고통을 임박한
예루살렘의 환란과 동일시하며 그의 백성이 겪을 수난을 미리 체휼하
는 기회로 삼는 것을 볼 수 있다(애 3:53~55). 때문에 그는 그런 수난 속
에서 그가 경험하는 하나님의 위로와 구원을 장차 하나님께서 그의 백

성에게도 베푸실 위로와 구원이라 믿을 수 있었다. 그가 이렇게 믿을 수 있었던 이유는 유다 백성을 향한 하나님의 사랑과 긍휼을 그 자신의 마음 속에서 깊이 공감할 수 있었기 때문이다. 그는 예루살렘을 위해 흘리는 그 자신의 눈물 속에서 자식을 향한 아버지의 마음 같은 하나님의 사랑을 느낄 수 있었다. 때문에 그는 하나님께서 그의 자녀된 백성을 끝까지 고난 속에 버려 두지 않으실 것이라 확신했다. 그래서 그는 동족 이스라엘 백성에게 다음과 같이 권면할 수 있었다.

> 사람이 젊었을 때에 멍에를 메는 것이 좋으니 혼자 앉아서 잠잠할 것은 주께서 그것을 메우셨음이라. 입을 티끌에 댈찌어다. 혹시 소망이 있을찌로다. 때리는 자에게 뺨을 향하여 수욕으로 배불릴찌어다. 이는 주께서 영원토록 버리지 않으실 것이며 저가 비록 근심케 하시나 그 풍부한 자비대로 긍휼히 여기실 것임이라. 주께서 인생으로 고생하며 근심하게 하심이 본심이 아니시로다(애 3:27~33).

또 한 가지 예레미야가 하나님께서 그의 백성을 끝까지 버리지 않으시리라 확신할 수 있었던 이유는 그가 성경을 정확히 알고 그것을 그의 시대와 연결시킬 수 있었기 때문이다. 특별히 예레미야는 그가 선지자 활동을 시작하던 시기인 요시야왕 때 발견된 **"율법책"**(왕하 22:8)을 통해 그가 받은 계시의 의미를 더 온전히 이해할 수 있었다. 그것은 곧 그들의 죄악으로 인해 이스라엘에 임박한 고난은 피할 수 없을 것이나 그 고난 속에서 그들이 하나님을 기억하고 하나님을 전심으로 찾을 때 장차 하나님께서 그들의 땅을 다시 회복하시리라는 약속이었다(렘 29:10). 이러한 하나님의 약속을 그가 분명히 알고 또 그렇게 말씀하시는 하나님을 믿었기 때문에 그는 당시 사람들이 그랬던 것처럼 자신의 주관적 생각이나 기대를 하나님에게 투사하여 스스로를 기만하지 않을 수 있었다. 엘리야의 시대에도 그랬던 것처럼 그의 시대에도 많은 거짓선지자들이 있었고 그들은 자신의 욕망과 실리를 좇아 하나님으로부터 주어지지 않은 예언을 말하고 있었다(렘 14:13~14). 그것은 바벨론이 그들에게서 물러나고 예루살렘에 곧 평화가 주어질 것이라는 예언이었다. 그러나 그것이 주는 위로는 머지않아 그와 반대되는 현실이 벌어질 때 오히려 더 큰 낙심과 절망으로 바뀔 거짓 위로였다. 이와 반대로 예루살렘이 훼파되고 왕을 위시한 많은 사람들이 바벨론으로 잡혀 가리라는 예레미야의 예언은 당장 사람들의 듣기에 거부감을 일으키는 말씀이었다. 그러나 그럼에도 불구하고 그 예언을 믿고 따르는 자들에게 그 말씀은 현실에서 완전히 절망하지 않고 그 절망을 이겨낼 수 있는 힘이 되었다. 그 이유는 그것이 진정한 하나님의 약속, 즉 다음과 같이 새로 발견된 '책'에 기록된 하나님의 약속과 일치하는 말씀이었기 때문이다.

"너와 네 자손이…… 마음을 다하고 성품을 다하여 여호와 말씀을
순종하면 하나님 여호와께서 마음을 돌이키시고 네 포로를 돌리시되
……너를 흩으신 그 모든 백성 중에서 너를 모으시리니 너의 쫓겨간

자들이 하늘가에서 있을찌라도 네 하나님 여호와께서 거기서 너를 모

으실 것이라."(신 30:2~3)

당시 새로 발견된 이 신명기의 언약은 바벨론에서 칠십년이 차면 하나님께서 그 백성을 돌아보시고 하나님의 그 약속을 지켜 그들을 고토로 돌아오게 하시리라는 예레미야의 예언(렘 29:10)과 정확히 일치하는 말씀이다. 그래서 이 예레미야의 예언을 믿고 그가 지시한 대로 순종한 사람들, 그 지시대로 순순히 바벨론으로 끌려가 칠십년을 인내한 사람들에게 이 하나님의 약속은 마침내 그대로 현실이 된다.

나오며: 그리스도의 길

이제까지 살펴본 선지자들의 우울증과 그것을 극복해낸 과정에서 우리가 배울 수 있는 지혜, 특별히 우리가 우리 시대의 우울을 극복하기 위해 배울 수 있는 지혜를 정리해 보면 다음과 같다.

첫째 우리가 우리 시대의 우울을 극복하는 길은 엘리야가 사십주 사십야를 걸어 호렙산에 올랐던 것처럼 하나님의 얼굴을 사모하는 길이다. 하나님의 얼굴을 구하는 이것은 비단 엘리야만 아니라 모든 성경인물들에게 있어 그들의 고난을 극복하는 비결이었다. 이것은 오늘날 우리들에게도 마찬가지라고 할 수 있다. 우리가 이 우울의 시대를 이겨

나갈 수 있는 길은 바로 하나님과의 친밀함을 추구하는 길이다. 현실로부터의 도피는 대개 부정적으로 여겨지지만 성경은 우리에게 어려움 속에서 하나님을 도피처로 삼으라고 권면한다.

또한 성경의 이야기들은 소망 없는 시대에 오히려 소망을 잃은 사람들과 함께하는 공동체적 삶이 곧 그 속에서 새로운 소망을 발견하는 길임을 말해준다. 가난한 자들의 어려움에 동참하는 것은 마치 한 그릇의 마중물을 붓는 것 같아서 그들 가운데 솟아나는 새 소망을 우리가 함께 나눠 가질 수 있기 때문이다. 엘리야와 엘리사는 가난한 선지자생도들과 함께하는 삶 속에서 하나님의 미래를 보았다. 예레미야는 유다 백성과 함께 흘리는 눈물 속에서 그들을 향한 하나님의 본심을 알게 되었다. 그들 선지자들이 하나님께 부르심받은 길은 그들 각자의 시대에 그리스도의 고난에 동참하는 길이었다. 오늘날 우리가 하나님께 받은 부르심 역시 다르지 않을 것이다. 예나 지금이나 하나님의 사람들의 길은 그리스도의 고난에 참여하는 가운데 부활의 소망을 발견하는 길이다.

마지막으로 선지자들의 이야기에서 우리가 배울 수 있는 점은 우리가 가야 할 길이 다른 곳이 아닌 하나님의 말씀 속에 있다는 사실이다. 오늘날 우리가 사는 세상에는 우상과 거짓선지자가 없는 듯하지만 사실 오늘날에도 그들의 시대 못지않게 많은 유혹과 거짓된 가르침들이 있다. 그것들은 우리에게 이것이 풍요와 평안의 길이라 가리키지만 그 길은 우리로 하여금 결국 더 큰 좌절과 피폐에 빠지는 길이 된다. 오늘날에도 진정한 풍요와 평안의 길은 하나님의 말씀 속에 있다. 비록 그 길이 당장 우리 보기에 답답하고 힘들게 느껴지는 길이라 할지라도……

제10장

방종의 심리학

삼손과 수가성 여인의 성문제

- 성(性)문제의 이면(裏面)
- 나르시시스트 삼손
- 수가성 여인의 목마름
- 나오며: 중독과 하나님

삼손과 수가성 여인의 성문제

성(性)문제의 이면(裏面)

오늘날 한국 사회는 성문제로 몸살을 앓고 있다. 사회 각계각층에서 성추행 스캔들이 드러나고 기존의 사회규범을 무너뜨리는 성적 일탈행동들이 물의를 빚고 있다. 무엇보다 우리를 당황케 하는 것은 이 같은 일들이 기독교인, 교회 지도자들 가운데에도 적지 않게 일어나고 있다는 사실이다. 성욕(性慾)은 자연스러운 인간의 욕구이지만 오늘날 한국 사회와 교회를 흔드는 성적 일탈 사건들은 하나의 사회적 병리현상이자 심리적 증상이라고 하지 않을 수 없다. 그것은 지금까지 한국 사회에 관행화된 폭력의 구조를 드러내는 동시에 사람들의 내면에 해결되지 않은 심리적 문제를 드러내는 현상이다. 특별히 교회지도자들, 기독교인들에 의해 행해지는 성적 일탈은 그들의 심리적 문제만 아니라 하나님과의 관계에서 그들이 가진 영적 문제를 드러내고 있다.

본 장에서 우리는 이처럼 사회적/심리적 문제이면서 동시에 영적 문제이기도 한 오늘날의 성적 문제를 성경의 이야기를 통해 우회적으로 조명해 보고자 한다. 구체적으로 여기서 우리가 함께 살펴볼 두 성경인물은 사사기의 삼손과 요한복음 4장에 나오는 수가성 여인이다. 이 두 사람의 이야기에서 공통적으로 드러난 표면적 문제는 바로 성문제이다. 그런데 이러한 성문제의 이면에서 작용하는 그들의 내적 문제는 서로 비슷하면서도 다르다. 이것은 오늘날 많은 사람들이 가진 성문제 이면의 문제가 서로 비슷하면서도 다양한 양상을 지닌 것과 마찬가지라고 할 수 있다.

나르시시스트 삼손

1. 삼손의 과대자기(grandiose self)

삼손은 아이를 갖지 못하던 부모에게서 뒤늦게 태어난 독자(獨子)였다. 우리는 이 같은 경우 아이가 응석받이로 자라날 가능성이 크다고 생각할 수 있는데 실제로 삼손이 그러했다고 볼 만한 근거가 성경에 있다. 삼손이 딤나에서 블레셋 소녀를 보고 그녀를 아내로 삼겠다고 했을 때 그의 부모는 왜 많은 이스라엘여자들을 두고 이방여자를 아내로 삼겠다는 것이냐며 싫은 내색을 한다(삿 14:3상). 그러나 그렇다고 해서 그들이 끝내 그 결혼을 반대했던 것은 아니다. **"내가 그 여자를 좋아하니 나를 위해 데려오라"**(삿 14:3하)는 삼손의 고집에 못 이겨 결국 그 부모는 그 아들의 요구를 들어준다. 어쩌면 이것이 바로 삼손이 어린 시절부터 그 부모와 가져온 관계패턴을 보여주는 것일지 모른다. 부모가 신앙적 규범을 가지고 삼손을 가르치려 하지 않은 것이 아니지만 삼손이 워낙 귀한 독자인지라 어려서부터 그가 원하는 것을 고집하면 어쩔 수 없이 그것을 들어주곤 하는 패턴이 반복되었을지 모른다는 뜻이다.

한편 또 한 가지 우리가 삼손의 성장과정에 대해 추정할 수 있는 것은 이관직이 지적하는 대로 삼손의 부모가 그에 대해 출생시부터 과대한 기대감을 가졌으리라는 점이다.[1] 그럴 수밖에 없었을 것이 그가 마치 고대신화의 주인공들처럼 하나님의 신탁(神託)에 따라 태어난 아이였기 때문이다. 사사기 13장을 보면 임신하지 못하던 마노아의 아내에게 하나님의 사자(使者)가 나타나서 삼손이 태어날 것을 알린다. 그리고 이 아이가 **"날 때부터 하나님께 바쳐진 나실인"**이 되어 **"이스라엘을 블레셋으로부터 구원하기 시작할 것"**(삿 13:5)이라 예언한다. 이런 예언의 말씀을 들은 마노아와 그의 아내가 그에 대한 특별한 기대를 품은 것은 당연한 일이라고 할 수 있다. 삼손은 자라면서 과연 그런 부모의 기대에 부응하는 비범한 능력을 보여주었다. 사사기 13장 25절은 **"마하네**

---

1) 이관직, 「성경인물과 심리분석」, 126.

단에서 여호와의 신이 비로소 그를 감동했다"고 하는데 더 이상 자세한 설명은 없지만 여기서 "감동했다"는 표현은 '흥분(興奮)시켰다'는 의미로 그 구체적 의미는 이후의 유사한 경우들(삿 14:6, 19, 15:14)을 볼 때 하나님의 영이 그로 하여금 초인적 힘을 발휘하게 했다는 의미이다. 이런 그의 모습을 보면서 그의 부모는 과거 하나님의 사자가 그들에게 해주었던 예언이 성취될 것을 믿어 의심치 않았을 것이다.

그런데 우리는 여기서 잠시 그들 삼손 부모의 입장이 아니라 이제 막 사춘기에 접어들었을 소년 삼손의 입장에서 이 상황을 바라볼 필요가 있다. 삼손의 부모가 그처럼 그를 대단하게 여기며 그를 이상화(idealize)하고 있었다는 것은 삼손이 가진 과대적 자기상(grandiose self-image)을 그들이 최대한으로 팽창시켰다는 것을 의미한다. 그가 스스로 체감하는 자신의 엄청난 능력도 역시 그런 자신의 과대성을 입증하는 것으로 느껴졌을 것이 분명하다. 일견 이러한 상황은 그의 자존감(self-esteem)을 높여 주었을 것 같지만 문제는 이런 상황이 그를 단지 자존감 높은 사람이 아니라 **자기애적인 사람**(narcissistic person)으로 만들었을 것이라는 점이다. 자존감이 높은 것과 자기애적인 것의 차이는 자존감이 높은 것과 달리 자기애적 성격이 자기 스스로도 잘 인식하지 못한 채 '자기의 결핍'을 그런 이상화된 자기상으로 감추고 있을 가능성이 크다는 점이다. 다시 말해 자기애(自己愛), 즉 나르시시즘은 자신에게 있는 결핍을 그처럼 이상화된 자기상으로 방어하거나 보상 받으려는 태도라고 할 수 있다. 많은 나르시시스트들이 그런 것처럼 삼손의 경우 그런 결핍의 원인은 그 부모가 있는 그대로의 삼손을 바라봤다기보다는 그들 자신이 가진 '기대'를 바라봤다는 점에서 찾을 수 있다. 삼손의 부모가 기대하는 삼손은 '초인(超人) 삼손'이었다. 하나님의 신탁에 의해 태어난 영웅이기 때문에 여느 사람과 같을 수 없다고 생각했다는 것이다. 이것이 역으로 의미하는 바는 삼손이 자기자신에게서 발견하는 그저 평범한 그 나이 또래 소년, 예컨대 친구들에게 짓궂은 장난을 친다거나 아름다운 이성을 보고 마음이 끌리는 것 같은 자연스러운 그 자신이 부모에게 수용되지 못한다고 느꼈을 것이라는 점이다. 그 부모에게는 그런 모습이 '하나님의 사람'에게는 어울리지 않는 '지나친 평범함'이라 여겨졌을 것이기 때문이다.

또 한 가지 우리가 염두에 두어야 할 것은 이관직의 지적대로 삼손이 이미 태어날 때부터 정해진 '대본(scripts)'에 따라 살아야 한다는 압박감을 가졌으리라는 점이다.[2] 그 대본은 하나님의 사자가 준 예언에 기초하고 있는 것이지만 실제로는 그 부모가 그들 마음 속에 그려 가지고 있는 대본이었다. 즉 이전에 이스라엘을 구원한 영웅들의 모습 위에 그들이 자식에 대해서 가진 기대를 덧그린 그림이었다. 이런 그림을 가진 그의 부모는 그가 이런 그림에 따라 성장하게 하려고 처음부터 많은 노력을 했을 것이다. 특별히 천사의 지시대로 아들이 포도주와 독주를 입에 대지 못하게 했을 뿐 아니라 기타 정결법을 포함한 모세의 규례를 엄격히 지키는 '평생의 나실인'으로 자라도록 그를 훈육했을 것이다. 아

---

2) 위의 책, 84.

마도 이러한 훈육태도를 더 확고히 가진 쪽은 그에 대한 신탁을 처음 받았던 그의 어머니였으리라고 추정된다. 이러한 추정은 첫째 자녀를 나르시시스트로 만드는 것이 주로 어머니의 과도한 기대와 엄격성이라는 컨버그 Otto Kernberg 의 주장[3]에 따른 것이면서 또한 성경의 작은 단초에 근거한 것이기도 하다. 사사기 14장 3절을 보면 삼손이 이방여인과 결혼하는 것을 반대한 것은 부모 두 사람 모두이지만 삼손은 유독 그의 아버지에게 **"내가 그 여자를 좋아하니 어서 데려오라"**고 떼를 쓴다. 이것은 당시의 결혼주선이 주로 아버지의 일이었기 때문일 수도 있지만 아버지가 그만큼 그에게 더 허용적이었기 때문일지도 모른다. 그의 어머니가 상대적으로 더 그에게 엄하고 냉정했을지 모른다는 것이 이관직이 삼손의 부모에 대해 가진 견해이기도 하다. 그는 삼손이 이후에 여성들의 품에서 떨어지지 못하고 "무릎을 베고 자는 모습"이 아마도 어린 시절 그에게 "충족되지 못한 어머니와의 접촉" 때문일 것이라고 이야기한다.[4] 이것이 사실이라면 그것은 아마도 그의 어머니가 그에 대한 애정이 적어서라기보다 그녀가 아들을 지나치게 이상화하면서 자기도 모르게 그를 경원시(敬遠視)했기 때문일 것이다.

그렇지만 추정컨대 삼손의 부정적 성향은 청소년기 이전까지는 크게 표면화되지 않았을 것이다. 그에 대한 부모의 긍정적 이미지가 워낙 컸고 그 스스로 느끼는 자신의 능력과 자질도 그런 부모의 기대에 부합하

---

3) Otto Kernberg, 『경계선 인격장애와 병리적 나르시시즘』, 234-235.

4) 이관직, 『성경인물과 심리분석』, 127.

는 것으로 여겨졌을 것이기 때문이다. 물론 그처럼 엄청난 부모의 기대와 그의 안에서 느껴지는 일반적 청소년의 충동 사이에 갈등이 있었던 것도 아마 사실일 것이다. 그의 이후 일탈이 기본적으로 이러한 그의 내적 갈등, 즉 그의 '초자아'와 '이드' 사이의 갈등이 행동화한 것이라 보는 해석은 더 말할 나위 없이 타당한 해석이다.[5] 그러나 그러한 그의 일탈이 본격화되는 데는 한 가지 더 중요한 요인이 작용했을 것이다. 그것은 바로 당시 이스라엘 여러 부족이 이웃한 블레셋의 지배하에 들어갔다는 역사적 요인이다. 다시 말해 삼손이 국권을 잃어버린 약소민족의 청년으로 자라났다는 것이다. 이런 역사적 상황은 어느 시대나 마찬가지로 -예컨대 우리 나라 일제강점기의 젊은이들에게 그러했던 것처럼- 젊은 세대에게 매우 중대한 심리적 요인으로 작용할 수 있다. 즉 그들에게 깊은 무력감과 우울감, 반사회적 성향을 형성하는 요인이 될 수 있다. 특별히 삼손의 경우는 이러한 상황이 이미 시작부터 그가 무장 해제 당한 상황으로 여겨졌을 것이다. 블레셋으로부터 이스라엘을 구원할 자라는 신탁을 받은 삼손이었다. 그렇지만 실제로 그는 군인이 될 수도, 군대를 이끌고 나가 전공(戰功)을 세울 수도 없었다. 이스라엘은 블레셋을 대상으로 싸울 수 없는 형편, 즉 블레셋의 "(식민)**통치하**"(삿 15:11)에 이미 놓여 있었기 때문이다. 소수의 게릴라전 같은 형태의 저항이 가능했겠지만 그 같은 저항의지를 가진 사람들조차 당시 이스라엘에 워낙 적었던 것으로 추정된다. 삼손 역시 당시 이스라엘사람들 일

---

5) 위의 책, 128.

반의 그러한 무력감과 패배감에 영향받고 있었을 가능성이 크다.

이러한 무력감보다 오히려 더 크게 삼손에게 작용한 것은 아마도 그의 부모가 그에 대해 가진 실망감이 아니었을까 생각된다. 이미 장성하였지만 하나님의 사자가 말한 대로 '이스라엘의 구원자'가 되기는커녕 또래의 평범한 청년들처럼 양을 치거나 농사를 짓는 일꾼조차 되지 못하는 아들을 보며 그들 내면의 실망감이 이만저만이 아니었을 것이다. 이것은 사실 그들 자신이 그 아들을 그렇게 평범한 사람으로 기르지 않은 이유 때문이기도 했지만, 이로 인해 그들은 자신을 돌아보기보다 오히려 자신들의 실패감을 아들에게 투사함으로 결과적으로 그의 부정적 자기인식이 강화되었을 수 있다. 부모의 긍정적 기대가 삼손의 '거대자아상'을 떠받치는 주된 기둥이었다고 본다면 부모의 이러한 실망감이 얼마나 그에게 큰 좌절감을 안겨 주었을지 짐작할 수 있다. 나르시시스트인 그에게 심리적으로 큰 위기가 닥친 것이다. 이런 상황에서 그가 했던 반응은 한 마디로 **퇴행적 의존**과 **방종**이었다. 즉 그 부모가 뒤늦게 얻은 외아들의 응석을 맘껏 받아주던 그 어린 시절로 되돌아가는 것이다. 이 어린 시절에는 그가 성인으로서 져야 할 책임과 부담, 즉 이스라엘을 블레셋으로부터 구원한다든지, 부모의 기대처럼 신실한 나실인이 되어야 하는 것 같은 부담으로부터 회피할 수 있기 때문이었다.

아마도 이런 삼손의 퇴행적 반응에 영향을 끼쳤던 한 가지 중요한 요인이 부모의 방임적 태도였을 것이다. 아들이 이방여인을 아내로 취하려 할 때 그들이 보인 반응(삿 14)에서 유추하건대 아마도 그의 부모는 아들에 대한 그들의 실망감을 직접적으로 그에게 표현하거나 그를 지탄하지는 않았던 것으로 보인다. 오히려 그들 부모는 -아마도 그가 더 잘못될 것을 두려워했기 때문에- 반대로 그의 퇴행적 요구를 들어주는 방식으로 반응했다. 이러한 부모의 대응은 삼손의 그런 퇴행적 반응을 오히려 더 심화시켰을 것이다. 특히 삼손의 그러한 퇴행이 소극적이기보다 적극적이 되도록 작용했을 것이다. 즉 삼손이 부모를 실망시키는 상황에서 더 위축되는 것이 아니라 오히려 더 당돌하게 부모에게 떼를 쓰거나 일이 뜻대로 안 되면 공격적으로 분풀이를 하는 것 같은 행동을 일삼는 것이다. 이러한 행동은 사실 겉으로 보이는 것처럼 강한 것이 아니라 오히려 그의 약함을 방어하기 위한 방어기제라 할 수 있다.

2. 공격적 방어기제

아들러 Alfred Adler 에 의하면 부모의 관심과 돌봄을 독차지하고 자란 외아들은 그런 경험을 통해 강해지는 것이 아니라 오히려 취약해지게 된다.[6] 그 아이는 부모의 관심과 지지를 떠나 본 적이 없기 때문에 그것이 주변에서 주어지지 않으면 형편없이 무력해질 수밖에 없기 때문이다. 또한 그는 항상 자신이 세상의 중심인 것처럼 생각해왔기 때문에 그런 상황이 이루어지지 않으면 다른 사람들보다 더 큰 좌절감을 경험

6) Alfred Adler, *The Collected Clinical Works of Alfred Adler: Journal Articles: 1931-1937*, Gerald L. Liebenau tr. Henry T. Stein eds. (Bellingham, WA: Classical Adlerian Translation Project, 2005), 203.

한다. 어쩌면 삼손에게는 현실적으로 아무 것도 할 수 없는 무력한 피지배민족의 '백수청년'이 된 것이 그처럼 큰 좌절감을 안겨 주었을지 모른다. 이런 상황에서 그의 부모가 그들의 관심과 지지를 회수한 것은 아니지만 자신에게 크게 실망한 그들의 표정에서 그는 이제까지 그를 버티고 있던 거대한 자아상이 무너지는 것을 경험할 수밖에 없었을 것이다. 아마도 그는 강한 수치심과 함께 강한 **자기애적 분노**(narcissistic rage)를 느꼈을 것이다. 자기애적 성격이 진정 부정성(negativity)이나 병리성을 나타내는 것은 이처럼 자신의 취약성을 마주하며 그것을 방어하기 위해 도리어 외부에 공격적이 될 때이다.

아마도 계속 쌓이고 있던 삼손의 자기애적 분노가 밖으로 **행동화**(acting out)한 것이 바로 어린 사자의 주둥이를 찢는 것 같은 거친 행동이었을 것이다. 이것은 그가 어린 사자에게로 그의 내면의 분노를 전치(displace)시켜 표출한 예라 할 수 있다. 이후에 블레셋 사람들을 쳐죽이는 행동 역시 마찬가지이다. 물론 성경은 이런 그의 행동들이 그가 **"여호와의 신에 감동되어"**(삿 14:6, 19: 15:14) 행한 일이라고 표현한다. 그런데 지금 그 행동이 그의 자기애적 분노의 표출이라고 하는 것은 이런 성경의 진술을 부정하는 것이 아니다. 다만 우리가 주장하는 것은 그처럼 성경의 표현대로 성령으로 말미암은 것이 동시에 인간의 연약함의 표현일 수 있다는 것이다. 사사기 14장 이후에 벌어진 일련의 사건들을 우리가 신앙적 관점에서 보자면 하나님의 사자가 예언한 대로 **"(삼손이)블레셋의 손에서 이스라엘을 구원하기 시작"**(삿 13:5)한 일들이라 할

맨손으로 사자를 잡는 삼손
체코 체스케부데요비체市의 분수대

수 있다. 과연 하나님께서는 한 치의 틀림 없이 그의 예언하신 바를 삼손을 통해 실현하고 계신 것이다. 그러나 그렇다고 해서 우리가 그처럼 **"이스라엘을 구원하기 시작"**한 그의 행동이 심리학적 관점에서 반드시 성숙한 행동이었다고 말할 수는 없다. 그의 행동은 오히려 대부분 그의 미성숙한 자기애의 표출이었다. 어쩌면 이 역시 하나님께서 우리가 **"약할 때 오히려 강하시다"**(고후 12:10)는 것을 보여주는 예라고 할 수 있을지 모른다. 그런데 삼손의 경우 그 약함은 사도 바울의 경우와 달리 부끄러운 내면적 미성숙함이었다.

우리는 우선 결혼잔치에서 그가 보이는 행동에서 그의 자기중심적이고 충동적인 면모를 여실히 볼 수 있다. 신부의 들러리들에게 자신 외에는 풀지 못할 수수께끼를 내고 내기를 거는 모습에서 우리는 그의 은근한 자기과시 습성과 다른 사람의 입장을 고려하지 못하는 자기중심성을 엿볼 수 있다(삿 14:12). 받는 것은 당연시하면서 반대로 줘야 하는 상황에는 분통을 터뜨리는 그의 태도(삿 14:19) 역시 마찬가지이다. 삼손이 내기에서 진 것은 그 블레셋 동무들이 그의 아내를 협박하고 그 아내가 삼손에게 답을 가르쳐 달라고 보챘기 때문이었다. 나중에 삼손이 드릴라의 보챔을 이기지 못한 것도 마찬가지이지만 삼손이 이처럼 아내의 보챔을 이기지 못한 것은 친밀한 관계에서 그가 가진 또 한 가지 특징을 보여주는 것이라 할 수 있다. 그것은 곧 참을성이 부족한 성격이다. 이런 성격은 원래 부모와의 관계에서 부모가 그의 요구를 바로 바로 만족시켜준 경험에 기인한 것이라 볼 수 있다. 그런데 그가 좋아하는 여인들과의 관계에서는 일종의 역할전이가 일어나서 오히려 그가 그들의 요구를 거절하지 못하고 굴복하는 양상으로 나타난다. 즉 부모의 행동을 역으로 그가 하고 있는 것이다. 그러나 이것 역시 그가 타인 중심적이기보다는 자기중심적이며 참을성이 부족하다는 사실을 드러내는 것이다. 그 여인들이 주는 애정의 보상(報償)이 지연되는 것을 참지 못하는 모습이기 때문이다. 요컨대 삼손이 이렇게 참을성이 부족하고 자기중심적인 면들은 대개 부모의 관심을 독차지하는 외아들로 자란 경험과 관련된 것이라 볼 수 있다. 그런데 삼손의 이 같은 면들이 열악한 현실로 인해 쉽게 사람들에게 분통을 터뜨리거나 보복을 하는 것 같은 공격적 행동으로 악화되어 나타났다.

자신이 상대방에게 끼친 해보다 상대방이 자신에게 끼친 해를 더 크게 보는 것은 자기애적 성격의 전형적 특징들 중 하나이다. 자기애적 성격은 타인에 대한 관심이 부족하고 반대로 자신에 대한 관심이 지대하기 때문에 자신에게 주어진 조금의 상처도 그만큼 크게 볼 수밖에 없다. 우리는 이와 같은 특징을 삼손에게서도 역시 볼 수 있는데, 블레셋 사람들에 대한 그의 보복행위에서 그것을 잘 볼 수 있다. 삼손은 자신이 블레셋 사람들에게 입힌 피해는 생각치 않고 그들에게 당한 침해에 대해서는 몇 갑절의 보복을 하면서 점점 싸움을 키우더니 마침내 에담 바위에서는 그 혼자서 블레셋 군대와 맞서는 상황에까지 이르게 된다. 사실 이것은 영웅적 행동이라기보다는 매우 자기파괴적인 행동이라 할 수 있다. 만일 이것이 오늘날 부부관계에서 일어난 일이라고 한다면 그 결과는 가정파탄이었을 것이다. 혹은 이런 일이 직장이나 교회 같은 사회단체에서 일어났다고 한다면 그 결과는 피차가 상처를 입는 큰 분쟁이었을 것이다. 이런 의미에서 **"네가 어찌하여 우리에게 이같이 행하였느냐"**(삿 15:11)는 유다 사람들의 항의는 지당한 것이었다. 그것은 그의 개인적 분노로 인해 그가 그들 유다 사람들에게까지 큰 폐를 끼치게 된 상황을 지적하는 말인 것이다. 물론 거듭 강조하는 것처럼 하나님께서는 이 상황을 통해 블레셋이 그동안 이스라엘에 행한 불의를 심판하신 것이 사실이다. 그러나 삼손 개인의 내면적 동기를 보자면 이 사태는 그의 절제되지 못한 분노가 그 자신을 파국으로 치닫게 할 뿐 아니라 그 아내와 처가를 포함한 많은 주변 사람들에게 피해를 끼친 사태라고 아니할 수 없다.

그런데 여기서 우리가 기억해야 할 것은 하나님께서 이일을 통해 이스라엘을 구원하셨을 뿐 아니라 삼손 역시 그 자신의 충동적 행동이 초래한 파국(破局)으로부터 구원하셨다는 사실이다. 사실 엄밀히 보자면 삼손이 블레셋의 손에서 이스라엘을 구원한 것이 아니라 하나님께서 블레셋의 손에서 그를 구원하셨던 것이다. 단단하게 결박된 삼손을 블레셋사람들이 죽이려고 달려들 때 하나님의 영이 그에게 임하자 그를 묶은 밧줄이 마치 불탄삼줄처럼 그의 팔에서 떨어졌다(삿 15:14). 우리는 그 불탄 짓 같은 밧줄에서 블레셋을 향한 그의 분노를 볼 뿐 아니라 그를 향한 하나님의 사랑을 보아야 한다. 그의 분노는 실상 블레셋 사람들뿐 아니라 그 자신도 죽이는 불이었다. 엔학고레, '부르짖는 자의 샘'은 그런 그의 불을 식힘으로 그를 살리신 하나님의 은혜였던 것이다. 하나님은 이처럼 그를 살리셨을 뿐 아니라 그 라맛레히의 전투를 통해 그가 이스라엘 사사(士師)의 자리에 오르게 하신다(삿 15:20). 사실 스스로 자멸을 초래했을 뿐인 그를 값없이 높여 주신 것이다.

3. 성애(性愛)의 기만

삼손에게서 우리가 볼 수 있는 문제는 스스로 자기 분(憤)을 다스리지 못한다는 것이다. 처음에 블레셋인들이 그의 아내를 겁박하여 그의 수수께끼 답을 알아냈을 때도 만일 그가 자신의 분을 다스릴 수 있었다면 결국 그 아내와 처가식구들이 불태움을 당하는 극단적 상황까지 초래하지는 않았을 것이다. 결국 그의 인생을 어렵게 만든 것은 그 스스로 분을 다스리지 못하는 성격이라고 할 수 있다. 이렇게 그가 분을 잘 다스리지 못한다는 것은 다시 말해 그 스스로를 달래며 진정시킬 수 있는 내면의 힘이 부족하다는 의미이다. 자기심리학에 따르면 이렇게 스스로를 달래며 진정시킬 수 있는 힘은 공감적 자기대상의 내면화(內面化)를 통해 얻어진다. 여기서 공감적 자기대상이란 곧 그의 마음을 있는 그대로 인정해 주고 지지해 주는 대상을 의미한다.

특별히 삼손의 경우 그의 부모가 그를 사랑하지 않은 것은 아니었지만 아들에 대해 그들이 가진 기대가 너무나 컸던 나머지 의외로 평범한 그를 있는 그대로 수용해 주지 못했던 것 같다. 그의 사춘기 호기심과 충동을 그대로 인정해 주지 못하고 나실인의 규례를 철저히 지키지 않는 불성실함에 대해서도 수용적이지 못했던 것 같다. 장성한 나이가 되어서도 이스라엘 지도자로서 분명한 자기정체성을 찾지 못하고 옛날에서가 그랬던 것처럼 이방땅 여기저기로 돌아다니며 그 곳 여자들에게 관심을 갖는 그 아들이 못내 실망스러웠을지도 모른다. 그런데 사실 삼손이 이렇게 일찍부터 여자들에게 많은 관심을 갖게 된 것은 그 어머니가 되어 주지 못했던 공감적 자기대상을 찾아서였다. 사사기 14장 7절은 삼손이 딤나에 **"내려가서 그 여자와 말하며 그를 기뻐하였다"**라고 표현한다. '야솨르 브아이나이(ישר בעיניו: 두 눈에 기뻐했다)'라는 원어 표현이 묘사하는 삼손의 모습은 그 여인과 두 눈을 마주보며 즐겁게 대화하는 모습이다. 어쩌면 이제껏 그 두 눈이 갈망하고 있었던 것은 이렇게 그 자신을 있는 그대로 바라봐 주고 수용해 주는 대상이었을 것이다. 자신이 어떤 사람이 되기만을 요구하는 눈, 그래서 현재의 자신을 외면하는 눈이 아니라 자신을 있는 그대로 기뻐해주는 그런 두 눈을 갈망하고 있었던 것인지 모른다.

첫번째 아내가 삼손에게 어떤 의미를 주었을지 생각하면 그녀를 잃은 것이 그에게 어떤 상실감을 주었을지 짐작할 수 있다. 아마도 그것은 성장기 대상상실(object loss)의 아픔이 재현(再現)되는 아픔이었을 것이다. 공감적 대상상실이 바로 자기애적 분노의 원인이라는 것을 기억하면 아내를 잃은 삼손이 왜 그리 심하게 분노했는지 이해할 수 있다. 그러나 이러한 분노는 그를 더욱 파괴할지언정 그의 결핍을 채워주지 못했다. 나귀의 턱뼈로 일천명의 사람을 죽이고 그것으로 명성을 얻어 이스라엘 사사(士師)가 되었지만 그러한 대중적 인정이 그의 공허함을 채워줄 수 있는 것도 아니었다. 그가 진정 필요로 했던 것은 그의 힘이나 공적을 칭송하는 사람들이 아니라 있는 그대로의 그를 알아주는 대상이었기 때문이다. 삼손은 그의 첫아내와 경험했던 것 같은 '순진한 사랑'을 이후에 다시 만나지 못했던 것 같다. 이것은 그녀와 그녀의 가족이 당했던 것 같은 비참한 결말을 사람들이 두려워했기 때문일 수도 있겠지만 삼손이 그 첫아내에게 당했던 배신의 상처가 아직 그에게 남아 있었기 때문일 수 있다. 자신의 비밀을 지켜주지 않고 동족에게 누설했을 뿐 아니라 자신을 버리고 다른 남자에게 가버린 그녀로 말미암아 삼손은 자신이 그녀에게 가졌던 믿음이 환상에 지나지 않았다는 사실을 깨달았을 것이다. 심리학적 견지에서 이러한 '신뢰의 상실'은 공감적 대상상실에 상응하는 심리적 외상이다. 심리학에서 '기본적 신뢰(basic trust)'란 원초적 자기대상관계(primary selfobject relationship)의 핵심을 가리키는 말이다. 삼손이 그의 첫사랑을 비극적으로 상실한 경험은 그 자체가 고통스러운 일이기도 했겠지만 과거 어린 시절의 상처, 대상상실의 아픔을 무의식적으로 다시 불러일으키는 사건이었다는 점에서 더 고통스러운 경험이었을 것이다.

삼손은 이후 평범한 여성보다 직업적인 매춘(賣春)여성에 가까운 여성들과 주로 관계를 맺는다. 이것은 다시 말해 삼손이 여성들을 인격적으로라기보다 성적 대상으로 대하기 시작했다는 것을 시사한다. 이것은 그 여성들과의 인격적 관계보다 자신의 성적 만족을 주로 추구했다는 의미이다. 사사기 16장의 그의 모습은 거의 '성에 중독된 사람(sexual addict)'의 모습이라고 해도 과언이 아니다. 이런 그의 모습이 그의 심리적인 면에 대해 말해주는 것은 무엇일까? 이에 대해서 우리는 역시 코헛 Heinz Kohut 이 성중독을 포함한 각종 중독에 대해 설명한 것을 참조할 필요가 있다. 코헛에 의하면 중독(addiction)은 기본적으로 **텅 빈 자기**를 외면하려는 행동이다.[7] 즉 자신이 필요한 존재라는 느낌, 정말로 자신이 실재하는 것 같은 느낌이 부족하기 때문에 그런 자기인식을 피하기 위해, 혹은 그런 느낌을 위조(僞造)하기 위해 의존하는 것이 각종 약

7) 홍이화, 「하인즈 코헛의 자기심리학 이야기 I 」, 163

물 내지 행위중독이다.[8] 사람이 아니라 사물(事物)을 의존하는 것은 그만큼 인간관계로부터 충족보다는 상처를 많이 받았다는 의미이다. 다른 사람을 신뢰할 만한 대상으로 여기지 못한다는 의미이다. 성중독의 경우 특이한 점은 사람을 사람이라기보다 사물처럼 대한다는 점이다. 그 사람과 인격적인 관계를 맺으면 다시 상실의 아픔을 맛볼 위험성이 있기 때문에 단지 그 사람과 성적인 접촉만을 추구하는 것이다. 즉 알코올, 마약, 약물 중독과 같이 감각적 흥분과 위로만을 추구한다는 것이다. 사사기 16장 이후 삼손의 여성관계는 바로 이 같은 성중독에 해당하는 것이라 볼 수 있다. 사사의 자리에 올라 이스라엘 백성의 명망을 얻었지만 그런 명예를 훼손할 만한 여성편력을 그가 이어간 것은 그런 사람들의 인정이 채워주지 못하는 그의 내적 공허감 때문이었을 것이다.

이관직이 지적하는 바대로 삼손은 사사(士師)직위에 있으면서 비단 성을 남용한 것만 아니라 하나님이 주신 초인적 능력조차 남용하고 있었다.[9] 삼손은 가사(gaza)사람들이 그를 죽이려고 매복한 것을 알고 **"밤중에 일어나 성문짝들과 두 문설주와 빗장을 빼어 어깨에 메고 헤브론 앞산 꼭대기로 갔다"**(삿 16:3). 하나님의 능력은 하나님의 일을 이루기 위해 사용되어야 하는데 그는 그것을 자신의 문란한 생활을 지속하는 방편으로 사용하고 있다. 우리가 의아하게 생각할 수 있는 것은 왜 하

---

8) 위의 책, 160.

9) 이관직, 『성경인물과 심리분석』, 130.

나님은 이처럼 타락한 삼손에게 이러한 하나님의 능력이 여전히 머물게 하셨는가 하는 점이다. 그러나 우리는 여기서 '왜?'라고 묻기보다 이런 일이 오늘날에도 있고 우리 자신에게도 있을 수 있음을 생각하며 스스로 경계(警戒)로 삼아야 할 것이다. 우리 자신이 하나님을 떠나 있음에도 불구하고 하나님의 능력은 당신의 뜻을 이루기 위해 우리를 통해 나타날 수 있다. 그러나 이것은 하나님께서 우리의 현재 모습을 그대로 인정하신다는 뜻이 아니며 우리에게 하나님의 징계가 없을 것이라는 보증도 아니다. 그런데 여기서 우리가 삼손에게 마침내 이른 하나님의 징계라고 볼 수 있는 그의 비극적 결말을 살펴보자면 그것은 사실 갑작스러운 것이 아니라 필연적인 결과였다고 볼 수 있다. 왜냐하면 삼손은 자신의 성(性)과 초인적 능력뿐 아니라 자신의 삶 전체를 남용함으로써 파멸을 자초하고 있었기 때문이다.

그런데 삼손이 성을 남용(abuse)했다고 하지만 그의 여성관계가 오로지 육감적 만족만을 추구한 것이라 보는 것은 부정확한 면이 있다. 예컨대 드릴라와의 관계를 보더라도 그가 단순히 성적 만족 이상의 것을 그녀에게서 구하고 있었다는 점을 볼 수 있기 때문이다. 물론 이 관계는 신실한 인격적 관계라고 보기는 어려운 관계였던 것이 사실이다. 두 사람이 각자 자신의 필요를 위해 서로를 이용하고 있었기 때문이다. 삼손은 드릴라에게서 이전의 다른 매춘녀들에게서와 마찬가지로 성적 위로를 취하고 있었다. 다시 말해 그녀를 인격적인 신뢰 대상으로 여기는 것이 아니라 자신의 공허감을 채우는 감각적 만족의 제공처로 활용하

삼손과 드릴라 Max Liebermann 作

고 있었다. 삼손이 그녀를 인격적으로 신뢰하지 않았다는 사실을 우리는 그가 그녀에게 자신의 힘이 어디서 나오는지 비밀을 말해주지 않은 데서 확인할 수 있다. 이것은 그녀가 진정한 자기 편이 아닐 수 있다는 의심 때문이었는데, 그런 의심은 근원적으로 그의 과거 경험, 즉 믿었던 여인이 적에게 자신의 비밀을 알리고 그들 편으로 넘어간 경험에 기인한 것이었다. 한편 드릴라 역시 삼손을 이용하고 있는 것은 마찬가지였다. 이것을 우리는 그를 팔아 넘기는 그녀의 행동에서 확인할 수 있다. 처음에 그녀는 아마도 삼손이 주는 성적 만족만이 아니라 그가 가져다주는 물질 때문에 그를 받아들였을 것이다. 그런데 블레셋 사람들이 **"은 일천 일백"**(삿 16:5)이라는 거금을 약속하자 삼손을 그들에게 팔아 넘기려고 계획한다. 이처럼 그들은 자신의 목적을 위해 서로를 이용하고 기만하는 관계였다. 그러나 그럼에도 불구하고 우리가 그들이 하고 있는 게임에서 발견할 수 있는 것은 그들이 각자의 **자기애적 환상**(narcissistic fantasy)을 붙잡고 줄다리기를 하고 있다는 사실이다.

두 사람이 붙잡고 있던 자기애적 환상이란 곧 세상에는 누군가 자신만을 바라보며 자신의 전부를 받아줄 사람이 있을 것이라는 믿음이며 어쩌면 앞에 있는 사람이 바로 그일지 모른다는 환상이다. 흥미로운 것은 여기서 두 사람이 그 스스로는 그 믿음이 환상에 지나지 않는다는 것을 알면서도 서로에게 그것을 사실로 증명하려 하거나 사실로 증명하기를 요구하고 있다는 점이다. 우리는 이것이 단지 상대방을 속이려는 것이 아니라 자기자신을 속이려는 노력이라고 볼 수 있다. 이 자기애적 환상이란 상호작용적인 현상이어서 상대방이 진정으로 그것을 믿을 때 자기자신도 믿게 되기 때문이다. 결국 두 사람은 그 자신의 의심과 믿음 사이에서 무의식적 줄다리기를 하고 있었던 셈이다. 삼손이 드릴라를 세 번 속인 이후 드릴라가 삼손에게 이렇게 말한다. **"당신의 마음이 내게 있지 아니하면서 당신이 어찌 나를 사랑한다 하나요?"**(삿 16:15) 여기서 우리는 드릴라가 스스로 배신을 꾀하면서 삼손이 진정으로 자신을 사랑한다는 사실을 증명해 보이라고 요구하는 것을 볼 수 있다. 진정한 사랑을 믿지 못하지만 진정한 사랑을 요구하는 그녀의 이중성을 볼 수 있다. 이 점에 있어서는 사실 삼손 역시 마찬가지였다. 드릴라 역시 그랬던 것처럼 그 자신에 대한 상대방의 신뢰(trust)를 소유하려

하고 있는 것이다. 이런 삼손의 심리 이면에 감춰진 것은 자신이 잃어버린 기본적 신뢰관계를 되찾고자 하는 갈망이다. 즉 잃어버린 자기대상을 되찾고자 하는 자기애적 갈망이다.

결과적으로 삼손은 다시 한 번 그 자신의 환상에 속아서 자멸에 이르게 된다. 드릴라의 채근에 **"삼손의 마음이 번뇌하여 죽을 지경이 되었다"**(삿 16:16)고 성경은 이야기한다. 이것은 자신의 자기애적 환상을 믿고 싶은 마음과 그것에 두 번 다시 속아서는 안 된다는 의심이 그의 안에서 격심한 내적 갈등을 일으켰다는 의미이다. 삼손이 드릴라에게서 단순한 성적 만족 이상의 것을 구했다는 말의 의미가 바로 이것이다. 만일 정말 삼손이 드릴라를 성적인 대상으로만 삼았다면 그는 끝내 비밀을 실토하지 않았을 것이다. 그러나 그는 드릴라와의 관계에서 그의 자기애적 환상의 실현을 꿈꾸었기 때문에 결국 그 환상의 속임수에 넘어가 자멸에 이르고 말았다. 삼손이 블레셋사람들에게 그의 두 눈을 빼앗겼다는 것은 매우 상징적이라 할 수 있다. 그것은 여인들에게서 환상을 찾던 그의 두 눈이 적출(摘出)됨으로써 이제 영구히 그가 그런 환상을 더 좇을 수 없도록 상처를 입은 것을 의미하기 때문이다. 우리는 이와 같은 불행한 결말에 이른 근본원인이 그가 그 두 눈으로 마땅히 바라봐야 할 대상인 하나님을 버리고 하나님 아닌 것을 바라봤기 때문이라 할 수 있다. 그가 하나님을 버리고 하나님에게서 찾아야 할 이상적 대상을 이성(異性)에게서 찾았기 때문이라 할 수 있다. 또는 그가 성적인 자극을 하나님의 대체물로 삼았기 때문이라 할 수 있다. 또는 그가 자기에 대한 사랑으로 하나님 사랑을 대체했기 때문이라 할 수 있다. 우리는 자신의 힘이 자기의 머리카락에서 나온다고 말하는 그(삿 16:17)에게서 한 가지 중대한 착각을 발견할 수 있다. 그는 실상 그의 힘이 머리카락이 아니라 하나님으로부터 주어진다는 사실을 잊고 있었던 것이다. 그나마 불행중 다행한 일이라 할 수 있는 것은 그가 죽기 직전에 마지막으로 하나님을 바라볼 수 있었다는 것이다. 비록 육안(肉眼)은 잃어버렸지만 그의 영안(靈眼)으로 하나님을 바라볼 수 있었다. 이렇게 하나님을 바라보며 마지막으로 그가 하나님께 간구했을 때 그에게 한 번 더 하나님으로부터 초인적 힘이 주어졌다. 그러나 이 번에 그는 스스로 원한대로 그의 대적과 함께 최후를 맞았다(삿 16:30). 영적인 회복 대신 육신의 죽음을 맞았던 것이다.

수가성 여인의 목마름

1. 낮은 자존감의 유혹

다음으로 우리가 앞의 삼손과 비교해 보려는 인물은 요한복음 4장의 수가성(城) 여인이다. 이 여인은 이름도 모르고 또 요한복음 4장의 한 에피소드에만 등장하기 때문에 우리가 그녀에 대해 알 수 있는 바가 매우 적다. 그래서 우리는 이제까지 살펴본 성경인물들보다 더 많은 가정(假定)을 덧붙여서 이 여인에 대해 해석할 수밖에 없다. 그러나 그럼에도 불구하고 우리가 이 여인을 여기서 삼손과 비교해 보려는 것은 이 여인이 앞의 삼손과 많은 점에서 비슷하면서도 동시에 좋은 대조를 이루기 때문이다.

우선 외적인 면에서 두 사람을 비교해 보자면 첫째 이 수가성 여인은 여성이며, 어찌됐건 삼손이 다른 사람들에 비해 상대적으로 우월한 능력과 명성을 누렸던 것과 달리 이 여인은 당시에 거의 존재감이 없고 사람들에게 멸시를 당하던 여인이었다. 당시 사회에서 그녀는 주류집단인 유대인에게 멸시받는 사마리아 사람이자 남성들에게 무시당하는 여성이었을 뿐 아니라 그 지역의 사마리아 여성들로부터조차도 손가락질을 당하는 '주변인(outsider)'이었다. 그리고 이 여인은 홀로 힘겹게 물을 길으러 나온 것으로 보아 필시 가난한 여인이었으리라 생각된다. 그 외 다른 사정이나 특히 이 여인이 남편이 다섯이나 있었던 연유에 관해서는 여러가지 이견들이 있다. 한 가지 설득력 있는 주장은 그것이 단순히 성적인 이유가 아니라 경제적인 어려움으로 말미암은 남성 편력이었으라는 주장이다. 지금과 비교할 때 당시 사회에서 그녀와 같은 여성이 홀로 자신의 생계를 이어간다는 것이 우리가 생각하는 것보다 훨씬 더 어려운 일이었을 것이다. 어쩌면 그녀는 이미 원가정에서부터 너무 가난하여 어린 나이에 팔려가다시피 나이 많은 남자의 첩이 되었던 것인지도 모른다. 그리고 그 첫 남편이 죽자 또 누군가의 첩이 되고, 또 그 이어서 비슷한 일이 반복되는 과정을 겪었을 수 있다. 구체적으로 어떤 일들이 있었는지 알 수 없지만 어느 정도 확실한 점은 그녀 자신의 도덕

성 여하와 상관없이 당시 그녀와 같은 여성이 많은 사회적 지탄과 멸시를 받을 수밖에 없었으리라는 점이다. 어쩌면 그녀는 그 같은 사회적 인식을 자기도 모르게 내면화하면서 점차 경제적 이유 때문만이 아니라 그녀 스스로 그처럼 내면화한 낮은 자존감에 따라 여러 남자들을 전전(轉轉)하는 '밑바닥 인생'을 살게 되었을지 모른다.

사람들이 인식하는 자기는 스스로 결정하는 것이라기보다 사회적 관계 속에서 형성되는 것이다. 더 정확히 말해 자신에 대한 사람들의 인식이나 요구라고 느끼는 것에 스스로 반응하는 가운데 형성되는 것이다. 심리학에서는 사회적 요구나 기대에 부응하는 자기를 특별히 **페르조나**(persona)라고 부르는데, 개인에 따라 이런 페르조나가 자신의 내적인 욕구나 바램에 부합한다고 느낄 수도 있고 그렇지 않을 수도 있다. 만일 그렇지 못할 경우 사람들은 사회적 활동으로부터 철수해서 가능한 자기만의 삶을 살려는 경향을 보일 수 있는데 이런 사람들을 오늘날 "은둔형 외톨이"라고 부른다.[10] 어쩌면 수가성 여인은 그 시대의 이러한 은둔형 외톨이였을지 모른다. 많은 이가 그렇게 해석하듯이 너무 햇볕이 뜨거워 일반적으로 그 지역에서는 바깥 활동을 하지 않는 시간인 제육시(第六時), 오늘날로 하면 정오(正午)에 이 여인이 물을 길으러 나왔다는 사실이 그 점을 뒷받침해 준다(요 4:6-7).

문제는 단지 사회적 관계로부터 철수한다고 해서 자신에 대한 사회

---

10) 斎藤環, 『ひきこもり救出マニュアル』, 김경란, 김혜경 옮김, 『은둔형 외톨이』 (서울: 파워북, 2012), 16.

적 인식을 벗어날 수 있는 것이 아니라는 점이다. 왜냐하면 그 사회적 인식은 이미 그녀 자신 안에 내면화되어 있기 때문이다. 그것은 이를테면 그녀 안에서 그녀를 보는 사람들의 얼굴로 내면화되어 있다. 그녀를 보고 비웃는 얼굴, 수근거리는 사람들의 얼굴이 그것이다. 이런 내적 대상은 그녀를 경직되게 하고 화나게 한다. 혹은 스스로조차 자신에 대한 그런 인식에 동조하게 되면서 수치심과 우울감에 사로잡히게 된다. 자아는 이러한 인식과 감정으로부터 자신을 방어하기 위해 태연을 가장하거나 도리어 상대방을 공격하는 태도를 취하게 된다. 이런 과정은 그녀의 내면에서 이루어지는 과정인데, 간혹 이것이 그녀가 실제로 마주치는 사람들과의 관계에서 **실연**(實演; enactment)될 수 있다. 우리는 예수님에 대한 여인의 첫번째 반응이 아마도 이런 것이었다고 볼 수 있다.

"물을 좀 달라"(요 4:7)는 예수님의 요청에 놀란 여인은 눈을 들어 예수님을 훑어본다. 아마도 그렇게 예수님을 보는 그녀의 눈은 거의 매처럼 쏘아보는 눈이었을 것이다. 예수님의 행색을 보고 유대인이라는 것을 파악한 여인은 이렇게 예수께 대꾸한다. **"당신은 유대인으로서 어찌하여 사마리아 여자인 내게 물을 달라 합니까?"**(요 4:9) 우선 우리가 이 여인의 대꾸에서 느낄 수 있는 것은 강한 경계심과 공격성이다. 아마도 여인이 대꾸를 통해 보내고 있는 메시지는 이런 것이었을 것이다. "당신이 보통 유대인들이 하지 않는 행동을 내게 하니 이것이 무슨 의도인지 정확히 모르겠으나 함부로 내 경계를 침입하려 하지 마라. 나를 만만하게 본 것이라면 오산이다." 과연 예수님은 당시 사람들이 일반적으로 넘지 않는 경계를 넘었고 여인에게 경계심을 일으킬 만한 행동을 했던 것이 사실이다. 당시 남자들은 가능한 낯선 여자에게 말을 걸지 않았고 더구나 유대인은 성경이 말하는 대로 사마리아인과 서로 상종하지 않는 것이 상례였다. 이런 상황에서 유대인 남자가 사마리아여자에게 심지어 그녀의 그릇으로 물을 길어 마시게 해 달라고 요청한 것은 당시의 정결례조차 무시하는 파격적 행동이었던 것이다.[11] 그런데 이 여인의 입장에서 예수는 그러한 당시의 관례들뿐 아니라 평소 그녀가 사람들과 사이에 지키고 있었던 심리적 거리조차 무너뜨리고 침입해 들어온 셈이다. 여인이 놀란 것은 당연한 일이었다.

추측컨대 그녀의 경험에서 그와 비슷하게 그녀에게 접근한 남자들은 대개 한 종류였을 것이다. 바로 그녀에게 성적인 관심을 가지고 접근한 남자들이다. 아마도 이 여인은 이제까지 그러한 남자들에게 서로 모순되는 양가감정을 가져왔을 것이라 추측된다. 첫번째는 자기들의 만족을 위해 자신을 이용할 뿐 진정으로 자신을 존중하지 않는 그들에 대한 분노와 증오이다. 이런 감정은 그녀를 무시하고 비난하는 사람들에 대한 분노와 연결되어 있다. 그런데 다른 한 편으로 그녀는 그렇게 자신에게 다가오는 남성들에게 어쩔 수 없이 자신도 끌리는 마음을 자기 안

---

11) 고대중동지방의 우물에는 대개 두레박이 비치되어 있지 않았다. 각자가 물 긷는 가죽그릇을 가지고 다니는데, 그것이 없다고 해서 유대인 남자가 사마리아 여자에게 물을 길어 달라는 것은 당시의 관례에서 벗어나는 행동이었다. Kenneth E. Bailey, *Jesus Through Middle Eastern Eyes: Cultural Studies in the Gospels* (Downers Grove, IL: InterVarsity Press, 2008), 202 참조.

에 느꼈을지 모른다. 어쨌든 그들은 아무도 돌아보지 않는 자신에게 관심을 가진 것이기 때문이다. 수많은 우여곡절 속에 만신창이(滿身瘡痍)가 되었지만 여전히 자신에게서 여성으로서의 매력을 발견해주는 그들의 눈이 싫지만 않았을 것은 그것이 아무도 그렇게조차 보지 않는 것보다는 더 그녀에게 충족감을 주었기 때문이다. 이것이 사실은 다름아닌 모든 중독(addiction)의 원리이다. 알코올, 마약, 게임, 도박, 음란물 등 자신을 유혹하는 것이 자신에게 이롭기보다는 해롭다는 사실을 인지하고 있지만 중독자들은 그것조차 없을 때의 공허감을 견딜 수 없어 그것을 선택하게 된다. 성관계에 중독되는 원인 역시 이와 마찬가지라고 할 수 있다. 이전의 사람들에게 많은 상처를 받았음에도 이 여인이 또 다시 새로운 남자와 관계를 맺게 된 것은 아무도 없는 외로움을 견디기가 그 상처보다 더 힘들었기 때문일 것이다.[12]

우리는 처음에 예수님이 수가성 여인에게 말을 걸었을 때 매우 짧은 순간이나마 그녀가 경험한 남자관계에서의 이러한 양가감정들이 그녀 안에 작동하고 있었다고 볼 수 있다. 이렇게 보는 이유는 예수님과 그녀의 이 만남이 그녀에게 치유적인 과정이었다고 믿기 때문이다. 역동심리치료에서 치료는 상담자와의 관계에서 내담자의 과거경험이 실제로 전이(轉移)되어 나타나는 것을 전제한다. 예컨대 과거 아버지에게 받은 상처가 치유되기 위해서는 상담자에게로 그 아버지에 대한 감정이

---

12) 이런 그녀는 다른 여러 종류의 중독자들과 마찬가지로 일종의 은밀한 나르시시스트(covert narcissist)라고 할 수 있다. 은밀한 나르시시스트란 밖으로 자신을 잘 드러내지 못하기 때문에 억압된 자신의 반영욕구를 은밀한 대상을 통해 해소하려는 사람을 말한다.

전이되어 나타날 필요가 있다. 그 재연(再演)되는 감정이 생생할수록 좋다. 왜냐하면 그렇게 될 때 그 과거의 경험과 감정들이 상담자의 반응을 통해 재구성(reconstruct)될 수 있기 때문이다. 우리는 수가성 여인과 예수님의 만남 역시 그 같은 경험이 재구성되는 과정이었다고 볼 수 있다. 그렇다면 그것이 이뤄지기 위해 그녀의 이제까지의 인간관계, 특히 남자관계에서의 경험과 감정들이 예수님께로 먼저 투영되어 나타나야 했다. 이렇게 예수님께로 투영된 감정은 아마도 경계심, 분노, 두려움, 기대, 흥미, 유혹의 욕구 등 여러 가지가 뒤섞인 매우 복합적인 감정이었을 것이다.

2. 영과 진정성

그런데 이 여인은 곧바로 예수님이 이전에 그녀가 경험한 남자들과는 다른 종류의 사람이라는 것을 직감할 수 있었다. 이와 동시에 그녀 안에 잠시 일어났던 일련의 감정들은 뒤로 물러나고, 그녀는 궁금증과 계속적인 경계심을 가지고 그럼 이 사람은 어떤 사람인지 파악하려고 애썼을 것이다. 심리학에 따르면 사람들은 이렇게 상대방이 어떤 사람인지 파악하려고 할 때 자신들의 이전경험에서 가져온 대상이미지들, 즉 <u>이마고</u>(imago)들을 활용한다. 만일 "이 사람이 내가 익히 알던 그런 남자들 중 하나가 아니면 대체 어떤 사람일까?" 자문하면서 사람들은 과거 경험의 색인함(索引函)을 뒤진다. 그녀의 경우 이제 새롭게 꺼

야곱의 우물 입구

내든 카드는 이를테면 고상한 척하며 우월감을 드러내는 유대바리새인들의 이미지였다. 단서는 뭔가 심오한 듯하지만 알아들을 수 없는 그의 말이었다. **"만일 네가 네게 지금 물 달라 하는 이가 누구인 줄 알았더라면 네가 구하였을 것이요 그는 네게 생수를 주었으리라"**(요 4:10). 이 말씀에 대한 여인의 대답에서 우리는 또 한 종류의 방어기제를 감지할 수 있다. 그것은 곧 열등감에 지지 않고 자신이 가진 것을 내세우는 공격적 방어자세이다. 그녀는 이 우물이 자기 민족에게 속한 것이며 이 우물물을 기를 그릇도 현재 자신만 가지고 있다는 사실을 은근히 과시한다. 뿐만 아니라 그녀는 사마리아인들이 자랑하는 그들의 종족적 정체성, 즉 야곱의 직계후손이라는 자부심까지 가져와서 예수님 앞에 내민다(요 4:12). 이러한 우월성 과시는 물론 그녀가 가진 열등의식에 대한 방어이다. 예수님을 고매한 유대바리새인들과 동일시할 때 그녀 안에 일어나는 감정은 열등감과 위축감이었다. 그녀는 유대인들에게 무시받는 사마리아인일 뿐 아니라 그 동족 사마리아인들로부터조차 멸시받고 외면당하는 부정(不貞)한 여인이었기 때문이다.

그런데 아이러니한 사실은 그녀가 이렇게 사마리아인들의 자랑을 가지고 이 낯선 유대인의 콧대를 꺾으려 하면 할수록 정작 그녀 자신은 더 초라해질 수밖에 없다는 사실이다. 왜냐하면 그녀가 사마리아인들이 자랑하는 교리를 더 강하게 주장하면 할수록 그 교리에 위배되는 자신의 삶은 더 부끄러워질 수밖에 없기 때문이다. 이러한 역설은 비단 이 순간만 아니라 그녀의 이제까지 삶 전체를 괴롭혀 온 역설이었을 것이다. 실상 그녀의 삶은 온통 역설로 가득 차 있었다. 남자를 혐오하지만 남자를 원하고 율법을 자랑하지만 율법의 정죄로 괴로워했다. 그래서 그녀가 그 자신에 대해, 세상에 대해, 또 심지어 하나님에 대해 가지게 된 태도는 아마도 냉소주의가 아니었을까 생각된다. **"그런 물이라면 내게 주셔서 내가 목마르지도 않고 여기 물 길러 오지도 않게 해 주시지요"**(요 4:15)라는 그녀의 대답 속에 이러한 냉소가 느껴진다. 상대편을 비웃음으로써 그 자신에 대한 비웃음을 방어하고 있는 것이다. 이런 그녀를 바라보시던 예수님은 그녀에게 이렇게 말씀하신다. **"네 남편을 불러오라"**(요 4:16).

이 여인이 순간 얼마나 놀랐을지 짐작할 수 있다. 왜냐하면 그녀는 아마도 바로 직전까지 남편이 없는 자신의 현실, 자신의 부끄러움을 가릴 그 무엇도 가진 것이 없는 자신의 현실을 대면하고 있었을 것이기 때문이다. 얼마전 집을 나서기 전까지도 혹시나 누구를 만날까 두려워 발걸음을 떼기 힘들었던 자신을 기억했을지 모른다. 그렇지만 물이 없이는 살 수 없기에 어쩔 수 없이 발걸음을 옮겨야 했던 자신을 기억했을지 모른다. 사실 그녀의 삶은 이런 목마름과 두려움의 연속이었다. 늘 사람이 두려웠지만 늘 사람이 목말랐다. 그래서 새로운 만남이 두려웠지만 또 새로운 남자를 만났다. 그런데 이 번에 만난 남자는 사실 애초부터 자신의 남자가 될 수 없는 남자였다.

"네 남편을 불러오라"는 예수의 말씀은 이런 그녀의 현실을 그녀에게 직면시켰다. 한참 침묵 후에 그녀는 마침내 이렇게 대답했다. "나는 남편이 없습니다"(요 4:17). 이런 여인의 대답에 대해 예수께서 하신 말씀은 이런 것이었다. "네 말이 옳다. 네가 남편 다섯이 있었으나 지금 네게 있는 그 사람은 네 남편이 아니니 네 말이 옳다"(요 4:17-18). 왜 이 말씀이 여인의 마음을 그토록 움직였던 것일까? 여기에는 낯선 사람이 자신의 비밀을 알고 있다는 사실에 대한 놀라움도 있었겠지만 아마도 그 이상의 이유가 있었을 것이다. 추정컨대 그 이유는 이 말씀이 그녀가 지금 마음 속에서 하던 생각을 그대로 반영하는 말씀이었기 때문이었을지 모른다. 예수님은 이 순간 그녀가 자신을 둘러쌌던 방어벽 바깥쪽이 아니라 그 안쪽에서 그녀와 함께 계셨다. 인간 심리의 또 한 가지 역설은 항상 다른 누군가가 자신의 연약함을 건드리지 못하도록 방어벽을 둘러치면서도 동시에 누군가가 그 벽 안의 자신을 찾아와 주기를 갈망한다는 사실이다. 사실 그녀가 계속해서 새로운 남자들을 구한 것도 역시 같은 이유에서였다. 그러나 그들은 그 연약한 자신을 보듬어 주기는커녕 도리어 더 많은 상처를 입혔다. 그래서 그녀는 잠시 허물었던 벽을 다시 공고히 쌓곤 했던 것이다. 그런데 예수께서 이미 그런 자신의 벽 안에서 그런 자신의 아픔을 함께 바라보고 계심을 그녀는 느낄 수 있었다. 그러나 그것이 그녀에게는 침해가 아니라 도리어 깊은 위안으로 느껴졌다.

이후에 여인이 예수님에게 하는 질문은 그녀가 이미 예수님을 자신의 인도자로 받아들이고 있음을 시사한다. **"예배할 곳"**(요 4:20)에 관한 그녀의 물음은 사실 유대인들과 사마리아인들의 교리의 핵심적인 차이에 대한 물음이었다.[13] 이 물음에 대한 예수의 대답은 그 곳이 어떤 지리적 장소가 아니라 **하나님의 영**과 **인간의 진정성**이 만나는 곳이라는 사실이었다. 헬라어로 '진정성'이란 뜻의 단어 알레테이아($\dot{\alpha}\lambda\dot{\eta}\theta\varepsilon\iota\alpha$)는 부정어 '아($\dot{\alpha}$)'와 '망각,' '숨김'이란 뜻의 '레테이아($\lambda\dot{\eta}\theta\varepsilon\iota\alpha$)'의 합성어이다. 즉 이 말은 원어적으로 스스로 잊으려 하거나 숨기려 하지 않는 상태를 의미하는 말로 심리적 관점에서 보자면 이 수가성 여인이 자신의 연약한 실상을 감추려 하지 않고 정직하게 인정하는 자리를 의미한다고 할 수 있다. 다시 말해 그녀가 심리적 방어를 내려놓고 예수님과 함께 정

---

13) Gary N. Knoppers, *Jews and Samaritans: The Origins and History of Their Early Relations* (New York, NY: Oxford University Press, 2013), 1.

직하게 자신의 실상을 바라보는 그 곳이 이미 영과 진정이 만나는 곳이었다. 자신의 치부를 드러낸 그의 앞에서 너무나 수치스러워야 할 것 같은데 실상 너무나 큰 위로를 느끼며 그녀는 자기 앞의 그가 바로 그리스도라는 사실을 인식했다.

그녀가 그 순간 얼마나 큰 놀라움과 흥분을 경험했는지 우리는 그녀가 곧바로 마을로 뛰어가 사람들에게 자신이 그리스도를 만났다고 소리치는 모습에서 알 수 있다. 그녀는 조금전까지만 해도 사람들을 만날까봐 집 밖을 나서기 힘들어했던 여인이었다. 그런 그녀가 이렇게 한 달음에 마을로 가서 사람들 앞에 소리쳤다는 것은 적어도 이 순간 그녀의 방어벽이 완전히 허물어졌다는 것을 의미한다. 그리스도를 만난 경이에 사로잡혀 자신을 생각하거나 방어할 여념이 없었던 것이다. 우리가 이 일 후의 그녀의 삶을 상상해 보자면 필시 어느 정도의 **퇴보** (setbacks)는 불가피했으리라고 여겨진다. 이른바 '영적 회심'과 달리 치유적 과정은 상당한 기간이 소요되기 마련이기 때문이다. 특히 그녀의 인간관계 패턴이 실질적으로 변화되는 데는 많은 시일이 걸릴 뿐 아니라 많은 사람들의 중간 역할이 필요했을 것이다. 그러나 우리는 적어도 이 수가성 여인이 이 한 번의 만남을 통해 그녀가 진정 바라봐야 할 대상이 누구인지 발견했다고 믿는다. 진정한 자기대상을 발견한 그녀는 이제 진정한 자기를 찾아가는 길을 찾은 것이다.

나오며: 중독과 하나님

영성지도자이자 심리학자인 제랄드 메이 Gerald May 는 중독(addiction)에 대해 말하기를 "중독은 우리를 모두 우상숭배자로 만든다. 집착 대상을 숭배함으로써 진정으로 자유롭게 하나님과 다른 사람을 사랑하는 것을 방해한다"고 한다.[14] 알코올, 마약, 성(性) 같은 중독의 대상이 우리에게 하나님을 대신하는 우상(偶像)이 될 수 있다는 것은 우리의 신경정신적 차원과 영적 차원이 서로 완전히 분리된 것이 아니라는 점을 말해준다. 이것은 다시 말해 우리의 물질과의 관계, 다른 사람과의 관계, 하나님과의 관계가 서로 연속성이 있다는 뜻이다. 구체적으로 말해서 알코올 같은 물질이 인격적 상호관계의 공백을 메우기 위해 대체물이 될 수 있는 것처럼 사람에 대한 집착, 성에 대한 집착이 하나님과의 관계의 공백을 채우는 대체물이 될 수 있다. 또는 성중독이 인간관계에서 해결되지 못한 문제를 드러내면서 동시에 막혀 있는 하나님과의 관계를 보여주는 증상일 수 있다.

우리는 본 장에서 삼손과 수가성 여인 두 사람의 사례를 통해 하나님과의 관계 회복이 어떻게 그들로 하여금 그들이 빠져 있는 성중독과 관계중독의 수렁으로부터 벗어날 수 있게 했는지 살펴보았다. 이것은 요컨대 하나님과의 관계 회복이 그들 성경인물들만 아니라 오늘날 많은

---

14) Gerald May, *Addiction and Grace*, 이지영 옮김, 『중독과 은혜: 중독에 대한 심리학적 영적 이해와 그 치유』 (서울: IVP, 2005), 14.

현대인들이 빠진 성문제와 관계문제 해결의 열쇠라는 것을 시사한다. 그렇지만 이것은 단지 신앙(religion)이 그러한 문제의 유일한 처방이라는 것은 아니다. 도리어 이것은 그들의 영적 문제가 그들의 인간관계 문제와 성문제로 드러난 것처럼 그들의 인간관계문제, 성문제를 해결하는 것이 동시에 그들의 영적 문제를 해결하는 길이라는 의미이기도 하다. 특별히 우리가 심리학을 통해 배우게 되는 것은 인간관계의 얽힌 매듭을 푸는 것이 각종 중독의 문제만 아니라 영적 문제 해결의 실마리를 찾는 길이라는 사실이다. 이제 우리는 다음 장에서 긍정적인 인간관계의 회복이 하나님과의 관계의 변화로 이어지는 사례들을 성경에서 찾아보려 한다. 이를 통해 우리는 **"땅에서 풀릴 때 하늘에서도 풀린다"**(마 18:18)는 영적 원리에 대해 함께 생각해 볼 것이다.

예수와 수가성 여인

제11장
헤세드의 심리학

룻과 보아스, 요나단과
아비가일이 베푼 인애(仁愛)

- 이마고 데이(imago Dei)
- 룻의 차이
- 축복의 사람들
- 요나단의 단짝사랑
- 아비가일의 혜안(慧眼)
- 나오며: 위로의 공동체

룻과 보아스, 요나단과 아비가일이
베푼 인애(仁愛)

이마고 데이(imago Dei)

예수께서는 제자들에게 **"나를 본 자는 아버지를 보았다"**(요 14:9)고
말씀하셨다. 이 말씀의 의미는 하나님께서 그의 안에 계심으로 제자들
이 그와 함께 지내면서 경험하고 알게 된 것이 비단 예수 자신만 아니
라 그의 안에 계신 하나님이라는 의미이다. 칼 바르트 Karl Barth 는 이것
이 비단 예수님과 제자들만의 관계가 아니라 하나님께서 기획하신 인
간관계 일반의 원리라고 주장한다.[1] 즉 하나님께서는 원래 우리 인간이
서로의 관계 속에서 서로를 알아가는 동시에 하나님을 경험하고 알아

---

1) Karl Barth, 『교회교의학』 III/2, 286.

가도록 인간을 창조하셨다. 이것이 바로 바르트가 설명하는, 인간이 하나님 형상(imago Dei)으로 창조되었다는 말의 의미이다. 만일 이것이 옳다면 우리는 성경 속에서도 이와 같은 인간관계의 예들을 찾아볼 수 있지 않을까? 답은 '그렇다'이다. 본 장에서 우리가 그와 같은 성경의 예들로 살펴보려는 것은 바로 나오미와 룻, 보아스의 관계이며 또한 다윗과 요나단, 다윗과 아비가일의 관계이다. 본 장에서 우리는 하나님께서 어떻게 이러한 관계들 속에서 당신의 인애(仁愛)를 베푸시며 그들을 향한 당신의 뜻을 알게 하시는지 살펴보려 한다. 이를 통해 우리는 또한 오늘날 우리가 함께 회복해야 할 공동체적 인간관계가 어떤 것인지 생각해 보려 한다.

룻의 차이

모압 땅에서 남편과 두 아들을 다 잃어버리고 고향 베들레헴으로 돌아온 나오미는 그녀를 맞는 고향 사람들에게 이렇게 말한다. **"나를 나오미라 부르지 말고 마라라 부르라 이는 전능자가 나를 심히 괴롭게 하셨음이라"**(룻 1:20). 이 말은 그녀가 자신의 삶에 일어난 불행과 그로 인한 상처를 '하나님이 자신에게 주신 상처'로 해석하고 있음을 보여준다. 이는 나오미를 비롯해서 우리 인간 모두가 현실에서 겪는 불행과 상처를 하나님께로 투사(project)하는 경향이 있음을 보여주는 예라고도 할 수 있다. 구체적으로 나오미가 하나님의 징벌 내지 탄압과 동일시한 것은 첫째 흉년이라는 자연재해였다. 룻기 1장 6절에서도 볼 수 있듯이[2] 당시 사람들에게 땅이 열매를 맺고 양식을 내는 것은 하나님의 돌보심과 동일시되었다. 반대로 **"땅을 갈아도 그 효력이 나타나지 않는"**(창 4:12) 상황은 예부터 하나님께서 그들을 저버리셨기 때문에 일어난 일로 여겨져 왔다. 특별히 나오미의 경우 하나님이 그녀에게 상처를 주셨다고 말하는 것은 그녀의 남편과 두 아들이 그녀보다 일찍 세상을 떠났기 때문이다. **"말론**(병약함)**과 기룐**(허약함)**"**(룻 1:2)이라는 두 아들의 이름은 그들이 날 때부터 매우 병약한 아들들이었음을 시사한다. 그런데 신명기에서 볼 수 있는 것처럼[3] 질병이나 허약한 몸은 예부터 하나님으로 말미암은 징벌이나 저주라고 여겨져 왔고 나오미의 말에서도 그러한 생각을 엿볼 수 있다. 마지막으로 우리는 나오미가 자신의 심리적 고통에 대해서도 **"전능자가 나를 심히 괴롭게 하셨다"**(룻 1:20)면서 그 원인을 하나님께로 돌리고 있는 것을 볼 수 있다. 하나님이 자신을 외면하셨기 때문에 자신의 마음에 고통이 있다는 것인데 이처럼 마음의 고통을 하나님이 주신다는 생각은 성경의 다른 곳, 예컨대 다윗의 시편에도 많이 나타나는 생각이다.[4] 그러나 고향으로 돌아온 직후의 나오미는 시

---

2) "여호와께서 자기 백성을 권고하사 그들에게 양식을 주셨다"(룻 1:6).

3) "여호와께서 네 재앙과 네 자손의 재앙을 극렬하게 하시리니 그 재앙이 크고 오래고 그 질병이 중하고 오랠 것이라"(신 28:59).

4) 예컨대 "…주의 얼굴을 가리우시매 내가 근심하였나이다"(시 30:7), 혹은 "주의 손이 주야로 나를 누르시오니 내 진액이 화하여 여름 가물에 마름 같이 되었나이다"(시 32:4).

편의 다윗과 달리 하나님의 얼굴을 구할 의지조차 상실한, 매우 절망적이고 체념적 상태였다.

룻기의 이야기는 요컨대 이처럼 우울과 절망 가운데 있던 나오미에게 하나님께서 다시 기쁨과 소망을 찾아 주신 이야기이다. 너무 절망한 나머지 하나님의 얼굴을 바라볼 의지조차 상실했던 나오미 안에 하나님께서 어떻게 그렇게 새로운 기쁨과 소망을 창조하셨을까? 그것은 바로 그녀에게 소중한 사람들을 통해서였다. 여기서 그녀에게 소중한 사람이란 당연히 첫번째로 그녀의 며느리 룻을 뜻한다. 룻은 비록 연소(年少)한 이방여인이었지만 나오미에게 첫번째로 '하나님을 생각나게 하는 사람(the reminder of God)'이 되었다.[5] 룻이 어떻게 이렇게 나오미에게 하나님을 생각나게 하는 사람이 될 수 있었을까 물을 때 먼저 주어지는 답은 룻이 나오미보다 조금이라도 하나님에 대해서 더 잘 알거나 더 '영적인' 사람이어서가 아니었다는 점이다. 나오미보다 룻이 삶의 경험이 많거나 지혜가 앞섰기 때문도 아니었다. 그러면 어떻게 룻이 나오미에게 하나님을 생각나게 하는 사람이 되었을까? 우리가 찾을 수 있는 답은 첫째 룻이 오히려 나오미와 마찬가지로 비참하리만치 가난하고 절망적 상황이었기 때문이라는 것이다. 나오미와 마찬가지로 그녀는 남편과 가진 것을 모두 다 잃어버리고 앞으로 살아갈 아무런 소망이나 대책도 없는 젊은 과부였다. 나오미가 보기에 룻은 마치 나오미 자신의

---

5) 헨리 나우웬에 의하면 목회자의 가장 중요한 역할은 사람들의 이야기를 하나님의 이야기와 연결시키는 일이다. Henri Nouwen, *The Living Reminder*, 피현희 옮김, 「예수님을 생각나게 하는 사람」 (서울: 두란노, 2011), 24.

룻과 나오미
캠브리지셔성 마리아 성당

처지를 거울처럼 비춰주는 여인이었다.

우리는 룻이 나오미에게 하나님을 생각나게 하는 사람이 되기 전에 먼저 나오미 자신의 모습을 있는 그대로 반영해 주는 거울이었다는 점을 기억할 필요가 있다. 여기서 우리는 누군가 절망에 빠진 사람에게 먼저 필요한 것이 어떤 신앙적 조언이나 권면 이전에 그 사람의 절망스럽고 고통스러운 형편을 함께하는 일이라는 점을 기억하게 된다. 상담의 용어로 말하자면 **공감적인 공명**(empathic resonance)이 우선되어야 한다. 우리는 모압을 떠나기 전에 나오미와 두 며느리가 서로에게 입맞추고 목놓아 우는 모습(룻1:9)을 보게 되는데, 아마도 이 때 그들 사이에 이루어지고 있었던 것이 그러한 공감적 공명(共鳴)이라 할 수 있다. 자기심리학의 관점에서 보면 이들은 서로에게 자신의 처지를 꼭 닮은 **쌍둥이 자기대상**(twinship selfobject)이 되었던 것이다. 그런데 여기서 한 가지 중요한 점은 단순히 이렇게 서로의 현실을 반영해 준다고 그것이 바로 그들을 치유하거나 어떤 긍정적 변화로 이끄는 것이 아니라는 사실이다.

그러면 그들에게 진정으로 긍정적인 변화, 치유적인 변화를 가져오는 요소는 무엇인가? 이에 대해 우리는 호주의 목회상담학자 닐 펨브로크 Neil Pembroke 의 말을 참조할 수 있다. 펨브로크는 지적하기를 사람들에게 진정 치유와 성장을 가져오는 것은 그들의 감정을 '똑같이' 반영해 주는 것이 아니라 오히려 "약간 다르게" 반영해주는 것이라고 말한다.[6] 그 이유는 그 "약간의 다름(slight difference)"이 그들로 하여금 자신의 경험을 새롭게 바라보고 재구성할 수 있게 하는 창조적 공간을 만들기 때문이라는 것이다. 우리가 나오미와 입을 맞추고 함께 목놓아 울었던 그녀의 두 며느리, 오르바와 룻을 서로 비교해 보자면 오히려 심리적인

---

6) 펨브로크가 드는 예는 다음과 같은 대화이다.

탐: 그 사람이 너무 무례하더라고요.내 의견을 면전에서 바로 무시해 버리는데 사실 좀 화가 나더라고요.

사라: 정말 기분이 나빴겠네요. 그렇게 쌀쌀하게 거절해 버리면 정말 속에서 불이 났겠어요.

탐: (얼굴이 붉어지면서)네 맞아요. 정말 어떻게 나한테 이럴 수가 있지 이런 생각이 들면서 정말 화가 치밀었어요. 그가 늘 그렇게 쌀쌀맞게 행동하는 것이 얼마나 사람들 마음을 상하게 하는지 말해주고 싶었어요.

여기서 사라가 "좀 화가 났다"는 탐의 표현을 "속에서 불이 났겠다"와 같이 약간 다른 표현으로 바꿔준 것이 탐으로 하여금 그의 안에 갇혀 있던 감정을 좀 더 정직히 직면할 수 있도록 도와주었다는 것이 팸브로크의 설명이다. Neil Pembroke, *Foundations of Pastoral Counselling: Integrating Philosophy, Theology, and Psychotherapy* (London: SCM Press, 2017), 59.

측면에서 나오미와 더 많이 닮은 쪽은 오르바였다고 할 수 있다. 왜냐하면 나오미와 오르바 두 사람은 이제 그들에게 남은 길이 서로 헤어져서 각자도생하는 길 밖에 다른 도리가 없다는 인식을 공유하고 있었기 때문이다. 다시 말해 그들은 그들의 현실에 대한 철저한 절망과 부정적 인식을 공유하고 있었다. 그래서 그들은 비록 섭섭하고 야속할지언정 떠나가는 서로를 잘 이해할 수 있었다. 그런데 이런 오르바에 비해 나오미 입장에서 오히려 상대적으로 이해가 안 되는 쪽은 룻이었다. 나오미가 보기에 자신과 함께 가는 이 길이 룻에게는 더 대책이 없는 길인데도 불구하고 룻은 끝까지 나오미 자신을 따르겠다고 고집하고 있었기 때문이다. 우리는 룻이 가지고 있는 이 '약간의 차이'가 결국 룻 자신뿐 아니라 나오미의 상황과 생각을 변화시키는 견인차가 되었다는 사실을 이후의 사건들에서 확인할 수 있다.

나오미의 입장에서 구체적으로 보자면 룻이 가지고 있던 그 '약간의 차이'는 먼저 그녀가 나오미 자신에 대해 보여주는 애착이었다. 추측컨대 당시 나오미는 별로 사람에 대한 애착을 품지 않는 사람이었다. 그녀가 이전에 고향과 친족을 떠났던 사실을 고려할 때도 이런 추측이 가능하지만, 그녀가 남편과 두 아들을 잃고서 그녀 안에 일종의 자기방어로서 그처럼 사람에게서 애착을 회수(回收)하는 태도를 형성하게 되었으리라는 추측이 가능하다. 친밀한 가족과의 사별(死別)은 대개 이처럼 세상과 사람들에게 흥미를 잃어버린 태도를 형성하는데 이것은 그 죽은 자들이 자신을 버렸다고 느끼는 데 따른 심리적 반응이다.[7] 아마도 나오미의 경우 이런 버림받은 감정(the feeling of abandonment)은 하나님에게까지 투사되어 하나님이 자신을 버렸다고 하는 인식을 형성했을 것이다.[8] 그런데 이런 나오미가 룻에게서 본 것은 나오미 자신을 끝까지 버리지 않고 따르겠다는 태도였다. 이것은 자신을 버린 자들에 대한 나오미의 방어심리와 스스로가 버림받은 존재라는 생각에 대한 하나의 신선한 도전이었다. 룻이 나오미에게 일종의 반영적 자기대상(mirroring selfobject)이었다고 볼 때 그런 룻의 태도는 나오미로 하여금 자기자신의 태도를 돌아보고 변화시키는 계기로 작용했을 것이다.

또한 나오미는 자신을 따르겠다고 고집하는 룻에게서 자신이 버린 이스라엘 땅과 여호와 하나님에 대한 새로운 기대를 발견했다. 나오미가 보기에 룻은 한 번도 스스로 가보지 못한 이스라엘 땅과 낯선 신(神) 여호와에 대해 '이유 없는 희망'을 품고 있었다. 이런 룻의 '이유 없는 희망'이 나오미에게 도전이 된 것은 앞에서 언급한 것처럼 우선 룻의 현실이 바로 나오미 자신의 현실과 마찬가지로 이제 아무런 희망도 남아 있지 않은 비참한 현실이었기 때문이다. 그나마 룻에게는 나오미가 보기에 재가(再嫁)라고 하는 한 낱의 희망이 있었다. 그러나 룻은 정작 그 마지막 가능성마저 팽개치고 나오미 자신을 따라오려는 것이다. 그런

---

7) Sigmund Freud, 『정신분석학의 근본개념』, 11.

8) "여호와의 손이 나를 치셨다"(룻 1:13)는 나오미의 말에서 "나를 치셨다"로 번역된 원어표현 "야짜 아 브이(יצא בי)"는 원어적으로 "나를 내치셨다"는 함의를 갖고 있다.

데 그런 롯이 이제 **"어머니의 백성이 나의 백성이 되고 어머니의 하나님이 나의 하나님이 될 것입니다"**(룻 1:16)라고 고백할 때 그것은 나오미 자신이 그의 백성과 그의 하나님에 대해 가진 시각에 변화를 가져왔다. 즉 롯이 가진 '약간의 다른' 시각이 나오미 안에 변형적으로 내재화될 수 있었던 것이다. 나오미는 이제 며느리 롯이 가진 기대감과 믿음의 눈으로 새롭게 고향 땅과 하나님을 바라보기 시작했다.

축복의 사람들

성경의 룻이야기에 반복해서 나오는 서로 비슷한 두 단어는 **"은혜**(헨;חן)**"**와 **"인애**(헤세드;חסד)**"**이다. 이 두 단어는 우선적으로 하나님의 성품을 묘사하는 말로 성경에서 자주 사용된다. 특히 '헤세드'는 하나님의 변함없는 신실한 사랑과 무한한 인자하심을 가리키는 말이다. 룻기에서 이 단어는 처음에 나오미가 모압을 떠나기 전 그녀의 두 며느리 룻과 오르바에게 건네는 축복의 말 속에 나온다. **"너희가 죽은 자와 나를 선대한 것처럼 여호와께서 너희에게 인애를 베푸시기 원하노라"**(룻 1:8). 나오미의 이 말 속의 '인애'가 바로 '헤세드'이다. 우리는 나오미의 이 축복 속에서 진정으로 두 며느리의 안녕을 바라는 마음을 느낄 수 있다. 아마도 룻은 비록 여호와 하나님을 잘 몰랐지만 이런 나오미의 진심 어린 축복에서 하나님을 맛보았을지 모른다. 비록 자기자신은 많은 아픔을 겪었지만 그 며느리들을 위해서 복을 구하는 그 시모를 통해 룻은 여호와의 자비하심이 어떤 것인지 그려보게 되었을 것이다. 아마도 그래서 룻은 나오미를 붙좇으며 이제 **"어머니의 하나님이 저의 하나님이 되실 것입니다"**(룻 1:16)라고 고백하게 되었을지 모른다. 이렇게 본다면 그들은 서로를 향한 진심의 사랑을 통해 서로에게 하나님의 얼굴을 비추는 사람들이었던 것이다.

베들레헴에 와서 룻은 이삭을 주으러 나가며 이렇게 나오미에게 이야기한다. **"내가 뉘게 은혜를 입으면 그를 따라서 이삭을 줍겠습니다"**(룻 2:2). 우리는 여기서 절망에 주저앉지 않고 어디선가 주어질 은혜를 기대하며 일어나 나아가는 룻의 긍정성을 엿볼 수 있다. 또한 우리는 아마도 이런 룻을 내보내면서 비록 함께하지 못하지만 정말 그러한 은혜가 며느리에게 주어지기를 기도하는 나오미의 심정을 공감할 수 있다. 우리가 룻기 2장을 보면 하나님께서 바로 이러한 축복의 마음들을 통해 그의 사람들 가운데 일하고 계신 것을 볼 수 있다.

우리가 룻기 2장에서 발견할 수 있는 또 한 명의 축복의 사람은 바로 보아스이다. 보아스 역시 그와 함께하는 사람들에게 진심 어린 축복을 비는 사람이었다. 그는 예컨대 자신의 들에서 추수하는 일꾼들에게 이렇게 축복한다. **"여호와께서 자네들과 함께 하시기를 원하네"**(룻 2:4). 그러자 그 마음을 전해 받은 일꾼들도 진심으로 이렇게 화답한다. **"여호와께서 당신께 복 주시기를 원합니다"**(룻 2:4). 힘 있는 자가 약한 자를 짓밟던 그 시대에 보아스의 그 같은 진정 어린 축복은 그들 일꾼들

롯과 보아스의 만남 Nicolas Poussin 作

의 마음을 움직였을 것이다. 그래서 그들도 진정으로 그렇게 보아스를 축복하는 마음이 일었을 것이다. 그런데 이 때에 보아스의 선대(善待)로 말미암아 그를 향해 그런 축복의 마음을 품게 된 또 다른 사람들이 바로 룻과 나오미였다.

자신의 밭에 와서 이삭을 줍는 롯을 본 보아스는 그녀를 위해 여러 가지 배려를 지시한다. 이것은 룻이 모압 땅에서부터 그 시모에게 한 일을 그도 전해 들었기 때문이었다. 이러한 보아스의 친절에 롯이 엎드려 감사를 표하자 보아스는 거기에 답하며 그녀를 이렇게 축복한다. **"여호와께서 네 행한 일을 보응하시기를 원하며 이스라엘의 하나님 여호와께서 그 날개 아래 보호를 받으러 온 네게 온전한 상 주시기를 원**

하노라"(룻 2:12). 이러한 보아스의 축복은 말로만 아니라 실제로 그녀를 보호하고 은혜를 베푸는 행동으로 그녀에게 주어진 것이었다. 보아스는 룻이 그의 밭에서 편하게 이삭을 주울 수 있도록 배려하고 그의 남종들이 그녀를 건드리지 못하도록 명하는 등 실제적인 조치를 통해 그녀를 보호하는 하나님의 날개 역할을 했다. 아마도 룻은 이런 보아스를 통해 여호와 하나님의 '인애'를 맛보았고 이루 말할 수 없이 큰 위로를 받았을 것이다. 그래서 그녀는 보아스에게 이렇게 고백한다. **"나는 당신의 여종의 하나와 같지 못하오나 당신이 이 여종을 위로하시고 마음을 기쁘게 하는 말씀을 하셨습니다"**(룻 2:13). 뒷부분의 '다바르타 알 레브(על-לב דברת)'라는 원어 표현은 보아스의 축복이 진정으로 그녀의 마음에 와 닿았다는 의미이다. 이렇게 보아스에게서 은혜를 입은 룻은 또한 자신의 시모를 잊지 않고 보아스에게 받은 볶은 곡식과 밭에서 주운 보리 한 에바를 싸 가지고 와서 나오미 앞에 내놓는다. 이것을 보고 하루동안 있은 일을 전해들은 나오미는 너무나 감사한 나머지 보아스를 또 이렇게 축복한다. **"여호와의 복이 그에게 있기를 원하노라 그가 산 자와 죽은 자에게 은혜 베풀기를 그치지 아니하도다"**(룻 2:20). 룻기 2장의 이야기는 이처럼 하나님의 사람들이 하나님의 이름으로 서로에게 인애를 베풀고 그로 말미암아 그들이 하나님을 기억하며 감사하는 연쇄과정으로 이뤄진다. 그들은 이렇게 삶을 통해 서로에게 하나님을 생각나게 하는 사람이 되었던 것이다.

우리가 룻기에서 볼 수 있는 것은 룻과 나오미, 보아스 세 사람이 서로에게 그렇게 하나님을 생각나게 하는 삶을 살았을 뿐 아니라 그런 삶을 통해 하나님 안에서 함께 그들의 미래를 열어갔다는 사실이다. 사실 룻과 나오미, 보아스 중 그 누구도 자신의 후사를 생각하며 서로를 섬긴 것이 아니었다. 그들은 모두 자신이 아니라 상대방을 먼저 생각하며 서로를 위해 인애를 베풀었다. 그런데 그것이 결과적으로 그들 모두의 미래를 열고 하나님의 계획을 성취하는 일이 되었다. 나오미가 룻을 보아스의 타작마당에 보낸 것은 자신을 위해서가 아니라 장차 룻의 안식처를 마련하고자 함이었다. 한편 룻이 이런 나오미에게 순종한 것은 우선적으로 자신의 안녕을 위함이 아니라 그 시가(媤家)의 기업을 잇고자 함이었다. 보아스가 나오미와 룻의 '고엘(גֹּאֵל),' 즉 그들의 기업 무르는 자가 되었던 것 역시 자신을 위한 것이 아니라 그 두 여인에게 장래 기업이 있게 하려는 것이었다. 그런데 결과적으로 이런 과정을 통해 태어난 아들 오벳은 그들 모두의 봉양자가 되었을 뿐 아니라 장차 이스라엘의 평화를 가져올 다윗왕조의 조상이 되었다.

우리는 이러한 룻기의 이야기를 통해 진정한 치유적 신앙공동체가 어떤 것인지 생각해 보게 된다. 이제껏 우리는 기독교적 치유에 대해 논의하면서 어쩌면 지나치게 치료적 방법론에 치중해 왔던 것인지 모른다. 그러면서 우리가 그보다 더 중요한 어떤 것을 놓친 것은 아닌지 돌아보게 된다. 헨리 나우웬 Henri Nouwen 은 일찍이 『예수님을 생각나게 하는 사람 The Living Reminder』(1977)이란 책에서 목양자로서 우리의 사역이 우리가 획득한 전문적 기술에 달려 있는 것이 아님을 지적한다.[9] 정작 더 중요한 것은 우리의 삶 전체가 사람들에게 하나님을 생각나게 하는 삶이 되는 것임을 강조한다. 우리는 성경에서 룻과 나오미, 보아스가 이처럼 그들의 삶 전체로 서로에게 하나님을 기억나게 하는 존재가 되었던 것을 볼 수 있다. 그들이 서로에게 그런 존재가 될 수 있었던 것은 그들이 가진 하나님에 대한 특별한 지식이나 능력을 통해서가 아니라 비록 아무 것도 가진 것이 없지만 서로를 향한 그들의 사랑과 헌신의 마음을 통해서였다. 서로를 향한 이 같은 사랑의 실천을 통해 그들은 서로에게 하나님을 생각나게 하는 사람이 되었을 뿐 아니라 함께 하나님의 이야기를 써 나가는 사람들이 되었다. 우리는 룻과 나오미의 이야기에서 치유란 단지 지나온 과거를 돌아보는 것이 아니라 새로운 미래를 함께 만들어가는 과정이라는 점을 발견하게 된다. 때문에 기독교적 치유는 함께 사랑을 실천하는 공동체적 삶을 통해 이루어지는 일이다. 우리가 하나님의 사랑으로 서로를 돌아보는 삶을 살 때 하나님께서는 이런 우리의 삶을 통해 당신의 역사를 이루어 가신다. 룻의 이야기는 바로 이 사실을 우리에게 예증(例證)해 주는 이야기이다.

---

9) Henri Nouwen, 『예수님을 생각나게 하는 사람』, 29.

요나단의 단짝 사랑

사무엘상 18장 1절은 다윗이 골리앗을 죽이고 돌아온 후 **"요나단의 마음이 다윗의 마음과 결속되어 그를 자기 생명처럼 사랑하게 되었다"**고 이야기한다. 이 '마음의 결속'이 어떤 것이었는지 우리가 이해하기 위해 요나단에게 이 시기가 심리적으로 어떤 시기였는지 먼저 이해할 필요가 있다. 우선 나이를 보자면 요나단이 당시 다윗과 비슷한 또래였다고 할 때 당시 다윗이 아직 **"소년"**(삼상 17:33)이라 불린 것을 보면 요나단 역시 아직 완전히 성인에 이르지 못한 나이였다고 볼 수 있다. 즉 그의 나이가 아직 완전히 부모로부터 심리적으로 독립되지 못한 청년초기에 해당했으리라는 것이다. 이러한 청년초기에는 특별히 또래관계가 중요한 의미를 차지한다. 일반적으로 이 시기 청년들에게 또래관계가 중요한 이유는 그들이 부모로부터 독립해가는 과정에서 또래가 중요한 중간역할을 하기 때문이다. 이런 관점에서 우리는 요나단과 다윗의 관계가 요나단이 그 아버지 사울로부터 심리적으로 독립해 가는 과정에서 중요한 역할을 했다고 볼 수 있다.

자기심리학의 관점에서 청년기의 또래관계는 서로에게서 일종의 **쌍둥이 자기대상**을 찾는 관계라고 이야기할 수 있다. **쌍둥이 자기대상**(twinship selfobject) 또는 **또 하나의 나 자기대상**(alter ego selfobject)이란 타인이지만 자신과 꼭 닮은 쌍둥이 같은 대상을 말하는데, 이런 쌍둥이 자기대상은 반영적 자기대상(mirroring selfobject), 이상적 자기대상(ideal

다윗과 요나단

selfobject)과 더불어 인간에게 가장 필요한 세 가지 자기대상 중 하나라
고 코헛은 이야기한다.[10] 코헛은 처음에 쌍둥이 자기대상을 반영적 자
기대상의 일종으로 보았으나 점차 두 가지를 서로 구분했다.[11] 반영 욕
구(mirroring needs)는 타인을 그저 자신을 비쳐주는 대상으로서 필요로
하는 것이라면 쌍둥이 욕구(twinship needs)는 자신과 대등하면서 서로 닮
은 존재인 타인을 필요로 하는 것이라는 점에서 서로 차이가 있다. 타

10) 홍이화, 『하인즈 코헛의 자기심리학 이야기 I 』, 59–63.

11) Lallene J. Rector, "Developmental Aspects of the Twinship Selfobject Need and
Religious Experience," in Arnold I. Goldberg ed., *How Responsive Should We
Be?: Progress in Self Psychology* vol. 16 (Hillsdale, NJ: The Analytic Press,
2000), 258–59.

인을 타인으로 인식하는 자기분화(self-differentiation)가 어느 정도 이루어진 이후의 자기대상이라는 점에서 쌍둥이 자기대상은 발달단계적으로 좀 더 나중에 속한 자기대상이라고 할 수 있다. 코헛에 의하면 개인이 성장하면서 쌍둥이 자기대상욕구는 "공동의 관심이나 이상을 추구하는 공동체적 연대의식"의 기반을 이루게 된다.[12]

다윗을 처음 만났을 당시 요나단의 심리발달단계를 유추해 보자면 일단 우리는 이 시기의 그가 그 아버지 사울로부터 점차 심리적으로 독립해가고 있었다고 볼 수 있다. 요나단이 그 아버지에 대해 **"여호와께서 내 아버지와 함께 하셨던 것처럼……"**(삼상 20:13)이라고 말하고 있는 것을 보면 우리는 사울이 한 때 그 아들 요나단에게 이상적 존재였다고 추정할 수 있다. 사무엘상 20장의 상황에서조차 아버지 사울이 설마 다윗을 죽이려 할 리 없다는 생각이 여전히 그에게 남아 있는 것을 보더라도 역시 그가 이전에는 아버지를 이상화하던 아들이었다는 추론을 할 수 있다. 그러나 이미 다윗을 만나기 이전부터 아버지에 대한 요나단의 이러한 이상과 신뢰는 금이 가고 있었다. 이 점을 우리는 특히 사무엘상 14장의 사건에서 엿볼 수 있다.

사무엘상 14장에서 요나단은 자신의 부하 한 명을 데리고 블레셋 적진에 침입하여 선제공격을 감행한다. 이처럼 전장(戰場)에서 요나단은 뒤로 물러섬이 없는, 저돌적이고 용맹한 전사였다. 그런데 이미 이 시

---

12) Heinz Kohut, "On the adolescent process as a transformation of the self," in P. H. Ornstein ed., *The Search for the Self: Selected Writings of Heinz Kohut: 1978–1981*, vol. II (Madison, CT: International Universities Press, 1978), 661.

기부터 요나단의 이러한 성향은 부왕의 소극적 태도와 갈등을 빚기 시작한다. 요나단의 이상(理想)이었던 아버지는 아마도 용맹하게 이스라엘백성을 이끌고 암몬의 진중으로 쳐들어가던 사울이었을 것이다(삼상 11:11). 그런데 왕위에 오른 이후 사울은 점차 요나단이 보기에 전과 달리 너무 방어적이 된다. **"내 아버지가 이 땅을 곤란케 하셨다"**(삼상 14:29)며 부왕의 명령을 못마땅해하는 요나단에게서 우리는 이제 더 이상 사울이 그 아들의 모델이 아니라는 사실을 알 수 있다. 심지어 우리는 요나단이 부왕의 금식명령이 하나님의 뜻이 아니라고 생각하는 것도 엿볼 수 있다. 이런 생각을 가진 요나단이 이후 엘라골짜기 전투에서 골리앗 때문에 쩔쩔매는 이스라엘백성과 아버지 사울을 보면서 속으로 얼마나 답답해하고 있었을지 가히 상상할 수 있다. 그런데 이 같은 요나단의 눈에 용감히 단신으로 물매를 들고 나아가 여호와의 이름으로 골리앗을 쓰러뜨린 다윗이 어떻게 보였을까? 요컨대 요나단은 그 다윗에게서 새로운 자신의 이상(理想)을 발견했을 것이다.

그러나 요나단은 다윗을 우상화하기에는 이미 정신적으로나 신앙적으로 성숙해 있었다. 이 말의 의미는 그가 다윗을 이상적으로 여기지만 다윗에게 빠져들어 자기를 잃어버릴 정도는 아니었다는 의미이다. 어린 시절의 이상화(idealization)는 이와 달리 그 이상적 대상과의 융합을 일으킨다. 즉 자신의 생각이나 감정을 대상의 그것과 구분할 수 없을 만큼 그 대상에 함몰되는 것이다. 어쩌면 어린 시절 요나단에게 그 아버지 사울이 바로 그런 대상이었을지 모른다. 일찍부터 아버지를 따라 전장(戰場)에 나아가 아버지와 함께 싸우며 그는 아버지처럼 생각하며 행동하는 아버지의 분신이 되었을지 모른다. 아마 아버지 사울 역시 그를 분신처럼 여겼기에 아직 어린 나이의 그에게 일천명이나 되는 군대의 통솔을 맡겼을지 모른다(삼상 13:2). 그러나 앞에서 살펴보았듯이 시간이 지날수록 점점 그들 사이의 골이 깊어져 갔다. 그런데 이러한 과정은 어쩌면 정신적 측면에서 요나단에게 필요하고 적절한 과정이었을지 모른다. 그로 인해 이제 요나단은 더 이상 그 아버지가 아니라 이스라엘의 전능자이신 하나님을 바라보게 되었기 때문이다.

우리는 일찍부터 요나단이 그 용맹함에 있어서나 신앙심에 있어서 결코 다윗에게 뒤지지 않는 탁월한 인물이었음을 발견할 수 있다. 단 두 명이서 적진에 침입하면서 그는 **"여호와의 구원이 사람의 많고 적음에 달려 있지 않다"**(삼상 14:6)고 담대하게 말한다. 요나단이 어떻게 이 같은 용기와 남다른 신앙을 갖게 되었는지 우리는 성경의 자료만으로 충분히 알기 어렵다. 어쨌든 그가 이처럼 하나님에 대한 확고한 믿음을 가지고 있었다는 것은 그의 안에 이미 그와 함께하시는 전능자의 이미지가 든든한 내적 대상으로 자리하고 있었다는 것이다. 그것이 그로 하여금 어떤 상황에서도 흔들리지 않고 자신을 붙들 수 있는 힘으로 작용했다. 이처럼 그는 이미 마음 속에 하나님을 모시고 있었기 때문에 다윗을 보았을 때 다윗을 단순히 우상화하지 않았다. 대신 그에게서 자신의 또 다른 자아를 찾았다. 이 말의 의미는 다윗을 하나님의 군사로서 자신과 함께 싸우는 단짝 동지(同志)로 여겼다는 것이다.

사실상 요나단에게 있어 이것은 이제껏 그의 아버지가 차지하던 자리에 대신 다윗을 앉힌 것이고, 때문에 이것은 사울의 입장에서 보면 요나단의 마음에 있던 자신의 자리를 다윗에게 빼앗긴 셈이었다. 비단 이렇게 그의 아들뿐 아니라 그의 딸 미갈조차 자신을 버리고 대신 그 마음에 다윗을 들인 것을 보면서 사울이 자기애적 상처를 받고 분노했던 것은 족히 이해할 수 있는 일이다. 그러나 사울은 사실 이것으로 자신을 돌아보는 계기를 삼았어야 했다. 우리는 그렇게 하지 못한 사울이 정작 그 아들보다도 미성숙했다고 말할 수 있다. 요나단의 마음의 보좌에는 다윗 이전에 하나님이 계셨기 때문에 그는 다윗을 우상으로도 경쟁상대로도 보지 않고 동역자로 보았다. 반면 사울은 그 마음의 보좌에 그 자신이 앉아 있었기 때문에 다윗뿐 아니라 아들조차 자신의 왕좌를 위협하는 반역자로 보았다. 요나단은 다윗, 사울 그 누구 못지않게 뛰어난 인물이었지만 아버지와 달리 하나님을 바라봤기 때문에 아버지처럼 자기애적 함정에 빠지지 않았다. 아마도 요나단은 그 누구보다 아버지를 사랑했고 그래서 아버지의 그런 미성숙함을 안타까워했을 것이다. 요나단이 다윗을 위해 아버지에게 탄원(歎願)했을 때(삼상 19:4-5) 사실은 그것이 다윗만을 위한 탄원이 아니라 그 아버지를 위한 탄원이기도 했던 것이라 볼 수 있다. 즉 하나님의 나라가 아니라 자신의 왕국만을 위하는 사울이 그 자기애적 미몽(迷夢)에서 깨어나게 하려는 탄원이었던 것이다. 그런데 사울은 끝내 이런 아들의 기대조차 기만함으로 그 자신을 기만했다. 즉 아들 몰래 다윗을 죽이려 함으로 요나단의 기대를 저버렸던 것이다. 요나단이 결국 다윗을 떠나보내며 흘렸던 눈물은 실상 다윗만이 아니라 이런 아버지를 슬퍼하는 눈물이었다고 볼 수 있다. 그것은 사무엘의 눈물과 마찬가지로 사울을 향한 사랑과 안타까움의 눈물이었다. 요나단이 그 아버지 사울을 사랑했다는 것을 우리는 그가 그렇게 사울을 안타까워했음에도 불구하고 끝까지 길보아산 전장(戰場)에서 그와 운명을 같이했던 것을 보면 알 수 있다(삼상 31:6). 이런 요나단의 행동은 어쩌면 끝까지 사울을 포기하지 않으시는 하나님의 사랑을 보여주는 위대한 행동이었다고 말할 수 있다.

성경 속의 요나단을 깊이 들여다보면 볼수록 우리는 그가 결코 다윗 못지않은 위대한 인물이었다는 사실을 알 수 있다. 다윗이 사울을 죽일 기회가 있었음에도 하나님을 기억하며 그를 살려 보낸 것과 마찬가지로 요나단 역시 먼저 하나님의 나라를 생각하며 죽기까지 그 부왕의 편에 섰다. 이것은 결코 사울의 영안(靈眼)이 어두워진 것처럼 그의 영안이 어두워져서가 아니었다. 사실 요나단은 그 시대의 누구보다도 먼저 미래를 내다보는 믿음의 눈이 있었던 사람이다. 이것을 우리는 그가 다윗을 떠나보낼 때나 다윗이 광야에 숨어 있을 때 찾아와서 하는 그의 권면의 말 속에서 확인할 수 있다(삼상 20:13-16; 삼상 23:16-18). 이 권면의 말들 속에서 우리는 하나님께서 끝내 당신의 뜻에 합한 자를 높이시고 그의 대적들을 멸하시리라는 믿음을 요나단이 가지고 있었다는 것을 알 수 있다. 이런 하나님을 바라보고 있었기에 요나단은 부왕처럼 자신의 현재를 지키는 데 급급하지 않고 또 다윗을 위협이나 대적으로 여기지도 않았다. 그는 그의 아버지처럼 자기애적 환상과 왜곡된 사고에 사로잡혀 있지 않았다. 그의 마음은 하나님을 향하고 있었기에 그 안에는 겸허하지만 당당한 그 하나님의 성품이 내재되어 있었다. 그래서 그는 다윗에 대해서도 그 하나님의 마음으로 위로하며 격려할 수 있었던 것이다. 우리는 이러한 요나단에게서 오늘날 우리가 우리의 이웃을 어떻게 위로하고 권면해야 할지 배울 수 있다. 우리가 가진 믿음은 비단 우리 자신만을 위한 것이 아니라 우리의 이웃을 위한 것이다. 우리는 이 시대에 다윗처럼 환란 당한 자, 갈 바를 찾지 못하는 사람들에게 요나단과 같은 "소망의 전달자(agents of hope)"[13]가 될 수 있다. 그런데 우리가 그들에게 이러한 소망의 전달자가 되기 위해서는 우리 자신부터 먼저 그 소망으로 채워지지 않으면 안 된다. 이렇게 우리가 우리 자신부터 소망으로 채워지는 길은 곧 어린 아이가 그 부모의 얼굴에서 내면의 힘을 얻는 것처럼 삶의 모든 상황 속에서 하나님의 얼굴을 바라보는 길이다.

아비가일의 혜안(慧眼)

우리는 다윗을 권면하는 요나단에게서 믿음으로 앞 날을 내다보는

---

13) Donald Capps, *Agents of Hope: A Pastoral Psychology* (Eugene, OR: Wipf and Stock Publishers, 1995), 1.

선견지명을 발견할 수 있다. 요나단의 이러한 믿음의 눈은 자칫 현재의 고난에 눈멀어 그 자리에 주저앉을 수 있었던 다윗을 일어서게 했다. 하나님께서는 이 요나단 외에도 또 한 명의 그 같은 믿음의 눈을 가진 조력자를 다윗에게 붙여주셨는데 그것이 바로 아비가일이다. 아비가일은 원래 갈멜의 부호(富豪) 나발의 아내로서 이름처럼 어리석고 완악했던 남편과 달리 "**총명하고 용모가 아름다운**"(삼상 25:3) 여인이었다. 여기서 '총명하다'고 번역된 말 '쎄켈(לכֹשׂ)'은 원래 '분별력이 있다'는 뜻으로 다윗이 나중에 칭찬한 그녀의 '지혜(타암: םעַטַ)'(삼상 25:33), 즉 '식별력(discernment)'과 상응하는 의미이다. 이러한 말들이 시사하는 것은 곧 그녀가 사람들이 흔히 보지 못하는 것을 보는 혜안(慧眼)이 있었다는 것이다. 사무엘상 25장의 이야기 속에서 이러한 그녀의 혜안은 다윗의 분노한 마음상태와 그대로 내버려뒀으면 벌어졌을 유혈사태를 미리 내다보는 눈이기도 했지만 거기서 더 나아가 하나님께서 장차 다윗을 "**이스라엘의 지도자**"(삼상 25:30)로 세우실 일까지 예견하는 눈이었다.

우리가 오늘날 믿음의 공동체 안팎에서 다른 사람들을 효과적으로 돕는 사람이 되기 위해서는 아비가일이 보여주었던 것 같은 혜안을 갖는 것이 매우 중요하다. 심리학이 우리에게 가르쳐 주는 것 중 한 가지는 사람들의 심리적/정서적 문제가 단지 그들의 현재 안녕을 해칠 뿐 아니라 그들의 생각의 눈을 가려서 그들에게 자신의 미래를 그르치는 잘못된 선택을 야기한다는 점이다. 이러한 점에 대해서는 특히 인지치료이론이 우리에게 잘 설명해 주는데, 인지치료이론에 의하면 우리 안의 두려움, 분노, 우울 등 상한 감정은 우리 안에 다양한 인지왜곡을 초래한다. 그 중에서 특별히 사무엘상 25장의 사건과 연결시켜 볼만한 것은 아론 벡 Aaron T. Beck 이 "터널시야(tunnel vision)"라 명명한 인지왜곡 현상이다.[14) 터널시야란 한 가지 사실이나 사건에 집중한 나머지 전체를 바라보는 시야를 놓치는 현상을 말한다. 인지치료이론에 따르면 이러한 터널시야의 이면에 작용하고 있는 것이 두려움, 우울증, 분노와 같은 부정적 감정들이다.

우리가 이러한 인지치료이론에 기초하여 사무엘상 25장의 다윗을 살펴보자면 그를 사로잡은 핵심감정은 바로 분노라고 할 수 있다. 이러한 다윗의 분노는 사실 단지 나발의 무례함으로 인한 것만은 아니었다. 다윗의 분노는 그 이전에 사울왕의 인정을 받기 위해 최선을 다했지만 오히려 이해할 수 없는 미움을 받아 정처없이 이렇게 광야로 도망 다녀야 하는 자신의 현실로 인한 것이었다. 시편 곳곳에 표현되어 있는 것처럼 당시 다윗의 울분은 이루 말할 수 없이 컸지만 그는 언젠가 하나님의 신원(伸寃)하심을 바라며 하루하루를 그렇게 인내하며 살고 있었다. 그런데 사무엘상 25장의 사건은 이렇게 그의 안에 억눌려 있던 분노가 나발의 무례로 인해 일거에 폭발한 사건이라고 할 수 있다. 추측컨대 다윗의 심기를 건드린 나발의 말은 특히 "근일에 주인에게서 억지로 떠나는 종이 많다더라"(삼상 25:10)는 말이 아니었을까 생각된다. 그 이유는

---

14) Aaron T. Beck, *Love Is Never Enough: How Couples Can Overcome Misunderstanding* (New York, NY: Harper & Row Publishers, 1988), 40.

이 말이 마치 다윗이 사울을 떠난 원인이 다윗에게 있는 것처럼 표현함으로 그간 다윗이 사울에게 쏟았던 모든 노력과 충성을 완전히 무시하는 말이었기 때문이다. 이러한 무시에 대한 분노가 자신의 선의(善意)를 무시한 나발에 대한 분노와 겹쳐지면서 급기야 다윗이 칼을 빼들고 이렇게 다짐하기에 이른다. **"내일 아침까지 나발에게 서서 소변을 보는 자는 한 명도 남겨두지 않겠다"**(삼상 25:34).

이처럼 다윗을 사로잡은 분노는 다윗에게 인지치료이론이 말하는 터널시야를 초래한다. 구체적으로 그는 나발에 대한 복수심에 사로잡혀 판단력이 흐려지고 자신의 그러한 급격한 행동이 가져올 결과들에 대해 충분히 내다보지 못하게 된다. 다시 말해 그의 성찰적 이성이 충분히 작동하지 못하게 되는 것이다. 이 때 아비가일은 다윗에게 탁월한 상담가 역할을 한다. 그것은 첫째로 다윗이 지금 어떤 감정상태이며 그러한 감정이 그를 어떤 행동으로 이끌지 잘 예견하고 대처하는 것이다. 우리는 이것을 첫째 다윗이 올 길을 예상하고 아비가일이 그 길로 올라가 그를 만나는 데서 볼 수 있다. 군인인 다윗이 칼을 차고 습격할 때는 눈에 띄지 않는 골짜기를 따라 내려올 것을 예상하고 있었던 것이다. 뿐만 아니라 아비가일은 다윗의 감정상태를 충분히 예지하고 있었기 때문에 그것을 누그러뜨리기 위해 무엇이 필요한지 알고 있었다. 그래서 그녀는 무엇보다 먼저 다윗과 그의 군사들을 위한 음식물(飮食物)을 준비하여 자기보다 앞서 보냈다. 그리고 아비가일 자신이 다윗을 만났을 때는 그의 발 아래 바짝 엎드려 먼저 사죄(赦罪)를 구했다. 탁월한 상

다윗과 아비가일 Louis de Boullogne 作

담자는 이처럼 마주한 사람의 감정을 먼저 헤아리되 단지 그 감정에 공
감할 뿐 아니라 그것이 그 사람에게 일으킬 반응에 대해 지혜롭게 예견
하고 거기에 대처하는 사람이다. 아비가일은 자신이 그동안 남편에게
느꼈을 감정을 다윗의 감정과 동일시하면서 다윗의 행동에 동조하지
않았다. 물론 남편을 평가하는 그녀의 말 속에는 그녀 자신의 결혼생활
에서 겪은 경험이 배어 있을 수 있다. 그러나 그녀는 그런 동조적인 말
조차도 다윗의 분노를 누그러뜨리려는 명확한 의도를 가지고 하고 있
다. **"그런 불량한 사람인 나발을 개의치 마소서. 그 죄를 대신 저에게
돌리소서"**(삼상 25:24-25). 이것은 곧 나발을 향한 다윗의 분노를 누그
러뜨리고 그로 인해 좁아진 그의 시야를 확장시키려는 분명한 의도를

가진 말이었다.

그리고 이어지는 아비가일의 말은 다윗으로 하여금 눈을 들어 나발 대신 그의 하나님을 바라보게 한다. **"여호와께서 반드시 내 주를 위하여 든든한 집을 세우시리니 이는 내 주께서 여호와의 싸움을 싸우심이요 내 주의 일생에 내 주에게서 악한 일을 찾을 수 없음이니이다"**(삼상 25:28). 이러한 아비가일의 말이 현대상담학의 관점에서도 매우 지혜로운 화법이라 볼 수 있는데, 그 이유는 우리 내면의 감정은 우리가 바라보는 대상과 직결되어 있기 때문이다. 특별히 아비가일의 말은 다윗으로 하여금 그의 행위를 익히 잘 아시는 하나님, 그래서 장차 그의 인내를 보상해 주시고 마침내 **"[그]를 위하여 든든한 집을 세우실"** 하나님을 바라보게 한다. 또한 이렇게 하나님께서 이루실 미래를 그려 보게 함으로써 다윗으로 하여금 이제까지 그가 걸어왔던 것 같이 선한 길로 계속 행할 것을 권면하고 있는 것이다.

아비가일이 우리를 감탄하게 하는 것은 아마 그녀가 다윗을 아직 한 번도 실제로 만난 적이 없을 텐데도 놀라울 만한 통찰력으로 다윗의 마음을 헤아리고 있다는 점이다. 다윗의 마음을 헤아리되 단지 표면에 드러난 분노의 감정만 고려하는 것이 아니라 그 뒤에 감춰진 그의 더 본원적인 감정까지 깊이 헤아리고 있다. 그 뒤에 감춰진 더 본원적 감정이란 바로 다윗의 '불안(不安)'이다. 어린 시절 광야에 홀로 남아 있을 때부터 그를 찾아와 사로잡았던 감정이 바로 불안이었다. 또한 사울에게 인정받고자 애쓰면서 벗어나려 했던 것도 역시 버려짐의 불안이었고 또 사울에게 쫓겨온 이 광야에서 그가 다시 직면하고 있는 것도 역시 동일한 불안이었다. 이런 다윗에게 다음과 같은 아비가일의 말은 너무나 큰 위로가 되는 말이었을 것이 분명하다. **"사람이 일어나서 내 주를 쫓아 내 주의 생명을 찾을지라도 내 주의 생명은 내 주의 하나님 여호와와 함께 생명싸개 속에 싸였을 것이요 내 주의 원수들의 생명은 물매로 던지듯 여호와께서 그것을 던지시리이다"**(삼상 25:29). 그를 보호하시는 하나님의 이미지만큼 다윗에게 큰 힘이 되는 것은 없었다. 다윗은 시편에서 늘 그의 '피난처'이며 '산성'이신 하나님을 노래했는데 아비가일의 이 **"생명싸개"**라는 메타포는 다윗 안에 있던 그러한 긍정적 하나님상을 일깨우는 매직워드(magic words)가 되었을 것이다.

그런데 아비가일의 말이 다윗에게 결정적으로 주효했던 것은 역시 그녀의 말이 그의 좁아진 시야를 열고 그의 성급한 행동이 이후에 가져올 수 있는 결과들을 돌아볼 수 있게 한 점이다. 아비가일의 말은 다윗을 이후에 하나님께서 이스라엘의 지도자로 그를 높이신 시점으로 데려가 그 위치에서 현재를 돌아보게 한다. **"여호와께서 내 주에 대하여 하신 말씀대로 모든 선을 내 주에게 행하사 내 주를 이스라엘의 지도자로 세우신 때에 내 주께서 무죄한 피를 흘리셨다든지 내 주께서 친히 보수하셨다든지 함을 인하여 슬퍼하실 것도 없고 내 주의 마음에 걸리는 것도 없으시리니……"**(삼상 25:31-32). 아비가일의 말은 결국 지금 다윗의 성급한 보복이 후에 어떤 후회할 일을 초래하리라는 것을 각성시키는 말이었다. 그런데 우리가 계속해서 상담자 아비가일에게 감탄하게 되는 것은 그녀의 이 말이 지금 행동이 초래할 부정적 결과를 직설적으로 경고하는 대신 지금 행동을 바꾸었을 때 일어날 긍정적 결과를 떠올리게 하는 긍정화법을 사용하고 있기 때문이다. 이것은 역시 다윗의 마음을 부정적인 것이 아니라 긍정적인 데로 향하도록 이끄는 화술로서 현대심리학조차 최근에야 그 중요성을 인식한 긍정대화법인 것이다. 아비가일은 이런 화법을 통해 다윗을 위축시키기보다 오히려 자존감이 높아지도록 하면서 그 행동의 변화를 이끌어내고 있다.

이러한 아비가일의 말이 다윗에게 주효했다는 것을 우리는 다윗의 대답에서 알 수 있다. 왜냐하면 다윗이 아비가일에게 말하기를 **"너를 통해 내가 피 흘리는 일을 막게 하신 하나님을 찬양하노라"**(삼상 25:32-33) 하고 있기 때문이다. 그런데 여기서 한 가지 우리가 유념할 것은 다윗이 아비가일을 자신에게 보내신 것이 하나님이시라고 고백하고 있다는 점이다. 과연 우리는 다윗의 말처럼 아비가일을 다윗에게 보내신 것이 하나님이실 뿐 아니라 다윗의 마음을 변화시킨 그녀의 지혜 역시 하나님으로부터 온 것이라 봐야 한다. 다윗의 깊은 내면을 헤아리는 아비가일의 통찰이나 장차 하나님께서 다윗을 이스라엘의 지도자로 삼으실 일을 미리 내다보는 그녀의 시야는 그저 인간적인 것이 아니라 하나님으로부터 말미암은 것이라고만 설명될 수 있기 때문이다. 만일 그렇다면 아비가일은 단지 지혜로운 여인이 아니라 하나님의 영에 붙잡힌 사람이라고 말할 수 있다. 다윗의 시대도 그랬지만 오늘날에도 너무나 필요한 상담가는 바로 이처럼 지혜와 영성을 겸비한 사람이다. 지혜 없는 영성은 위험할 수 있고 영성 없는 지혜는 무익(無益)할 수 있다. 그런데 아비가일처럼 양자를 겸비한 사람은 어디서나 유익한 사람이다.

나오며: 위로의 공동체

오늘날 한국 사회에는 나오미와 룻처럼 삶의 기반을 잃어버리고 일용직이나 시간제 아르바이트를 전전하며 희망을 잃은 채 살아가는 사람들이 있다. 또는 광야로 쫓겨난 다윗처럼 제도권의 변두리에서 방황하는 젊은이들이 있다. 또는 수가성(城) 여인처럼 여러 관계에서 상처를 받고 이제는 좀처럼 집 밖으로 나오지 않으며 우울한 삶을 사는 사람들이 있다. 이외에도 돌봄이 필요한 사람들은 너무나 많은데 그것에 비해 그들을 도울 수 있는 전문인력이나 시스템은 한국사회에 턱없이 부족한 상황이다. 이런 현실 속에서 우리에게 남은 방법이 한 가지 있다면 그것은 각자가 모두 부족하지만 그럼에도 서로가 서로를 돌보며 사는 방법이다. 즉 서로 뿔뿔이 흩어지기보다 함께 공동체를 이루어 자기만 아니라 서로를 돌아보는 상호돌봄의 방법이다. 우리가 성경에서 찾아볼 수 있는 목회적 돌봄(pastoral care)의 예들은 사실 최근 유행하는 전문적 상담의 모델보다 특별할 것 없는 사람들이 이렇게 서로를 돌보는 상호돌봄에 더 가깝다. 사실은 이처럼 서로를 사랑으로 돌보는 상호돌봄의 삶이야 말로 초대교회로부터 이어져 온 기독교신앙의 특색이며 우

타작마당의 룻과 보아스 Jean-François Millet 作

리를 향한 하나님의 계획이라고 말할 수 있다.

본 장에서 우리는 성경 속에서 바로 이와 같은 삶을 살았던 사람들의 이야기를 살펴보았다. 여기서 살펴본 룻, 보아스, 요나단, 아비가일은 성경에서 다소 주변적인 존재로 여겨져 온 인물들일지 모른다. 그러나 사실은 이들이야말로 성경인물들 중 가장 완숙한 인격과 신앙을 보여준 사람들이며, 특별히 이들이 보여준 사랑과 헌신의 삶은 진정한 예수 그리스도의 예표(像表)라고 할 수 있다. 또한 이들은 오늘의 각박한 현실 속에서 우리가 어떻게 서로를 붙잡아주며 살아야 할지 그 방도를 보여주는 예들이기도 하다.

제12장

충성(忠誠)의
심리학

베드로와 바울의
그리스도 사랑과 헌신

베드로와 바울의 그리스도 사랑과 헌신

불완전한 통로

기독교 신앙에 있어 베드로와 바울이 차지하는 중요성은 아무리 강조해도 지나치지 않다. 초대교회는 바로 그들에 의해 세워진 교회이기 때문이다. 이 말의 의미는 곧 초대교회가 예수 그리스도에 대한 그들의 증언과 신앙고백 위에 세워졌다는 의미이다. 사실 초대교회만 아니라 오늘날의 교회 역시도 바로 그들이 증언하고 가르친 그대로의 예수를 믿고 따르는 공동체이다. 바로 이런 의미에서 우리는 이 책 서두에서 이야기한 대로 우리가 하나님을 아는 것이 비단 그리스도만 아니라 그들 사도들을 통해서라고 말할 수 있다. 그런데 실제로 이렇게 우리가 하나님을 아는데 중요한 자료가 되는 것은 비단 그들의 신앙고백이나 가르침만이 아니라 그리스도를 향한 그들의 사랑과 헌신의 마음이다. 우리는 그들이 경험한 그리스도를 함께 경험하고 그들이 사랑한 그리스도를 함께 사랑하며 그들이 따른 그리스도를 함께 따르는 가운데 하나님을 알아간다. 때문에 우리는 하나님을 더 깊이 알아가기 위해 그러한 그들의 사랑과 헌신의 마음을 더 깊이 이해할 필요가 있다.

그런데 여기서 한 가지 우리가 발견하는 점은 이처럼 우리에게 하나님을 아는 통로가 되는 그들이 결코 완전한 사람들이 아니라는 사실이다. 어떤 면에서 그들은 보통의 사람들보다 더 연약하고 부족한 면을 가진 불완전한 사람들이다. 역설적인 것은 때로 그들이 그렇게 불완전한 사람들이기 때문에 오히려 우리가 그들을 통해 더 깊이 하나님을 알수 있다는 사실이다. 이유인즉 그들이 우리처럼 불완전하기 때문에 우리는 먼저 그들을 쉽게 공감할 수 있고 그래서 그들이 만난 하나님도 그들이 경험한 그대로 경험할 수 있기 때문이다. 이 책을 마무리하는 본 장에서 우리는 먼저 심리학의 도움을 받아 그처럼 불완전한 사람이었던 그들을 그 모습 그대로 이해해 보려 한다. 그리고 그것을 통해 그런 그들이 경험한 하나님, 그렇지만 단지 그들만 아니라 그들처럼 역시 불완전한 사람인 우리와도 함께 하시는 하나님이 어떤 분이신지 알고자 한다.

베드로의 치유와 회복

1. 갈릴리 콤플렉스

베드로의 심리 분석은 생각보다 어렵다. 그 이유는 무엇보다 성경에서 베드로의 성장배경에 대한 거의 아무런 정보도 찾을 수 없기 때문이다. 우리가 알 수 있는 것은 단지 그가 갈릴리 벳새다 사람이며 원래 직업이 어부였다는 사실, 그리고 예수님을 만났을 당시 기혼자였다는 사실 정도이다. 우리가 베드로에 대해서 알 수 있는 것은 이렇게 가장 기본적인 인적사항 밖에 없기 때문에 우리는 당시 사회에서 그와 같은 갈릴리 어부의 삶이 어떠했을지 상상하면서 그런 그의 내면에 관해 단지 가설적으로 추측해 볼 수 있을 뿐이다.

이렇게 우리가 예수님을 만났을 당시 베드로에 관해 가설적으로 추측해 볼 수 있는 점은 첫째 그가 자존감이 매우 낮은 사람이었으리라는 점이다. 이 점은 첫째 그가 갈릴리바다에서 예수님를 만났을 때 보인 반응에서 엿볼 수 있다. 배를 가득 채우도록 잡힌 물고기를 보고서 놀란 베드로는 예수 앞에 엎드려 이렇게 고백한다. **"나를 떠나소서 나는 죄인이로소이다"**(눅 5:8). 추측컨대 이러한 베드로의 눈에 비친 예수님은 아마 당시 사람들에게 존경받던 유대 랍비 같은 존재였을 것이다. 그리고 아마 그 순간 베드로는 바로 그 같은 유대 랍비가 자신 같은 사람을 바라봤음직한 눈으로 자신을 보았을 것이다. 당시 유대 랍비들의 시각에서 봤을 때 베드로 같은 사람은 과연 그가 말한 대로 '죄인'이었다. 이에 대해 김신형은 베드로가 "갈릴리 콤플렉스"라고 지칭할 수 있는 집단무의식에 사로잡혀 있었다고 설명한다.[1] 이는 그가 예루살렘의 유대인들에 대해 적대감을 갖고 있으면서도 동시에 그들의 시각에서 자신을 보며 열등감에 눌려 있는 사람이었다는 것이다.[2] 우리는 이런 심리가 그 순간 사실은 그런 유대지도자와 전혀 다른 예수님에게조차 투영되어 나타났고 그로 인해 그가 위축감 속에서 행동하게 되는 것을 목격할 수 있다. 예수를 대하는 그의 말과 행동에서 우리는 그와 같은 위축감과 두려움을 읽을 수 있다.[3]

그런데 우리는 베드로의 콤플렉스를 비단 그 같이 갈릴리 사람들이 유대인들과의 관계에서 가진 콤플렉스만 아니라 당시 그 지역을 관할하던 로마인, 세리, 이방상인들과의 관계에서도 가졌던 콤플렉스일 것이라 추정해 볼 수 있다. 이렇게 보는 이유는 베드로 같은 갈릴리 사람이 바로 그 같은 사람들의 경제적 피지배계층이었기 때문이다. 주지하듯 갈릴리 사람들은 북이스라엘 멸망 이래 끊임없이 이방인들의 침략과 압제에 시달려 왔고 예수님 당시에도 로마식민지배자들과 헤롯왕

---

1) 김신형, "베드로의 환상에 대한 분석심리학적 해석" (미간행 박사학위 논문, 강남대학교, 2007), 95.

2) 이러한 열등의식의 배경에는 갈릴리인들이 순전치 못한 "잡종"이며 "율법을 지키지 않는", 그래서 "예언자가 나올 수 없는"(요 7:52) 지역 사람들이라는 유대인들의 인식이 깔려 있다. 위의 논문, 65-66 참조.

3) 우리는 아마도 예수님을 대하는 사마리아 여인에게도 이와 비슷한 위축감과 두려움이 있었을 것이라 추측할 수 있다. 예컨대 "내가 보니 선지자로소이다"(요 4:19)라는 그녀의 고백에서 느껴지는 심리가 그런 것이다.

실, 그리고 그들에게 복무(服務)하는 세리들의 착취에 끊임없이 시달리고 있었다. [4] 때문에 매일같이 힘들게 노동해도 가난을 벗어날 수 없었고 앞날의 소망을 찾을 수 없는 것이 당시 그들의 현실이었다. **"우리가 밤이 새도록 수고하였으되 잡은 것이 없지만……"**(눅 5:5)이라는 베드로의 자조 섞인 말이 내포한 감정이 어쩌면 바로 그 같은 현실에 대한 좌절감이었을지 모른다. 이렇게 볼 때 우리는 베드로의 '갈릴리 콤플렉스'가 비단 유대 지도자들에 대한 열등의식만 아니라 로마와 헤롯왕실에 대한 분노, 그럼에도 불구하고 그들에게 저항할 수 없는 현실에 대한 무력감을 내포한 것이라 생각할 수 있다.

한편 성장배경에 대한 정보가 거의 없는 베드로의 심리를 이해하기 위해 우리가 사용할 수 있는 또 한 가지 방법은 **에니어그램**(enneagram) 같은 성경유형분류에 비춰 그의 말과 행동을 이해하는 방법이다. 리차드 로어 Richard Rohr 와 안드레아스 에베르트 Anderas Ebert 의 분석에 따르면 베드로는 에니어그램 아홉 유형 중 여섯번째 유형에 해당하는 인물이다. [5] 이 여섯번째 유형은 무엇보다 불안과 두려움이 많은 사람이다. 그래서 그런 두려움으로부터 자신을 지켜줄 사람, 누군가 자신이 신뢰할 만한 대상을 찾아 다니며 그런 대상을 만나면 그 대상을 강하게 붙

---

4) Richard Horsley, *Archeology, History, and Society in Galilee*, 박경미 옮김, 「갈릴리: 예수와 랍비들의 사회적 문화」 (서울: 이화여자대학교출판부, 2006), 184.

5) Richard Rohr and Andreas Ebert, *The Anneagram: The Christian Perspective*, 이화숙 옮김, 「내 안의 접혀진 날개」 (서울: 열린, 2002), 193; 국내연구로는 이관직, 「성경인물과 심리분석」, 206-213; 김영운, "에니어그램으로 보는 성서인물(6)-베드로," 「기독교사상」 50 (10), 2006. 10, 268-274 참조.

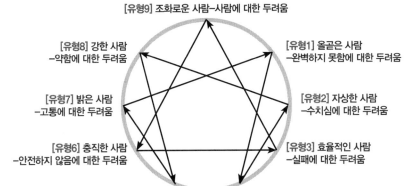

애니어그램의 9가지 유형

[유형9] 조화로운 사람-사람에 대한 두려움

[유형8] 강한 사람
-약함에 대한 두려움

[유형1] 올곧은 사람
-완벽하지 못함에 대한 두려움

[유형7] 밝은 사람
-고통에 대한 두려움

[유형2] 자상한 사람
-수치심에 대한 두려움

[유형6] 충직한 사람
-안전하지 않음에 대한 두려움

[유형3] 효율적인 사람
-실패에 대한 두려움

[유형5] 현명한 사람
-모르는 것에 대한 두려움

[유형4] 독창적인 사람
-평범한 것에 대한 두려움

좇는 성향을 보인다. 그래서 그들은 흔히 "충성스러운 사람(royalist)"이
라 불린다.[6] 그러나 문제는 이들이 확고한 신뢰대상을 발견하기까지
그들 안에 자리한 불안과 두려움으로 인해 끊임없이 상대방을 의심하
고 시험하려 한다는 점이다. 예수님의 제자들 중 유독 이런 의심과 시
험으로 특징 지어지는 사람은 베드로보다 먼저 도마를 떠올릴 수 있
다. 그런데 도마가 자신의 의심을 겉으로 표현하는 사람이라면, 그와
비교할 때 베드로는 그 의심과 두려움을 짐짓 부인하고 도리어 그 대
상에 대한 신뢰를 과장하며 자신의 두려움과 정반대되는 행동을 하는

---

6) Don Richard Riso and Russo Hudson, *The Wisdom of the Enneagram*, 주혜명 옮김, 「에
니어그램의 지혜」 (서울: 한문화멀티미디어, 2000), 311.

사람이라 할 수 있다. 애니어그램 6번 유형의 특징인 소위 "공포대항 (counterphobic)형"의 인물이라는 것이다.[7] 이 공포대항형에 대한 설명은 베드로가 종종 보여주는 종잡을 수 없는 행동들, 종종 충동적이며 과도하게 돌출적인 행동들을 잘 설명해 준다. 예컨대 갑자기 물 위를 걷겠다고 한다든지, 대제사장의 종을 과격하게 칼로 내려친다든지, 예수님을 따라 무턱대고 대제사장의 집으로 들어간다든지 하는 행동들이 그런 것이다. 이런 행동들은 실상 그가 그의 두려움을 극복했음을 보여주기보다 일견 두려움에 맞서는 듯 보이지만 실상 그런 두려움에 사로잡혀 있는 그의 양면성을 보여주는 행동이다.

에니어그램 6번 유형의 유년기에 대해 추정할 수 있는 바는 어린 시절 부모와의 관계에서 그들이 충분한 신뢰와 안정감을 경험하지 못했을 가능성이 크다는 것이다.[8] 즉 신뢰와 안정감을 주는 대상과의 관계에서 충분한 자신감과 독립심을 형성하지 못했기 때문에 성인이 되어서까지 여전히 그런 의지의 대상을 찾고 시험하는 사람일 수 있다. 우리는 물론 베드로가 바로 그런 사람이었다고 단정할 수는 없다. 그러나 이러한 가정은 베드로가 보여주는 위축감과 두려움에 대해 더 잘 이해할 수 있게 한다. 베드로의 열등의식은 사회적인 차원에서 보자면 상술한 바와 같이 '갈릴리 콤플렉스'와 관련된 것으로 볼 수 있다. 그런데 그

---

7) Richard Rohr and Andreas Ebert, 『내 안의 접혀진 날개』, 193.

8) Don Richard Riso and Russo Hudson, 『에니어그램의 지혜』, 314. 리소와 허드슨은 반대로 6유형들이 어린 시절 매우 친밀한 부모와의 관계를 경험했을 가능성도 병존한다고 말한다. 성인이 되어서도 그러한 관계에서의 의존과 충성을 추구하는 사람이라는 것이다(위의 책, 313).

의 열등감과 강렬한 대상갈망(object-hunger)을 좀 다르게 개인적 차원에서 보자면 아마도 그것은 그의 과거에 그에게 충분히 공감적이면서 반영적인 자기대상(selfobject) 경험이 부족했다는 것을 말해주는 것일 수 있다.

2. 베드로의 과대자기(grandiose self)

요한복음 1장에서 베드로가 예수님을 처음 만난 이야기(요 1:40-42)와 공관복음 기사들(막 1:16-20; 마 4:18-22; 눅 5:1-11)을 연결시켜 볼 때 우리가 알 수 있는 것은 베드로가 갈릴리바다에서 예수님의 부르심을 받은 일이 예수님을 처음 만난 시점이 아니라는 사실이다. 이렇게 베드로가 예수님의 부르심에 응한 시점과 요한복음의 1장의 첫 만남 사이의 시간적 간격은 아마도 제6유형인 베드로의 의심과 경계심으로 설명될 수 있을 것이다. 즉 동생의 소개로 예수님을 만나보기는 했지만 아직 완전히 마음을 열지 못하던 그가 갈릴리바다에서 예수님의 이적을 경험한 후 급반전하여 모든 것을 버려 두고 예수님을 따랐다는 것이다. 이런 급반전은 제6유형의 전형적인 양면성을 보여주는 것이다.[9] 아마도 이 때 베드로가 예수님에게서 발견한 것은 그에게 결여되어 있던 이상적 자기대상이었을 것이다. 즉 그를 충분히 잘 보호해주고 그의 가치를 높여줄 만한 자기대상을 발견한 것이다. 다시 말해 예수님의 이적

---

9) 위의 책, 313.

을 경험한 후 그의 안에 일어난 것이 예수님에 대한 강한 자기대상 전이(selfobject transference)였다.[10]

이후로 베드로는 예수님과의 강한 융합의 욕구를 나타낸다. 이것은 마치 어린 아이가 부모와의 강한 일체감을 통해 유아적 전능의식과 안정적인 소속감을 누리려는 것과 유사한 태도이다. 이런 베드로의 심리를 우리는 예수님과의 마지막 만찬 장면에서 특별히 엿볼 수 있는데, 대표적으로 그것을 볼 수 있는 것이 바로 예수님의 세족(洗足)중에 베드로가 이렇게 요청하는 장면에서다. **"나를 씻어주시려면 발뿐만 아니라 온 몸을 씻어 주십시오"**(요 13:9). 이런 그의 요청은 마치 어린 아이가 부모와 온 몸으로 연결되기를 바라는 것 같은 유아적 소망을 드러낸다. 이런 그의 심리는 또한 그가 나중에 한 말들, **"다른 사람들이 주를 버릴지라도 저는 버리지 않겠습니다"**(막 14:29), **"왜 제가 지금은 주를 따를 수 없습니까? 주를 위하여 저는 제 목숨까지도 버리겠습니다"**(요 13:37)라는 말들에서도 간접적으로 드러난다. 예수님과 일체가 되어 생사를 같이 하겠다는 말은 그의 자아가 이제 예수님과 완전히 결합되어 있음을 시사하는 것이다. 이것은 외견상 매우 충성스런 자세로 보이지만 실상 이 '충성심'은 우리가 알 듯이 아직 충분히 성숙하지 못한 심리라고 할 수 있다. 예수님은 아마 처음부터 그의 이런 점을 잘 알고 계셨을 것이다.

흥미로운 사실은 베드로가 예수께 그처럼 강한 자아융합의 욕구를

---

10) Heinz Kohut, 「정신분석은 어떻게 치료하는가?」, 276-278.

가졌던 데 대해 예수님 역시 다른 제자들보다 베드로를 특별히 더 친밀하게 대하심으로 반응하셨다는 사실이다. 예컨대 변화산에 오르실 때에도 예수님은 베드로, 요한, 야고보 세 사람만을 특별히 대동하셨고, 겟세마네 동산에서 기도하시는 동안에도 동일한 세 사람만을 곁에 두셨다. 뿐만 아니라 베드로에게 특별히 예언하시기를 **"내가 반석인 네 위에 내 교회를 세우겠다"**(마 16:18)고 말씀하셨고, 마지막 만찬 때에도 특별히 **"내가 너를 위하여 네 믿음이 떨어지지 않기를 기도하였노라"**(눅 22:32)고 말씀하셨다. 이러한 예수님의 '특별대우'는 베드로가 드러낸 강한 자기대상욕구를 예수께서 그대로 받아 주셨다는 것을 의미한다. 다시 말해 예수께서 베드로와 함께 한 3년은 심리학적 관점에서 보자면 그에게 부족했던 자기대상이 충분히 되어 주심으로 그의 미숙한 자아를 재양육(reparenting)하시는 과정이었다고 할 수 있다.

자기심리학적 관점에서 볼 때 예수께서 베드로에게 하신 역할은 먼저 베드로의 과대자기(grandiose self) 욕구를 충분히 수용해주신 것이다. 대표적으로 이것을 보여주는 것이 예수께서 갈릴리바다 위를 걷겠다고 하는 베드로의 요청을 받아주신 일이다. 그 밤에 예수께서 바다 위를 걸어오셨을 때 두려움에 빠져 있던 제자들은 그 분이 예수이심을 확인하고 마음을 놓았다. 그 때 배에 타고 있던 제자들 중 베드로는 자신도 **"물 위로 오라 하소서"**(마 14:28)라고 예수께 요청한다. 이것을 우리는 6번 유형 특유의 공포대항적(counterphobic) 행동이라도 볼 수 있지만 다른 한편으로 그의 과대자기(grandiose self)욕구가 극대화되어 나타난 것이라고도 설명할 수 있다. 이 장면에서 베드로는 예수님과의 일체의식이 너무 지나친 나머지 자신도 예수처럼 초자연적인 일을 행할 수 있다고 믿는 것을 볼 수 있다. 예수님과의 이러한 자기동일시는 마치 어린 아이가 부모를 이상화하면서 그 자신을 부모와 동일시하여 자신도 부모가 하는 모든 일을 할 수 있다고 믿는 것과 비슷하다. 여기서 주목할 것은 이 때 예수께서 그런 베드로의 자기애적(narcissistic) 환상을 바로 직면시키지 않고 수용하셨다는 사실이다. 예수님은 베드로에게 도리어 그 요청대로 **"오라"**(마 14:29) 말씀하신다. 이 말씀에 따라 물 위를 내디딘 베드로는 실제 몇 걸음 그 물 위를 걷기까지 한다. 그러나 역시 바람을 보고 두려움에 빠진 그는 점점 물 속에 빠져간다(마 14:29~30). 이에 예수께서는 속히 그의 손을 붙잡아주시며 이렇게 말씀하신다. **"믿음이 적은 자여 왜 의심하였느냐?"**(마 14:31). 여기서 우리가 생각해 볼 것은 예수께서 베드로에게 "왜 그러니까 그렇게 무모한 시도를 하였느냐?" 라거나 "역시 너는 안 되지?"라고 말씀하지 않으셨다는 점이다. 예수께서는 도리어 **"왜 의심하였느냐?"**고 말씀하심으로 그의 과대자기심리를 부추기는 듯한 반응을 하셨다. 예수님의 이러한 반응을 우리가 심리학적 견지에서 보자면 베드로의 자기애적 환상을 바로 직면시키기보다 오히려 그 스스로 좌절을 통해 성장할 수 있도록 이끄신 것이라 이해할 수 있다. 이 사건이 의미심장한 것은 이것이 이후에 베드로가 경험할 좌절과 성장을 예시적으로 보여주신 일이라 할 수 있기 때문이다.

예수님과 함께하면서 베드로의 과대자기욕구가 팽창된 것을 보여주는 또 하나의 사례는 제자들 사이에 일어난 '**우리 중에 누가 크냐?**'(마 9:34)는 논쟁이다. 이 다툼이 예수께서 베드로, 요한, 야고보 세 사람만을 데리고 변화산에 다녀오신지 얼마 안 돼서 일어난 사건임을 생각할 때 추측컨대 이 논쟁은 그 세 사람과 다른 제자들 사이에 일어난 다툼이다. 그 다른 제자들과 세 사람 사이에 비교의식이 야기되었음직한 상황이기 때문이다. 제자들이 이렇게 자신이 '큰 자'라는 인정에 집착했던 이유는 근원적으로 그들이 가진 '갈릴리 콤플렉스'와 관련이 있다. 처음부터 그들이 예수의 제자가 된 것도 갈릴리인으로서 그들의 자기보상 욕구, 즉 유대지도자들이나 이방지배자들, 부유한 사람들에 대해 그들이 가진 열등의식을 보상받고자 하는 동기에서였을 것이다. 그 중에서도 특히 갈릴리의 어부출신인 베드로와 요한 형제는 세상적으로 그들보다 우월한 세리, 열심당원, 지식인 출신의 다른 제자들에게조차 상대적 열등감을 느꼈을 가능성이 크다. 이것의 의미는 곧 그들 세 사람에게 예수님을 통해 그들의 결핍된 자존감을 보상받고자 하는 욕구가 그만큼 더 컸으리라는 것이다. 이런 정황을 엿볼 수 있는 일화가 바로 요한 형제가 어머니와 함께 와서 예수님 좌우편에 앉게 해 주실 것을 청탁한 일화이다(마 20:20~21). 필시 이 두 사람뿐 아니라 베드로 역시 예수님의 나귀를 이끌고 예루살렘에 입성하던 당시 예수님 우편에 앉아 사람들의 존숭을 받는 자신을 마음에 그리고 있었을 것이다.

3. 예수님의 마지막 눈길

예수께서 가이사랴 빌립보에서 **"너희는 나를 누구라 하느냐"** 물으셨을 때 베드로는 이렇게 대답한다. **"주는 그리스도시요 살아 계신 하나님의 아들입니다"**(마 16:16). 이것은 하나님께서 깨닫게 하신 천국비밀의 고백이기도 하지만 동시에 예수님을 이상화하면서 그와 함께 높아진 자신을 꿈꾸는 그의 **자아이상**(ego-ideal)을 내비친 말이라고도 볼 수 있다. 그렇기 때문에 그는 예수께서 곧이어 자신이 당할 고난을 예고하셨을 때 예수님을 만류하며 **"그런 일이 있어서는 결코 안 됩니다"**(마 16:22)라고 항변했던 것이다. 이러한 항변은 하나님의 나라에 대한 열망이 아니라 자신의 환상이 무너지는 데 대한 거부감을 나타내는 것이었다. 그의 환상이란 곧 그를 이제껏 억누르던 모든 두려움과 열등의식으로부터 벗어나 영구히 '예수님 오른 편에 앉은 수제자'로서 승귀(承貴)하는 것이었다. 앞에서 살펴본 것처럼 예수님은 베드로의 이러한 자기애적 환상을 처음부터 직면시키지 않으셨다. 도리어 예수께서는 그와 함께 하신 3년 동안 줄곧 그의 그러한 미성숙한 욕망을 그대로 수용해 주셨다. 이것은 마치 유아들의 부모가 그 아이의 자기애적 환상을 그대로 수용함으로 아이의 자연스러운 자기발달을 돕는 것과 같았다고 할 수 있다. 그러나 아이가 한 단계 더 성숙하기 위해서는 불가피하게 아이의 그러한 유아적 환상이 직면되지 않으면 안 된다. 이와 마찬가지로 베드로가 진정한 제자로 거듭나기 위해서는 그의 그 같은 환상이 깨어지고 현실의 자기를 직면해야만 했다. 하나님은 그래서 마침내 그가 그런 과정을 겪도록 하시는데 그것은 말하자면 그로 하여금 심리학에서 말하는 '최적의 좌절(optimal frustration)'을 경험하도록 하신 것이다.[11]

마지막 만찬 중 예수님은 다시 한 번 그가 당할 고난을 제자들에게 예고하신다. 그들이 예수님을 곧 잃어버리게 되리라는 말씀이었다. 이 말씀은 제자들을 심히 불안케 하고 동요케 한다(요 16:6). 특히 그 말씀이 베드로 안에 깊은 불안을 일으켰던 이유는 예수님과 분리된 그 자신을 상상하기 어려울 만큼 예수님에 대한 그의 의존과 결속이 강해졌기 때문이다. **"대체 어디로 가신다는 말씀입니까?"**(요 13:36), **"제가 왜 지금은 주님을 따를 수 없습니까? 주를 위하여 제 목숨을 버리겠습니다"**(요 13:37), **"다른 모두가 주를 버릴지라도 저는 버리지 않겠습니다"**(마 26:33). 이러한 베드로의 항변은 예수님에 대한 그의 충성심을 나타내기도 하지만 그 전에 어린 아이가 부모로부터 떨어지기를 두려워하는 것 같은 그의 분리불안을 드러내는 것이다. 이런 베드로의 불안을 뒤집어 보자면 그것은 그의 자아가 아직 예수님으로부터 분리되어 홀로 설 만큼 견고하지 못했다는 것을 의미한다. 다시 말해 베드로의 자기(self)가 아직 충분히 응집적(cohesive)이지 못했다는 것이다. 베드로는 다른 이들이 예수님을 버려도 자신은 버리지 않겠다고 다짐한다. 또 자신은 예수님을 위해 목숨까지도 버리겠다고 장담한다. 그런데 이런 그의 말에서 우리가 엿볼 수 있는 것은 베드로가 자신을 끝까지 예수님을 버리지 않을 사람, 예수님을 위해 목숨까지 버릴 수 있는 사람이라 믿

11) Heinz Kohut, 『정신분석은 어떻게 치료하는가?』, 149-160 참조.

었다는 사실이다. 그러나 우리가 알 듯 실제의 베드로는 아직 그럴 수 있는 사람이 아니었다. 베드로는 아직 환상 속의 자신을 보고 있었던 것이다.

당시 실제 베드로가 보여준 것은 자기 안에 일어나는 두려움에 저항하면서도 여전히 그 두려움에 굴복하는 양면성이었다. 베드로가 멀찍이나마 예수님을 따라 대제사장 집 안뜰까지 들어간 것은 가히 갈릴리 바다 위를 걸었던 것처럼 자신의 두려움에 맞서는 행동이었다고 할 수 있다. 문제는 이 행동이 좀 더 정확히 말하자면 진정 두려움에 맞서는 행동이라기보다 두려워하는 자신을 부인(deny)하는 행동이었다는 사실이다. 대제사장의 집 뜰에서 한 여종이 그를 보고 **"당신도 갈릴리 사람 예수와 함께 있었다"**(마 26:69)고 고발한다. 그러자 베드로는 자신을 보는 모든 사람들 앞에서 자신은 **"그 사람을 모른다"**(마 26:72)고 부인한다. 이 때 베드로가 부인한 '그 사람'은 예수님인 동시에 그 예수와 함께 했던 자신이라고 할 수 있다. 에니어그램 6번형의 특징은 무언가 자신보다 큰 대상에 기댐으로 자신의 두려움을 모면하려는 태도이다. 이제까지 베드로는 예수님과의 결속을 통해 자신의 그 같은 연약함과 두려움을 벗어나려 해 왔다. 그런데 이제 이 대제사장의 집 뜰에서 베드로는 어느새 그 자리를 바꿔 마치 이 큰 집 하속들 중 하나인 것처럼 행동함으로 그의 두려움을 피하고 있다. 다시 말해 대제사장의 권세 아래, 혹은 대중의 그늘 아래 숨어 두려움을 모면하려 하고 있는 것이다. 이 순간 드러나는 진실은 대제사장의 편 사람들 중 하나인 양 행세하는 그가 진정한 그 자신이 아닌 것처럼 예수님을 위해 목숨을 걸겠다고 말하던 그 역시 진정한 그 자신이 아니었다는 사실이다. 진정한 그 자신은 다만 자기보다 더 큰 자의 그늘 아래서 늘 자신의 두려움을 모면하려고 하는 한 연약한 사내일 뿐이었다. 대제사장의 집 뜰에서 마지막으로 베드로를 향한 예수님의 눈길은 바로 이 같은 베드로를 바라보고 있었다. 베드로는 자신을 향한 그 예수님의 눈길이 그런 자신의 실상을 뚫어보는 눈길이었다고 느꼈을 것이다. 그는 그 눈길을 통해 그런 치졸한 자신의 실상을 직면했다. 그것은 곧 이제껏 그가 품고 있던 환상이 무너지는 순간이었다. 다시 말해 이제껏 그가 기만해 온 것이 사실은 예수님이 아니라 자기자신이었다는 사실을 깨달은 순간이었다. 그는 그런 자신의 실상을 직면하며 밖으로 나와 오열(嗚咽)했다.

4. 세 번 물으신 이유

요한복음 21장의 베드로는 **"나는 고기 잡으러 가겠다"**(요 21:3)며 배를 탄다. 신약학자 레이몬드 브라운 Raymond Brown 은 이런 베드로의 행동이 그의 "절망 가운데서 이루어진 목적 없는 행동"이었다고 해석한다.[12] 이런 해석에 대해서는 반론 역시 만만치 않다. 이미 부활하신 예수님을 만난 베드로가 다시 그런 절망에 빠진다는 것이 가당치 않다

---

12) Raymond Edward Brown, *The Gospel According to John XIII-XXI* (New York, NY: Doubleday, 1966), 1096; 전창희, 최주혜, "요한복음 21장 1~17절에 나타난 베드로의 무의식", 『신학과 실천』 49 (2016), 495에서 재인용.

는 이유에서이다. 그러나 우리가 그 베드로의 절망을 현실 상황이나 그의 신앙에 대한 것이 아니라 그 자신에 대한 절망이라고 본다면 브라운의 해석은 좀 다른 의미로 읽힐 수 있다. 베드로는 자신이 이제껏 예수님과의 관계 속에서 자신이라고 믿었던 그 '자기'가 사실은 진짜 자신이 아니며 지난 3년 동안 예수님의 총애를 받으며 자신에게 일어났다고 생각한 변화가 사실은 다만 환상일 뿐이었음을 깨달은 것이다. 자신은 전이나 지금이나 다름없이 비굴하고 나약한 한 갈릴리 촌부일 따름이었다. 이제 이러한 자신을 직면한 베드로는 더 이상 얼마 전까지 자신이라고 믿었던 그 '예수님 오른 편의 수제자'처럼 행동하기 어려웠을 것이다. 차라리 더 이전처럼 아무 것도 아닌 갈릴리 어부, 처음 예수님 앞에 엎드렸을 때의 그 '죄인'으로 돌아가는 것이 더 정직한 일이라 생각했을지 모른다. 아마도 그래서 그는 다시 바다로 갔을 것이다.

요한복음 21장의 베드로의 심리는 어떤 면에서 전형적인 청년기의 심리적 모라토리움(moratorium)을 닮았다. 자기의 이상을 좇다가 어느 순간 현실과 자신에 대한 환멸을 느끼고 이제까지 모든 신념을 잃어버린 청년처럼 베드로는 그렇게 삶의 목적을 잃어버린 채 방황하고 있었다. 이 밤에 베드로는 텅 빈 그물을 헛되이 끌어 올리며 외면하고 있던 자신의 무가치함만을 줄곧 대면하고 있었다. 에릭 에릭슨 Erik Erikson 이 이야기하듯 자신이 누구인지 아는 것은 곧 자신의 역할과 존재목적을 발견하는 일이다.[13] 그런데 여기서 우리가 기억해야 할 것은 자신이 누

13) Erik Erikson, 『유년기와 사회』, 320-321.

구인지 발견하는 것은 결코 자기 자신의 선택이나 자기신념의 문제만
은 아니라는 점이다. 인간이 자신이 누구인지 발견하는 것은 항상 어떤
의미 있는 '관계' 속에서 이루어지는 일이다. 베드로가 자기의 역할과
방향성을 잃어버린 것은 자신이 예수님과의 관계에서 철저히 실패한
사람이라고 느꼈기 때문이다.

　제자들이 밤새 그물을 던졌지만 아무 것도 잡지 못했던 그 밤 끝무렵
에 예수께서 다시 그들에게 나타나셨다. 이것은 확실히 예수님의 의도
가 그들과의 관계회복에 있었다는 점을 시사한다. 3년전 거의 비슷한
상황에서 베드로의 배에 오르신 예수는 **"깊은 데로 가서 그물을 던지
라"**(눅 5:4) 베드로에게 말씀하셨다. 이 말씀에 따라 바다에 그물을 내린
베드로는 배가 잠기도록 많은 물고기를 잡고 놀람과 두려움에 사로잡
혔다. 그리고 이어서 **"네가 사람을 낚는 어부가 되리라"**(눅 5:10)는 말씀
을 좇아 예수님의 제자가 되었다. 3년후 다시 그 바다에서 **"배 오른 편
에 그물을 던지라"**(요 21:6)는 음성을 따라 그물을 내린 베드로는 그 그
물을 다시 끌어올릴 수 없을 만큼 많은 물고기를 잡고 아마 일종의 데
자뷰(déjà vu)를 느꼈을 것이다. 추측컨대 그 순간 베드로에게 떠오른 것
은 3년전 그가 예수님의 제자가 되었던 그 때의 일이었을지 모른다. 추
측컨대 그 순간 그에게 깨달아진 것은 그가 처음 예수의 제자가 되었
던 것이 그 자신으로 인한 것이 아니었다는 사실이다. 그 자신이 자격
이 있어서가 아니라 전혀 자격이 없는 자신을 예수님이 부르셨기 때문
이라는 사실이다. 그런데 베드로는 그제나 이제나 줄곧 자기 자신만 바

라보고 있었다. 예수께서 잡히시기 전날 그가 바라본 자신이 '예수님 오른 편의 수제자'였다면 예수께서 잡히신 후 그가 직면했던 자신은 '못난 배신자'였다. 이후 베드로가 자기정체성을 잃어버리고 목적을 잃어버린 것은 이렇게 그가 보는 자기가 달라졌기 때문이었지만 사실 정말 달라진 것은 그 자신이 아니었다. 예수께서 이미 알고 계셨 듯 그는 이전에도 '죄인'이었고 지금도 '죄인'이다. 그는 언제나 달라진 적이 없었다. 그러므로 그가 자기 삶의 목적을 잃어버린 것도 그가 달라졌기 때문이 아니라 그처럼 죄인이라도 그를 택하신 예수님을 언제부턴가 그가 잊고 있었기 때문이다.

전창희와 최주혜가 지적하듯[14] 그 날 아침 조반 후 예수께서 불가에 앉은 베드로에게 세 번 물음을 던지신 것은 역시 예수께서 잡히시던 그 밤의 상처를 치유하시기 위함이었다고 볼 수 있다. 그러나 그 세 번의 물음이 단지 베드로가 "자신의 그림자를 대면하고 인식"하게 하려는 것이었다고만 볼 수 없다.[15] 왜냐면 베드로는 이미 계속해서 자신의 어둠을 바라보고 있었기 때문이다. 사실 문제는 그가 너무나 자신의 어둠만을 바라본 나머지 예수께서 잡히시던 그 밤과 마찬가지로 이 아침에도 그런 그를 바라보시는 예수님을 제대로 보지 못했다는 점이다. 여기서 우리는 진정한 치유와 회복이 무엇인지 다시 자문하게 된다. 우리는 고전정신분석학이나 분석심리학에 따라 자신의 무의식에 대한 통찰이 바

---

14) 전창희, 최주혜, "요한복음 21장 1~17절에 나타난 베드로의 무의식", 497.

15) 위의 논문, 498.

로 '치료'라고 생각할 수 있다. 그러나 코헛 Heinz Kohut 이 지적하듯 무의식적 방어에 대한 차가운 직면(confrontation)은 오히려 그 사람을 다시 상처받게 하고 도리어 치유를 저해하는 결과를 낳을 수 있다.[16] 무의식적으로 자신을 정죄하고 있던 그 자기 정죄를 더욱 강화하게 될 수 있다는 것이다. 베드로는 대제사장의 집 뜰에서 마지막으로 그를 향했던 예수님의 눈길이 그의 허황된 자아를 직면하도록 요구하는 눈길이라 생각했다. 과연 그로 인해 베드로는 자신의 실상을 직면하게 되었지만 그런 자기직면이 바로 그의 치유와 회복으로 이어지지는 못했다. 베드로를 치유한 것은 그보다 이 아침에 예수께서 던지신 세 번의 질문, **"네가 나를 사랑하느냐?"**(요 21:15~17)는 물음이었다. 그 물음에 담긴 의미는 무엇일까? 특별히 베드로가 예수님을 세 번 부인했던 그 때와 마찬가지로 새벽 미명에 숯불을 사이에 두고 그것도 세 번이나 같은 질문을 되풀이하신 이유는 무엇이었을까?

필시 베드로는 예수님의 그 세 번의 질문을 받으며 세 번 예수님을 부인했던 그 때의 수치심과 자기환멸로 되돌아가 있었을 것이다. 그러나 그는 예수님의 그 물음을 통해 비록 자신이 그처럼 연약하고 비겁했음에도 불구하고 그런 자신이 여전히 예수님을 사랑하고 있음을 상기할 수 있었다. 그 밤만 아니라 지금 예수님께 질문을 받는 이 순간에도 그의 안에 여전히 그를 향한 사랑이 있음을 인식하게 되었다. 그래서 그는 이렇게 대답할 수 있었다. **"주님 그러합니다. 제가 주님을 사랑**

---

16) Heinz Kohut, 『정신분석은 어떻게 치료하는가?』, 251.

갈릴리 바다

하는 줄 주님은 아십니다"(요 21:15). 우리는 이 때 예수님의 물음에서
'가장 수준 높은 공감(empathy)'이라고 할 수 있는 공감의 예(例)를 발견한
다.[17] 그것은 곧 베드로가 예수님을 부인하던 그 순간에조차 그의 안에
는 예수님을 향한 사랑이 있었다는 것을 읽어 주시고 알아주시는 공감
이다. 예수님은 베드로에게 "그 때 얼마나 두려웠느냐"고 물으실 수도
있고 "지금 생각하면 얼마나 속이 상하냐"고 물으실 수도 있었다. 실제
로 예수님은 당시 베드로의 두려움과 지금 그를 사로잡는 회한을 깊이
이해하고 계셨을 것이기 때문이다. 그러나 예수께서는 그런 그의 두려

---

17) 코헛은 낮은 수준의 공감과 보다 높은 수준의 공감을 구분하는데 예수님의 공감은 이 중 높은 수
준의 공감이라 할 수 있다. 홍이화, 「하인즈 코헛의 자기심리학 이야기 I 」, 228.

움과 낙심을 공감하기보다 그 보다 더 깊은 곳의 베드로의 마음, 즉 당시도 지금도 비록 그가 연약한 자이지만 그 내면 깊은 곳에서 예수님을 사랑하는 그의 마음을 먼저 알아주셨던 것이다. 뿐만 아니라 예수님은 '내가 그 마음을 안다'라고 직접 말씀하시기보다 베드로에게 질문을 던지는 방식으로 베드로 자신이 그 마음을 스스로 인식하고 고백하도록 이끄셨다. 그렇게 함으로 베드로가 스스로 당신과의 관계를 회복하는 자리로 나오도록 하셨던 것이다. 베드로가 배신할 것을 미리 아셨던 예수님, 그럼에도 불구하고 여전히 그를 사랑하시는 그 예수님을 자신도 사랑한다고 스스로 고백하게 하셨던 것이다.

5. 진정한 치유의 의미

베드로의 회복에서 우리가 발견할 수 있는 진정한 치유의 의미는 이런 것이라 할 수 있다. 즉 진정한 치유는 단지 자신이 감추려 했던 자신을 대면하는 데서 그치는 것이 아니라 그런 자신을 하나님의 눈을 통해서 다시 보게 되는 것이다. 이런 의미에서 치유는 그러므로 하나님과의 관계 속에서 가능한 일이라 할 수 있다. 오늘날 많은 사람들이 자기만의 노력과 방법으로 자신을 치유하려 한다. 그러나 이러한 시도는 우리를 진정으로 치유하는 것이 아니라 우리를 또 한 번의 자기기만에 빠지게 할 수 있다. 우리가 치유라고 생각한 것은 또 하나의 '자기애적 환상'일 수 있다. 이런 '환상'이 설령 어떤 관계 속에서 형성된다 할지라도 그 관계조차 하나의 자기애적 수단이 될 수 있다. '예수님 좌우편에 앉은 자'라는 제자들의 환상이 그랬던 것처럼 우리의 자기애는 때로 우리가 믿는 하나님조차 도구화할 수 있다. 베드로가 그랬던 것처럼 우리는 예수님 안에서 찾은 '자기'에 몰입한 나머지 정작 예수님을 잊어버릴 때가 있다. 그런데 이 때 우리가 몰두하고 있는 자기는 진정한 자기가 아니라 나의 실체를 감추고 있는 일종의 '거짓자기(pseudo-self)'이다. 이 '거짓자기'는 사람들마다 다양하여 수가성 여인의 경우는 그것이 '뭇남성들이 사랑하는 여인'이었다면 삭개오의 경우 그것은 '돈과 권력이 많아 아무도 함부로 하지 못하는 사람'이었다고 할 수 있다. '예수님의 신임받는 제자'나 '권능 받은 하나님의 종"도 마찬가지로 일종의 '거짓자기'일 수 있다. 이런 우리의 모습은 일견 건강해 보일지 모르지만 실상 그렇지 못함은 그 뒤에 우리가 숨기고 싶은 자아의 실상이 감춰져 있기 때문이다. 이런 의미에서 때로는 예수님을 위해 자기 목숨을 버리겠다고 하는 가장 헌신적인 모습조차도 건강치 못한 우리의 자기환상일 수 있다.

베드로의 회복이 예시하는 보다 더 건강한 자아는 하나님이 바라보시는 대로 자신을 정직하게 바라보는 자아이다. 비록 연약하고 못났지만 그 모습 그대로를 받아주신 예수님처럼 그렇게 스스로를 받아들이는 자이다. 그런데 여기서 그처럼 부끄러운 자신을 있는 그대로 대면하는 그 대면 자체보다 더 중요한 것이 있다. 그것은 예수님의 눈을 통해 그런 자신을 새롭게 재발견하는 일이다. 예컨대 수가성 여인이 새롭게 변화된 것은 단지 예수께서 그녀의 부끄러운 사생활을 직면시키셨기 때문만이 아니다. 그녀가 변화된 것은 그런 자신의 수치를 아심에도 불구하고 그녀에게 오신 그 예수님을 통해 그녀 자신을 새롭게 수용할 수 있었기 때문이다. 이것은 요한복음 8장의 간음한 여인이나 누가복음 10장의 삭개오 역시 마찬가지이다. 그들은 이제껏 사람들이 바라보던 자신과 다르게 자신을 바라보고 대하시는 예수님을 통해 자신을 새롭게 발견할 수 있었다. 그들을 변화시킨 것은 바로 그러한 예수님의 남다른 눈길이었던 것이다.

그런데 여기서 기억할 것은 예수님의 그 눈길이 실제의 그들을 보지 않은 것이 아니라 진정한 그들 자신을 보고 있었다는 사실이다. 이제까지 그들이 감추고 부끄러워했던 그들 자신을 예수님은 그대로 보고 계셨다. 그러나 그들은 그 예수님의 눈을 통해 이제껏 그렇게 그들이 감추거나 위장하려 했던 그 자신을 새롭게 볼 수 있었다. 이것은 베드로 역시 마찬가지이다. 대제사장의 집 뜰에서 마지막으로 그를 바라보시던 그 눈길이 단지 못난 자신을 직면시키시는 눈길이었다고 생각할 때 그에게 변화는 아직 일어나지 않았다. 그런데 갈릴리 해변에서 예수님과의 재회를 통해 그는 그를 향한 그 예수님의 눈길이 정죄가 아니라 변함없이 자신을 수용하시는 사랑임을 알게 되었다. 그리고 그 눈길 속에서 그는 자신을 다시 바라보게 된다. 그리고 그렇게 바라본 자신이 비록 연약한 자이지만 그 안에 여전히 예수님을 향한 사랑이 있음을 발견하게 된다. 이러한 베드로의 변화를 우리는 자신이 무의식적으로 분리시킨 자기 그림자와의 "대면"이라든가 "통합"이라고 부를 수도 있을 것이다.[18] 그러나 정말 중요한 것은 그러한 '자기대면'이나 '자기통합'이 아니라 '새로운 자기발견'이라 봐야 한다. 왜냐면 그것은 과거에 나뉘었던 자기를 단순히 되찾아오는 것이 아니라 과거에 자신이 감추려 하던 자기와는 다른 자기, 새로운 자기를 발견하는 과정이기 때문이다.

심리학에서 말하는 '진정한 자기(true self)'는 '거짓자기(false self)'의 상대개념으로 사용되지만 그렇다고 그것이 그 거짓자기에 의해 감춰졌던 본래의 자기라고 이해하는 것은 정확한 이해가 아니다.[19] 왜냐하면 '진정한 자기'는 단순히 그 사람의 과거나 심층내면에 감춰져 있는 것이 아니기 때문이다. '진정한 자기'는 오히려 그 사람의 있는 그대로를 보면서도 이제까지와 다르게 반영해주는 새로운 대상 속에서 발견되는 것이다. 이런 의미에서 진정한 치유와 성숙은 단지 감춰졌던 자기의 어떤 부분을 되찾거나 현재와 통합시키는 것이 아니다. 오히려 진정한 치유와 성숙은 새로운 관계 속에서 진정한 자신이 새롭게 발견되는 과정이다. 이렇게 새롭게 발견된 자기는 위에서 우리가 '자기애적 환상'이라 부른 것과 실상 완전히 다른 것이 아니라 오히려 그것과 연속선상에 있는 것이다. 왜냐하면 그렇게 새롭게 발견된 자기는 때로 새로운 대상과의 관계 속에서 다소 과장되거나 이상화된 자기일 수 있기 때문이다. 그러나 그러한 자기는 현실에 부딪치면서 점차 보다 현실적인 자기로

---

18) 전창희, 최주혜, "요한복음 21장 1~17절에 나타난 베드로의 무의식", 498.

19) Alice Miller, *The Drama of the Gifted Child: The Search for the True Self* (New York, NY: Basic Books, 2007), 18.

변모되어 간다. 이를 위해 '나'의 자기대상은 '나'의 과대자기욕구나 이
상화욕구를 충분히 수용해 주면서도 적절히 좌절시키는 역할을 한다.
'나'는 이러한 충족과 좌절을 통해 조금씩 새롭게 발견되어 간다. 그런
데 이러한 변모는 '나'의 준거점이 되는 그 대상이 바라보는 '나'를 닮아
가는 방향으로 이루어질 수밖에 없다. 그 변화는 '나'를 바라보는 그 대
상의 눈으로 '나' 자신을 보는 가운데 이루어지는 변화이기 때문이다.
기독교적 관점에서 이런 변화의 준거점은 바로 하나님이 '미리 아신 나'
이다. 그러므로 기독교적 관점의 치유와 성숙은 곧 하나님이 미리 아신
그 '나'로 변모되어 가는 과정이라 할 수 있다. 이렇게 찾아진 '나'가 바
로 기독교적 관점에서 '진정한 나'인 것이다.

　베드로는, 또 이어서 살펴볼 바울은 바로 이 같은 의미에서 진정한
자기를 찾은 사람이라 할 수 있다. 요한복음 21장 이후의 베드로를 보
면 우리는 정말 그가 이전과 전혀 다른 사람으로 보일 만큼 확연히 달
라진 모습을 볼 수 있다. 무엇보다 이후의 그의 삶은 '하나님 앞에 선 자
(coram Deo)'로서의 삶이다. 사도행전 4장에서 대제사장과 서기관들의
재판정에 선 베드로는 복음전파를 금지하는 그들에게 당당히 이렇게
대답한다. **"하나님 앞에서 너희 말을 듣는 것이 하나님 말씀 듣는 것보
다 옳은가 판단하라"**(행 4:19). 여기서 볼 수 있는 베드로는 사람들 앞에
서 있지만 내적으로는 그들이 아니라 하나님 앞에 서 있는 자이다. 즉
그 하나님 앞에서 사람들이 아니라 하나님의 눈으로 자신과 세상을 보
고 있는 자이다. 물론 이후에도 그는 예컨대 이방인과 식사하던 중 할

례자들의 눈이 두려워 몸을 숨긴 일(갈 2:12) 같이 때로 사람들의 시선이 두려워 사람들에게서 숨는 심리적 퇴행을 보여주곤 한다. 그렇다면 우리는 어느 쪽의 베드로를 '진정한 그'라고 봐야 할까? 물론 우리는 과거의 그가 아니라 달라진 그를 '진정한 그'라고 봐야 한다. 이런 의미에서 우리는 진정한 자기가 과거의 '나'가 아니라 하나님 안에서 새롭게 찾아가는 미래의 '나'라고 규정할 수 있다. 그것은 과거의 자기로 돌아가는 것이 아니라 과거의 자기를 극복하는 자기이며 바로 이런 의미에서 진정한 자기 발견은 우리 안의 옛자아를 넘어서는 일과 맥을 같이한다. 바로 이런 의미에서 자기발견은 자기초월과, 자기성숙은 영적 성숙과 맥을 같이 한다고 말할 수 있다. 이제 다음에서 우리는 예수께서 '이방의 사도'로 부르셨던 사도 바울의 삶을 들여다보며 그의 삶에 있어 자기성숙과 영적 성숙은 또 어떻게 연결되고 있는지 함께 살펴보고자 한다.

바울의 헌신과 성숙

1. 원칙주의자 바울

두려움과 씨름했던 베드로가 에니어그램 6번 유형이라면 사도 바울은 전형적인 1번 유형이었다. 1번 유형은 한 마디로 '원칙주의자'라 할 수 있다.[20] 바울의 이러한 원칙주의적인 성격을 가장 잘 보여주는 예가

---

20) Don Richard Riso, 『에니어그램 성격유형』, 436. 사도 바울의 성격을 에니어그램 성격유형에 따

바로 안디옥에서 베드로의 외식적(外飾的)인 행동을 그가 책망한 사건이다. 이방인들과 함께 식사하던 베드로는 야고보에게서 온 사람들이 이르자 6번 유형답게 그들 눈에 자신이 어떻게 비칠까 두려워하여 급히 몸을 숨긴다(갈 2:12). 베드로가 이렇게 **"복음의 진리에 따라 올바로 행하지 아니함을 보고"**(갈 2:13) 바울은 그를 사람들 면전에서 책망한다. 1번 유형은 이처럼 '올바른 행위'를 가장 중요시하며 자기 자신만 아니라 다른 사람들도 그렇게 올바른 길을 따르도록 만드는데 전력을 기울이는 사람들이다. 이런 1번 유형은 사람들의 마음이나 상황을 고려하기보다 그 '옳은 일'에 치중하느라 종종 사람들의 마음을 상하게 할 수 있다. 당시 교회의 수장격이었던 베드로를 그렇게 많은 사람들 면전에서 책망한 일도 그런 일이라 할 수 있다. 또 선교여행 중 일행을 버리고 간 마가를 다시 데리고 갈 수 없다고 고집하는 바람에 동료 바나바와 갈등을 빚은 일도 역시 그런 경우이다(행 15:37~39). 바울은 끝까지 양보하지 않았고 두 사람은 심히 다툰 후에 결국 서로 갈라서게 된다. 바울이 얼마나 고집스런 성격의 소유자인지 볼 수 있는 대목이다. 어쩌면 이런 두 사람의 부딪침에는 그동안 지나칠 만큼 원칙적이고 고집스런 바울 때문에 내심 힘들어 하던 바나바의 상한 감정이 개입되고 있었을지 모른다.

자신이 옳다고 믿는 바를 고집하고 그 길을 벗어나는 사람들을 용납

라 분석한 연구로는 김영운, "온전함의 영성과 에니어그램: 에니어그램으로 보는 성서 인물 −1번 유형", 『기독교사상』 50권 4호 (2006), 280−287; 정용구, "성서인물과 에니어그램 심리역동성간의 관계 고찰: 사도 바울을 중심으로," 『에니어그램 심리역동연구』 5권 1호 (2018), 19−37 참조.

치 못하는 바울의 성향은 사실 회심이전의 그에게서는 더욱 공격적인 모습으로 나타났었다. 사도행전에 의하면 그는 **"예루살렘 교회를 잔멸하면서 각 집에 들어가 남녀를 끌어다 옥에 넘겼으며"**(행 8:3), 이후에도 **"그리스도의 제자들에 대해 위협과 살기가 등등하여 대제사장의 공문을 받아 다메섹까지 가서 그 도(道)를 따르는 자들을 색출해오려 했다"**(행 9:2). 이 같은 그의 열심은 역시 그가 믿는 바 옳은 길을 관철시키려는 열심이었다고 볼 수 있다. 바울은 이후에 당시 자신과 같은 바리새인들을 일컬어 **"자신이 옳다 믿는 바를 위해 힘써 하나님의 의를 불순종하는"**(롬 10:33) 사람들이라 말한다. 이것은 과거 바울 자신에 대한 묘사인 동시에 여전히 그 같은 삶을 살고 있는 그의 동족들에 대한 묘사라 볼 수 있다. 바울에 의하면 그들은 **"율법을 의지하며 하나님을 자랑하지만"**(롬 2:17), 실상 **"그들이 자랑하는 율법을 범함으로 하나님을 욕되게 하는"**(롬 2:23) 사람들이다.

이 같은 딜레마는 율법주의자들 일반의 딜레마라고 볼 수 있는 동시에 에니어그램 1번 유형인 바울 특유의 내적 딜레마였으리라고도 생각된다. 완벽주의자 1번유형의 특징 중 한 가지가 바로 그 같은 '내적 분열'이기 때문이다.[21] 이는 곧 "완전하고자 하는 이상"과 거기에 미치지 못하는 자신의 "본성적 충동" 사이의 분열과 내적 갈등이다.[22] 아마도 회심이전의 바울을 −혹은 그 이후의 바울까지도− 가장 힘들게 했던 것

---

21) Don Richard Riso, 『에니어그램 성격유형』, 428.

22) 위의 책, 427.

이 바로 그 같은 내적 갈등이었을 것이다. 이런 그의 내적 갈등을 우리는 로마서 7장의 다음과 같은 고백에서 엿볼 수 있다.

> 내 속 사람으로는 하나님의 법을 즐거워하되 내 지체 속에서 한 다른 법이 내 마음의 법과 싸워 내 지체 속에 있는 죄의 법 아래로 나를 사로잡아 오는 것을 보는도다 오호라 나는 곤고한 사람이로다 이 사망의 몸에서 누가 나를 건져 내랴(롬 7:)

우리가 이 같은 바울의 내적 갈등을 단지 영적 갈등이 아니라 심리적 차원의 갈등으로 이해한다면 대체 이 같은 바울의 내적 갈등은 그의 어떤 경험으로부터 말미암은 것일까? 이러한 바울의 내적 갈등은 언제, 어디서, 어떻게 시작된 것일까? 이런 질문들을 우리가 던져 보지만 사실 이에 대한 확실한 답을 찾기는 어렵다. 그 이유는 첫째 바울의 경우 역시 그의 성장배경에 관한 상세한 정보를 성경에서 찾을 수 없기 때문이다. 우리는 바울의 성장배경 및 가정환경 역시 성경의 실마리들이나 성격유형 등에 기초하여 다만 가설적으로 추론해 볼 수 있을 따름이다.

에니어그램에 따르면 1번 유형의 부모는 다음의 두 가지 유형 중 하나일 수 있다.[23] 첫번째로 1번 유형의 부모는 일관된 원칙이 없고 그러면서도 아이에게 부당한 요구나 징벌을 일삼는 부모일 가능성이 있다. 이 같은 경우 아이는 스스로 일관된 규범을 창조하여 자신을 통제

---

23) 위의 책, 430-431.

함으로 실제 부모보다 더 나은 부모의 역할을 스스로에게 수행하게 된다. 두번째 가능성은 부모가 아이에게 매우 엄격한 기준을 적용하여 그런 기준에 이르지 못하는 아이를 비난하고 정죄하는 경우이다. 이 같은 가정의 아이는 그 부모의 기준보다 더 높은 기준을 자신에게 적용하여 그 부모의 비난과 정죄를 넘어서려 한다. 바울의 원가정이 이 두 가지 중 어느 쪽에 해당했을지 물론 우리는 확실히 알 수 없다. 그러나 정황적으로 볼 때 바울의 원가정은 전자보다는 후자에 더 가까웠으리라 여겨진다. 왜냐면 바울은 갈라디아서에서 자신의 과거에 대해 이렇게 언급하고 있기 때문이다. **"나는 내 동족 중 동년배들보다 유대교를 따르는 데 더 적극적이었고 내 부여조(父與祖)의 전통을 지키는 데 더 열정적이었다(갈 1:14).**" 로마서에서도 자신의 친족들에 대해 **"저희가 하나님께 대해 열심이 있으나…"**(롬 10:2)라고 말하고 있는 것을 볼 때 그의 원가정은 확실히 '원칙이 없는 가정'이기보다는 '기준이 높은 가정'이었을 가능성이 크다. 그렇다면 성장기의 바울은 그 가정의 높은 기준에 따라 비난받고 정죄당하기보다 보다 더 높은 기준을 스스로 설정하여 그런 정죄를 극복하는 길을 택했을 것이다. 이렇게 해서 그는 그의 동년배들보다 유대교를 따르는 데 더 열정적이 되었고 그 때문에 일찍이 예루살렘에 와서 가말리엘 문하생이 되기까지 했던 것이라 볼 수 있다.[24] 그런데 문제는 이 같은 경우 본인 스스로 그처럼 바리새파의 완벽주의를 선

---

24) "나는 팔일 만에 할례를 받고 이스라엘 족속이요 베냐민 지파요 히브리인 중의 히브리인이요 율법으로는 바리새인이요 열심으로는 교회를 박해하고 율법의 의로는 흠이 없는 자라"(빌 3:5-6).

택했음에도 불구하고 "자신에게 주어진 그러한 부담에 대해 스스로 의식하지 못하는 분노를 품게 된다"는 점이다.[25] "특별히 이들은 자신처럼 충동과 감정을 통제하지 않는 사람들을 볼 때 더욱 분노하게 되고 그런 사람들의 자유와 방종에 대해 적개심을 품게 된다."[26]

에니어그램 1번 유형의 감춰진 핵심감정은 바로 이러한 분노이다. 그들이 가진 분노란 요컨대 "만족스럽지 않은 상황에 대해 본능적으로 일어나는 반응"인데,[27] 이런 분노는 상황을 변화시키고 그들 자신을 개선하기 위한 긍정적 에너지로 작용할 수도 있지만 때로 자신이나 타인을 파괴하는 힘으로 작용하기도 한다. 우리가 회심이전의 바울, 즉 사울의 내면심리를 짐작해 볼 때 그리스도를 따른다고 하며 율법을 폐하는 이들에 대해 그가 품었던 **"위협과 살기"**(행 9:2)는 아마도 그 같은 그의 내적 분노가 외부의 그리스도인들에게로 투사(投射)되어 나타난 것일 가능성이 크다. 원래 그 분노는 일차적으로 스스로 세운 그 높은 기준대로 완전하게 살아내지 못하는 바울 자신에 대한 것이었을 것이다. 그 높은 기준이란 엄격한 바리새이즘의 규율을 스스로 내면화함으로 세워진 기준인데 그의 분노는 바로 그러한 기준에 미치지 못하는 자신의 연약함에 대한 분노였다고 볼 수 있다. 그런데 바울 같은 1번 유형들의 문제는 자기 내면의 그러한 분노를 스스로 잘 인식하지 못한다는 점이

---

25) Don Richard Riso, 「에니어그램 성격유형」, 431.

26) 위의 책, 431.

27) 위의 책, 426.

다.[28] 이는 그들의 완벽주의로 인해 자신의 불완전함에 대한 인식을 무의식적으로 방어하고 있기 때문이다. 따라서 1번 유형들은 '세상을 바로잡는다'는 명목하에 그러한 자신의 분노를 외부의 타인들에게로 투사하는 경향을 나타내는데, 바울의 경우가 그러했다고 할 수 있다. 그의 분노는 '율법을 유린하고 방종을 일삼는' 그리스도인들을 향해 투사되었던 것이다. 이것은 곧 바울이 자신의 분노를 외부의 대상에게로 돌림으로 자신의 연약함을 방어하며 자신의 공격성을 정당화하고 있었다는 것인데, 이런 관점에서 볼 때 바울의 다메섹 체험은 하나님께서 바로 그러한 그의 방어기제를 직면시킨 일이었다고 볼 수 있다.

2. 다메섹 회심

"사울아 사울아 네가 어찌하여 나를 박해하느냐 가시채를 뒷발질하기가 네게 고생이니라"(행 26:14). 다메섹 도상에서 바울에게 하신 예수님의 이 비유의 말씀은 아마도 바울이 열심으로 살고 있으나 도리어 그것이 하나님을 거스르는 일인 동시에 그 자신을 손상하는 일임을 지적한 말씀일 것이다. 자신을 손상한다는 것은 구체적으로 자신의 노력으로 완전함에 이르려 하지만 그러한 그의 열심이 도리어 거기 미치지 못하는 자신과 현실에 대해 더욱 분노하게 만들고 오히려 파괴적인 결과를 낳는다는 의미이다. 바울의 다메섹 체험은 필시 결과적으로 영적인

---

28) 위의 책, 426.

성 바울 동상 다마스커스 市

차원에서만 아니라 심리적 차원에서도 이러한 자신의 실상에 대해 통찰을 가져온 사건이었으리라 여겨진다. 이런 의미에서 다메섹 체험은 바울에게 다만 영적 구원이 아니라 그의 내면의 '구원'을 가져다준 사건이었다고 할 수 있다. 바울은 말년에 그 자신에게 주어졌던 이 '구원'에 대해 이렇게 회고한다.

내가 전에는 비방자요 박해자요 폭행자였으나 도리어 긍휼을 입은 것은 내가 믿지 아니할 때에 알지 못하고 행하였음이라. 우리 주의 은혜가 그리스도 예수 안에 있는 믿음과 사랑과 함께 넘치도록 풍성하였도다. 미쁘다 모든 사람이 받을 만한 이 말이여 그리스도 예수께서 죄인을 구원하시려고 세상에 임하셨다 하였도다. 죄인 중에 내가 괴수니라. 그러나 내가 긍휼을 입은 까닭은 **예수 그리스도께서 내게 먼저 일체 오래 참으심을 보이사 후에 주를 믿어 영생 얻는 자들에게 본이 되게 하려 하심이라**(딤전 1:13~16).

우리가 위에서 가정한 바와 같이 바울의 가정환경이 엄격한 바리새파의 규율과 훈육으로 특징지어졌다고 볼 때 하나님께서 당신을 대적하고 핍박한 그에게 그처럼 은혜를 베푸신 사건이 그에게 얼마나 놀라운 일로 받아들여졌을지 가히 짐작되고 남음이 있다. 그가 삼일동안 보지도 못하고 먹지도 마시지도 못한 것은 그가 받은 충격이 얼마나 컸는지 시사한다. 아나니아가 찾아와서 안수했을 때 그가 다시 눈을 뜬 것은 그가 단지 시력을 되찾은 것만 아니라 새로운 사람으로 다시 태어난 것을 의미한다. 실제로 이후의 바울은 이전의 자신은 이미 죽었고 현재의 자신은 새로 태어난 사람이라는 인식을 가지고 살았는데 바로 이러한 그의 자기인식을 보여주는 것이 갈라디아서 2장 20절의 고백이다.

내가 그리스도와 함께 십자가에 못 박혔나니 그런즉 이제는 내가 사는 것이 아니요 오직 내 안에 그리스도께서 사시는 것이라 이제 내가 육체 가운데 사는 것은 나를 사랑하사 나를 위하여 자기 자신을 버리신 하나님의 아들을 믿는 믿음 안에서 사는 것이라(갈 2:20).

이 같은 그의 자기인식은 그의 신학, 즉 그의 하나님 이해에도 깊은 영향을 끼친다. 죽어 마땅한 죄인을 살리셨을 뿐 아니라 그를 '사랑하사 자기 몸을 버리신' 하나님은 바울이 이전에 알던 하나님과는 너무나 다른 하나님이었다. 이런 하나님은 그가 이전에 가진 신학으로 설명할 수 없을 뿐 아니라 이제껏 그의 내면을 지배하던 하나님상(the internal image of God)과 부합하지 않는 하나님이었다. 이제까지 그의 내면을 지배하던 하나님은 죄를 용납하지 않으시는 하나님, 두렵고 지엄(至嚴)하신 율법적 하나님이었다. 그런데 이제 바울이 새롭게 만난 하나님은 그와 달리 그의 모든 죄과를 용서하시고 아무 자격이 없을 뿐 아니라 하나님을 대적한 그를 도리어 충성된 자로 여겨 영광스런 사명을 맡겨 주신 하나님이었다. 그가 만난 이 하나님은 이제껏 그를 지배하고 있던 그 '내면의 폭군'으로부터 그를 구원하시고 그 진정한 하나님과의 새로운 관계 속에서 그로 하여금 새로운 자기로 살아가게 하셨다.[29] 이 새로운 관계 속에서 이제 그의 삶을 지배하는 원리는 더 이상 그가 되뇌던 수많은 율법 조문들이 아니라 **"[그]를 사랑하사 [그]를 위하여 자기 몸을 버리신"** 그 주님을 사랑하고 그 주님처럼 자신도 생명을 드리는 것이었다. 자기 삶의 모든 것을 통해 바울 자신이 아니라 그 한 분 예수 그리스도께서 나

---

29) 이전까지 바울의 내면을 지배하던 그 '하나님'은 목회상담학자 머얼 조단이 말하는 '심리내적 거짓 신(psychic false gods)'이라 볼 수 있을 것이다. 조단은 목회상담학의 기본적 역할이 "한 사람의 중심에서 하나님의 자리를 차지하면서 그 사람의 정체성을 억압적으로 규정하고 있는 그런 거짓 신 숭배를 파하는 것"이라 규정한다. Merle Jordan, *Taking on the gods*, 권수영 옮김, 『신들과 씨름하다』 (서울: 학지사, 2011), 27.

타나시도록 하는 것이 그의 삶의 목적이 된 것이다. 이러한 헌신이 바로 그가 자신을 구원하신 하나님께 감사와 사랑을 표현하는 방식이었다.

3. 헌신과 자기발견

우리가 이 같은 바울의 헌신을 심리학적 관점에서 조망한다면 어떻게 설명될 수 있을까? 요컨대 우리는 바울의 그러한 헌신이 보다 성인다운 방식으로 '진정한 자기'를 찾는 길이었다고 말할 수 있다. 바울의 헌신은 일견 자기를 찾는 것이 아니라 자기를 버리는 길처럼 보인다. 이런 기독교적 의미의 헌신, 또는 '자기부인(self-denial)'이 과연 심리학에서 말하는 '자기실현(self-realization)'과 어떻게 연결될 수 있을까? 그러나 실상 우리가 새로운 자기를 찾는 일은 항상 그 이전의 자기를 버리는 일과 맞물려 있다. 자기(self)란 한 번 획득하면 변치 않는 고정된 실체가 아니라 일생동안 계속해서 새롭게 발견되고 새롭게 만들어지는 '나'이기 때문이다.[30] 다음에서 우리는 사도 바울이 그렇게 그리스도께 헌신하는 삶을 통해 찾은 '새로운 자기'를 두 가지 심리학이론에 비추어 살펴보고자 한다. 그 두 이론은 바로 이 책에서 줄곧 참조해 왔던 에릭슨 Erik Erikson 의 심리사회발달이론과 코헛 Heinz Kohut 의 자기심리학이다. 이 두 심리학 이론을 통해 바울의 삶을 조명해 보는 것이 의미 있는 일

---

30) 바로 이러한 의미에서 자기발달 내지 정신발달은 신체발달과정과 구별된다. 그러나 사실 우리의 신체조차도 청소년기를 거쳐 발달한 성인의 몸을 노년까지 계속 가져가는 것이 아니라 성인기를 통해 계속해서 재구성, 재형성하는 것이다.

이라 여겨지는 이유는 그가 그리스도 안에서 찾은 '새로운 자기'는 비단 바울만 아니라 우리 그리스도인 모두가 하나님 안에서 찾아가야 할 진정한 자기일 것이기 때문이다.

우선 우리는 에릭슨이 이야기하는 인간의 자아발달과정을 크게 두 가지로 나누어 살펴볼 수 있다. 미성년기의 자아발달과 성인기의 자아발달이 그것이다. 에릭슨에 의하면 미성년기, 즉 아동기와 청소년기의 자아발달은 대체로 부모를 비롯한 주변의 성인들 내지 사회집단과의 **자기동일시**(self-identification)를 통해 이루어진다. 이러한 자기동일시가 자기정체성 형성과 동의어로 여겨질 정도로 미성년기의 자아발달과정에 대한 에릭슨의 이론은 자기정체성(self-identity)개념에 지대한 영향을 끼쳤다. 그러나 실상 에릭슨의 이론이 인간학에 끼친 더 중요한 기여는 이전의 심리학 이론들이 별로 관심을 기울이지 않던 성인기의 자아발달과정에 대해 논했다는 점이다. 요컨대 미성년기의 자아발달이 성인 내지 사회집단과의 자기동일시를 통해 이루어진다면 에릭슨이 말하는 성인기의 자아발달은 주로 **자기헌신**(self-commitment)을 통해 이루어진다. 즉 배우자에 대한 헌신, 일에 대한 헌신, 자녀에 대한 헌신, 사회와 후세(後世)를 위한 헌신 등 자기헌신을 통해 성인은 스스로 자기를 찾고 형성해 간다. 이러한 에릭슨의 관점은 인간이 기본적으로 '서로를 위한 존재(being for others)'라는 기독교적 인간관과 일치하는 것이다.[31]

우리가 에릭슨이 이야기하는 성인초기의 발달과정을 먼저 살펴보면

---

31) Karl Barth, 『교회교의학』 III/2, 286.

그 특징은 이전 청년기까지 형성된 자기의 상실을 무릅쓰고서라도 배우자와 같은 중요한 타인과의 '친밀한 관계(intimacy)'를 추구하는 것이다. 그런데 이러한 친밀감은 "상당한 희생과 포기가 따를지라도 귀속과 협력 관계를 굳건히 하고 그러한 관계를…… 위해 개인이 헌신할 수 있는 능력을 요구한다."[32] 이 때 개인은 "자기를 포기해야 하고 ……자아를 잃어버릴지 모른다는 두려움에 맞서야" 하는데 이를 위해서 이러한 자아상실의 두려움보다 상대방과의 연합과 친밀감에의 욕구가 더 우세하지 않으면 안 된다. 그렇지 않으면 개인은 '고립(isolation)'으로 나아갈 수밖에 없는데 에릭슨은 이러한 '고립'을 성인기 발달의 중요한 장애요인으로 보았다.[33] 우리가 이러한 에릭슨의 자아발달이론을 바울의 삶에 적용해 보자면 실제로 회심이후 사도 바울이 보여주는 그리스도에 대한 헌신은 그 어떤 결혼한 여성이 남편에게 기울이는 지극한 사랑이나 헌신보다 더 깊은 사랑이었음을 알 수 있다. 회심이전의 바울이 그의 부형들이나 가말리엘학파 동지들과의 자기동일시를 통해 유대인으로서 그의 자기정체성을 형성하고 거기 몰입했다면, 회심이후 바울은 그와 완전히 다르게 그리스도와의 친밀한 관계 속에 몰입하며 새로운 자기를 찾아간다. 이러한 새로운 관계 속에서 그는 과연 기존의 자기를 잃어버리는 것을 전혀 두려워하지 않을 정도로 그리스도와의 강한 연합의 욕구를 나타낸다. 예컨대 감옥에서 죽음의 위협을 직면하고 있는

---

32) Erik Erikson, 『유년기와 사회』, 322.

33) 위의 책, 322.

상황에서도 다음과 같이 고백하는 그에게서 우리는 그러한 그의 간절한 욕망을 발견할 수 있다.

> (내가)살든지 죽든지 내 몸에서 그리스도가 존귀히 되게 하려 하나니 이는 내게 사는 것이 그리스도니 죽는 것도 유익함이라… 내가 둘 사이에 끼었으니 떠나서 그리스도와 함께 있을 욕망을 가진 이것이 더욱 좋으나그러나 내가 육신에 거하는 것이 너희를 위하여 더 유익하리라(빌 1:20~24).

4. 사랑받는 자와 주는 자

우리는 흔히 어떤 대상을 이처럼 너무나 사랑하고 그와 연합하고자 하면 자기를 잃어버리게 될 것이라고 생각한다. 그러나 그 대상이 사람이건 하나님이건 그러한 대상에 대한 사랑과 헌신 속에서 우리는 자기를 잃어버릴 뿐 아니라 새로운 자기를 찾는다. 실상 '자기'라고 하는 것은 의미 있는 관계 속에서 발견되는 것이며 의미 있는 관계를 떠나서는 진정한 자기 역시 찾아질 수 없다. 이 점에 대해 잘 말해주는 것이 역시 코헛의 자기심리학(self psychology)이다. 우리가 이 자기심리학의 관점에서 사도 바울의 그리스도와의 관계를 조명해 보면 우리는 바울이 예수 그리스도 안에서 새로운 자기대상을 만나고 그 안에서 새로운 자기를 찾았다는 사실을 알 수 있다. 먼저 그는 그의 죄과를 묻지 않으시고 그를 용납하신 그리스도에게서 이전에 그가 알던 하나님과 전혀 다른 하나님을 만났다. 이렇게 그가 만난 하나님은 이전까지 그를 억누르던 율법의 무게와 정죄로부터 자유케 되어 오직 감사와 자원(自願)하는 마음으로 살아가는 새로운 자기를 찾게 해 주었다. 뿐만 아니라 그는 그 하나님에게서 '이방인의 사도'라는 새로운 자기정체성과 사명을 부여받았다. 이것은 곧 그의 하나님이 그에 안에 잠자고 있던 위대한 가능성을 찾게 하는 거울대상(mirroring selfobject)이 되셨다는 의미이다. 또한 바울이 만난 그리스도는 그가 깊이 흠모하고 닮아가기 원하는 바울의 이상적 자기대상(ideal selfobject)이셨다. 뿐만 아니라 바울이 자신의 고난을 **"그리스도의 남은 고난"**(골 1:24)이라고 표현한 것을 볼 때 그가 예수님을 그와 같은 길을 걸으신 '또 다른 나' 자기대상(alter-ego selfobject), 즉 쌍둥이 자기대상으로 삼았던 것을 알 수 있다.

그런데 우리가 코헛의 자기심리학에서 배울 수 있는 중요한 한 가지는 그 같은 자기대상과의 관계를 통해 형성되는 '자기(self)'가 비단 그 대상이 반영해 주는 우리의 긍정적 자아상(像)만이 아니라는 점이다. 사실 코헛이 강조하는 더 중요한 자기 발달은 그 자기대상의 역할을 내면화함으로 우리 안에 형성되는 성숙한 자기의 기능이다.[34] 예컨대 어린 시절 우리 부모가 반영해 주는 "사랑스런 어린 왕자"로서의 '나'는 대개 우리가 성장하면서 점차 잃어버리게 된다. 그런데 우리는 성장기에 부

---

34) "변형적 내면화(transmuting internalization)"에 대한 코헛의 이론은 Heinz Kohut, 『정신분석은 어떻게 치료하는가?』, 149-156 참조.

모와의 관계 속에서 그렇게 부모가 바라보는 '사랑스런 어린 왕자'를 자기로 동일시하기도 하지만 또한 그렇게 자신을 '어린 왕자'처럼 소중히 여기고 돌보는 부모의 역할을 우리 안에 내면화하게 된다. 이렇게 우리 안에 내면화된 부모의 자기대상기능은 우리가 성장한 이후에도 때로 어려움이나 좌절에 부딪힐 때 우리 자신을 위로하고 일으키는 내적 힘으로 작용하게 된다. 뿐만 아니라 그처럼 내면화된 자아의 힘은 우리 자신뿐 아니라 우리 자신과 같이 연약한 다른 사람들을 동일한 방식으로 위로하고 돌보는 성숙한 자기 역량으로 기능하게 된다. 이러한 자기 심리학 이론에 비춰 볼 때 예수 그리스도와의 관계 속에서 형성/발달된 바울의 '자기'는 비단 예수 그리스도의 은혜와 사랑을 입은 대상으로서의 바울일 뿐 아니라 그러한 예수 그리스도의 사랑으로 그 자신을 넘어 그에게 맡겨진 사람들을 사랑하는 그런 주체로서의 바울이다.

바울이 자기 자신을 위로하고 격려하시는 그 하나님의 사랑으로 성도들을 생각하고 그들을 돌보는 모습을 우리는 그의 서신서 곳곳에서 발견할 수 있다. 예컨대 고린도성도들에게 쓴 편지 속에서 우리는 바울이 이렇게 고백하는 것을 볼 수 있다.

찬송하리로다 그는 우리 주 예수 그리스도의 하나님이시요 자비의 아버지시요 모든 위로의 하나님이시며 우리의 모든 환난 중에서 우리를 위로하사 우리로 하여금 하나님께 받는 위로로써 모든 환난 중에 있는 자들을 능히 위로하게 하시는 이시로다. 그리스도의 고난이 우리

에게 넘친 것 같이 우리가 받는 위로도 그리스도로 말미암아 넘치는도
다. 우리가 환난 당하는 것도 너희가 위로와 구원을 받게 하려는 것이
요 우리가 위로를 받는 것도 너희가 위로를 받게 하려는 것이니 **이 위
로가 너희 속에 역사하여 우리가 받는 것 같은 고난을 너희도 견디게
하느니라**(고후 1:6; 강조 저자).

여기서 우리는 바울이 고난 가운데 있던 자신을 일으킨 그 위로의 힘
으로 역시 고난 가운데 있는 고린도 성도들을 위로하고 있는 것을 볼
수 있다. 그런데 이러한 바울에게서 우리가 발견할 수 있는 흥미로운
점은 바울이 그의 안에 작용하고 있는 그 위로의 힘을 바로 그 안에서
역사하시는 하나님의 위로라고 이해하고 있다는 점이다. 그런데 상론
한 바와 같이 그 자신을 일으킨 위로의 힘은 자기심리학적 관점에서 볼
때 예수 그리스도라는 자기대상기능을 그 자신 안에 내면화한 힘이다.
이것이 시사하는 바는 곧 환란 속에서 바울을 위로하시고 또 동일한 위
로로써 고난 가운데 있는 성도들을 위로하시는 성령의 역사가 바로 코
헛이 말하는 '변형적 내면화(transmuting internalization)'를 통해 이루어지고
있다는 점이다.[35] 즉 예수 그리스도의 '마음'이 바울 안에 변형적으로
내면화되고 그것이 다시 그가 섬기는 성도들에게 전달되는 과정을 통
해 하나님의 위로가 이어지고 있는 것이다.[36] 여기서 우리는 바울이 고

---

35) 홍이화, 「하인즈 코헛의 자기심리학 이야기 I 」, 78–80.

36) "내가 예수 그리스도의 심장으로 너희 무리를 얼마나 사모하는지 하나님이 내 증인이시니라"(빌 1:8).

백하는 바 "[그 자신]은 죽고 [그]의 안에 그리스도께서 사시는"(갈 2:21) 그의 존재적 변화가 바로 이처럼 그리스도의 인격이 그의 안에 '변형적으로 내면화'되는 과정을 의미하는 것이라고 이해해 볼 수 있다. 이러한 과정은 단지 그의 인격적 변화가 일어나는 과정일 뿐 아니라 그러한 변화를 통해 그가 섬기는 성도들에게까지 하나님의 역사가 이루어지는 과정이다.

5. 바울의 내적 열매

우리가 회심이후 바울의 인격적 변화 과정을 추적해 보면 그 과정이 에릭슨이 제시한 자아발달과정에 대체로 상응(相應)하는 것을 확인할 수 있다. 에릭슨에 의하면 성인들은 배우자와의 친밀한 관계를 형성한 후 그 친밀한 관계를 기반으로 자녀들을 생산하고 돌보는 '생산적(generative)' 단계에 진입한다. 그런데 여기서 에릭슨이 말하는 '생산성(generativity)'이란 비단 자녀를 낳는 생산성(procreativity)이나 자녀가 필요로 하는 재화를 생산하는 생산성(productivity)만이 아니라 자녀를 정서적으로 돌보고 양육하는 부모의 인격적 역량을 의미한다.[37] 우리는 바로 이와 유사한 의미의 생산성이 바울에게서 왕성하게 발현되고 있는 것을 그의 열정적인 선교와 목회사역에서 확인할 수 있다. 사도 바울은 실제로 그 자신과 성도들의 관계를 종종 부모와 자녀의 관계에 비유

---

37) Erik Erikson, *The Life Cycle Completed*, 67.

하곤 한다. 예컨대 그는 고린도 성도들을 향해 **"그리스도 안에 일만 스승이 있으나 부모는 많지 않으니 내가 그리스도 예수 안에서 복음으로써 너희를 낳았음이라"**(고전 4:15)고 말하고 있다. 갈라디아서에서도 마찬가지로 바울은 자신을 산모(産母)에 비유하여 **"나의 자녀들아 너희 속에 그리스도의 형상을 이루기까지 다시 너희를 위하여 해산하는 수고를 하노라"**(갈 4:19)고 고백하는 것을 볼 수 있다. 여기서 그가 말하는 '해산(解産)의 수고'란 단지 그가 갈라디아 성도들에게 복음을 전한 사실만이 아니라 그들이 그리스도를 닮은 인격으로 성숙해 가도록 그들을 위해 헌신하며 그들을 그리스도의 사랑으로 사랑하는 일을 의미한다. 이러한 의미의 '해산의 수고'는 바로 에릭슨이 말한 생산적 '돌봄(care)'에 해당하는 것인데, 우리는 바울의 이러한 '해산의 수고'가 단지 생산적 기능의 수행만 아니라 바울 자신의 인격적 성숙과 맞물려 있음을 성경에서 확인할 수 있다. 즉 그가 그리스도 안에서 죽고 오직 그리스도가 그를 통해 살게 하는 일(고후 5:15), 그리하여 그 그리스도의 사랑만이 그를 통해 나타나게 되는 일(엡 3:18)이 바로 그의 사역이 되고 있는 것이다. 그래서 이러한 인격적인 그의 사역은 역시 사람들 안에 인격적인 **"열매"**(갈 5:22)를 맺는 사역이 될 수 있었다.

그런데 비록 사도 바울의 사역이 이렇게 '생산적인' 열매를 맺는 사역이었다고 하지만 자녀를 위한 부모의 헌신이 대개 그런 것처럼 바울의 헌신은 실제로 그 개인의 차원에서 보자면 매우 소모적인 일이었다. 예컨대 바울은 고린도성도들에게 쓴 편지에서 자신이 **"수고를 넘치도록**

하고 옥에 갇히기도 많이 하고 매도 수 없이 맞고 여러 번 죽을 뻔하기도 하였다"(고후 11:23)고 술회하고 있다. 이러면서도 그는 고백하기를 날마다 그의 마음이 교회들을 위한 염려로 눌리고 있다고 말한다(고후 11:28). 또한 그는 그의 말년에 머잖아 자신이 맞게 될 죽음을 내다보면서 그의 영적 아들인 디모데에게 이렇게 고백한다. "내가 관제(灌祭)와 같이 이미 부음이 되고 떠날 기약이 가까웠도다"(딤후 4:6). 이러한 사도 바울의 헌신과 죽음을 생각할 때 우리는 과연 이러한 헌신과 그것을 통한 그의 내적 성숙이 그 스스로에게 어떤 의미가 있는지 물음을 던지게 된다. 그런데 사실 이 같은 질문은 말년의 에릭슨이 그 자신에게 던진 질문이기도 하다. 에릭슨은 인생의 마지막 단계에서 이루어지는 자아완성의 장애물이 바로 '절망(despair)'이라고 했다. 그런데 그 본인이 그 인생의 마지막 단계를 경험하면서 그러한 절망이 인생의 종결을 앞둔 사람이라면 누구에게나 찾아오는 동반자일 수밖에 없음을 인정한다. 체력은 소진되고 소중한 사람들은 곁을 떠나고 남은 삶은 점점 더 짧아지고 있기 때문이다.[38] 에릭슨은 이러한 생애 마지막단계에서 그 같은 '절망'을 이겨내기 위해 우리에게 다시 필요한 것은 우리 생애최초에 필요했던 내적 역량, 즉 '희망(hope)'이라고 이야기한다.[39] 그가 보기에 "이 '희망'이 없이는 인생이 잘 시작될 수도, 의미 있게 종결될 수도

---

38) 위의 책, 113.

39) 위의 책, 62.

로마감옥의 바울 Rembrandt 作

없다."[40] 그래서 우리 인생의 종착점에서도 우리는 인생의 출발점에 달
성해야 했던 심리적 과제, 즉 '기본적 신뢰(basic trust)'에 상응하는 내적
과제를 마주하게 되는데 에릭슨이 이 마지막 과제에 붙인 이름은 바로
'신앙(faith)'이었다.[41] 그 이유는 그것이 죽음의 한계 너머의 어떤 궁극적
의미를 발견하는 것이어야만 하기 때문이다. 여기서 우리는 에릭슨이
그의 자아발달이론 결론부에서 결국 자아완성의 문제를 신앙의 문제와
결부시키고 있는 것을 발견할 수 있다.

　여기서 우리가 다시 바울의 헌신적 삶과 죽음의 의미에 대해 물음을

---

40) 위의 책, 62.

41) 위의 책, 62.

던질 때 그 답의 실마리가 되는 것이 바로 빌립보서 1장 21절의 바울의 고백이다. **"내게 사는 것이 그리스도니 죽는 것이 곧 얻는 것이라."** 여기서 먼저 **"내게 사는 것이 그리스도"**라는 말의 의미를 생각해 보면 그것은 이제까지 살펴본 바와 같이 그의 안에 그리스도와의 관계를 통해 내면화된 그리스도의 성품이 그의 삶의 열매임을 의미한다고 할 수 있다. 다음으로 **"죽는 것"**이란 서신서의 다른 부분들에서 자주 사용되는 의미처럼 그의 옛자아가 죽는 것을 의미할 수도 있지만 이 빌립보서 1장의 문맥으로 볼 때 그것은 실제로 그가 육신적으로 죽는 것을 의미한다. 그렇다면 이 두 가지를 연결시켜 놓고 볼 때 **"죽는 것이 얻는 것이라"**는 바울의 고백은 그가 그의 안에 열매로 형성된 그리스도의 성품이 그의 육신의 죽음을 넘어 영속(永續)적 가치를 지닌 것이라 믿었음을 시사한다. 여기서 우리는 그의 안의 그리스도의 성품이 어떤 모양이나 방식으로 영속적이 될 수 있는가 라는 추상적 논의에 빠지기보다 이 같은 바울의 신앙고백이 오늘날 우리 그리스도인들에게 현실적으로 시사하는 바가 무엇인지 생각해 볼 필요가 있다. 그것은 곧 그리스도 안에서 우리의 인격적 성숙이 이른바 우리의 '성화(聖化; sanctification)'와 불가분의 관계에 있다는 것이다. 다시 말해 우리의 인격적 성숙은 단지 현세에 국한된 심리적 과제가 아니라 하나님 나라의 영적 열매로 이어진다는 것이다. 바로 이런 의미에서 인격 성숙은 영적 성숙과 연결되며 그 연결점은 바로 다름 아닌 **그리스도와의 연합**(union with Christ)이다.

나오며 – 성인(聖人)과 성도(聖徒)

지금까지 우리가 살펴본 사도 베드로와 바울의 모습에서 알 수 있는 것은 그들이 흔히 우리가 생각해 왔는 것보다 훨씬 더 인간적인 사람들, 우리 자신과 별반 다르지 않은 연약한 사람들이었다는 사실이다. 우리 자신과 마찬가지로 그들도 역시 결점이 많고 불완전한 사람들이었다. 그렇다면 이어서 우리에게 던져지는 물음은 과연 이처럼 불완전한 그들이 이해하고 증거한 복음은 얼마나 우리가 신뢰할 만한 것인가 하는 물음이다. 그들이 불완전한 것처럼 그들이 전한 복음도 어딘가 불완전한 것일 수밖에 없지 않은가? 실제로 이런 문제를 제기하며 그들의 불완전함으로 인해 불완전해진 복음의 어떤 측면들을 재구성하려는 시도들이 그들의 동시대와 마찬가지로 오늘날에까지 이루어지고 있다. 그런데 우리가 이런 시도들의 타당성 여부를 별문제로 하고 한 가지 기억해야 할 사실은 하나님 자신께서 그처럼 불완전한 사람들을 택하여 당신을 세상에 나타내시기로 하신 사실이다.[42] 왜 그렇게 하셨는가 하는 질문의 답은 저자의 생각에 이 책이 취한 심리학적 관점에서 가장 잘 제시할 수 있다. 그 이유는 곧 그들의 그러한 불완전함을 통해 진정한 하나님이 가장 잘 드러나기 때문이다.

만일 베드로의 연약함과 배신이 없었더라면 우리는 그러한 인간의 연약함을 용납하시고 사랑하시는 하나님의 사랑을 잘 알 수 없었을 것

---

[42] "…하나님께서 전도의 미련한 것으로 믿는 자들을 구원하시기를 기뻐하셨도다."(고전 1:21)

이다. 만일 바울이 그처럼 사도로서 흠이 있는 사람, 부지중 하나님을 대적한 죄인이 아니었더라면 우리는 그런 죄인을 용서하시고 변화시키시는 하나님의 은혜를 잘 알 수 없었을 것이다. 그들이 부끄러움으로 얼굴을 들지 못하는 바로 그 자리에서 우리는 그들과 함께 하나님을 만나고 그 하나님의 완전한 사랑을 경험한다. 그 이유는 바로 우리 자신이 그처럼 부끄러운 존재들이기 때문이다. 이러한 부끄러운 우리 자신을 통해 우리는 그들을 공감할 수 있고 그들을 통해 하나님을 만날 수 있다. 놀라운 것은 이 때 그 하나님이 그들 안에서만 아니라 실제로 우리 안에서 당신을 나타내시고 당신의 사랑을 알게 하신다는 사실이다. 우리가 불완전할수록 우리에게 나타나는 그 하나님 사랑은 더욱 완전하다. 이 역설이 바로 **"내 능력이 약한 데서 온전하여진다"**(고전 12:9)는 하나님 말씀의 의미일 것이다.

더 놀라운 사실은 베드로와 바울에게 그랬던 것처럼 그 온전한 하나님의 사랑이 우리 안에 경험될 뿐 아니라 우리 성품의 일부가 된다는 사실이다. 그래서 이제 우리는 다만 그 하나님 사랑을 경험한 자일 뿐 아니라 그 사랑으로 세상을 사랑하는 자가 된다. 본 장에서 우리가 코헛의 '변형적 내면화(transmuting internalization)'개념으로 조명한 이 과정을 조직신학은 '성화(sanctification)'라 부르고 영성신학은 '그리스도와의 일치(union with Christ)'라 부른다. 우리는 본 장을 통해 베드로와 바울의 불완전함을 보았을 뿐 아니라 그처럼 그들 안에 나타나는 그리스도의 형상도 볼 수 있었다. 바로 이로 인해 교회는 그들을 '성인(聖人; saints)'이

베드로와 바울

라 부른다. 그러나 이것은 여전히 그들이 우리와 아주 다른 사람들이라는 것을 의미하지 않는다. 오히려 그런 그들이 바로 우리 자신들도 따라가야 할 모범임을 의미한다. 왜냐면 우리 역시 그들처럼 아직 완전하지 않지만 우리 안에 이미 그리스도를 가진 '성도(聖徒: saints)'이기 때문이다.

참고문헌

- 국내문헌
- 외국문헌 및 번역서
- 인터넷 자료

〈참고문헌〉

국내문헌

강란혜. 『성경적 관점에서 본 아버지 역할과 아동발달』. 서울: 그리심, 2012.

권수영. "단 브라우닝(Don Browning)의 목회(실천)신학 방법론." 『신학논단』 43 (2006): 695-724.

_____. 『기독(목회)상담, 어떻게 다른가요?』. 서울: 학지사, 2007.

권혁관. "라헬-라반의 갈등 내러티브에 나타난 드라빔의 기능." 『ACTS 신학저널』 23 (2015): 9-33.

김미경. "외상후성장(PTG) 모델로서 이삭, 요셉 이야기." 『신앙과 학문』 16권 4호 (2011): 7-31.

김신형. "베드로의 환상에 대한 분석심리학적 해석." 미간행 박사학위 논문, 강남대학교, 2007.

김영운. "에니어그램으로 보는 성서인물(6)-베드로." 『기독교사상』 50권 10호 (2006. 10): 268-278.

_____. "온전함의 영성과 에니어그램: 에니어그램으로 보는 성서 인물 -1번유형." 『기독교사상』 50권 4호 (2006): 280-287.

김용민. 『해석학적 목회상담』. 서울: 엘도른, 2011.

김용태. 『가족치료이론』. 서울: 학지사, 2000.

김은미, 황혜숙, 김용태. "보웬이론으로 본 아브라함과 사라 이야기." 『신앙과 학문』 18권 4호 (2013): 71-92.

김지연, 김정아, 김용태. "다윗의 분화수준 변화과정에 대한 연구: 다윗과 밧세바 이야기를 중심으로." 『한국기독교상담학회지』 25권 2호 (2014): 31-57.

신국원. "가다머의 철학적 해석학이 신학에 미친 영향." 『철학탐구』 32 (2012): 283-312.

심광섭. 『공감과 대화의 신학: 프리드리히 슐라이어마허』. 서울: 신학과 지성사, 2015.

여인중. 『은둔형 외톨이』. 서울: 지혜문학, 2005.

이관직. 『성경인물과 심리분석』. 서울: 생명의말씀사, 2005.

이나미. 『성경으로 배우는 심리학: 분석심리학으로 만나는 성경의 사람들』. 서울: 이랑, 2017.

이만홍, 황지연. 『역동심리치료와 영적 탐구』. 서울: 학지사, 2007.

이병옥. "슐라이어마허의 해석학적 주체성 이론." 『철학과 현상학 연구』 25 (2005): 135-57.

이수미, 김용태. "야곱의 심리적 변화과정에 대한 연구." 『한국기독교상담학회지』. 25권 3호
(2014): 187-217.

이재현. 『목회상담과 예수 그리스도』. 서울: 장로회신학대학교출판부, 2018.

이재호. "가인의 분노: 심리 분석." 『목회와 상담』 32 (2019): 170-202.

_____. "사울 왕의 놉 제사장 학살 사건: 심리적 분석." 『목회와 상담』 28 (2017): 212-243.

_____. "아담의 선악과 시험과 예수의 광야 시험 다시 읽기: 전능성의 추구와 통제의 관점
에서." 『목회와 상담』 26 (2016): 296-329.

이혜옥, 이진선. "야곱의 장자 르우벤의 가족관계 심리분석: 위니컷의 대상관계 이론을 중심으
로." 『문화교류연구』 3권 1호 (2014. 4): 133-49.

장혜순. 『부모교육』. 고양: 공동체, 2013.

전창희, 최주혜. "요한복음 21장 1~17절에 나타난 베드로의 무의식." 『신학과 실천』 49
(2016): 479-504.

정용구. "성서인물과 에니어그램 심리역동성간의 관계 고찰: 사도 바울을 중심으로." 『에니어
그램 심리역동연구』 5권 1호 (2018): 19-37.

정희성. "목회상담에서 가계도 연구의 새 방향." 『신학과 실천』 34 (2013): 191-216.

조난숙, 송조흠, 한영혜, 최은영. "창세기 가족의 보웬 가족상담적 분석 및 성경적 함의." 『한국
기독교상담학회지』 20 (2010. 12): 310-13.

채희태. "아담의 열등감: 원죄 발생의 심층심리학적 분석." 『지성과 창조』 14호 (2011): 299-
333.

홍이화. 『하인즈 코헛의 자기심리학 이야기 Ⅰ』. 서울: 한국심리치료연구소, 2011.

외국문헌 및 번역서

Adler, Alfred. *The Collected Clinical Works of Alfred Adler: Journal Articles:
1931-1937*. Translated by Gerald L. Liebenau. Edited by Henry T.
Stein. Bellingham, WA: Classical Adlerian Translation Project, 2005.

_____. *The Collected Clinical Works of Alfred Adler: The general system of
individual psychology*. Edited by Henry T. Stein. Bellingham, WA: The
Classical Adlerian Translation Project, 2006.

Anthony, Elwyn James, and Therese Benedek. *Parenthood: Its Psychology and Psychopathology*. Boston: Little Brown, 1970.

Bailey, Kenneth E. *Jesus Through Middle Eastern Eyes: Cultural Studies in the Gospels*. Downers Grove, IL: InterVarsity Press, 2008.

Barth, Karl, and Thomas F. Torrance.*Theology and Church: Shorter Writings 1920-1928*. New York, NY: Harper & Row, 1962.

Barth, Karl. *Kirchliche Domatik* II /1. 황정욱 옮김. 『교회교의학』 II /1. 서울: 대한기독교서회, 2010.

_____. *Kirchliche Domatik* III /1. 신준호 옮김. 『교회교의학』 III /1. 서울: 대한기독교서회, 2015.

_____. *Kirchliche Domatik* III /2. 오영석, 황정욱 옮김. 『교회교의학』III /2. 서울: 대한기독교서회, 2017.

_____. *Kirchliche Domatik* III /4. 박영범, 황덕형 옮김. 『교회교의학』 III /4. 서울: 대한기독교서회, 2018.

_____. *Kirchliche Domatik* IV/3-2. 황정욱 옮김. 『교회교의학』IV/3. 서울: 대한기독교서회, 2005.

Beck, Aaron T. *Love Is Never Enough: How Couples Can Overcome Misunderstanding*. New York, NY: Harper & Row Publishers, 1988.

Benedek, Therese. "Fatherhood and Providing." In *Parenthood*. Edited by E. J. Anthony and Therese Benedek. Oxford: Little Brown, 1970.

Bernstein, Richard J. *Pragmatic Encounters*. New York, NY: Routledge, 2016.

Betty Jean Lifton, *Journey of the Adopted Self: A Quest for Wholeness*. New York, NY: Basic Books, 1994.

Blessing, Kamila. "Family Systems Psychology as Hermeneutics." In *Psychology and the Bible: A New Way to Read the Scriptures*. Edited by Ellens, J. Harold and Rollins, Wayne G.Westport, CT: Praeger Publishers, 2004.

Brown, Raymond Edward. *The Gospel According to John XIII-XXI*. New York, NY: Doubleday, 1966.

Capps, Donald. *Agents of Hope: A Pastoral Psychology*. Eugene, OR: Wipf and Stock Publishers, 1995.

Covington, Sharon N., and Linda Hammer Burns, eds. *Infertility Counseling:*

A Comprehensive Handbook for Clinicians. New York, NY: Cambridge University Press, 2006.

Dayton, Tian. *The Living Stage*. 김세준 옮김. 『사이코드라마 매뉴얼』. 서울: 시그마프레스, 2012.

Durkheim, Emile. *La Suicide*. 황보종우 옮김. 『(에밀 뒤르켐의) 자살론』. 서울: 청아출판사, 2008.

Enright, Robert D. and Richard P. Fitzgibbons. *Forgiveness*. 방기연 옮김. 『용서심리학』 서울: 시그마프레스, 2011.

Erikson, Erik H. *Childhood and Society*. 송제훈 옮김. 『유년기와 사회』. 서울: 연암서가, 2014.

_____. *Identity and the Life Cycle*. New York, NY: W. W. Norton & Company, 1980.

_____. *The Life Cycle Completed*. New York, NY: W.W. Norton & Company, 1998.

Frankl, Victor. *Man's Search for Meanging*. Translated by Ilse Lasch et al. Boston, MA: Beacon Press, 2014.

Freud, Sigmund. *Gesammelte Werke*. 윤희기, 박찬부 역. 『정신분석학의 근본개념: 프로이트전집 11』. 서울: 열린책들, 2003.

Friedman, Lawrence J. *The Lives of Erich Fromm: Love's Prophet*. New York, NY: Columbia University Press, 2013.

Gadamer, Hans G. *Wahrheit und Methode*. 임홍배 역. 『진리와 방법 2』. 서울: 문학동네, 2000.

Gibson, E. J. and Walk, R. D. "Visual Cliff." *Scientific American* 202-4 (1960): 64-71.

Green, Barbara. *Jonah's Journeys* (Collegeville, MN: Liturgical Press, 2005), 127.

Gunnison, Hugh. "The surrogate self." *Personnel & Guidance Journal* 54-10 (1976): 523-524.

Guthrie, Shirley. *Christian Doctrine*. 김영선 옮김. 『기독교신학입문』. 서울: 은성출판사, 1998.

Hamman, Jaco J. "The memory of feeling: Envy and Happiness," *Pastoral*

Psychology 64 (2015): 437-52.

Horsley, Richard. *Archeology, History, and Society in Galilee*. 박경미 옮김.『갈릴리: 예수와 랍비들의 사회적 문화』. 서울: 이화여자대학교출판부, 2006.

Jin, Bora. "Family cohesion and child functioning among South Korean immigrants in the US: The mediating role of Korean parent-child closeness and the moderating role of acculturation." PhD dissertation, Syracuse University, 2015.

Jordan, Merle. *Taking on the Gods*. 권수영 옮김.『신들과 씨름하다』. 서울: 학지사, 2011.

Joyal, Jenny A. "Hidden in plain sight: the sibling relationship and psychodynamic theory." *Theses, Dissertations, and Projects* 806 (2014): 94-102.

Kernberg, Otto F. *Borderline Conditions and Pathological Narcissism*. 윤순임 외 공역.『경계선 장애와 병리적 나르시시즘』. 서울: 학지사, 2008.

Kille, D. Andrew. *Psychological Biblical Criticism*. Minneapolis, MN: Fortress Press, 2000.

Knoppers, Gary N. *Jews and Samaritans*: The Origins and History of Their Early Relations. New York, NY: Oxford University Press, 2013.

Kohut, Heinz. "On the adolescent process as a transformation of the self." In *The Search for the Self: Selected Writings of Heinz Kohut: 1978-1981*, Volume II. Edited by P. H. Ornstein. Madison, CT: International Universities Press, 1978.

_____. *How does Analysis Cure?* 이재훈 옮김.『정신분석은 어떻게 치료하는가?』. 서울: 한국심리치료연구소, 2007.

Lamb, Michael E., ed. *The Role of Father in Child Development*. 김광웅, 박성연 옮김.『아버지 역할과 아동발달』. 서울: 이화여자대학교 출판부, 1995.

Lang, J. Stephen. *Everyday Biblical Literacy*., 남경태 옮김.『바이블 키워드, 1권』. 서울: 들녘, 2017.

Mahler, Margaret. *Psychological Birth of the Human Infant*. 이재훈 옮김.『유아의 심리적 탄생』. 서울: 한국심리치료연구소, 1996.

May, Gerald. *Addiction and Grace*. 이지영 옮김.『중독과 은혜: 중독에 대한 심리학

적 영적 이해와 그 치유』. 서울: IVP, 2005.

Miller-Perrin, Cindy, and Elizabeth Krumrei Mancus. *Faith from a Positive Psychology Perspective*. New York, NY: Springer, 2014.

Miller, Alice. *The Drama of the Gifted Child: The Search for the True Self*. New York: Basic Books, 2007.

Moltmann, Jürgen. *Der Geist des Lebens*. 김균진 옮김. 『생명의 영』. 서울: 대한기 독교서회, 1991.

_____. *Experiences in Theology*. Translated by Margaret Kohl. Minneapolis, MN: Fortress Press, 2000.

Nouwen, Henri. *The Living Reminder*. 피현희 옮김. 『예수님을 생각나게 하는 사람』. 서울: 두란노, 2011.

Oates, Wayne E. *The Presence of God in Pastoral Counseling*. Waco, TX: Word Book Publisher, 1986.

Palmer, John David. *The Dance of Identities: Korean adoptees and their journey toward empowerment*. Honolulu, HI: University of Hawaii Press, 2011.

Pembroke, Neil. *Foundations of Pastoral Counselling: Integrating Philosophy, Theology, and Psychotherapy*. London: SCM Press, 2017.

Racker, Heinrich. *Transference and Counter-transference*. London: Karnacbooks, 1982.

Rector, Lallene J. "Developmental Aspects of the Twinship Selfobject Need and Religious Experience." In *How Responsive Should We Be?: Progress in Self Psychology*. Volume 16. Edited by Arnold I. Goldberg. Hillsdale, NJ: The Analytic Press, 2000.

Ricoeur, Paul. *De l'interpretation*. 김동규, 박준영 공역. 『해석에 대하여: 프로이트에 관한 시론』. 서울: 인간사랑, 2013.

Riso, Don Richard, and Russo Hudson. *The Wisdom of the Enneagram*. 주혜 명 옮김. 『에니어그램의 지혜』. 서울: 한문화멀티미디어, 2000.

Rizzuto, Ana-Maria. *The Birth of the Living God*. 이재훈 외 옮김. 『살아있는 신의 탄생』. 서울: 한국심리치료연구소, 2000.

Rogers, Martha L. "The call of Abram: A systems theory analysis." *Journal of*

Psychology and Theology 9-2 (1981): 111-27.

Rohr, Richard, and Ebert, Andreas. *The Anneagram: The Christian Perspective*. 이화숙 옮김. 『내 안의 접혀진 날개』. 서울: 열린, 2002.

Rollins, Wayne G., and D. AndrewKille, eds. *Psychological Insight into the Bible: Texts and Readings*. Grand Rapids, MI: Eerdmans, 2007.

Rollins, Wayne G. *Soul and Psyche: The Bible in Psychological Perspective*. Minneapolis, MN: Augsburg Fortress, 1999.

Sandle, Joseph, ed. *Projection, Identification, Projective Identification*. New York, NY: Routledge, 1988.

Satir, Virginia. *Peoplemaking*. 성민선 역. 『사람만들기』. 서울: 홍익재, 2002.

Scharff, Jill, and David Scharff. *The Primer of Object Relations Therapy*. 오규훈, 이재훈 옮김. 『초보자를 위한 대상관계 심리치료』. 서울: 한국심리치료연구소, 2008.

Skolnick, Vivian. *The Biblical Path to Psychological Maturity: Psychological Insights into the Weekly Torah Readings*. Victoria, BC: Trafford Publishing, 2009.

Son, Angela. "Making a great man, Moses: Sustenance and augmentation of the self through God as selfobject." *Pastoral Psychology* 64 (2015):751-68.

Sperry, Len, and Edward P. Shafranske, eds. *Spirituality Oriented Psychotherapy*. 최영민, 조아라, 김민숙 옮김. 『영성지향 심리치료』. 서울: 하나의학사, 2005.

St. Augustine of Hippo. *Confessions*. 선한용 옮김. 『성 어거스틴의 고백록』. 서울: 대한기독교서회, 2003.

Stanton, Annette L., and Christine Dunkel-Schetter, eds. *Infertility: Perspectives from Stress and Coping Research*. New York, NY: Plenum Publishing, 1991.

Stolorow, Robert D., George E. Atwood, and Donna M. Orange. *Working intersubjectively: Contextualism in Psychoanalytic Practice*. New York, NY: The Analytic Press, 2001.

Stuart, Douglas. *Hosea-Jonah*. 김병하 옮김. 『호세아-요나: WBC 성경주석 31』. 서

울: 솔로몬, 2011.

Tennant, F. R. *The Sources of the Doctrines of the Fall and Original Sin.*
　　Cambridge: Cambridge University Press, 1903.

Thiselton, Anthony C. *The Two Horizons.* 박규태 옮김. 『두 지평: 성경 해석과 철학
　　적 해석학』. 서울: IVP, 2017.

Thurschwell, Pamela. *Sigmund Freud.* New York, NY: Routledge, 2000.

Torrey, R. Archer. *Biblical Economics.* Taebaek: Jesus Abbey Publishing, 1999.

Wallin, David J. *Attachment in Psychotherapy.* 김진숙, 이지연, 윤숙경 공역. 『애착
　　과 심리치료』. 서울: 학지사, 2010.

Walton, John H., Victor H. Matthews, and Mark W. Chavalas. *Bible
　　Background Commentary.* 정옥배 외 옮김. 『성경배경주석』. 서울: IVP, 2001.

Watson, P. J., Tracy Little, and Michael D. Biderman."Narcissism and Parenting
　　Styles." *Psychoanalytic Psychology* 9-2 (1992): 231-244.

Weiss, Joseph. "Crying at the Happy Ending." *Psychoanalytic Review* 39
　　(1952):338.

Welker, Michael ed. T*he Depth of the Human Person: A Multidisciplinary
　　Approach.* Grand Rapids, MI: Eerdmans, 2014.

Wheless, Joseph. *Is It God's Word?* New York: Cosimo, 2007.

White, Michael and David Epston. *Narrative Means to Therapeutic Ends.* New
　　York, NY: W. W. Norton & Company, 1990.

White, Michael. *Maps of Narrative Practice.* 이선혜, 정슬기, 허남순 옮김. 『이야기치
　　료의 지도』. 서울: 학지사, 2010.

Wiebe, Vaneesa Joy. *Parent-Child Attachment and Defense Mechanisms:
　　A Developmental Perspective on Risk-Taking Behavior in a Clinical
　　Sample of Adolescents.* PhD dissertation, Simon Fraser University,
　　2006.

Winnicott, Donald. *Maturational Processes and the Facilitating Environment.*
　　이재훈 역. 『성숙과정과 촉진적 환경』. 서울: 한국심리치료연구소, 2000.

片田珠美(가타다 다마미). 『一億總うつ社会』. 전경아 옮김. 『배부른 나라의 우울한 사람
　　들』. 서울: 웅진지식하우스, 2016.

斎藤環(사이토 다마키). 『社会的 うつ病』. 이서연 옮김. 『사회적 우울증』. 서울: 한문화,

2012.

_____. 『ひきこもり救出マニュアル』. 김경란, 김혜경 옮김. 『은둔형 외톨이』. 서울: 파워
북, 2012.

인터넷 자료

Klock, Susan C. "Psychological Issues Related to Infertility." *The Global Library of Women's Medicine* [On-line]. http://www.glowm.com/section_view/heading/Psychological%20Issues%20Related%20to%20Infertility/item/412. June, 2011.